复旦卓越 · 保险系列

中国保险业复业35周年优秀成果奖、湖南省高等教育教学成果奖
国家社会科学基金项目阶段性成果

U0730517

保险公司会计

侯旭华 ◆ 编 著

第六版

复旦大学 出版社

◆ 内容提要

　　本书紧跟"营改增"和其他税制改革热点，实时追踪IFRS17最新研究成果，全面吸收最新颁布的企业会计准则精髓，充分反映"偿二代"的新变化，兼容保险公司业务创新和渠道创新的发展需求，对保险公司会计业务及其核算方法、核算规范进行了全面阐述。全书分为理论篇、保险合同篇、金融工具篇、财务会计报告及分析篇四个部分，共十四章，具体内容包括保险会计导论、保险公司会计的发展与规范体系、原保险合同的确定、非寿险原保险合同的核算、寿险原保险合同的核算、再保险合同的核算、保险合同收入、费用和利润的核算、外币交易的核算、金融资产的核算、金融负债的核算、投资型保险产品的核算、衍生金融工具的核算、财务会计报告以及财务会计报告分析。

　　本书不但可以作为高等院校会计学、保险学有关专业用书，而且可以作为保险公司财会人员、管理人员以及保险经纪人、保险公估人、保险监管部门等学习保险财务会计知识的重要参考书。

前　　言

国际会计准则理事会(IASB)自 1973 年成立以来,一直致力于建立一套全球通用的会计准则——国际财务报告准则(IFRS)。鉴于保险会计较其他行业会计更具特殊性,2002 年 5 月 IASB 决定将保险合同计量分成两阶段进行。2004 年 3 月 IASB 发布了《国际财务报告准则第 4 号——保险合同》(IFRS4),标志着该项目第一阶段的完成。随着国际财务报告准则国际影响力的增强,2004 年 IASB 启动保险合同项目的第二阶段工作,并先后于 2010 年 7 月 30 日和 2013 年 6 月 20日发布了《保险合同》准则第二阶段修订征求意见稿。2017 年 5 月,IASB 发布了《国际财务报告准则第 17 号——保险合同》(IFRS17),计划在 2023 年 1 月 1 日实施,将取代现行的 IFRS4。

中国会计准则与国际财务报告准则趋同是我国经济发展战略的重要组成部分。2006 年 2 月 15 日,财政部第一次发布有关保险行业会计准则,它是我国保险会计史上重要里程碑。鉴于保险会计准则全球化的发展趋势,财政部相继在 2008 年 8 月 7 日和 2009 年 12 月 22日发布了《企业会计准则解释第 2 号》和《保险合同相关会计处理规定》,使我国成为国际上第一个全面吸纳并积极实施 IASB 取得的《保险合同》第二阶段最新成果的国家。2018 年 12 月 26 日财政部颁布了中国版 IFRS17,即《企业会计准则第×号——保险合同(修订)(征求意见稿)》,2020 年 12 月 24 日财政部正式颁布了《企业会计准则第 25号—保险合同》,这不仅为我国保险业与 IFRS《保险合同》最终成果全面接轨奠定坚实基础，还有助于提升我国对国际保险会计准则的影响力。

另外，近几年来，我国税收制度不断改革与完善。2016 年 3 月 24 日财政部和国家税务总局共同颁布了财税〔2016〕第 36 号文件，规定了保险行业于 2016 年 5 月 1 日正式实施"营改增"。随着税制改革的不断深化，增值税政策不断调整，企业所得税和个人所得税等税收政策不断变化，给保险行业带来了深刻影响。同时，保险监管制度日趋健全，也给保险行业带来了挑战。2015 年，第二代偿付能力监管制度体系（简称"偿二代"）主干技术标准共 17 项监管规则经保监会主席办公会审议通过，并于 2016 年 1 月 1 日全面实施。

我国保险会计准则与国际财务报告准则的接轨、保险税收制度和保险监管制度的新变化要求保险公司会计业务及其核算方法、核算规范相应作出新的调整。为了适应新的变化，本人根据二十多年来对保险公司会计的潜心教学和研究，深入保险公司调研，对 2016 年第五版的《保险公司会计》教材进行梳理、充实和更新。修订后第六版的教材具有以下几个特点。

1. 紧跟"营改增"和其他税制改革热点，具有时效性

本书根据 2016 年 3 月 24 日财政部和国家税务总局共同颁布的财税〔2016〕第 36 号文件，并结合近几年增值税政策调整，对保险公司增值税的特点、计算方法及会计处理方法进行了详细阐述，全书始终贯穿了保险行业"营改增"改革相关政策和实施细则。同时，本书充分考虑近几年来企业所得税、个人所得税等税制改革的变化，对相关会计处理进行了调整。

2. 实时追踪 IFRS17 和其他会计准则最新研究成果，具有创新性

本书引入 IFRS17 前沿性理论和所采用技术标准，从我国保险行

业现实出发,对保险合同的确定与分类、重大保险风险测试和分拆处理、保险合同分组、保险合同负债计量的保费分配法和一般模型法、合同服务边际的初始计量和后续计量、亏损合同计量和处理、财务报表列示等难点问题提出新的构思和具体处理方法。同时本书按照财政部最新增加和修订的会计准则,对职工薪酬、长期股权投资、金融工具核算进行了修订,并增加了新的内容。

3. 充分反映"偿二代"新变化,完善了保险监管会计体系

本书介绍了"偿二代"采取的三支柱的整体框架,对认可资产、认可负债的内涵和技术标准进行了新的界定,并在保险公司财务报告分析中增加了偿付能力监管指标。

4. 立足保险实际,行业针对性明显

本书兼容保险公司业务创新和渠道创新的发展需求,充分反映保险会计实务和财务管理模式新变化,介绍了保险新兴业务或老业务新流程的会计处理问题和会计处理方法。涉及业务复杂,行业特色明显,对体现保险公司特色的业务重点论述,进一步简化了与其他行业有着共性的业务。

5. 实务操作详细具体,适用性强

本书论述深入浅出,重点和难点都辅以案例,每一章正文后都附有关键词、复习思考题和练习题。为了便于读者自主式学习,本书练习题答案可以参照《保险公司会计习题指南》(修订版)。因此,本教材不但可以作为高等院校会计学、保险学有关专业教学用书,而且可以作为保险公司财会人员、管理人员以及保险经纪人、保险公估人、保险监管部门等学习保险公司财务会计知识的重要参考书。

本书是作者主持的国家社会科学基金项目(17BGL050)阶段性研究成果。本书自2006年2月出版以来,于2008年1月、2010年3月、

2012年8月、2016年7月相继再版了第二版、第三版、第四版、第五版,反复印刷,并获得湖南省高等教育教学成果奖和中国保险业复业35周年优秀成果奖,得到了业界和学界的广泛认可,这主要承蒙广大读者的支持和厚爱,谨借本书再版表示诚挚的感谢。本书在出版过程中,中南大学申建凯教授、浙商财产保险股份有限公司财务部总经理王春、长沙银行雨花区支行营业部副行长申钰希以及湖南工商大学会计学院硕士研究生谢灿辉、雷凯富、闫贺宁参与了本书的资料收集和整理工作。在写作过程中,得到了复旦大学中国保险和社会安全中心主任许闲教授、原湖南省保监局局长朱正、中国人寿保险股份有限公司湖南省分公司财务部经理陈建良和监察部经理杨利田、审计部经理夏光华、中国太平洋财产保险股份有限公司湖南省分公司财务部经理刘政和业务部经理杨爱军、光大永明人寿保险有限公司湖南分公司总经理周明强、中国人民财产保险股份有限公司深圳分公司财务部经理回铁楠、毕马威企业咨询(中国)有限公司税务数字化与管理咨询经理马树强的指导和支持,在此表示诚挚的谢意。另外,感谢复旦大学出版社责任编辑的热情帮助。

如何规范保险公司会计处理是一个值得长期研究和探索的课题,新会计准则、新税法出台后,相关政策和实施细则有待进一步完善,需要国内外相关人士不断探索和创新,并在不断争议和探索过程中取得共识和完善。但我仍然不揣浅陋,以期抛砖引玉,能够为保险会计理论的发展贡献一份力量,对保险实务起到一定的借鉴和参考作用。由于时间仓促,书中所提出的见解难免有不成熟之处,敬请各位同仁不吝指正,以便进一步充实和完善。

侯旭华

目　　录

contents

理　论　篇

保　险　合　同　篇

金　融　工　具　篇

理　论　篇

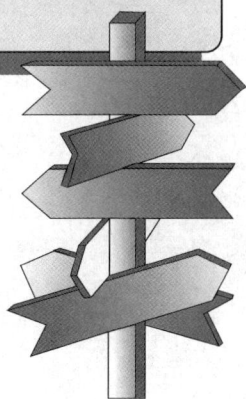

第一章

保险会计导论

第一节　保险会计的概念与特点

保险会计(insurance accounting)是指将会计理论运用于保险公司的一门专业会计,它是以货币为主要计量单位,采用专门的方法,对保险公司经营过程及其结果进行反映和监督并向有关方面提供会计信息的一种管理活动。

保险会计是会计学的一个分支,是一种特殊的行业会计。因此,保险会计不仅具有一般会计的共性,而且,由于其自身经营的特殊性,又有着自己的个性。为了全面、准确理解保险会计的含义,掌握其本质特征,必须把握保险会计的以下特点。

一、保险会计的基本特征是货币计量

会计离不开计量,计量单位包括实物量、劳动量等,而作为会计的主要特点是以货币为计量单位。只有借助于货币量度,才能把各种性质相同或不同的经济业务加以综合,形成经营管理所必需的综合性信息。如果不能用货币来计量,就不是会计所反映的内容,比如一个公司的新产品开发、展业、防灾防损、人力资源管理等活动不能用货币计量,无法包含在会计事项中。

二、保险会计的基本职能是核算和监督

从会计产生与发展的历史过程,我们不难得出这样的结论:管理经济离不开会计,经济越发展,会计越重要。会计在管理经济中所以那么重要,是由会计本身所具有的功能决定的。会计功能又称会计职能。会计在经济管理中的职能概括起来是:对会计主体的经济活动进行核算和监督。会计的核算与监督两项基本职能已写进我国会计法中,会计是依法核算和依法监督。

三、保险会计的主要内容是保险公司经营过程及其结果

保险公司是经营风险的特殊行业,保险公司经营过程及其结果有着显著的行业特色,研究保险会计问题,除了对一般会计理论体系要有充分认识外,最重要的是要了解保险行业业务性质的特殊性。保险行业的特殊性主要表现在以下五个方面。

1. 保险产品的特殊性

对于一般制造业,经营的是一种商品,其物质实体是有形的,而对于保险业,保险经营以特定风险的存在为前提,以集合大量风险单位为条件,以大数法则为数理基础进行经济补偿与给付,保险经营者在经营中实际充当了风险集散的媒介。保险在投保人交纳保费以后,保险公司经核保后以出具保单作为同意承担风险的书面证明,保单承诺若被保险人在保单生效后发生保单约定的保险事故,保险公司负赔偿或给付责任。可见,保险公司向投保人出售的是一纸对投保人未来可能的损失予以赔偿或给付的信用承诺,保险商品是无形商品。由于其经营对象比较抽象,经营产品本身就是风险,因此保险公司自身分享显得较为突出。

2. 保险业务对象具有广泛的社会性

由于风险的普遍存在,决定了保险公司经营范围涉及社会生产和社会生活的方方面面,保险公司从某种程度上讲就是"公众公司",公司的发展涉及大多数公众的利益,直接影响着社会。从某种意义上来讲,保险公司对经济社会背负着巨额负债,承担着对整个社会的保障责任,发挥着社会"稳定器"的作用。

3. 保险经营活动具有不确定性和分散性

保险本身就是经营风险的特殊行业,几乎是社会上各个行业面临的风险都可能通过保险合同转嫁到保险公司,由于在保险期间内,无法预知事故发生及可能造成损失程度的大小,因此保险经营活动具有不确定性特点。依据概率论和大数法则,当保险公司承保的风险单位足够多时,保险事故发生的数量就稳定在一个相对固定的数值上。因此,保险公司通过与大量投保人签订保险合同来分散风险,并且希望收取的保费和投资收益能够足以支付赔款,同时为自身赢得利润。所以说,保险事故发生的不确定性和通过承保大量风险单位来分散风险是保险活动的本质。

4. 保险成本发生与收入补偿的顺序与一般行业相反

对于一般制造业,成本发生在前,产品定价在后,利润是售价与成本相抵的结果,而保险业正好相反,保险产品定价在前,成本发生在后,因为保险公司不可能等到将来发生保险事故后才决定保单售价,必须预先设定一个保单价格作为

保单销售的依据,因此,保险行业在计算利润时需要采用特殊的程序、方法和假设,具有较强的预计性,特别是寿险业务,收入与支出之间有较强的时间差,其利润计算的准确性与否显得更加突出。

5. 保险资金运动形态表现为货币资金的收付

保险公司是经营保险业务的专门企业,其基本职能是组织经济补偿与给付。因此,它不同于工商企业,是不从事直接生产和商品流通的。其业务活动,表现为货币资金的收付活动。一方面通过开展各种保险业务以收取保费的方式从各个方面吸收大量的货币资金;另一方面通过赔款和给付以及开支各项费用付出大量的货币资金,并通过货币资金的收付过程来实现保险公司自身的利润。由此可见,保险会计的对象,是保险公司资金运动过程中的收付及其增减变动情况。大量的现金流转是保险业的一大特色。

四、保险会计的本质是一种提供会计信息的管理活动

会计是一种经济工作,是一种为经济管理服务的社会实践,它除了记账、算账、报账以外,更重要的是提供决策有用的信息,因此,保险会计的本质是一种管理活动,其目的是提供会计信息,从某种意义上讲,它又是一个信息系统。

那么,谁需要了解会计信息? 对于保险业,它包括以下七个方面。

1. 投资者或股东

投资者也是公司的所有者,对于股份制公司称为股东。投资的目的在于获得未来收益和资本利得。因此,投资者或股东最关心的是在可预见的未来公司的股利分配水平和资本增值能力。特别是保险公司上市后,公司直接面对的是全社会广大的投资者和潜在的投资者,他们关心保险公司的经营能力、盈利能力以及公司经营的稳定性,并根据公司披露的财务报告资料对公司的过去、现在、未来,包括公司的经营业务、财务状况、获利能力及投资风险等情况进行分析、判断,从而作出可信赖的决策。

2. 监管部门

由于保险公司的特殊性,各国政府均对其实行严格的监督与管理,以保证保险公司有足够的偿付能力。即保证保险公司有足够的、能迅速变现的资产,以便在需要时以支付索赔或给付。在我国,对保险公司的监管职责是由证监会、保监会履行的。

3. 投保人

投保人既是保单持有者,又是保险公司的主要债权人。基于对保险公司未来赔偿或给付能力的关心,他们在选择保险公司时非常重视保险公司获取利润和现金的能力、流动性以及偿付能力。他们需要建立信心,相信该公司能够支付

赔款。由于缺乏必要的专业知识，也出于成本效益的考虑，投保人一般通过保险中介机构——保险经纪人公司的推荐选择保险公司。而保险经纪人公司正是通过评估保险公司的财务状况，为投保人提出建议。

4. 保险公司经营管理当局

管理者的主要职能是计划与决策。为了很好地经营公司，管理者需要了解及时、准确的信息，从而掌握公司的经营活动、经营绩效、财务状况及其变化情况，以便根据市场的变化不断调整公司的经营活动，研究开发适应市场需要的新的保险产品，努力提高公司经营管理水平和经济效益，增强公司自我积累、自我改造、自我发展的能力，进而在公众面前树立公司良好的社会形象，推动公司经营战略的实施。

5. 员工及工会

由于与公司利益存在着密切的联系，员工总是希望在能够长期保持盈利的公司工作，获得较高的工资报酬和拥有良好的工作环境及福利条件等。财务报表能够帮助员工评估公司的经济地位、存在的风险和发展的潜力，并由此推断就业、提薪和升职的可能性。

6. 政府部门

政府部门可能会利用报表披露的信息进行统计分析。公司和个人所缴纳的税额通常也以报表所列的利润为依据。然而，在大多数国家，公司的税负并不是完全以年报公开的利润为依据的，而是有一套专门为纳税目的设计并由政府部门批准的核算体系。

7. 中介机构

保险公司的信息使用者还包括保险业评级机构、保险经纪人、保险代理人、保险同业协会等。他们出于不同的需要也关注保险公司信息的披露情况。比如，保险评级机构(如美国的 A. M. Best、Moody's and Standard & Poor's 等)对公司的财务状况及经营绩效作出整体性评价，提供给投资人、债权人、保单持有人等作决策的参考，保险代理人或经纪人需要了解保险公司能否支付其手续费或佣金及有无财力给付保户保险金。

第二节　保险会计要素及其计量属性

一、会计要素

会计要素是对会计对象具体内容所作的基本分类，是会计对象的具体化。

按照《企业会计准则——基本准则》规定,会计要素包括资产、负债、所有者权益、收入、费用和利润。

1. 资产

保险公司的资产(asset)是指公司过去的交易或事项形成的、由公司拥有或者控制的、预期会给公司带来经济利益的资源。简单地讲,保险公司的资产就是经济资源,它包括货币资金、财产、债权和其他权利。

对于制造业,主要从事商品生产和流通,原材料、在产品、产成品,以及批发零售商业的购进商品等存货占了很大比重,资产以经营性资产为主。而保险业因保险产品是无形的信用承诺,故存货所占比重较少,而且保险公司收到投保人缴纳的保费后,为了实现在一定期限内滞留在保险公司内的资金的保值、增值,绝大部分要运用于投资方面,故以银行存款、各种债券和上市股票为主的有价证券、保单贷款等投资资产占总资产的比重较大。按照《保险法》修改草案规定,将要拓宽保险资金运用形式,允许保险资金投资股权、保险资产管理产品和以风险管理为目的运用金融衍生品。

保险公司资产按其流动性不同,分为流动资产和非流动资产。

流动资产是指预计在一个正常营业周期中变现、出售或耗用,或者主要为交易目的而持有,或者预计在资产负债表日起一年内(含一年)变现的资产,以及自资产负债表日起一年内交换其他资产或清偿负债的能力不受限制的现金或现金等价物。保险公司流动资产主要包括库存现金、银行存款、存出保证金、交易性金融资产、买入返售金融资产、应收保费、应收利息、应收代位追偿款、应收股利、应收分保账款、其他应收款、预付赔付款、拆出资金、保户质押贷款、低值易耗品等。

非流动资产是指流动资产以外的资产,主要包括长期股权投资、投资性房地产、固定资产、无形资产等。

保险公司资产按交易目的不同,分为金融资产和非金融资产。金融资产按金融工具的属性分为货币资金、以公允价值计量且其变动计入当期损益的金融资产、持有至到期投资、贷款、应收款项、可供出售金融资产六大类。非金融资产包括低值易耗品、固定资产、投资性房地产、无形资产、抵债资产等。

2. 负债

负债(liability)是指公司由过去的交易或者事项形成的、预期会导致经济利益流出公司的现时义务。现时义务是指公司在现行条件下已承担的义务。未来发生的交易或者事项形成的义务,不属于现时义务,不应当确认为负债。从负债的定义可以看出,负债所代表的是公司由于其过去的交易或事项所形成的现时义务。

对于保险业,经营的对象不是商品,而是保单,保单一经签发就具有法律效力,一旦保险标的或被保险人发生意外事故或保险期满,保险公司负有赔偿或给付的义务。因此,保险业务实质上是对保险契约承担的一种将来偿付责任。对于保险行业,负债项目较一般会计重要。

对于制造业,其负债主要表现为借款和应付项目。对于保险业,负债中占比例最大的是各种责任准备金。对于非寿险业务,因为保单出单日不一定在每年年初,所以经常会产生保险期限跨越会计年度的现象。虽然保险费在出单时已经入账,但按照权责发生制原则应把不属于当期的保险费以未到期责任准备金的形式提存出来,从当年收入中扣抵,作为该年度利润表的费用与资产负债表的负债列示,在下年度再转回作为真正保险费收入,来承担跨年的保险责任。寿险业务一般采用均衡保费收费方式,在保险期限初始的年份里,其收取的保险费要高于风险的成本,而在后期,则低于风险成本。因此,人寿保险公司应将早期多收的保费提存出来,逐步积累,建立长期责任准备金,以弥补后期少收的保费。

负债按偿还期限的长短可分为流动负债和非流动负债。

流动负债是指预计在一个正常营业周期中清偿,或者主要为交易目的而持有,或者自资产负债表日起一年内(含一年)到期应予以清偿,或者企业无权自主地将清偿推迟至资产负债表日后一年以上的负债。保险公司流动负债包括短期借款、存入保证金、拆入资金、应付利息、应付股利、应付手续费及佣金、预收保费、应付分保账款、预收赔付款、应付保单红利、未决赔款准备金、未到期责任准备金、卖出回购金融资产款、应付职工薪酬、应交税费等。

非流动负债是指流动负债以外的负债,包括长期借款、寿险责任准备金、长期健康险责任准备金、保户储金、长期应付款等。

负债按属性可分为金融负债和非金融负债。金融负债包括以公允价值计量且其变动计入当期损益的金融负债和其他金融负债。保险公司负债基本上都属于金融负责。

3. 所有者权益

所有者权益(owner's equity)是指公司资产扣除负债后由所有者享有的剩余权益。对于股份制公司来说,其所有者权益又称为股东权益。所有者权益体现公司投资者对净资产的所有权,它是公司生存和持续发展的基础,也是公司举债的基础保证。通常包括实收资本(或股本)、其他权益工具、资本公积、其他综合收益、盈余公积、一般风险准备、未分配利润。

目前一般保险公司实行集团控股模式,系统内部采取的则是"一级法人,分级管理,逐级核算"的财务管理体制,即只有总公司才具有法人资格,总公司对省公司实行授权经营管理,省级对地市级实行转授权管理,因此除了总公司有外来投入资本外,基层公司不会产生实收资本,基层公司所有者权益主要表现为营运资本(上级拨入资金),因此,所有者权益主要集中在一级法人(即总公司)。

为了防范可能出现的经营风险,保险公司在提足各项责任准备金的基础上,在向投资者分配利润之前,经保险公司董事会或主管财政机关批准,按一定比例从税后利润中提取一般风险准备金,用于特大自然灾害发生的亏损等。一般风险准备金必须专款专用,不得用于转增资本和向投资者分红。因此,保险经营的风险性要求设置一般风险准备,这也是其他行业没有的。

4. 收入

收入(revenue)是指公司在日常活动中形成的、会导致所有者权益增加的、与所有者投入资本无关的经济利益的总流入。对于保险公司而言,收入是指公司在销售保单、提供服务及让渡资产使用权等日常活动中所形成的经济利益的总流入,包括保险业务收入和其他业务收入。收入不包括为第三方或者客户代收的款项。

保险公司的收入主要来源于保费收入。保费收入很大程度上并非会计意义上的收入,其性质是介于负债与收入之间。也就是说,保险公司向保户收取的保费并不是真正的收入,有很大一部分要通过责任准备金的形式提存出来,将来随时要向保户支付,是对保户的一项负债。因此,保费收入增加的同时也增加了保险负债。收取保险费时保险服务尚待开始,此时为保险人的负债而非收入,承保后继续提供服务,保险费开始由负债转为收入。

5. 费用

费用(expense)是指公司在日常活动中发生的、会导致所有者权益减少的、与向所有者分配利润无关的经济利益的总流出。成本是对象化了的费用。对于保险公司而言,成本是指公司为销售某一保险产品而发生各种耗费。费用是指公司为销售保单、提供服务等日常活动经济利益的流出。由此可见,保险成本是以保险产品或某险种为归集对象,而保险费用是以会计期间为归集对象。

按照财务制度规定,公司在业务经营过程中发生的与业务经营有关的支出,包括赔付支出、退保金、业务及管理费、手续费及佣金支出、分保业务支出、提取责任准备金以及其他有关支出,按规定计入成本和费用,属于当期的直接计入当期费用。

由于保险费率的确定按收支相抵的原则,对未来发生保险事故的一种成本预测,因此,定价成本是一种预计成本亦即事前成本,同时,由于发生保险事故造成的赔款或给付属于事后成本亦即实际成本。保险会计成本核算存在两套不同的成本体系,即预计成本体系和实际成本体系。预计成本体系建立在经验数据的基础上,以现在对将来的期望值作为计算基础;实际成本体系是以发生保险责任范围内的保险事故所支出的保险赔付为核算基础,是检验保单定价是否合理的重要数据来源。保单预计成本和实际成本的差异形成了保险公司的利润。这也是与一般制造业不同之处,因为,对于一般制造业,利润是售价与成本相抵的结果。

6. 利润

利润(profit)是指公司在一定会计期间的经营成果,它是各项收入抵补各项支出后所获得的最后成果。如果收入大于支出即为利润;反之,即为亏损。

利润包括收入减去费用后的净额、直接计入当期利润的利得和损失等。

直接计入当期利润的利得和损失,是指应当计入当期损益、会导致所有者权益发生增减变动的、与所有者投入资本或者向所有者分配利润无关的利得或者损失。利润有营业利润、利润总额、净利润和综合收益总额。营业利润是营业收入减去营业支出后的金额。利润总额是指营业利润加上营业外收入,减去营业外支出后的金额。净利润是指利润总额减去所得税费用后的金额。综合收益总额是净利润加其他综合收益的总额。

与一般行业比较,保险行业利润带有明显的特殊性,这主要体现在以下四个方面。

(1) 保险行业利润有较强的预计性。与一般企业正好相反,保险行业收取保费在前,成本支出在后,这期间需要专门的方法与大量的职业判断进行确认和计量,因此,预计性在保险行业利润中扮演着举足轻重的角色。保险行业利润对保险公司来说尽管还是一个会计概念,在利润表上表现为收入与费用、支出的差额,但是,保险行业利润同时又是一个精算概念,收入与费用、支出的后面还要扣除提取的责任准备金。而责任准备金的计量需要运用大量的假设、经验数据和贴现率,由于估计方法的局限性与保险监管当局谨慎性要求的影响,责任准备金的估计值与实际值常有较大偏差。因此,保险会计中确认利润时,人为色彩更加浓厚。精算师的客观独立性与职业道德备受考验,如何保证保险公司精算结果的准确性和损益不受任意操纵,是一个重要课题。

(2) 利润实现有较强的滞后性。对于寿险业务,绝大部分是期限达十年、二十年甚至三十年以上的长期性负债,在收入补偿与发生成本之间存在较长的时间差,利润的实现具有较强的滞后性。原则上,在一份寿险保单终止效力以前,保险公司是无法计算这份保单所带来的真实利润。可见,对保险行业利润的考核仅限于一个会计年度或承保年度是不能真实充分地评价保险行业的经营绩效的。只有在历史时期分析的基础上把握利润变动的周期规律,才能准确分析保险行业的承保业绩和利润趋势。

(3) 保险行业利润有一定的射幸性。特别是财产保险业主要经营自然灾害和意外事故所致风险,而灾害事故的发生存在偶然性和不确定性,它脱离于整个经济系统之外,更多受自然或人为因素影响,故承保物质生产部门的利润或亏损的波动也脱离宏观经济周期的变化。即使有大数法则在起作用,保险利润的高低仍然有一定的射幸性,巨灾和重大责任对保险经营稳定性起决定性作用,导致保险行业利润周期的振幅很大,远远超过其他行业的波动程度,有时一个巨灾的发生,使保险公司追求利润的不懈努力全部化为乌有,最后有可能因巨额亏损而导致破产。

(4) 保险行业利润,并非按个别业务计算汇总而成,而是根据总体业务计算而成。这是保险依据大数法则经营的必然结果。就个别业务来说,保险公司有可能亏损,但如果承保的业务量达到一定规模,风险的不确定性就会减少,就总体业务而言,会逐渐产生利润。

二、会计要素的计量属性

公司在将符合确认条件的会计要素登记入账并列报于会计报表及其附注(又称财务报表,下同)时,应当按照规定的会计计量属性进行计量,确定其金额。计量属性是指所计量的某一要素的特性方面,如桌子的长度、铁矿的重量等。从会计角度,计量属性反映的是会计要素金额的确定基础,主要包括历史成本、重置成本、可变现净值、现值和公允价值等。

1. 历史成本

历史成本(historical cost)又称为实际成本,就是取得或制造某项财产物资时所实际支付的现金或者其他等价物。在历史成本计量下,资产按照购置时支付的现金或者现金等价物的金额,或者按照购置资产时所付出的对价的公允价值计量。负债按照因承担现时义务而实际收到的款项或者资产的金额,或者承担现时义务的合同金额,或者按照日常活动中为偿还负债预期需要支付的现金或者现金等价物的金额计量。

采用历史成本计价是因为实际成本的数据容易取得,实际成本是实际发生的,具有客观性,便于查核,有较强的可验证性,经得起检验,所以,除非法律、行政法规和国家统一的会计制度另有规定外,公司一律不得自行调整其账面价值。

值得注意的是,如果资产已经发生了减值,其账面价值已经不能反映其未来可收回金额,公司应相应地计提资产减值准备。另外,保险监管会计原则基于"准清算"假设,侧重变现能力,因此,有相当一部分资产的计价不以历史成本为依据。如美国保监会规定,有些投资性资产只能以成本或市价孰低的价值列为可接受资产。

2. 重置成本

重置成本(replacement cost)又称现行成本,是指按照当时市场条件下,重新取得同样一项资产所需支付的现金或者现金等价物的金额。在重置成本计量下,资产按照现在购买相同或者相似资产所需支付的现金或者现金等价物的金额计量。负债按照现在偿付该项债务所需支付的现金或者现金等价物的金额计量。

3. 可变现净值

可变现净值(net realizable value)是指在正常生产经营过程中,以预计售价减去进一步加工成本和销售所必需的预计税金、费用后的金额。在可变现净值计量下,资产按照其正常对外销售所能收到现金或者现金等价物的金额扣减该资产至完工时估计将要发生的成本、估计的销售费用以及相关税费后的金额计量。

4. 现值

现值(present value)是指对未来现金流量以恰当的折现率进行折现后的价值,是考虑货币资金时间价值因素等的一种计量属性。在现值计量下,资产按照预计从其持续使用和最终处置中所产生的未来净现金流入量的折现金额计量。负债按照预计期限内需要偿还的未来净现金流出量的折现金额计量。

5. 公允价值

公允价值(fair value)是指市场参与者在计量日发生的有序交易中,出售一项资产所能收到或转移一项负债所需支付的价格。市场参与者是相互独立、熟悉交易情况、有能力并自愿进行资产或负债交易的买方和卖方。关联方通常不能视为市场参与者。计量日的引入突出了公允价值的动态性,由于资产、负债价值的波动性,计量结果必须和特定时点联系在一起。有序交易,是指在计量日前一段时期内相关资产或负债具有惯常市场活动的交易。清算等被迫交易不属于有序交易。有序交易突出了市场导向,而非交易主体或交易自身导向。

公司在对会计要素进行计量时,一般应当采用历史成本;采用重置成本、可变现净值、现值、公允价值计量的,应当保证所确定的会计要素金额能够取得并可靠计量。

引入公允价值计量属性是会计准则体系改革中的一大亮点。目前,我国资本市场已经基本成熟,股权分置改革已经基本完成,越来越多的股票、债券、基金等金融产品在交易所挂牌上市,使得这类金融资产的交易已经形成了较为活跃的市场,因此,我国已经具备了引入公允价值的条件。当然,我国引入公允价值是适度、谨慎和有条件的。我国尚属新兴的市场经济国家,如果不加限制地引入公允价值,有可能出现公允价值计量不可靠,甚至借此人为操纵利润的现象。因此,在投资性房地产等具体准则中规定,只有存在活跃市场、公允价值能够取得并可靠计量的情况下,才能采用公允价值计量。

第三节　保险会计的基本前提与会计基础

一、保险会计的基本前提

会计核算的基本前提也称会计假设,我国新《企业会计准则》中明确指出,企业进行会计确认、计量和报告的基本假设和前提包括四个方面:会计主体、持续经营、会计分期、货币计量。

1. 会计主体

会计主体(accounting entity)又称会计个体,是指会计工作为其服务的特定单位或组织。它规定了会计工作的空间范围。其基本含义是:会计确认、计量和报告是用来说明特定公司个体所发生的交易或事项的,对该特定个体的各项经营活动的记录和反映应当与其所有者的活动、债权人的活动以及交易对方的活动相分离。

会计主体假设要求在会计核算中应区别于本公司经济活动和其他企业或个人的经济活动的界限,不要将其他企业或个人的经济活动纳入本公司会计核算的范围。只有通过对经济业务正确的区别和判定,才能把握会计核算的立场,才能正确地反映本公司会计主体的财务状况和经营成果,才能提供正确的会计信息。比如,对于投资连结保险、万能寿险等,这些产品具有附加储蓄、投资等服务功能,这些功能不是保险的本质,而是保险合同的衍生产品。这些业务所收取的资金可分为两个部分,即保险费和委托保险公司进行投资管理的基金,前者是投保人为享用保险保障所缴付的资金,而后者纯粹是托管资产,与保险业务没有直接必然的联系,因此,从保险公司这个主体出发应分别确认和计量。

会计主体不同于法律主体。法律主体往往都是会计主体。但会计主体不一定是法律主体。作为会计主体,它可以是一个子公司,或者是一个子公司的分支机构,或者是若干个子公司组成的母公司或集团公司。

2. 持续经营

持续经营(continuity)是指在可以预见的将来,公司将会按当前的规模和状态继续经营下去,不会停业,也不会大规模削减业务。它规定了会计工作的时间范围。它要求会计人员在进行会计核算时应当以公司持续、正常的经营活动为前提。

在持续经营假设下，公司所持有的资产，将按预定的目的在正常的经营过程中被耗用、出售或转让；它所承担的债务，也将在正常的经营过程中清偿。可以说，会计核算上所使用的一系列会计原则和会计处理方法都是建立在持续经营前提的基础上的。当然，任何公司都可能破产、解散，公司一旦进行清算，持续经营假设就不能成立，就要实行清算会计。另外，保险监管会计运用的是准清算假设，它侧重于保证公司能够履行当前与未来的义务。它假设保险公司现在就能够以其现有资产偿付其现在及未来的债务，它对资产的计价侧重于现在的变现能力，对准备金的提取更为保守和稳健。对持续经营假设的不同理解与运用是导致公认会计原则下的保险会计与保险监管会计分野的重要原因。例如，监管会计计提准备金所用的假设，如利率、生存率、死亡率、退保率等都比公认会计原则中所用的假设苛刻，计算出来的结果自然相对较高。

3. 会计分期

会计分期（accounting period）又称会计期间，它是指连续不断的经营过程可以被划分为相等的时间单位，以便对公司的经营状况进行及时、连续的反映。会计分期基本前提的确立，使公司会计核算定期结账；定期提供会计报表；及时向信息的使用者提供会计信息。我国保险公司一般采用历年制，即以日历年度作为会计年度，会计期间分为年度、半年度、季度和月份，起讫日期采用公历日期。

因为会计期间假设的存在，才会产生应收、应付、递延等会计处理方法，才会有权责发生制的诞生。

4. 货币计量

货币计量（monetary unit）是指公司在会计确认、计量和报告过程中采用货币作为计量单位，记录和反映公司的经营情况。

在货币计量假设下，保险会计核算以人民币为记账本位币，公司的经营活动一律通过人民币核算反映。以外币为主的外资公司，可按规定以某种外币为记账本位币，但在编制和提供会计报表时应当折合为人民币。我国在境外设立的公司在向国内报送会计报表时，应当折合为人民币。

货币计量是以货币价值不变、币值稳定为条件，因为只有币值相对稳定，在不同时间内所进行的确认和计量的价值才具有可比性和可延续性，才能正确地确定公司的经营成果，反映公司的财务状况。但遇到恶性通货膨胀，物价大幅度上涨，这一假设不再成立，应该对该假设的运用进行一定的修正，实行通货膨胀会计。特别是持续时间长达几十年的长期保单来说，币值不变假设的局限性较为明显，因此，在计提各种长期责任准备金确定贴现率时应考虑通货膨胀因素。

二、会计基础

会计的确认、计量和报告应当以权责发生制为基础。权责发生制（accrual basis）又称应收应付制，它是以会计期间来确认收入和费用的归属期。即凡是当期已经实现的收入和已经发生或应当负担的费用，不论款项是否收付，都应当作为当期的收入和费用；凡是不属于当期的收入和费用，即使款项已在当期收付，也不应当作为当期的收入和费用。

收付实现制是与权责发生制相对应的一种会计基础。收付实现制（cash basis）又称实收实付制，它是以款项是否收付来确认收入和费用的归属期。即凡是当期已经实际收付的收入和费用，无论款项收付已经发生或应当负担，都应作为当期的收入和费用处理。

第四节　保险会计信息质量要求

由于会计信息代表的是一定的经济利益关系，并且，会计信息因公开披露，还会直接或间接地造成一些影响，因此，涉及会计信息利益的各方为了自身的经济利益，必然对会计信息提出一系列的要求。会计信息的质量要求主要包括以下几个方面。

一、可靠性

可靠性（reliability）又称真实性，它是指公司应当以实际发生的交易或事项为依据进行会计确认、计量和报告，如实反映确认和计量要求的各项会计要素及其相关信息，保证会计信息真实可靠、内容完整。可靠性是对会计工作的基本要求。特别作为保险业，它不同于一般的行业，它经营的是风险，销售的是一纸对投保人未来可能的损失予以赔偿或给付的信用承诺，涉及大多数公众的利益，具有显著的公众性和社会性。从一定意义上讲，保险是信用的象征，保险会计作为核算和反映保险经营活动的工具，它所产生的信息必须真实、可靠，这不仅关系到投资者、债权人的利益，而且直接关系到广大投保人的利益，是保险公司的社会责任。因此，保险业作为经营风险的特殊行业，更应该注重会计信息的可靠性。

二、相关性

相关性（relevance）是指会计信息要与使用者的使用目的相关，一般认为会计信息应具有与决策相关联、能够影响决策的能力。对于保险公司来说,相关性就意味着披露更广泛的信息。这主要是因为保险业务日趋复杂化,保险公司所开展的业务也越来越多,混业经营是世界的潮流,这些都使得保险公司的业务比一般工商企业的业务要复杂而且多变。只有把握好相关性,以适当的方式披露与保险公司相关的所有信息,才能更好满足使用者的要求。对于信息的使用者而言,会计信息要成为相关的,必须能够帮助信息的使用者预测将来事项的结局,或者能够证实或纠正信息使用者先前的预期,从而增强决策者预测的能力。

三、可理解性

可理解性(understandability)是指会计记录和会计信息必须清晰明了,便于财务报告使用者理解和使用。

会计信息的目的在于它的使用。只有了解会计信息的内涵,弄懂会计信息的内容,才能更好地使用会计信息。可理解性是使信息的使用者能够领悟其重要意义的质量特征。提高财务信息可理解的程度,需要作出一定的努力。从成本与效益的角度出发,只能为少数人所理解或使用的信息,应不予提供。反之,编制财务报表,也不能仅仅因为有些人理解上有困难,或因为有些投资者和债权人不予使用,而把有关信息排除在外。因此,提高信息的可理解性,可以提高信息的效益。比如,保户质押贷款是人寿保险公司以投保人的有效保单作为质押品,向保户发放的贷款。原会计制度称其为"保户借款",由于保户质押贷款是保险公司的一项债权,称"借款"易被人误解为一项债务,因此新会计准则将该项贷款名称改为"保户质押贷款",使其含义更加清晰明了。

四、可比性

可比性(comparability)要求公司提供的会计信息应当相互可比。主要包括以下两层含义。

1. 同一公司不同时期可比

它要求同一公司不同时期发生相同或者相似的交易或事项,应当采用一致的会计政策,不得随意变更。确需变更的,应当在附注中说明。它侧重于同一公司不同时期的纵向对比。比如,投资连结产品独立账户的估值方法,该产品既有投资功能又有保险功能,区别于一般保险产品,估值方法也不例外,如按交易日市场价值、基金单位净值及公允价值等估价方法,不同的计价方法下独立资产账户价值不同,在同一会计期间内会计人员可以通过职业判断任意选择一种,但一旦选择,就不得任意改变。但强调会计核算的一致性并不意味着所选择的会计程序和处理方法不能作任何变更,当经济环境的变化要求适当变更会计程序和方法时,可以作适当的调整,但必须在财务报告附注中加以说明。

2. **不同公司相同会计期间可比**

它要求不同公司同一会计期间发生相同或者相似的交易或事项,应当按照规定的会计政策,确保会计信息口径一致、相互可比。可比性侧重于不同公司的横向对比,信息使用者能从不同公司相同的期间数据中得到相似或相异的结论。对保险公司而言,不同类型的公司之间是没有可比性的,而相同类型与规模的公司间的比较才有意义。

五、实质重于形式

实质重于形式(substance over form)也即经济实质重于法律形式,它要求公司应当按照交易或事项的经济实质进行会计确认、计量和报告,不应当仅以交易或事项的法律形式为依据。

例如,保险公司以融资租赁方式租入的资产,虽然从法律形式来讲,保险公司并不拥有其所有权,但是由于租赁合同中规定的租赁期相当长,接近于该资产的使用寿命;租赁期满时公司有优先购买该资产的选择权;在租赁期内,公司有权支配资产并从中受益。所以,从其经济实质来看,公司能够控制其创造的未来经济利益,会计核算上应将以融资租赁方式租入的资产视为自有固定资产。

又如,对于保费收入的确认,强调的是"保险合同成立并承担相应的保险责任"这一经济实质,并不以"保险合同成立"这一法律形式作为唯一标准。遵循实质重于形式原则,体现了对经济实质的尊重,能够保证会计核算信息与客观经济事实相符。

六、重要性

重要性(importance)是指公司提供的会计信息应当反映与公司财务状况、经营成果和现金流量等有关的所有重要交易或者事项。重要性是对信息披露范围的一个补充限制。重要性原则与会计信息成本效益直接相关。当今社会信息膨胀,会计信息存在信息过剩的问题,如披露大量不重要信息,必然淹没其他重要信息,削弱重要信息的被关注程度。因此,在进行信息披露时应当区别重要程度,采用不同的披露方式。对于重要的事项单独反映,重点披露;对于次要的事项,合并反映,简单披露。

重要性本身没有确切的衡量标准,哪些情况重要,是否需要在财务报告中重点披露,很大程度上取决于会计人员的经验判断。一般来说,应当从质和量两个方面综合进行分析。从性质来说,当某一事项有可能对决策产生一定影响时,就属于重要事项;从数量方面来说,当一项目的数量达到一定规模时,就可能对决策产生影响。保险公司业务具有复杂化、交易迅速、交易数量巨大等特点,因此需要充分利用重要性原则,对哪些信息需要详细披露、哪些信息只需简要披露、哪些信息无需披露等等作出合理安排。比如,保险公司存货所占比重不大,而且金额较小,对决策不会产生重大影响,因此,没有必要单独作为一个项目披露。

七、谨慎性

谨慎性(prudence)又称稳健性,它是指公司对交易或者事项进行会计确认、计量和报告应当保持应有的谨慎,不应高估资产或者收益、低估负债或者费用。谨慎性反映了会计人员对其所承担的责任的一种态度,它可以在一定程度上降低管理当局对企业通常过于乐观的态度所可能导致的危险。保险公司是经营风险的特殊行业,其经营对象的风险性、保险成本未来的不确定性以及保险责任的连续性等经营特性,与经营环境的融合和交织,使保险公司经营较之一般企业经营更具风险,加之保险公司涉及广大的公众利益,其业务对象具有广泛的社会性,这从而也就决定了保险行业在处理会计信息方法上必须更加稳健保守。此外,监管会计由于服务对象、目标以及假设不同,在稳健程度上显得比公认会计更为保守,所选用的方法和程序往往把谨慎原则运用到了极致。

值得注意的是,谨慎性并不意味着公司可以任意设置各种秘密准备,否则,就属于滥用谨慎性原则,将视为重大会计差错处理。

八、及时性

及时性(timelines)是指公司对于已经发生的交易或者事项,应当及时进行会计确认、计量和报告,不得提前或者延后。会计信息的使用者利用会计信息,目的主要是进行经营决策活动。市场经济条件下,经济环境瞬息万变,这对会计信息的及时性提出了越来越高的要求。坚持及时性原则主要从以下三个方面进行:

(1) 经济业务发生后,及时地取得证明经济业务发生有效的会计凭证。

(2) 对已经取得的会计凭证进行及时的处理,及时记账,编制会计报表。

(3) 及时地传递会计信息,对已编制好的会计报表,及时传递给会计报表的使用者。

关 键 词

保险会计　会计要素　计量属性　基本前提　会计基础　会计信息

复习思考题

1. 简述保险会计的特点。
2. 说明保险会计要素中不同于一般企业会计的特殊项目。
3. 简述保险会计核算的基本前提。
4. 简述保险会计信息质量要求。
5. 简述保险会计要素的计量属性。
6. 简述权责发生制和收付实现制的区别。

第二章

保险公司会计的发展与规范体系

第一节　我国保险公司会计的历史演变与发展趋势

一、我国保险公司会计的发展沿革

我国保险业起步较晚,1949 年 10 月,中国人民银行开始创办中国人民保险公司,1959—1978 年,受产品经济思想的影响,国内业务停办,中国人民保险公司专营国外业务,保险事业几乎到了崩溃的边缘,公司经济核算名存实亡,更谈不上保险会计理论的发展。1979 年中国人民银行开始恢复国内业务,1984 年 1 月 1 日中国人民保险公司正式独立出来,保险会计理论开始引起各方面的重视,理论上逐渐完善,并在实践中得到不断发展。总的来看,我国的保险会计制度在过去的三十几年里走过了从统到分,又由分到统的过程,一共经历了五个时期。

1.《中国人民保险公司会计制度》时期(1984—1993 年)

1979 年以前,我国的金融体系基本上是中国人民银行一统天下的格局,1984 年中国人民保险公司独立出来,1984 年 2 月颁布了《中国人民保险公司会计制度》,由于当时我国的经济体制还是计划体制,而且保险公司发展还处于"拓荒"阶段,许多保险企业独有的特性尚未发挥出来,财会制度上缺乏相应细化的规定。因此,1989 年 12 月中国人民保险总公司对此制度进行了修订,重新颁布了《中国人民保险公司会计制度》,并于 1990 年 1 月 1 日起施行。修订后的会计制度,其实用性和规范性均增强了。总的来看,这个时期的会计制度有以下六个特点。

(1) 财务管理实行计划管理原则。由于计划经济的影响,保险公司在财务会计制度上实行统一计划、分户经营、以收抵支、按盈提奖的财务管理体制。突出财务计划的作用,利用定额进行财务计划的编制,用以评价企业财务活动;公司收入大部分上交国家财政,成本开支范围由国家规定,盈利全部上交国家,亏损由国家弥补;资金管理实行专款专用制度,将资金划分为固定资金、流动资金和专项资金。资金主要由国家有计划地划拨,仅以专用基金形式给予企业一点财务权力。

(2) 会计制度实行"统一领导,分级管理"的原则。为了保证会计制度的统一性,中国人民保险公司的会计制度由总公司统一制定,各级保险公司都必须严格遵照执行,各级公司不得自行变更或修订制度,但可将执行中发现的问题,及时反映给总公司,由总公司负责修订。

(3) 在核算体制上按照不同性质的保险业务,分别确定会计核算体制,如按国内财产险、涉外财产险、出口信用险和人寿保险业务分别单独核算。其中国内财产险业务、人寿保险业务一般由各级公司独立建账、独立核算、分级管理、自计或自负盈亏;涉外财产险与出口信用险一般由总、分公司以下单独建账、分级管理,总公司统一核算盈亏,分公司自计盈亏。

(4) 会计恒等式采用"资金平衡理论",即"资金占用总额＝资金来源总额"。保险企业的资金,从占用的角度看可分为固定资金、流动资金。固定资金是指占用在企业固定资产上的资金,它包括办公用房、职工宿舍、机器设备、交通工具等,流动资金是指占用在流动资产上的资金,它包括货币资金、结算资金(如应收及暂付款、预付赔款等)、各项支出(如赔款支出、手续费支出、业务费等)。保险企业的资金来源,按不同渠道分为自有及内部形成的资金(比如国家拨给的资本金、固定基金、内部形成且有专门用途的准备金、专用基金)、借入资金、结算资金(如应付及暂收款、应付手续费等)、业务经营收入(如保费收入、利息收入、追偿款收入及投资收入等)。

(5) 会计科目分为资产类、负债类、资产负债共同类和损益类。另外,鉴于当时的核算体制是按四大险种分别核算,因此,设置国内、涉外、信用、寿险四套会计科目,分别核算不同险种的业务。由于四类业务的财务活动有很多共同之处,也有不同之处,因此四套科目中大部分科目是四类业务通用的,少部分是专用的。

(6) 记账方法允许从资金收付记账法、借贷记账法中任选一种;财务报表包括资产负债表、损益计算表及费用明细表、专用基金明细表、固定资产表、利润分配及税款解缴情况表等。

2.《保险企业会计制度》时期(1993—1998 年)

随着中共十四大召开,以上这种计划体制下会计制度已不能适应党的十四大报告中提出的"我国经济体制改革的目标是建立社会主义市场经济"的改革新要求。因此,1993 年,财政部根据社会主义市场经济的总体要求,对我国所有的会计制度进行了全面、彻底的改革,财务会计改革进行了模式性的转换。1993 年 2 月 24 日,财政部结合保险行业经营特点及管理要求,在《企业会计准则》的基础上颁布了《保险企业会计制度》,于 1993 年 7 月 1 日起施行。这次改革是一项重大的举措,其重点主要体现在以下几个方面。

(1) 首次确立了资产、负债、所有者权益、收入、费用和利润会计要素体系,并对会计要素的记录和报告作出了基本规定,规范了会计核算的基本前提和基本原则,实行了权责发生制的核算原则,提高了企业财务核算的真实性和准确性。

(2) 在核算体制上将非人身险业务与人身险业务分别进行会计核算,即分别建账、分别核算损益。非人身险业务可分为财产保险、货物运输保险、农村种植业和养殖业保险、责任保险、信用保险、人身意外伤害保险等;人身险业务可分为人寿保险、养老保险、健康保险等。企业经营的再保险业务可分为分入业务与分出业务进行核算,也可将分出业务并入直接业务核算。信用险业务可实行三年结算损益的核算办法。

(3) 建立了资本金制度,实行资本保全原则。企业筹集的资本金,在企业经营期内,投资者除依法转让外,不得以任何方式抽走;按照资本保全原则,企业固定资产盘盈、盘亏、转让、报废、毁损发生的净损益以及计提折旧不再增减资本金,而是直接计入当期损益。这与以前企业收入中大部分上交国家财政,资金随意增减相比有利于企业的自我积累,发展壮大。另外,改革了资金管理办法,取消了专款专用制度。实行企业资金统一管理,统筹运用,促进企业提高资金运用效益。

(4) 建立了资本金核算体系。制度抛弃了与计划经济体制相适应的"资金来源总额＝资金占用总额"的平衡公式,采用了与市场经济体制相适应的"资产＝负债＋所有者权益"的会计恒等式,明确了产权关系,并在这基础上建立了一套资本金核算体系。

(5) 会计科目分为资产类、负债类、所有者权益和损益类,并分别对保险企业会计科目及使用说明作出了明确规定,规范了各类科目的设计,并从保险企业"安全性""流动性"和"盈利性"角度出发,细化了资产流动程度、风险程度和财务损益的科目。

(6) 采用了国际通用的借贷记账法和国际通行的会计报表体系。制度根据《企业会计准则》的要求,规定保险企业对外报表为资产负债表、损益表、财务状况变动表和利润分配表,并对这些报表的作用、报表项目的内容和填列方法作了具体说明,使财务信息成为国际通用商业语言。

（7）扩大了保险企业使用会计科目和会计报表的自主权。制度规定"在不影响会计核算要求和会计报表指标汇总，以及对外提供统一的会计报表格式的前提下，可以根据实际情况增减、合并某些会计科目"。"企业向外报送的会计报表的具体格式和编制说明，由本制度规定，企业内部管理需要的会计报表由企业自行决定。"

（8）体现了一定程度的会计稳健原则。制度规定，保险企业应根据国家有关规定计提坏账准备、贷款呆账准备、投资风险准备，允许企业采用加速折旧法。

3.《保险公司会计制度》时期（1998—2001 年）

1993 年制定的《保险企业会计制度》执行了六年，它对于促进保险企业的发展，促进企业间有序竞争，起到了积极的作用。但是，随着我国社会主义市场经济体制的不断完善，国内保险市场不断发展和壮大，保险行业发生了许多新变化，特别是 1995 年 10 月，我国颁布实施了《保险法》，国家加大了对保险行业的监管力度，并于 1998 年成立了保险监督管理委员会，此后，保险监管部门出台了《保险管理暂行规定》等配套的政策法规，保险公司管理体制发生了重大变化，保险公司的保险业务由多业经营转向分业经营；另外，保险公司保险资金运用发生了重大转变，改变了过去开放经营的做法。这些新变化和新情况客观上要求会计制度与之相适应，作出新的规范。因此，1998 年 12 月 8 日，财政部对原制度进行了修改，颁布了《保险公司会计制度》，于 1999 年 1 月 1 日起施行，这次改革的主要内容有以下六项。

（1）改变了会计制度名称。制度考虑到当时保险企业都已是公司制企业，因此将《保险企业会计制度》改名为《保险公司会计制度》，这样更加符合我国保险公司实际情况。

（2）重新确定了保险业务的分类，并实行按险种分类核算。制度根据保险分业经营的原则，对保险业务的分类进行了调整，将保险业务分为财产保险公司的业务、人寿保险公司的业务和再保险公司的业务三大类。财产保险公司的业务分为财产损失保险、责任保险等；人寿保险公司的业务分为普通人寿保险、年金保险、意外伤害保险和健康保险等；再保险公司的业务分为分入保险业务和分出保险业务。在具体业务分类上，修改了原制度在具体业务划分上存在的交叉情况，明确规定，财产保险公司不得再经营人身意外伤害保险业务，将人身意外伤害保险业务划入人寿保险公司的业务。另外，公司可根据具体情况和有关部门的要求，对保险业务进一步分类核算。

（3）完善了保险业务损益结算办法。制度规定除长期工程险、再保险业务按业务年度结算损益外，其他各类保险应按会计年度结算损益。与原制度比较，本制度作了如下调整：① 原制度只明确了信用险按业务年度结算损益，本制度明确了长期工程险等长期性财产保险业务以及再保险业务按业务年度结算损益。② 前者规定业务年度为三年,后者没有规定业务年度的具体年限,其具体年限由保险公司根据保险业务性质确定。

(4) 增加了确认保费收入的原则以及存出资本保证金、提取保险保障基金的会计处理,调整了贷款、股权投资业务的会计处理。按照《保险法》及其他有关保险监管法规规定,保险公司不得从事除保户质押贷款以外的其他贷款业务,不得买卖股票和进行股权投资。根据上述规定,新会计制度相应取消了除保户质押贷款以外的其他各类贷款业务的会计处理,取消了股票投资及其他股权投资业务的会计处理。

(5) 增加了抵债物资的会计处理,修改了长期待摊费用的会计处理。制度将原"递延资产"科目改为"长期待摊费用"科目。这是因为"递延资产"实际上是不能全部计入当期损益而在以后会计年度分期摊销的待摊费用。它并不能为公司带来经济利益,不符合资产的定义,不能作为一项资产。

(6) 规范了会计报表体系。本制度将原"损益表"名称改为"利润表",将原按保险业务设置的损益表改为按保险公司设置的利润表,并对各张报表的指标项目作了相应调整;用现金流量表取代财务状况变动表,确立了现金流量表在保险财务报表中的重要地位。

4.《金融企业会计制度》时期(2001—2006 年)

2001 年,继新《会计法》和《企业财务会计报告条例》颁布实施之后,财政部又颁布了《企业会计制度》,保险公司又面临一次重大变革。因此,2001 年 11 月 27 日,财政部颁布了《金融企业会计制度》,于 2002 年 1 月 1 日起在上市公司施行。该制度以《企业会计制度》为基础,借鉴国际会计惯例,充分考虑了股份制改革的必然趋势,特别是上市企业的基本要求,集银行、证券、保险等会计制度于一体,分别对六个会计要素以及有关金融业务和财务会计报告作出全面系统的规定。这次改革是提高会计信息质量的又一重大举措,其主要内容有以下五个方面。

(1) 实现了会计要素的重新界定以及相关的确认和计量。会计要素是企业对外提供财务信息的基本框架,虽然 1993 年会计制度改革对会计要素作出了基本规定,但是,仍然只规定会计记录和报告,并没有完全解决会计要素的确认和计量问题,这种会计制度本质上是规范簿记的内容。这次新制度对六个会计要素进行了严格界定,并对其确认、计量、记录和报告全过程作出规定,和原制度相比较,更加全面、严谨、规范,使其反映的会计信息更加符合经济现实。

(2) 在某些会计原则和会计处理方法上实现了与国际会计惯例相协调。随着我国加入 WTO,外资保险公司纷纷进入中国保险市场,它要求国内保险公司的会计标准要与国际惯例相协调,采用国际保险业的通行做法。这次新制度所规定的会计政策和会计确认、计量标准,与国际会计准则中所规定的基本相同。比如,首次将国际上普遍遵循的实质重于形式原则纳入新制度;各项准备金的提取采取了国际通用的办法;短期投资期末计价采用成本与市价孰低法;在固定资产折旧政策上,允许企业按照资产的使用情况计提折旧。

(3) 谨慎性原则体现更充分。新制度无论是会计要素的确认,还是会计方法的处理以及会计信息的披露,可以说将谨慎性原则体现得淋漓尽致。比如,新制度将虚拟资产排除在资产负债表之外,明确规定开办费不得列入资产,待处理财产损溢在期末结账前处理完毕;注重资产质量,要求计提坏账准备、贷款损失准备、短期投资跌价准备、长期投资减值准备、固定资产减值准备、无形资产减值准备、在建工程减值准备、抵债资产减值准备等资产减值准备,这无疑对挤干资产水分,消化不良资产,提高资产质量有重要意义。此外,对利息收入明确规定了严格的确认条件,对于逾期贷款,缩短了应收利息转表外核算的天数,由一年缩短为 90 天。

(4) 增加了对外提供的会计报表,完善了会计信息披露。新制度在原来提供的资产负债表、利润表、现金流量表和利润分配表的基础上增加了所有者权益变动表,充分考虑了上市公司投资者日益增长的信息需求。此外,对会计报表附注进行了详细、严密的规范,提高了财务会计报告的信息含量和可理解性。

(5) 明确了会计政策的审批权限。新制度规定,在遵循国家统一会计制度的前提下,保险公司采用的会计政策、会计估计、财产损失处理的批准权限为股东大会或董事会,或经理会议或类似机构,不再经过政府有关部门规定和批准,改变了过去会计政策和税收政策批准权限混淆不清的现象,将会计行为还政于企业,赋予了保险公司更大的自主权。

5. 《企业会计准则》时期(2006 至今)

随着我国市场经济的建立和发展,我国会计也经历了巨大和深刻的改革,陆续制订和出台了《会计法》《企业会计准则》《具体会计准则》等会计规范,对上市公司的会计行为起到了较好的约束作用。但同时,我们也应看到,我国对保险上市公司的会计规范总体来说还明显落后于证券市场迅速发展的现实需要。主要表现在:一是保险行业作为经营风险的特殊行业,还没有单独的会计准则;二是许多领域尚未公布具体会计准则,如企业合并、合并会计报表、资产重组、衍生金融工具等方面,这些"无法可依"的经济业务往往很容易成为公司进行盈余管理的阵地;三是《企业会计准则》颁布多年,不少内容随着形势的发展已显得不够科学和合理,与《具体会计准则》之间也存在着不少矛盾之处;四是在会计信息的披露方面还缺乏一个更为全面、明确、具体的规范来指导会计实务;五是会计准则本身就具有一定的可选择性。因此,2006年2月15日,财政部发布了包括一项基本准则和38项具体会计准则在内的企业会计准则体系,规定于2007年1月1日在上市公司实行。新的企业会计准则实行后,《金融企业会计制度》不再有效。新的企业会计准则体系对会计信息披露的时间、空间、范围、内容作出了全面系统的规定,具体体现为以下八点。

(1) 强化了投资者和社会公众提供决策有用会计信息的新理念。基本准则指出,"财务会计报告的目标是向财务会计报告使用者提供与公司财务状况、经营成果和现金流量等有关的会计信息,反映企业管理层受托责任的履行情况,有助于财务会计报告使用者做出经济决策"。这表明财务会计信息的披露,不仅可供投资人增资扩股或减资缩股决策作参考,而且更为重要的是对企业高级管理阶层受托经营的资源进行必要的监督,以保证国有企业的资金不致流失,所有委托经营的公司的资产都可保值、增值。可见,真实可靠的财务会计信息才能起到保护投资者利益的作用。这一目标的确立和理念的升华,为维护投资者和社会公众利益、促进资本市场健康稳定发展提供了制度保证。

(2) 直接提出了会计信息的质量要求。为了与目标相协调,基本准则将旧会计准则中的"一般原则"改为"会计信息质量要求",对原基本原则分别做了补充和完善,更加强调会计信息的相关性,将2001年1月1日实行的企业会计制度中"实质重于形式原则"纳入基本准则;同时突出相关性和可比性,强化重要性原则。

(3) 引入公允价值计量要求。新会计准则引入公允价值计量的要求,对于非同一控制下的企业合并、部分金融工具、股份支付等,都要求以公允价值计量。投资性房地产,也有条件的引入公允价值计量的模式。债务重组和非货币性交易,则改变了旧会计准则基本以账面价值作为计量基准,在符合一定的条件时,采用公允价值作为计量基础。

(4) 第一次确认了有关保险行业的会计准则。这次新颁布的会计准则第一次确认了有关金融企业的会计准则,它共有八项,占了整个会计准则的将近五分之一,它包括其中专门针对保险行业的会计准则,比如,《企业会计准则第25号——原保险合同》和《企业会计准则第26号——再保险合同》,规范了保险人签发的保险合同和再保险合同的会计处理和相关信息的列报。

(5) 规范了企业合并、合并会计报表等重要的会计事项。在此之前,除了《合并会计报表暂行规定》以外,我国对于企业合并、合并会计报表这些重要的会计事项,没有正式的会计准则,也很少有全面、具体的指引,特别是企业合并,不同企业对于类似的交易可能采用不同的会计处理方法,在实务中容易出现混乱。新会计准则填补了这一空白。"企业合并"和"合并财务报表"准则的出台,将对这些重要会计事项的处理提供全面的、更具权威性的规范和指引。

（6）规范了新的会计业务，原有的表外项目纳入表内核算。新会计准则提出了许多新的概念，比如，金融工具、投资性房地产和股份支付等，新会计准则要求将衍生金融工具纳入表内核算，而不仅仅是在表外披露；同时，针对新出现的上市公司股权激励政策，新准则要求授予员工的股权和期权都应计入利润表，并按公允价值计量。

（7）披露要求更为严格具体。新修订的会计准则，引入了比以往更加严格具体的披露要求，新会计准则借鉴国际财务报告准则，引入每股收益、分部报告等披露要求。新会计准则针对金融工具，要求披露重要会计政策和重要会计估计的确定依据。新会计准则实施指南也针对保险行业提出更多的披露要求。这些都将给财务报表使用者提供更为透明的信息，更有助于报表使用者制定经济决策。

二、我国保险公司会计的发展趋势

国际会计准则理事会（IASB）自 1973 年成立以来，一直致力于建立一套全球通用的会计准则——国际财务报告准则（IFRS）。而长期以来，世界各国对保险合同会计处理方式的规定各不相同。比如美国会计师协会财务会计准则委员会（FASB）自 1982 年起陆续颁布 3 号专属保险交易适用的财务会计准则公报，其他国家也有各自的会计处理规则。一方面，这使得很多跨国保险集团在编制合并财务报告时遇到了极大的困难；另一方面，它也使保险行业中的很多投资者对不同会计准则下同一家保险公司的财务报告结果迥异的现象倍感疑惑。正因如此，保险公司、投资者以及评级机构很早就呼吁在全球范围内建立一套统一的保险财务会计准则。

实际上，国际会计准则理事会很早就意识到建立全球统一的保险合同会计准则的重要性。早在 1997 年，国际会计准则理事会的前身——国际会计准则委员会（IASC）就设立了一个指导委员会，开展关于保险项目的起步工作。鉴于保险会计较其他行业会计更具特殊性及各国保险会计实务的分歧性，以及配合欧盟 2005 年起全面适用国际会计准则，2002 年 5 月 IASB 决定将保险合同计量分成两阶段进行，2004 年 3 月份 IASB 发布了《国际财务报告准则第 4 号——保险合同》（IFRS4），标志着该项目第一阶段的完成。作为一个过渡性的会计准则，IFRS4 在保险合同定义、保险负债分拆、平衡性准备金与巨灾准备金计提、自由分红产品以及金融资产的会计处理等方面均作出了探索性的规定。但 IFRS4 对保险合同的会计处理只做了有限的改进，没有为保险合同会计准备金的计量等会计处理定出详细的原则或规范，导致许多国家都允许本国的保险公司沿用既有的会计政策进行计量，暂不要求保险人改变现行的某些会计处理方法，各个国家保险公司的财务报表所披露的保险信息因此扑朔迷离,关于保险合同的会计因此也被业界戏称为"保险黑匣"。

随着国际财务报告准则国际影响力的增强,2004年国际会计准则理事会启动保险合同项目的第二阶段工作,将制定保费收入和保险准备金等计量方法,并先后于2004年5月和2007年5月两次发出针对保险合同会计准则初步意见的讨论稿,收到来自全球的百余份反馈评论意见。2008年10月,一个颇具国际影响力的会计准则制定机构——美国财务会计准则委员会的加入使得该项目变得更加受人关注。在双方的共同努力下,国际会计准则理事会分别于2010年7月30日和2013年6月20日发布了征求意见稿,主要围绕履约现金流(包括获取成本)、折现率、边际、保费分配模型、列报、适用范围、分拆、再保险、过渡条款等作出结论。2017年5月,国际会计准则理事会发布了《国际财务报告准则第17号——保险合同》(IFRS17),将取代现行的允许多样化会计处理的IFRS4,从根本上改变所有签发保险合同和具有相机分红特征投资合同的主体的会计处理,有望突破保险会计这一全球性难题,彻底攻克"保险黑匣"这一难关。

中国会计准则与国际财务报告准则趋同是我国经济发展战略的重要组成部分。2006年2月15日财政部第一次发布了有关保险行业的会计准则,包括《企业会计准则第25号——原保险合同》和《企业会计准则第26号——再保险合同》。2007年12月6日,内地与香港签署了两地会计准则等效的联合声明,要求A+H股上市公司在两地公布的财务报告基本一致。但从2007年年报的执行情况来看,境内外上市公司的报表仍然存在一定差异。2008年8月7日财政部发布了《企业会计准则解释第2号》(简称《2号解释》),规定了在A股和H股财务报告会计处理的一致性,要求境内外同时上市企业对同一交易事项采用相同的会计政策和会计估计进行确认、计量和报告,涉及保险业的主要是保费收入确认问题、保险合同准备金计量问题和保单获取成本是否递延问题。

2009年12月22日财政部进而颁布了《保险合同相关会计处理规定》(简称《规定》),《规定》引入重大保险风险测试和分拆处理,吸收IASB准备金计量三因素模型,确定了改革的路径和技术标准,《2号解释》得到落实。《规定》的颁布,消除了A+H股上市保险公司年报差异,推动了与国际会计准则趋同,使我国成为国际上第一个全面吸纳并积极实施IASB取得的IFRS《保险合同》第二阶段最新成果的国家。2018年12月26日,财政部颁布了中国版IFRS17,即《企业会计准则第×号——保险合同(修订)(征求意见稿)》,2020年12月24日,财政部正式颁布了《企业会计准则第25号——保险合同》,这不仅为我国保险业与IFRS《保险合同》最终成果全面接轨奠定坚实基础,还有助于提升我国对国际保险会计准则的影响力,加快我国保险国际化发展步伐。

第二节　保险公司会计的基本构架

保险行业会计应采取双重规范、双重报告的模式,具体可分两个层次:一是一般公认会计;二是监管(法定)会计。

一、一般公认会计

1937 年美国会计程序委员会(CAP)发表第 1 号"会计研究公报",首次提出了由政府机关或职业组织颁布"一般公认会计原则"(Generally Accepted Accounting Principles,GAAP)。一般公认会计适用于各个不同的企业,包括从会计的基本概念、基本假设等基本原理到具体的会计记录和编制财务报表的程序和方法,其主要目的在于向一般非特定会计信息使用者提供真实、公允的信息。保险公司也不例外,保险公司提供的财务信息应与其他行业保持可比性。但作为特殊企业的保险公司,其财务报告的编制还同时需要遵循监管会计。

二、监管(法定)会计

保险公司是经营风险的特殊行业,它本身属于一种负债经营,对经济社会背负着巨额负债,其业务对象具有广泛的社会性,承担着对整个社会的保障责任,发挥着社会"稳定器"的作用,这决定了保险会计具有鲜明的法定特点,必须接受严密的监理。另一方面,保险行业经营的特殊性,造成会计核算与一般行业的差异,保险公司和保单持有人双方信息不对称等原因,也决定保险监管的另一个重要目的是为了维护相对弱势的群体——"保单持有人"的利益。一般来讲,保险监管是政府机关经法律授权依法执行的,保险监管部门对保险公司监管的核心是偿付能力。因此,监管会计(statutory accounting)主要服务于保险监管部门,主要为保证保单持有人利益而监控保险公司偿付能力的需要。

自 2003 年以来,中国保监会陆续颁布了一系列有关偿付能力监管的管理规定和编报规则,但是它不能全面反映风险,风险敏感性低,注重资本要求而非风险管理能力,而且它是建立在旧会计准则和报表科目之上,与国际财务报告准则不相适应。2001 年,欧盟启动了偿付能力Ⅱ项目,目前已正式通过,对我国而言,中国保监会从 2012 年 4 月正式启动第二代偿付能力监管制度体系(简称"偿二代")建设,2015 年 1 月 13 日,"偿二代"主干技术标准共 17 项监管规则经保监会主席办公会审议通过,并已正式发布,保险行业自 2015 年起进入"偿二代"的实施准备期,已于 2016 年 1 月 1 日起正式实施。

"偿二代"主要采取三支柱的整体框架:第一支柱是以资本为核心的定量要求,包括保险公司偿付能力监管规则第1至8号,分别为实际资本、最低资本、寿险合同负债评估、保险风险最低资本(非寿险业务)、保险风险最低资本(寿险业务)、保险风险最低资本(再保险公司)、市场风险最低资本、信用风险最低资本;第二支柱是以风险管理为核心的定性要求,包括保险公司偿付能力监管规则第9至12号,分别为压力测试、风险综合评级(分类监管)、偿付能力风险管理要求与评估、流动性风险;第三支柱是信息披露的要求,包括保险公司偿付能力监管规则第13至16号,分别为偿付能力信息公开披露、偿付能力信息交流、保险公司信用评级、偿付能力报告。此外,"偿二代"还包括保险公司偿付能力监管规则第17号:保险集团,这标志着我国偿付能力监管新体系建设取得重大阶段性成果。

三、一般公认会计和监管会计的区别

1. 信息使用者不同

一般公认会计的信息使用者偏重于投资大众、一般债权人、证监会;监管会计的信息使用者偏重于代表投保大众的监理机构或社会中立评价机构。

2. 信息提供的内容不同

一般公认会计强调获利能力,为兼顾不同会计信息使用者各方面的要求,它只能在资产负债表、利润表、现金流量表之间取得一个平衡,任何一张报表都不能偏废。监管会计则强调偿付能力,它侧重于资产负债表,现金流量表占有重要的地位。

3. 时间假设不同

一般公认会计采用持续经营假设;监管会计则排除持续经营理念,虚拟停业清算,采用准清算概念。

4. 资产评价基础不同

一般公认会计资产评价基础为全部资产,监管会计资产评价基础仅为认可资产。认可资产(admitted asset)也称为可接受资产,是指处置不受限制,并可用于履行对保单持有人赔付义务的资产。不符合上述条件的资产,为非认可资产。认可资产包括以下类别。

(1) 现金及流动性管理工具,指保险公司持有的现金以及通常可用于现金管理的金融工具。其中,现金包括库存现金和活期存款,流动性管理工具包括货币基金、短期融资券、买入返售证券、央行票据、商业银行票据和拆出资金等。

(2) 投资资产,指保险公司资金运用形成的资产,包括银行存款、政府债券、金融债券、企业债券、资产证券化产品、信托资产、基础设施投资、权益投资、投资性房地产、其他投资资产等。

（3）长期股权投资，指保险公司对子公司、合营公司和联营公司的投资。

（4）固定资产，包括房屋、机器设备、交通运输设备、在建工程、办公家具等。

（5）应收及预付款项，包括应收保费、应收分保账款、应收利息、保单质押贷款、应收股利、预付赔款、存出保证金、其他应收和暂付款项等。

（6）独立账户资产，指投资连结保险各个投资账户中的投资资产。

（7）其他认可资产。

保险公司下列资产为非认可资产。

（1）无形资产（土地使用权除外）。

（2）商誉。

（3）递延所得税资产。

（4）未摊销的广告费、经营性租赁资产的改良支出等长期待摊费用。

（5）有迹象表明保险公司到期不能处置或者对其处置受到限制的资产，包括被依法冻结的资产，为他人担保而被质押或抵押的资产（为自身担保的抵押物和质押物除外），由于交易对手出现财务危机、被监管机构接管、被宣告破产等事项而导致保险公司对其处置受到限制的资产，由于当地的管制、政治动乱、战争、金融危机等原因而导致保险公司对其处置受到限制的境外资产，中国保监会规定的其他情形。

（6）中国保监会规定的其他非认可资产。

除对子公司的长期股权投资外，保险公司各项认可资产以账面价值作为认可价值。账面价值是指保险公司根据会计准则确认、计量的资产账面余额扣除减值或折旧后的金额。保监会认为资产减值计提不恰当的，有权要求保险公司对资产减值进行调整。保险公司持有的子公司的长期股权投资应当按照权益法确定其认可价值。

5. 负债评价基础不同

一般公认会计负债评价基础为全部负债，监管会计资产评价基础仅为认可负债。认可负债（admitted liability）是指保险公司无论在持续经营状况还是破产清算状况下均需要偿还的债务。不符合上述条件的负债，为非认可负债。认可负债包括以下类别。

（1）保险责任准备金负债，包括未到期责任准备金和未决赔款责任准备金。

（2）金融负债，包括卖出回购证券、应付返售证券、保户储金及投资款等。

（3）应付及预收款项，包括应付保单红利、应付赔付款、预收保费、应付分保款项、应付佣金及手续费、应付职工薪酬、应交税金、应缴保险保障基金等。

（4）资本性负债，指保险公司发行的符合核心资本和附属资本标准，用于补充实际资本的长期债务，包括次级定期债务、资本补充债券、次级可转换债券等。

(5) 预计负债,指按照会计准则确认、计量的或有事项的有关负债。

(6) 独立账户负债,指保险公司对投资连结保险提取的单位准备金和投资账户负债。

(7) 其他认可负债。

下列负债为非认可负债。

(1) 保险公司根据财政部有关规定对农业保险业务提取的大灾风险保费准备金。

(2) 中国保监会规定的其他非认可负债。

产险公司的保险责任准备金负债以账面价值作为认可价值;寿险公司保险责任准备金负债的认可标准,由中国保监会另行规定。

保险公司的金融负债、应付及预收款项、预计负债、独立账户负债和其他认可负债以账面价值作为认可价值。

保险公司发行的没有赎回条款的次级定期债务和资本补充债券,以及次级可转换债券,按照下列标准确定认可价值:① 剩余年限在 2 年以上(含 2 年)的,认可价值为 0;② 剩余年限在 1 年以上(含 1 年)、2 年以内的,以账面价值的 50% 作为其认可价值;③ 剩余年限在 1 年以内的,以账面价值的 80% 作为其认可价值。

保险公司发行的具有赎回条款的次级定期债务和资本补充债券,按照下列标准确定认可价值:① 剩余期限在 4 年以上(含 4 年)的,认可价值为 0;② 剩余期限在 3 年以上(含 3 年)、4 年以内的,以账面价值的 20% 作为其认可价值;③ 剩余期限在 2 年以上(含 2 年)、3 年以内的,以账面价值的 40% 作为其认可价值;④ 剩余期限在 1 年以上(含 1 年)、2 年以内的,以账面价值的 60% 作为其认可价值;⑤ 剩余期限在 1 年以内的,以账面价值的 80% 作为其认可价值。

6. 盈余确认方法不同

一般公认会计按一般实现原则确认收入、费用、利润;监管会计采用更为保守的确认方法,计算的盈余要比前者低。

四、一般公认会计和监管会计的联系

1. 一般公认会计是监管会计的基础

一般说来,监管会计并不是一种完全意义上的会计原则,它只是对一般公认会计原则会计核算的结果按监管会计的要求进一步加工,形成监管会计报告所采用的原则。

监管会计并不用于保险公司的日常核算,日常核算采用一般公认会计原则。只是在向保险监管部门呈报法定报表时,按监管会计要求对一般公认会计报表的结果进行调整,从而实现两者的转化与结合。两者虽有差异,但不存在难以调和的矛盾。

2. 一般公认会计与监管会计互为补充

对于保险业而言,如果保险公司仅以一般公认会计原则运行的结果确认利润、确认收益、分配利润,则由于保险业收入补偿在前、成本发生在后的特殊性,在赔偿和给付偏离损失期望的情况下就会造成高估收益,引发超额分配,危及保险公司的偿付能力与持续经营能力。监管会计因为其稳健程度高于一般公认会计,在监管会计下计算出来的保险利润低于以一般公认会计原则计算的利润,要求保险公司按照监管会计原则计算的利润进行分配,可防止超额利润分配,使保险公司具有充足的偿付能力,实现保险监管目标。当然,仅以监管会计原则计算的结果看待保险公司的经营成果,则会由于监管会计原则过度稳健、计算的收益过低而产生悲观的印象。若要对保险公司的经营成果与财务状况有一个公正的评价,并把它正确地与其他行业进行比较,仍要以具有可比性的一般公认会计原则确认、计量和报告的结果为主。可见,一般公认会计与监管会计构成互为补充的关系。

五、保险会计运行模式

虽然各国保险会计都存在一般公认会计和监管会计两种规范,但这两种规范的运行模式各有不同,大致分为以下三类。

1. 主辅相成模式

该种模式要求会计核算在日常按一般公认会计原则运行,只是在会计期末按监管会计要求对一般公认会计结果作相应的调整,然后以调整后得出的结果编制特定的监管报表。采用此种运行模式的国家有:英国、德国、美国、澳大利亚、意大利、荷兰、瑞士、瑞典、西班牙等。

2. 合二为一模式

该种模式要求按照一般公认会计和监管会计的要求制定一套不同于非保险企业所采用的会计政策,形成特有的会计规则。日本等国家采取这种模式。这种模式虽然具有运行成本低、节省人力资源等优点,但由于一般公认会计和监管会计在服务对象、目的、侧重点、会计假设和对风险的界定等方面存在很大的区别,若强行把两者糅进一套体系中,势必造成不仅操作困难,而且难以兼顾一般公认会计和监管会计使用者各自的要求的问题。最终运行的结果必然是在一般公认会计和监管会计两者之中有所偏废,严重的会造成保险监管失败,保险公司破产。日本近几年数家寿险公司倒闭的情况与其采取合二为一模式不无关系。因为这种模式侧重了一般公认会计的要求,忽视了监管会计的规定,造成监管部门对保险公司的偿付能力估计不准确,掩盖了保险公司的真实财务状况,因此该种模式不可取。

3. 两者并行模式

该种模式要求监管部门规定一套法定会计制度,公司在日常会计操作时采用两者并行的方式。巴西等国家采取该模式。该模式要求公司在实际操作与运行会计系统时将一般公认会计和监管会计两套规则同时进行。这种模式运行成本较高,不利于成本效益的提高,故该种模式也不属于理想的模式。

比较起来,第一种主辅相成模式则可以较好地解决一般公认会计和监管会计的不同要求与运行成本之间的矛盾,在实现一般公认会计与监管会计不同要求的同时,又使得运行成本和操作难度不高,因此成为大多数国家的理想选择。

第三节　保险公司会计科目与借贷记账法

一、会计科目

1. 会计科目的含义

会计科目(accounting subject)是对会计对象的具体内容进行分类的项目名称。

设置会计科目作为会计核算的一种专门方法,是正确运用复式记账、填制会计凭证、登记账簿和编制会计报表等会计核算方法的基础。

2. 会计科目的分类

(1) 会计科目按经济内容分类。这种分类是根据会计要素的具体内容来划分的,保险公司会计科目可分为以下五类。

① 资产类科目。它包括反映流动资产的科目,如"库存现金""银行存款""交易性金融资产""买入返售金融资产""应收利息""应收保费""预付赔付款"等科目;反映非流动资产的科目,如"长期股权投资""存出资本保证金""固定资产""无形资产"等科目。

② 负债类科目。它包括反映流动负债的科目,如"短期借款""应付手续费及佣金""应付职工薪酬""预收保费""应交税费""未到期责任准备金"等科目;反映非流动负债的科目,如"长期借款""寿险责任准备金""保户储金""长期应付款"等科目。

③ 共同类科目。共同类科目是具有双重性质的科目,包括"货币兑换""衍

生工具""套期工具""被套期项目""系统往来""分保内部往来"等科目。

④ 所有者权益类科目。它包括反映资本金的科目,如"实收资本"以及在经营中形成的"资本公积""盈余公积""一般风险准备"等科目。

⑤ 损益类科目。它包括反映各项收入的科目,如"保费收入""利息收入""投资收益""营业外收入"等科目;反映各项费用支出的科目,如"赔付支出""保单红利支出""手续费及佣金支出""业务及管理费""营业外支出""所得税费用"等科目。

为了便于编制凭证,登记账簿,查阅科目,提高记账效率,以及开展电算化的需要,需对会计科目进行统一编号。比如资产类科目均以 1 为第一位数字;负债类科目均以 2 为第一位数字;所有者权益科目均以 3 为第一位数字。每类会计科目的编号之间,留有一定的空号,以备增补新的科目。这种编号方法,具有清晰明了、灵活性强等特点。

(2) 会计科目按提供核算指标详细程度分类。为了既提供总括核算指标,又提供详细核算指标,会计科目可分为总分类科目、二级科目和明细分类科目三级。

总分类科目,也称"总账科目"或"一级科目",是总括反映会计对象具体内容的科目。如"银行存款""保费收入""业务及管理费"等。总分类科目主要由会计制度统一规定,公司可根据自身的具体情况作适当的减并增补。

明细分类科目,也称明细科目或细目,是对总分类科目进一步分类的科目。在会计核算中,明细分类科目所提供的资料是最为具体和详细的。由于各公司的规模、特点不同,因此,会计制度只规定一些必要的明细科目,其他明细科目可由公司根据实际需要自行规定。

二级科目,也称子目,是介于总分类科目和明细分类科目之间的科目,它比总分类科目提供的指标详细,但又比明细分类科目提供的指标概括。例如,在"赔付支出"总分类科目下面,可按类别设置"赔款支出""满期给付""死亡给付""伤残给付""医疗给付""年金给付"等二级科目,在二级科目下面,还可按险种分设细目,以便详细反映各种赔付支出增减变动的情况和结果。

3. 保险公司会计科目表

为了保证会计核算指标的口径一致,便于会计指标的对比和汇总,公司应按企业会计准则的规定设置会计科目,以保证会计科目的统一性。但是,公司在不违反会计准则中确认、计量和报告规定的前提下,可以根据本单位的实际情况自行增设、分拆、合并会计科目。企业不存在的交易或者事项,可不设置相关会计科目。

保险公司会计科目表如表 2-1 所示。

表 2-1　会计科目表

顺序号	编号	会计科目名称	顺序号	编号	会计科目名称
		一、资产类	22	1303	保户质押贷款
1	1001	库存现金	23	1304	贷款损失准备
2	1002	银行存款	24	1411	低值易耗品
3	1031	存出保证金	25	1412	低值易耗品跌价准备
4	1032	存出准备金	26	1441	抵债资产
5	1101	交易性金融资产	27	1442	抵债资产跌价准备
6	1111	买入返售金融资产	28	1451	损余物资
7	1122	应收保费	29	1452	损余物资跌价准备
8	1123	预付赔付款	30	1501	持有至到期投资
9	1124	预付分出保费	31	1502	持有至到期投资减值准备
10	1125	垫缴保费	32	1503	可供出售金融资产
11	1126	代付赔付款	33	1511	长期股权投资
12	1127	托收票据	34	1512	长期股权投资减值准备
13	1128	应收票据	35	1521	投资性房地产
14	1131	应收股利	36	1522	投资性房地产减值准备
15	1132	应收利息	37	1531	长期应收款
16	1201	应收代位追偿款	38	1532	未实现融资收益
17	1211	应收分保账款	39	1541	存出资本保证金
18	1212	应收分保合同准备金	40	1601	固定资产
19	1221	其他应收款	41	1602	累计折旧
20	1231	坏账准备	42	1603	固定资产减值准备
21	1302	拆出资金	43	1604	在建工程

续 表

顺序号	编号	会计科目名称	顺序号	编号	会计科目名称
44	1605	在建工程减值准备	66	2221	应交税费
45	1606	固定资产清理	67	2231	应付利息
46	1701	无形资产	68	2232	应付股利
47	1702	累计摊销	69	2241	其他应付款
48	1703	无形资产减值准备	70	2251	应付保单红利
49	1711	商誉	71	2261	应付分保账款
50	1801	长期待摊费用	72	2262	代理业务负债
51	1811	递延所得税资产	73	2501	长期借款
52	1821	独立账户资产	74	2502	应付债券
53	1901	待处理财产损溢	75	2601	未到期责任准备金
		二、负债类	76	2602	保险责任准备金
54	2001	短期借款	77	2605	保费准备金
55	2002	存入保证金	78	2611	保户储金
56	2003	拆入资金	79	2612	保户投资款
57	2101	交易性金融负债	80	2621	独立账户负债
58	2111	卖出回购金融资产款	81	2701	长期应付款
59	2202	应付手续费及佣金	82	2702	未确认融资费用
60	2203	预收保费	83	2801	预计负债
61	2204	暂收保费	84	2901	递延所得税负债
62	2205	预收赔付款			三、共同类
63	2206	应付保费	85	3002	货币兑换
64	2207	应付赔付款	86	3101	衍生工具
65	2211	应付职工薪酬	87	3201	套期工具

顺序号	编号	会计科目名称	顺序号	编号	会计科目名称
88	3202	被套期项目	108	6201	摊回保险责任准备金
89	3203	系统往来	109	6202	摊回赔付支出
90	3204	分保内部往来	110	6203	摊回分保费用
		四、所有者权益类	111	6301	营业外收入
91	4001	实收资本	112	6402	其他业务成本
92	4002	资本公积	113	6403	税金及附加
93	4101	盈余公积	114	6411	利息支出
94	4102	一般风险准备	115	6421	手续费及佣金支出
95	4103	本年利润	116	6501	提取未到期责任准备金
96	4104	利润分配	117	6502	提取保险责任准备金
97	4105	大灾风险利润准备	118	6505	提取保费准备金
98	4201	库存股	119	6511	赔付支出
99	4401	其他权益工具	120	6521	保单红利支出
100	4402	其他综合收益	121	6531	退保金
		五、损益类	122	6541	分出保费
101	6011	利息收入	123	6542	分保费用
102	6031	保费收入	124	6601	业务及管理费
103	6051	其他业务收入	125	6701	资产减值损失
104	6061	汇兑损益	126	6711	营业外支出
105	6101	公允价值变动损益	127	6801	所得税费用
106	6111	投资收益	128	6901	以前年度损益调整
107	6115	资产处置损益			

二、借贷记账法

借贷记账法(debit credit bookkeeping)是以"借"和"贷"为记账符号的一种

复式记账方法。借贷记账法起源于 13 世纪的意大利。最初,"借"和"贷"两字表示一种债权、债务关系,但随着商品经济的发展,"借"和"贷"两字失去了原来的含义,纯粹是一种记账符号。"借"和"贷"两字的意义取决于账户的性质。

(一) 借贷记账法的账户结构

借贷记账法下,每一账户分为"借方"和"贷方"两方,规定账户左方为"借方"、账户右方为"贷方",这是借贷记账法下账户的基本结构。不同性质的账户,其"借方"和"贷方"登记的内容不同。

借贷记账法下,各类账户的结构可归纳如表 2-2。

表 2-2　各类账户的结构

借方	账户名称(会计科目)	贷方
资产	+ 　资产	-
负债	- 　负债	+
所有者权益	- 　所有者权益	+
收入	- 　收入	+
费用	+ 　费用	-

需要说明的是,借贷记账法下,除了按经济内容设置上述类型的账户之外,还可以设置和运用一些既可以是资产,又可以是负债的共同性质的账户。该类账户可以根据其期末余额的方向来判断其性质,若为借方余额,表示一笔资产;若为贷方余额,表示一笔负债。

(二) 借贷记账法的记账规则

在借贷记账法下,对发生的每一笔经济业务,在记入某一个账户借方的同时,必须记入另一个或几个相关账户的贷方;反之,在一个账户中登记贷方,则必须同时在另一个或几个账户中登记借方,且记入借方与记入贷方的金额总是相等的,即形成借贷记账法的记账规则"有借必有贷,借贷必相等"。

为了便于把经济业务准确地记入账户,保证账户记录的正确性,在记账之前,应首先编制会计分录。会计分录(accounting entry)简称为分录,是指对每一项经济业务列示其应借、应贷的账户及金额的一种记录形式。即按照复式记账法的要求,根据每项经济业务的内容,确定账户、记账方向和金额的记录。因此,一笔会计分录应包括三项基本要素:会计科目,应借、应贷的记账方向和记账金额。

会计分录分为简单会计分录和复合会计分录。简单会计分录指经济业务的记录只涉及两个账户的记录,即一个账户记借方、另一个账户记贷方的会计分录,一借一贷的会计分录,会计科目的对应关系清楚。复合会计分录指经济业务的记录涉及两个或两个以上账户的会计分录,即一借多贷、多借一贷和多借多贷的会计分录,复合分录可以理解为多个简单的会计分录。

编制会计分录,应按以下步骤进行。

(1) 分析经济业务引起哪些要素变动,是资产(费用)还是权益(收入)。

(2) 确定经济业务涉及的账户名称。例如,是资产类账户中的库存现金,还是负债类账户中的应付手续费及佣金等,该账户的金额是增加了还是减少了。

(3) 确定经济业务应记入账户的方向。即经济业务应记入哪个(或哪些)账户的借方,哪个(或哪些)账户的贷方。

(4) 确定应借、应贷账户是否正确,借贷金额是否相等。

例 2 - 1 假设某公司 20×7 年 6 月发生以下业务,其会计分录的编制举例如下:

1. 以银行存款 10 000 元购入电脑

这笔业务涉及"固定资产"和"银行存款"两个账户,一方面公司的固定资产增加了 10 000 元,另一方面公司的银行存款减少了 10 000 元。"固定资产"属于资产类账户,其增加应记入"固定资产"账户的借方;"银行存款"属于资产类账户,其减少应记入"银行存款"账户的贷方。应编制如下会计分录。

借:固定资产   10 000
  贷:银行存款   10 000

2. 收到现金保费 1 000 元

这项经济业务的发生,一方面使公司的库存现金增加了 1 000 元,另一方面使公司的保费收入增加了 1 000 元。因此,这笔业务涉及"库存现金"和"保费收入"两个账户。"库存现金"属于资产类账户,其增加应该记入该账户的借方;"保费收入"属于损益类(收入)账户,其增加应该记入该账户的贷方。应编制如下会计分录。

借:库存现金   1 000
  贷:保费收入   1 000

3. 以银行存款支付水电费 15 000 元

这笔业务涉及"业务及管理费"和"银行存款"两个账户。一方面公司的业务及管理费增加,另一方面公司的银行存款减少。"业务及管理费"属于损益类(费用)账户,其增加应该记入该账户的借方;"银行存款"属于资产类账户,其减少应该记入该账户的贷方。应编制如下会计分录。

借:业务及管理费   15 000

　　　　贷：银行存款　　　　　　　　　　　　　　　　　　　　15 000

　　4. 预收保费 50 000 元,存入银行

　　这笔业务涉及"银行存款"和"预收保费"两个账户,一方面公司银行存款增加了 50 000 元,另一方面公司的预收保费增加了 50 000 元。"银行存款"属于资产类账户,其增加应记入"银行存款"账户的借方;"预收保费"属于负债类账户,其增加应记入"预收保费"账户的贷方。应编制如下会计分录。

　　　　借：银行存款　　　　　　　　　　　　　　　　　　　　50 000

　　　　　　贷：预收保费　　　　　　　　　　　　　　　　　　　　50 000

　　5. 接受法人投资 100 000 元,存入银行

　　这笔业务涉及"银行存款"和"实收资本"两个账户,一方面公司的银行存款增加,另一方面投资者投入公司的资本增加。"银行存款"属于资产类账户,其增加应记入"银行存款"账户的借方,"实收资本"属于所有者权益类账户,其增加应记入"实收资本"账户的贷方。应编制如下会计分录。

　　　　借：银行存款　　　　　　　　　　　　　　　　　　　100 000

　　　　　　贷：实收资本　　　　　　　　　　　　　　　　　　　100 000

　　6. 向银行借入款项为六个月的借款 20 000 元,存入银行

　　这笔业务涉及"银行存款"和"短期借款"两个账户,一方面公司的银行存款增加,另一方面公司的短期借款增加。"银行存款"属于资产类账户,其增加应记入"银行存款"账户的借方,"短期借款"属于负债类账户,其增加应记入"短期借款"账户的贷方。应编制如下会计分录。

　　　　借：银行存款　　　　　　　　　　　　　　　　　　　　20 000

　　　　　　贷：短期借款　　　　　　　　　　　　　　　　　　　　20 000

　　7. 收到某保户储金,系现金 600 元

　　这笔业务涉及"库存现金"和"保户储金"两个账户,一方面公司的库存现金增加,另一方面公司的保户储金增加。"库存现金"属于资产类账户,其增加应记入"库存现金"账户的借方,"保户储金"属于负债类账户,其增加应记入"保户储金"账户的贷方。应编制如下会计分录。

　　　　借：库存现金　　　　　　　　　　　　　　　　　　　　　600

　　　　　　贷：保户储金　　　　　　　　　　　　　　　　　　　　　600

　　8. 以银行存款支付赔款 5 000 元

　　这笔业务涉及"赔付支出"和"银行存款"两个账户。一方面公司的赔付支出增加,另一方面公司的银行存款减少。"赔付支出"属于损益类(费用)账户,其增加应该记入该账户的借方;"银行存款"属于资产类账户,其减少应该记入该账户的贷方。应编制如下会计分录。

借:赔付支出   5 000

  贷:银行存款   5 000

9. 提取未到期责任准备金 800 元

这笔业务涉及"提取未到期责任准备金"和"未到期责任准备金"两个账户。一方面公司提取未到期责任准备金使公司的费用增加,另一方面因责任尚未到期使公司的负债未到期责任准备金增加。"提取未到期责任准备金"属于损益类(费用)账户,其增加应该记入该账户的借方;"未到期责任准备金"属于负债类账户,其增加应该记入该账户的贷方。应编制如下会计分录。

借:提取未到期责任准备金   800

  贷:未到期责任准备金   800

10. 取得投资收益 80 000 元,存入银行

这项经济业务的发生,一方面使公司的银行存款增加,另一方面使公司的投资收益增加。因此,这笔业务涉及"银行存款"和"投资收益"两个账户。"银行存款"属于资产类账户,其增加应该记入该账户的借方;"投资收益"属于损益类(收入)账户,其增加应该记入该账户的贷方。应编制如下会计分录。

借:银行存款   80 000

  贷:投资收益   80 000

上述会计分录都是一借一贷的会计分录,即属于简单会计分录。但实际工作中,由于经济业务的复杂性,有时还需要编制复合会计分录,比如某公司本期保费1 000 000 元,实收 700 000 元存入银行,余款尚未收到。编制会计分录如下:

借:银行存款   700 000

  应收保费   300 000

  贷:保费收入   1 000 000

此笔经济业务所编制的会计分录,属于一贷多借的复合会计分录,公司编制复合会计分录,可以简化分录的编制工作,提高记账工作的效率,但是,为了保持账户对应关系的清楚,一般不宜把几项不同的经济业务合并在一起,编制多借多贷的会计分录。

(三) 借贷记账法的试算平衡

借贷记账法的试算平衡(trial balance)是指根据"资产=负债+所有者权益"的恒等关系以及借贷记账法的记账规则,检查和验证所有账户记录是否平衡、正确的方法。试算平衡有发生额试算平衡法和余额试算平衡法。

1. 发生额试算平衡法

发生额试算平衡法是根据本期所有账户的借方发生额合计数等于所有账户的贷方发生额合计数的关系,来检查全部账户的借贷方发生额是否相等的方法。

其计算公式为

　　全部账户本期借方发生额合计数＝全部账户本期贷方发生额合计数

2. 余额试算平衡法

余额试算平衡法是运用会计等式,根据本期所有账户的借方余额合计数等于所有账户的贷方余额合计数的关系,检查所有账户的借方期初余额或期末余额和贷方期初余额或期末余额合计数是否相等的方法。其计算公式为

　　　　全部账户期初借方余额合计数＝全部账户期初贷方余额合计数

　　　　全部账户期末借方余额合计数＝全部账户期末贷方余额合计数

例 2-2　在实际工作中,试算平衡都是通过编制试算平衡表来进行的。现以前题为例,编制试算平衡表。见表 2-3。

表 2-3　总分类账户本期发生额及余额试算平衡表

20×7 年 6 月 30 日　　　　　　　　　　　　单位:元

会计科目	期初余额		本期发生额		期末余额	
	借方	贷方	借　方	贷　方	借　方	贷　方
库存现金			1 600		1 600	
银行存款			250 000	30 000	220 000	
预收保费				50 000		50 000
固定资产			10 000		10 000	
短期借款				20 000		20 000
未到期责任准备金				800		800
保户储金				600		600
实收资本	(无)	(无)		100 000		100 000
保费收入				1 000		1 000
投资收益				80 000		80 000
赔付支出			5 000		5 000	
提取未到期责任准备金			800		800	
业务及管理费			15 000		15 000	
合　　计			282 400	282 400	252 400	252 400

应该说明的是,编制试算平衡表只是通过借贷金额是否平衡来检查账户记录是否正确。如果试算平衡表中的发生额或余额不平衡,肯定账户记录有错误,应及时查找纠正,直到实现平衡为止。但是,即使借贷平衡,并不能说明账户记录绝对正确,因为有些错误并不影响借贷双方的平衡关系。例如,一笔经济业务全部重记、漏记、颠倒了记账方向,借贷仍然平衡。因此,根据试算平衡表的结果,只能确认账户记录是否基本正确。

第四节　保险公司会计核算岗位职责

为了强化中支公司的管理职能与基层公司的展业功能;强化资金的集中管理,发挥资金的规模效益;强化会计核算监督职能,确保会计数据的真实、准确,目前保险公司实行财务集中管理体制,即在省级设立财务管理中心,实行集中会计核算、集中财务管理、集中资金管理。

一、省级分公司财务管理中心会计部职责分工

会计部职责分工如图2-1。

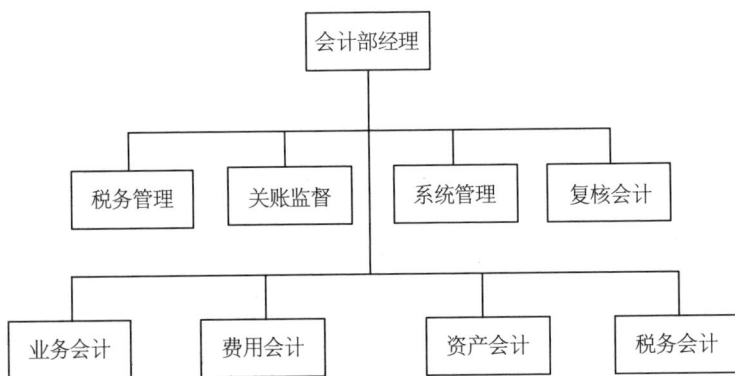

图2-1　省级分公司财务管理中心会计部职责分工

与会计核算工作相关的岗位职责如下。

1. 会计部经理

会计部经理主要负责组织会计部日常会计核算工作;负责指导、监督所辖各级公司会计核算相关工作;负责辅导、培训所辖各级机构会计岗位人员;负责管理会计核算流程;负责考核所辖会计人员绩效;其他工作。

2. 关账监督

关账监督主要负责检查关账前各项工作执行情况；负责核算责任准备金和分保准备金业务；负责抽查记账凭证并进行报表数据分析；负责管理会计核算内部控制流程；负责会计信息相关工作。

3. 系统管理

系统管理主要负责维护财务系统正常运行；负责会计核算系统操作员权限管理；负责变更成本中心的设置、维护系统组织架构、管理银行账号变动；负责协调会计核算与业务系统、人力资源系统等的接口问题。

4. 税务管理

税务管理主要负责收集整理税务政策、维护税企关系；负责审核并过账税金计提凭证，以及审核确认超限额纳税调整；负责督查基层税务申报缴纳情况。

5. 复核会计

复核会计主要负责管理交收的各类原始单证；负责分派会计岗工作任务；负责复核记账凭证；负责对会计岗进行业务指导。

6. 资产会计

资产会计主要负责核算固定资产、无形资产、长期待摊费用；负责核算在建工程；负责核算低值易耗品等。

7. 税务会计

税务会计主要负责计算各项应交税费的计提额；负责录入税务账套的手工凭证。

8. 费用会计

费用会计主要负责核算业务及管理费；负责核算手续费及佣金；负责核算系统资金往来；负责核算营销员保证金；其他会计核算工作。

9. 业务会计

业务会计主要负责核算业务实收付；负责核算业务应收付和混合处理；负责核算手工业务。

二、地市分公司核算岗位职责

地市公司涉及核算工作的岗位是会计岗。会计岗涉及会计核算的职责包括：(1) 负责地市本级机构各类原始凭证的收集、审核和传递；(2) 负责基层公司交接的原始凭证初审和传递(原始单证经过地市分公司模式)。

三、县(区)支公司核算岗位职责

县(区)支公司涉及核算工作的岗位是会计岗。会计岗涉及核算的主要职责是负责本级机构各类原始凭证收集、审核和传递。

关 键 词

会计制度 会计准则 公认会计 监管会计 会计科目 借贷记账法

复习思考题

1. 我国保险会计发展包括哪几个时期？新会计准则时期有什么特点？其发展趋势及实质进展如何？

2. 简述保险公认会计和保险监管会计的区别和联系。

3. 简述保险会计运行模式及其优缺点。

4. 简述借贷记账法的账户结构和记账规则。

练 习 题

习题一

一、目的：练习资产、负债和所有者权益的划分。

二、资料：某公司 20×7 年 10 月末资产和权益状况见下表。

三、要求：根据表中资料，分清资产、负债及所有者权益，并将金额填入相应栏目中。

序号	内　容	资　产	负债及所有者权益	
			负　债	所有者权益
1	公司的房屋及建筑物 54 500 元			
2	财会部门库存现金 500 元			
3	存出的理赔保证金 20 000 元			
4	收到保户的储金 10 000 元			
5	拥有空调等设备 15 000 元			

续　表

序号	内　　容	资　产	负债及所有者权益	
			负　债	所有者权益
6	应付给代理人的手续费 4 200 元			
7	理赔中收回的待处理财产 24 000 元			
8	应收投保人的保费 2 000 元			
9	预付给保户的赔款 120 800 元			
10	提供给保户的贷款 8 400 元			
11	债务重组收回的物资 29 000 元			
12	可供出售金融资产公允价值变动 151 000 元			
13	应付给股东利润 24 000 元			
14	购买随时抛售的股票 135 000 元			
15	投资者投入的资本 240 000 元			
16	购买三年期债券 40 000 元			
17	发行三年期债券 20 000 元			
	合　　计			

习题二

一、目的：熟悉资金变化类型。

二、资料：某公司 20×7 年发生下列经济业务：

1. 用银行存款购买电脑 50 000 元。

2. 以银行存款 65 000 元上交上月税金。

3. 向保户预收保费 100 000 元，存入银行。

4. 以银行存款 30 000 元支付前欠代理人手续费。

5. 收到投资者投入的资本 2 000 000 元，存入银行。

6. 以公司的专利权 75 000 元对外进行长期投资。

7. 接受某外商投资一辆轿车，价值 350 000 元。

8. 将盈余公积 25 000 元转增资本。

9. 公司所有者甲代公司归还银行欠款 80 000 元,并将其转为投入资本。

10. 经批准代所有者乙以其资本金偿还其所欠的账款 91 000 元。

三、要求:填入下列表格。

业 务 类 型	经济业务序号
1. 一项资产增加,另一项资产减少 2. 一项负债增加,另一项负债减少 3. 一项所有者权益增加,另一项所有者权益减少 4. 一项资产减少,一项负债减少 5. 一项资产增加,一项负债增加 6. 一项资产减少,一项所有者权益减少 7. 一项资产增加,一项所有者权益增加 8. 一项负债增加,一项所有者权益减少 9. 一项负债减少,一项所有者权益增加	例:1

习题三

一、目的:熟悉借贷记账法的记账方法。

二、资料:某公司 20×7 年发生下列经济业务:

1. 投资者以一项专利投入资本 500 000 元。

2. 收到客户保费,系现金 5 000 元。

3. 接银行通知,转入公司活期存款户利息 4 000 元。

4. 收到客户预付的保费 90 000 元,存入银行。

5. 以银行存款 50 000 元购买理赔用车。

6. 以银行存款支付代理人手续费 2 000 元。

7. 以现金支付职工预借差旅费 3 000 元。

8. 以银行存款预付赔款 10 000 元。

9. 以现金支付招待用烟 800 元。

10. 以银行存款购买股票 20 000 元,准备随时出售。

三、要求:运用借贷记账法编制会计分录并编制试算平衡表。

保险合同篇

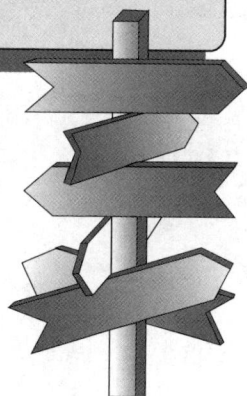

第三章

原保险合同的确定

第一节　保险合同的定义和分类

一、保险合同的定义

保险合同(insurance contract)是指保险人与投保人约定保险权利义务关系,并承担源于被保险人重大保险风险的协议。

保险合同的认定,关键在于,确定重大保险风险是否发生转移。只要保险合同中,含有重大保险风险,就可以认定为保险合同。承担被保险人的重大保险风险,是原保险合同区别于其他合同的主要特征。

重大保险风险是指,除缺乏商业实质的情形外,保单约定的保险事故发生可能导致保险人支付重大附加利益。

二、保险合同的分类

按照危险损失转移的层次的分类,保险合同被划分为原保险合同(original insurance contract)和再保险合同(reinsurance contract)。原保险合同是指保险人向投保人收取保费,对约定的可能发生的事故因其发生所造成的财产损失承担赔偿保险金责任,或者当被保险人死亡、伤残、疾病或者达到约定的年龄、期限时承担给付保险金责任的保险合同。

按照保险人应当根据在原保险合同延长期内是否承担赔付保险金责任,原保险合同可以分为寿险原保险合同(life insurance contract)和非寿险原保险合同(non-life insurance contract)。在原保险合同延长期内承担赔付保险金责任的,应当确定为寿险原保险合同;在原保险合同延长期内不承担赔付保险金责任的,应当确定为非寿险原保险合同。原保险合同延长期,是指投保人自上一期保费到期日未交纳保费,保险人仍承担赔付保险金责任的期间。原保险合同是否存在延长期取决于保单是否存在现金价值。在保单存在现金价值时，即使投保人后期未交保费，保险人仍可按保单现金价值自动垫缴保费，从而延长原保险合同有效期，直至保单现金价值用完为止。也就是说，保单存在现金价值，原保险合同存在延长期，否则，原保险合同不存在延长期。

保单现金价值（insurance policy cash value）又称"解约退还金"或"退保价值"，是指原保险合同所具有的价值，通常体现为投保人退保时，由保险人向投保人退还的价值。在寿险原保险合同当中，投保人缴费达到一定期间（通常为一年或两年）后，保单即有现金价值，它不随保单中途解约或保单到期而丧失，故称为不可丧失价值（non-forfeiture value）。其来源于两个部分：(1) 均衡保费制保单早年多收的保费；(2) 多收保费产生了累积利息。

保单现金价值相当于投保人在保险公司的一种储蓄。保险人为履行保险合同责任通常提存责任准备金，如果投保人中途退保，即以该保单的责任准备金减去解约扣除后的余额退还给被保险人。

例 3-1 王某与甲保险公司签订一份 10 年期寿险合同，从 2006 年 1 月 1 日起生效执行，规定半年交纳一次保费，现王某缴费至 2008 年 1 月 1 日，保单已有现金价值。2008 年 7 月 1 日上一期交纳的保费已经到期，但王某因经济原因暂时不能缴费，公司为其垫缴，使保单继续有效。根据合同规定，甲保险公司仍然承担赔付保险金责任至 2016 年 1 月 1 日。也就是说，对于 2008 年 1 月 1 日至 2016 年 1 月 1 日期间发生的保险事故，甲保险公司仍然按照合同承担赔付保险金责任。那么，2008 年 1 月 1 日至 2016 年 1 月 1 日期间就属于原保险合同延长期。显然，本例中的保险合同属于寿险原保险合同。

在实务中，寿险原保险合同保险期限在 1 年以上，包括定期寿险、终身寿险、两全保险、年金保险、分红保险和长期健康保险合同等，非寿险原保险合同保险期限在 1 年以内（含 1 年），包括企业财产保险、家庭财产保险、工程保险、责任保险、信用保险、保证保险、机动车辆保险、船舶保险、货物运输保险、农业保险、短期健康保险和意外伤害保险合同等。

对于保险期限超过 1 年的长期意外险条款承保的保单，如果是趸交保费，保险期间超过一年，在保险期内，公司不能单方面调整保险费率，属于寿险原保险合同。如果是年交保费，保单期末公司可以单方面调整保险费率，属于非寿险原保险合同。如果年交保费，保单期末公司不可以单方面调整保险费率，属于寿险原保险合同。

第二节　重大保险风险测试

一、重大保险风险测试的确认

分析保险合同的定义可以发现,承担被保险人的重大保险风险是保险合同的本质特征,是保险合同区别于其他合同的关键。因此,保险公司应当在合同初始确认日以单项合同为基础进行重大保险风险测试(major insurance risk test)。

如果不同合同的保险风险是同质的,可以按合同组合为基础进行重大保险风险测试。在实务中,保险公司应当在综合考虑产品业务线、产品特征、产品定价方法和方式、保险合同的风险特征、保单生效年度、保险风险管理政策等基础上确定分组水平,即保单组。

测试结果表明,发生合同约定的保险事故可能导致保险人支付重大附加利益的,即认定该保险风险重大,但不具有商业实质的除外。合同的签发对交易双方的经济利益没有可辨认的影响的,表明保险人与投保人签订的合同不具有商业实质。

附加利益,是指保险人在发生保险事故时的支付额,超过不发生保险事故时的支付额的金额。

二、重大保险风险测试的步骤

1. 判断原保险保单是否转移保险风险

原保险保单转移的保险风险是被保险人已经存在的风险,其表现形式有多种,例如,可能对被保险人财产造成损害或毁坏的火灾的发生或不发生,被保险人是否能生存到保单约定的年龄,被保险人是否会患上保单约定的重大疾病等。

如果保险人没有转移被保险人的保险风险,转移的是其他风险,如金融工具价格、商品价格、汇率、费用指数、信用等级、信用指数等可能发生变化的风险,则双方签订的合同不是保险合同。

2. 判断原保险保单的保险风险转移是否具有商业实质

如果保险事故发生可能导致保险人承担赔付保险金责任,则原保险保单具有商业实质。如果原保险保单包含的多项互斥的保险事故,保险人应根据合同设计初衷、合同条款和经验数据进行判断,选择合理的具有商业实质的保险事故进行重大保险风险测试。

3. 判断原保险保单转移的保险风险是否重大

(1) 非年金保单,以原保险保单保险风险比例来衡量保险风险转移的显著程度。如果原保险保单保险风险比例在保单存续期的一个或多个时点大于等于5%,则确认为保险合同,其中:

原保险保单保险风险比例＝(保险事故发生情景下保险人的支付额÷保险事故不发生情景下保险人的支付额－1)×100%

公式中的分母保险事故不发生情景下保险人的支付额,是指保险人支付给被保险人的退保金或满期给付金;对于非寿险保单,是指保险人支付的退保金或保险合同终止时保险人支付的金额。公式中上述金额的计算不考虑现值和概率。

例3-2 20×2年1月1日,甲保险公司与乙公司签订一份企业财产保险,保险金额为2 000 000元,保险期间为一年,保费总额为8 000元。

本例中,如果发生保单约定的保险事故,则甲保险公司将支付2 000 000元的赔款,如果未发生保单约定的保险事故,乙公司选择在保险期间内退保的,则保险公司应退还剩余保险期间的保费,乙公司未选择退保的,则保险期间届满时合同终止,保险公司无须支付保险金,因此,根据保单条款就可以清楚地判断甲保险公司在保险事故发生情景下支付金额大大超过保险事故未发生情景下的支付金额,该保单满足转移重大保险风险的条件,确认为保险合同。

由上可见,非寿险保单通常显而易见地满足转移重大保险风险的条件,因此保险公司往往可以不计算原保险保单保险风险比例,直接将大多数非寿险保单判定为保险合同。

例3-3 20×2年1月1日,甲保险公司与刘某签订了一份趸交10年期分红型两全保险原保险保单,保单主要条款规定如下:

① 被保险人生存至保险期间届满的年生效对应日,甲公司按基本保险金额给付满期保险金;

② 被保险人于本保单生效之日起一年内因疾病身故,甲公司按所交保险费给付身故保险金;被保险人于本保单生效之日起一年后因疾病身故,甲公司按照基本保险金额给付身故保险金;

③ 被保险人因意外伤害身故的,甲公司按照基本保险金额的200%给付身故保险金;

④ 根据被保险人的性别和年龄特征,该保单趸缴保险费20万元对应的基

本保险金额为 21.85 万元,各保单年度的现金价值见表 3-1。

表 3-1　各保单年度的现金价值　　　　　单位:万元

保单年度	1	2	3	4	5	6	7	8	9	10
现金价值	17.04	17.25	17.69	18.27	19.43	20.35	20.76	21.04	21.52	21.85

本例中,该保险公司采取以下步骤进行重大保险风险测试:

① 识别保险风险。本例中的原保险保单承担了被保险人因意外、疾病导致其身故的保险风险。

② 判断保险风险转移是否具有商业实质。本例中被保险人因意外、疾病导致身故的,保险公司按照保单约定支付保险金,因此,该保险风险转移具有商业实质。在意外、疾病身故两种互斥的给付情形下,保险公司综合考虑合同条款、经验数据后,选择疾病身故进行重大保险风险测试。

③ 计算各保单年度的保险风险比例。本例中保险事故发生情景下即被保险人因疾病身故的,一年内因疾病身故,甲公司按所交保险费 20 万元给付身故保险金;一年后因疾病身故,甲保险公司按基本保险金额 21.85 万元给付身故保险金;保险事故未发生情景下,如被保险人在保单期间内选择退保的,保险公司按保单现金价值支付退保;如被保险人持有保单至满期日的,保险公司按基本保险金额 21.85 支付满期给付金。各保单年度的保险风险比例计算如表 3-2 所示。

表 3-2　各保单年度的保险风险比例

保单年度	1	2	3	4	5	6	7	8	9	10
保险风险比例(%)	17.37	26.67	23.52	19.59	12.45	7.37	5.25	3.85	1.53	0

其中:第一年保险风险比例为:$(20 \div 17.04 - 1) \times 100\% = 17.37\%$

第二年保险风险比例为:$(21.85 \div 17.25 - 1) \times 100\% = 26.67\%$

第三年至第 10 年以此类推。

由表 3-2 可见,本例中有 7 个保单年度的保险风险比例大于 5%,满足转移重大保险风险的条件,因此,确认为保险合同。

例 3-4　20×2 年 1 月 1 日,甲保险公司与张某签订一份年缴五年期定期寿险原保险保单,年缴保费 3 000 元,保险金额为 80 万元,保单主要条款

规定如下:

① 被保险人于本保单生效之日起一年内因疾病身故,甲公司按所交保险费给付身故保险金;

② 被保险人因意外疾病伤害或于本保单生效之日起一年后因疾病身故,甲公司按照保险金额给付身故保险金。

本例为年缴定期寿险保单,如果发生保单约定的保险事故,则甲保险公司将支付80万元的保险金,如果未发生保单预定的保险事故,则甲保险公司无须支付,且由于该保单为年缴定期寿险,保险期间内现金价值很小甚至为0,因此,可以清楚地判断甲保险公司在保险事故发生情景下支付金额大大超过保险事故未发生情景下的支付金额,该保单满足转移重大保险风险的条件,确认为保险合同。

(2) 对于年金保单,转移保险风险是否重大的判断较复杂,且通常情况下,长寿风险的转移是重大的,因此,在实务中可以简化处理,转移了长寿风险的,通常可确认为保险合同。

例3-5 20×2年1月1日甲保险公司与王某签订一份期缴年金保单,年交保费1 000元,被保险人为年龄为35岁的男性,保单的主要条款规定如下:

① 被保险人生存至约定的养老保险金领取年龄(60岁)的保单周年日,本公司按照被保险人选择的领取方式给付养老保险金:

A. 选择一次性领取养老保险金的,本公司按被保险人养老保险金开始领取日的交费账户累积金额一次性给付养老保险金,对被保险人的保险责任终止;

B. 选择按照转换日的年金费率将交费账户累积金额转换为10年固定年金;

C. 选择按照转换日的年金费率将交费账户累积金额转换为生存年金。

② 身故保险金,被保险人于约定养老保险金领取年龄的保单周年日前身故,本公司按交费账户累积金额给付身故保险金,对该被保险人的保险责任终止。

本例为不保证年金费率的递延年金保单,保险公司在积累期内未承担长寿风险,因此,不确认为保险合同。在未来转换日,如果被保险人选择C款转换方式将该保单转换成生存年金,即保险公司开始承担了长寿风险,则在转换日应将该保单确认为保险合同。

（3）一组保单是否转移重大保险风险的判断，其测试步骤如下：

① 对保单进行合理分组，将风险同质的保单归为一组。

② 从保单组合中选取足够数量的具有代表性的保单样本，保单样本的选取应当考虑保单分布状况和风险特征，例如投保年龄、性别、缴费方式和缴费期限等。

③ 如果所取样本中大多数保单都转移了重大保险风险，则该组合中的所有保单均确认为保险合同。

例 3-6　20×2年，甲保险公司销售一款趸交10年期分红型两全保险产品，实现保费5 000万元，产品主要条款规定如下：

① 被保险人生存至保险期间届满的年生效对应日，本公司按基本保险金额给付满期保险金；

② 被保险人于保单生效之日起一年内因疾病身故，本公司按所交保险费给付身故保险金；被保险人于保单生效之日起一年后因疾病身故，本公司按照基本保险金额给付身故保险金；

③ 被保险人因意外伤害身故的，按照基本保险金额的 300% 给付身故保险金。

甲保险公司在财务报告日对该产品的重大保险风险测试步骤如下：

① 将该产品下的所有保单归为一组。

② 从保单组中抽取保单样本进行测试。根据20×2年该产品的实际销售分布，按照被保险人的投保年龄（20—40岁）、性别（男或女）、缴费方式（期缴或者趸缴）和缴费期限（5年期、10年期）等不同风险特征选取 200 个保单样本，每张保单的测试过程如例 3-3 所示。

③ 如果抽取测试的样本中通过重大保险风险测试的保单件数大于 100 个，则可以认为该保单组的保单均转移重大保险风险，全部确认为保险合同。

第三节　保险混合合同的分拆

一、保险混合合同的概念

保险混合合同（insurance mixed contract）是指既包括保险风险又包括非保险风险的合同，主要包括内含衍生金融工具的保险合同、含有储蓄成分的保险合同、自由分红保险合同、财务担保与信用风险合同等。

二、保险混合合同分拆的处理

保险人与投保人签订的合同，使保险人既承担保险风险又承担其他风险的，应当分别下列情况进行处理。

(1) 保险风险部分和其他风险部分能够区分，并且能够单独计量的，应当将保险风险部分和其他风险部分进行分拆。保险风险部分，确定为保险合同；其他风险部分，不确定为保险合同。

(2) 保险风险部分和其他风险部分不能够区分，或者虽能够区分但不能够单独计量的，如果保险风险重大，应当将整个合同确定为保险合同，适用保险合同准则，按照《企业会计准则第 25 号——原保险合同》《企业会计准则第 26 号——再保险合同》进行处理；如果保险风险不重大，应当按照下列原则确定。

① 能明显区分的商品或服务，比如在提供重大疾病保险的同时，提供医疗管理服务，这种服务明显可以区分，适用收入准则，按照《企业会计准则第 14 号——收入》进行处理。

② 非紧密关联的嵌入式衍生工具、能明显区分的投资成分，按照《企业会计准则第 22 号——金融工具确认和计量》《企业会计准则第 37 号——金融工具列报》等进行处理。如果具有与投资成分同样条款的合同已经或可以在相同的市场或地区单独销售，那么该投资成分是能明显区分的。如果投资成分与保险成分是高度相关联的(highly interrelated)，则该投资成分是不能明显区分的，即如果：无法在不考虑其他组成部分的情况下对某一组成部分进行计量；或保单持有人无法从某一组成部分获益，除非其他组成部分仍然有效。

③ 不能明显区分的投资成分按保险合同准则计量，但报告时要从保费中剔除。比如两全保险、定期死亡保险合同，均衡保费中有一部分储蓄保费，保险期限早期应从保费中剔出。

例 3-7 某财产保险公司和投保人签订了一项投资型家庭财产保险，合同约定，每份保险金额为 20 000 元，每份保险金额对应的保险投资金额为 4 000 元，每份保险的年保费为 24 元。保费由保险公司从投资收益中获得，年收益率预计为 2.2%，投保人无需在缴纳保险投资金额外另行支付。

本例中，很显然，这个合同既包含保险风险，又包含投资风险。根据合同条款可以清晰地认定保险风险部分为年保费 24 元，其他风险部分为保险投资金额

4 000 元,该投资成分是能明显区分的,因此,保险公司应将保险风险部分和其他风险部分进行分拆,将保险风险部分确定为保险合同中的原保险合同,将投资风险部分确定为金融工具。

第四节　IFRS17 下原保险合同的确定

一、保险合同的定义

按照 IFRS17 新准则,保险合同是指公司(合同签发人)与保单持有人约定,在特定保险事项对保单持有人产生不利影响时给予其赔偿,并因此承担源于保单持有人重大保险风险的合同。它具有以下几层含义。

1. 提出了保险事项概念

新准则将现行准则中的保险事故改为保险事项(insurance item),概念更加全面、准确。保险事项是指保险合同所承保的、产生保险风险的不确定未来事项。

2. 强调保险合同承保的风险不包括金融风险

保险合同承保的风险是保险风险。保险风险是指从保单持有人转移至合同签发人的除金融风险之外的风险。由此可见,它不包括金融风险。金融风险,是指一项或多项特定利率、金融工具价格、商品价格、汇率、价格指数、费率指数、信用等级、信用指数或其他变量在未来可能发生变化的风险。

3. 强调保险合同认定的关键是承担重大保险风险转移

和现行准则比较,新准则同样强调只要承保了重大保险风险(significant insurance risk),就可认定为保险合同。重大保险风险是发生合同约定的保险事项可能导致公司支付重大附加利益。附加利益是指公司在发生保险事项时的支付额的现值超过不发生保险事项时的支付额的现值。但具体何为重大新准则,没有具体的量化规定,现行准则重大保险风险测试的公式目前同样适用。

二、保险混合合同的分拆

1. 通过重大保险风险测试的保险合同,需要拆出明显投资成分

按照现行会计准则,对保险混合合同将保险风险部分和其他风险部分进行分拆,对保险风险重大的确定为保险合同,不需进一步分拆。但按照新准则,对通过重大保险风险测试的保险合同需要进一步拆出明显投资成分或可明确区分的投资成分。投资成分是指无论保险事项是否发生均须偿还给保单持有人的金

额,比如退保现金价值。

同时满足以下条件的,视为明显投资成分:(1) 投资成分和保险成分非高度关联,没有投资成分,保障也不会受到影响;(2) 签发该保险合同的公司或其他方可以在相同的市场或地区单独出售与投资成分具有相同条款的合同。

满足以下条件之一的,投资成分和保险成分高度关联:(1) 投资成分和保险成分不可单独计量,即无法在不考虑另一个成分的情况下,计量其中一个成分。如果一个成分的价值随另一个成分的价值而变动,则两个成分高度关联。(2) 投保人(受益人)无法从其中一个成分单独获益,只能在两个成分都存在的时候获益。因此,如果合同中一个成分的失效或到期会造成另一个成分的失效或到期,则两个成分高度关联。

2. 通过重大保险风险测试的保险合同,拆出明显投资成分后,分为不具有参与分红特征的保险合同和具有直接参与分红特征的保险合同

(1) 不具有直接参与分红特征的保险合同。主要指纯保障性的保险合同。

(2) 具有直接参与分红特征的保险合同,比如分红保险和万能寿险。它是指在合同开始时满足以下条件的保险合同:① 合同条款规定投保人(受益人)享有清晰可辨认的基础项目池的份额。② 公司预期会将基础项目公允价值回报中相当大的部分支付给投保人(受益人)。③ 公司预期应付投保人(受益人)的金额变动中相当大的部分将随基础项目公允价值的变动而变动。

3. 没有通过重大保险风险测试的投资合同,分为具有相机参与分红特征的投资合同和不具有相机参与分红特征的投资合同

(1) 具有相机参与分红特征的投资合同。它是指赋予特定投资者合同权利以收取保证金额(支付时间和具体金额不由保险公司相机决定)和附加金额(支付时间和具体金额由保险公司相机决定)的金融工具。其中,附加金额预期将构成整个合同利益的重要组成部分,且基于特定合同组合或特定类型合同的回报、保险公司所持有特定资产组合的已实现或未实现投资收益,或者保险公司全部或其一部分的损益。比如保险公司经营的具有与分红保险类似特征的"分红基金"或"保险式基金",除了支付保证金额外,还支付保证收益额外不确定附加金额,附加金额支付时间和具体金额由保险公司相机决定。对于具有相机参与分红特征的投资合同同样适用保险合同准则。

(2) 不具有相机参与分红特征的投资合同。它主要是通常意义上的基金产品,保险公司作为资产管理人,收取资产管理费,投资人承担所有投资风险。此类合同不适用保险合同准则,适用《企业会计准则第 22 号——金融工具确认和计量》和《企业会计准则第 37 号——金融工具列报》等相关准则。

三、保险合同分组

1. **保险合同分组的原则**

保险公司应当将具有相似风险且一起管理的保险合同作为一个保险合同组合。同一产品线内的保险合同预期具有相似的风险,不同产品线的合同(如趸缴固定年金与期缴定期寿险)预期不具有相似的风险,因此,一般应按产品线对保险合同进行分组。

2. **保险合同组合细分**

保险公司应当将一个保险合同组合按照以下方式进行分组。

(1) 按照签发时间,签发时间间隔不超过 1 年的,归入一个保险合同子组合。公司不得将签发时间间隔超过一年的合同归入同一合同组,避免不同时期签订的保险合同因盈亏相抵而不恰当地影响当期损益。

(2) 对于保险合同子组合,为了避免用盈利的合同来抵销亏损的合同,保险公司应当将其至少分为: ① 亏损组,即初始确认时存在亏损的合同组; ② 盈利组,即初始确认时无显著可能会在之后变为亏损合同的合同组(厚利组); ③ 剩余组,即保险合同子组合中剩余的合同组成的合同组,预期可能亏损(薄利组)。

(3) 如果公司有合理且可依据的信息确定多项保险合同属于同一合同组,公司可以多项保险合同整体为基础进行合同组的划分。否则,公司应当以单项合同为基础确定其归属的合同组。如有需要,公司可以将每个合同组进一步细分。例如,按照不同的获利能力、在初始确认后变为亏损合同的不同的可能性或者不同的亏损程度进一步细分。

(4) 后续计量均以组为单位进行。

(5) 无论采用何方法,亏损合同都要立即在利润表中确认损失。

四、保险合同的确认

按照新准则,保险合同的确认不是按照现行准则的起保日来确认,而是应当在以下时点中最早的时点确认其签发的保险合同组。

(1) 责任期开始日。责任期是指公司向保单持有人提供保险合同服务的期间。保险合同服务是指公司为保险事项提供的保险保障服务、为不具有直接参与分红特征的保险合同持有人提供的投资回报服务,以及代具有直接参与分红特征的保险合同持有人管理基础项目的投资相关服务。

(2) 保单持有人首付款到期日,或者未约定首付款到期日时公司实际收到首付款日。

(3) 发生亏损时。

按照以上规定,对于国内的开门红业务,合同的初始确认日很可能在保险费缴纳的时间而不是约定的保险责任开始日。比如,如果投保人在十二月份缴纳了保费而且通过了核保,保险责任在次年的一月开始生效,保险公司需要在十二月份对保险合同进行确认,而不是次年的一月。

关 键 词

保险合同　原保险合同　重大保险风险测试　保险混合合同　保险事项

复习思考题

1. 简述保险合同的分类。
2. 简述重大保险风险测试的步骤。
3. 简述保险混合合同分拆的处理方法。

练 习 题

一、目的:练习保险合同重大保险风险测试的方法。

二、资料:20×2年1月1日,甲保险公司与张某签订了一份趸交10年期两全保险(分红型)原保险保单,保单主要条款规定如下:

1. 被保险人生存至保险期间届满的年生效对应日,甲公司按基本保险金额给付满期保险金;

2. 被保险人于本保单生效之日起一年内因疾病身故,甲公司按所交保险费给付身故保险金;被保险人于本保单生效之日起一年后因疾病身故,甲公司按照基本保险金额给付身故保险金;

3. 被保险人因意外伤害身故的,甲公司按照基本保险金额的300%给付身故保险金;

4. 根据被保险人的性别和年龄特征,该保单趸缴保险费1 000元对应的基本保险金额为1 180元,各保单年度的现金价值如下。(单位:元)

保单年度	1	2	3	4	5	6	7	8	9	10
现金价值	900	950	970	990	1 020	1 050	1 080	1 110	1 140	1 180

三、要求:根据上述资料,判断该合同是否属于保险合同。

第四章

非寿险原保险合同的核算

第一节　非寿险原保险合同核算特点和要求

一、非寿险原保险合同的核算特点

与寿险原保险合同的会计核算相比较,非寿险原保险合同的会计核算具有以下四个方面的特点。

(1) 保费收入在签订保单时确认。非寿险原保险合同是签单生效,其保费收入的确认是在无论是否收到保费情况下,只要保险公司签发保单,就以保单签订日期为确认保费之日。但目前有些保险公司为了加强风险管理,对机动车辆保险实行"见费出单"管理制度,在全额收取车险保费和代收车船税后确认保费收入。

(2) 只发生手续费支出。根据保险监管部门的要求,对于寿险原保险合同,可以发生手续费和佣金支出;对于非寿险原保险合同,只能发生手续费支出。

(3) 不涉及保户质押贷款核算。由于非寿险原保险合同保险期限一般都是在一年或一年以内,期限短,不具有储蓄性质和现金价值,因而不能向保户提供保单质押贷款。

(4) 责任准备金的提存基础与寿险原保险合同业务不同。如非寿险原保险合同的未到期责任准备金在各年度内的分摊是假设风险责任在保险期限内均匀分布,与时间成正比,采用分数计提比例法;未决赔款准备金的数字是根据过去的统计资料、理赔经验或对未来的趋势进行预计,依照个案法或由统计模型估算得出;而寿险原保险合同的责任准备金则需专门的精算师进行精算。

二、非寿险原保险合同的核算要求

(1)采取一级法人,分级管理,逐级核算的财务管理体制。即实行分级管理,分级建账;分公司自计盈亏,总公司统一核算盈亏,并汇总统一缴纳所得税。

(2)根据权责发生制原则,按会计年度结算损益。采用表结账不结的办法按月结计盈亏;按月计提固定资产折旧;期末,分别提取直接业务和分保业务的未到期责任准备金,计提未决赔款准备金、保险保障基金。

(3)实行分险种核算损益办法。分险种核算的险种为:企业财产保险、家庭财产保险、工程保险、责任保险、信用保证保险、机动车辆保险、船舶保险、货物运输保险、特殊风险保险、综合保险、农业保险、通用附加险、意外伤害保险、短期健康保险等。各级公司在不影响上一级公司规定的分险核算的险种分类前提下,可将分险核算的险种进一步细化,并报上一级公司备案。

(4)期末计提资产减值准备。公司应当于每年年度终了时,对各项资产进行检查,根据谨慎性原则,合理地预计各项资产可能发生的损失,对公司应收款项、长期股权投资、持有至到期投资、固定资产、在建工程、无形资产、抵债资产、低值易耗品、损余物资等资产可能发生的各项资产损失应当合理计提资产减值准备。

(5)对外币业务的核算实行外币分账制。对各种外币业务的外汇收支均按原币填制凭证、记载账簿、编制报表。年末,应将各币种"货币兑换"科目余额分别通过"汇兑损益"科目,结计为当期损益。结转损益后,应将各种外币业务的损益,按决算日汇率,结计为人民币损益进行分配。

第二节 非寿险原保险合同
保费收入的核算

一、保费收入的概念

保费收入(premium income)是保险公司为了承担一定的风险责任而向投保人收取的保险费,或者是投保人为将其风险转嫁给保险公司而支付的代价。保费收入是衡量保险业务发展规模的客观尺度,也是衡量保险公司有无发展活力的重要依据。保费收入的多少,反映保险公司承保能力的大小和保险责任的大小。对于保费收入的理解,需要澄清以下几个基本概念。

1. 入账保费

保费收入一般指入账保费(recorded premium)。入账即登记入账,指在会计核算上已记录为本期的保费收入。入账保费是保险公司在一定时期内签发的保险单项已经收到或尚未收到的保费总额。

2. 未赚保费

未赚保费(unearned premium)亦称未到期保费,指某一年度的入账保费中应该用于支付下一年度发生的赔款的保费。因为保险业务是跨年度连续经营的,每一年度末决算时,当年签发的保险单,有许多尚未到期,可能在下一年度发生赔款,因此,当年的保费收入不能都用于支付当年发生的赔款,而必须提存一部分用于支付下一年度发生的赔款,从当年保费收入中提存的这一部分资金就是未赚保费,实际上也就是未到期责任准备金。

3. 已赚保费

已赚保费(earned premium)亦称已到期保费,指某一年度中可以用于当年赔款支出的保费收入。每年会计期末,保险人须将所收保费中在当期会计年度已负了责任或已终止合同的那部分保费作为已赚保费入账。已赚保费等于转回上年度的未赚保费加上本年度入账保费减去本年度未赚保费。由此可见,已赚保费才是保险公司的实际保费收入。

二、原保险合同保费收入确认的条件

1. 保费收入同时满足下列条件的,予以确认

(1) 原保险合同成立并承担相应保险责任。保险合同成立是先决条件,但是保险合同成立并不意味着保险公司开始承担相应的保险责任,比如,货运险合同,签订合同是一个日期,合同条款规定保险公司开始承担保险责任可能是另外一个日期,在这种情况下,在签订合同时,不能将收到的保费作为保费收入,只能作为预收款处理,待承担保险责任时再转为保费收入。又如,对于某些长期工程险,如果承担的保险责任/风险随承保项目的完工进度而递增,则保险公司应当根据所承担的保险责任逐步确认保费收入。

(2) 与原保险合同相关的经济利益很可能流入。这规定了保险公司只有在有把握收取保费时,才能确认保费收入,如果有确凿证据表明投保人不能按保险合同规定的期限和金额交纳保费,则不能确认保费收入。比如,某公司为某一企业财产承保,假设该企业经营状况不佳,属于破产清算范围,有证据表明没有把握收到保费,在这种情况下,公司本期不应作为保费收入,而应于实际收到保费时确认。

(3) 与原保险合同相关的收入能够可靠地计量。假设承保条件改变或保险

标的保险价值发生变化,造成收入和相关的成本难以确定,公司不能将其作为保费收入。

保费收入确认应严格遵循以上三个条件,任何一个条件未满足,不能确认保费收入。

2. 如果保费需要调整,保费收入应按如下方法确认

(1) 如果最终保费能够合理估计,应按估计保费总额确定,如果估计金额发生变化,应当及时调整。如暂保单,保险人应当首先根据暂保单成立的时间以及约定的保费总额确认保费收入,当出具正式保单时,应按照正式保单约定的保费总额及时调整保费收入。

(2) 如果不能合理估计最终保费,应按照已发生的赔付成本(包括未决赔款准备金)总额确定,直至可以合理估计最终保费。

3. 如果保单签发日期与保单生效日期不一致,应按如下规则处理

(1) 保单签发日期早于保单起保日期:

保单签发日,投保人缴纳保费后,确认为预收保费;保单生效日,确认为保费收入。

(2) 保单签发日期晚于保单起保日期:

按照实质重于形式的原则,承保人在保单起保日期已承担保险责任,保费收入确认的其他条件也已满足,故应在保单起保日期确认保费收入,但无法在保单起保日期获取相关信息,从而无法可靠计量的除外。

三、非寿险原保险合同保费收入的确认

对于非寿险原保险合同,应当根据原保险合同约定的保费总额确定。保费收入的确认,关键视其是否满足保费收入的确认条件,而不是视其是否一次性收取或分期收取。如果在起保日即承担全部保险风险,就应在起保日根据原保险合同约定的保费总额全额确认保费收入;否则,应在承担相应保险风险时确认保费收入。

1. 一次性收取保费的合同

保险公司应当自承担保险责任日始,按照合同确定的应收金额确认保费收入,将所有应收但尚未收到的保费收入全额确认为应收保费。

2. 分期收取保费的合同

保险公司应当在保险合同成立日,按照合同确定的各期应收总额确认保费收入。保户每期交纳保费后,冲减相应的应收保费。

3. 几类非寿险原保险合同保费收入的确认

(1) 长期工程险。如果保险公司承担的保险责任/风险随工程的完工进度不断变化,公司应随所承担保险责任的变化而对保费收入进行调整。

(2) 与其他保险人共同承担风险的共保业务。按保险合同确定的总保费及承担风险的份额计算应得保费,确认保费收入。代第三方从投保人收到的款项或费用,应确认为负债。

四、科目设置

1. "保费收入"科目

"保费收入"科目核算公司确认的保费收入。保险业务以储金利息收入作为保费收入,也在该科目核算。该科目属于损益类(收入)科目,其贷方登记本期实现的保费收入和保险业务储金实现的利息收入,借方登记发生退保费和续保时的折扣和无赔款优待以及期末结转"本年利润"科目的数额,结转后该科目无余额。该科目应按保险合同和险种设置明细账。

2. "应收保费"科目

"应收保费"科目核算保险公司按照原保险合同约定应向投保人收取但尚未收到的保险费。该科目属于资产类科目,其借方登记公司发生的应收保费及已确认坏账并转销的应收保费又收回的金额,贷方登记收回的应收保费及确认为坏账而冲销的应收保费,余额在借方,反映公司尚未收回的保险费。本科目应按照投保人设置明细账。

3. "预收保费"科目

"预收保费"科目核算公司在保险合同成立并开始承担保险责任前向投保人预收的保险费。该科目属于负债类科目,其贷方登记预收的保费,借方登记保险责任生效保费收入实现时结转保费收入的金额,余额在贷方,反映公司向投保人预收的保险费。该科目应按投保人设置明细账。

4. "应付保费"科目

"应付保费"科目核算保险公司按原保险合同约定已向投保人收取保费,日后发生退保、减保的保险费及代理其他保险公司办理保险业务收取的保险费。公司与其他保险公司联合共保的保险业务也在本科目核算。该科目属于负债类科目,其贷方登记应付的保费,借方登记支付的应付保费,余额在贷方,反映公司尚未支付的应付保费。该科目应设置应付退保费、应付共保费两个二级科目,按被代理公司和险种设置明细账。

5. "应交税费"科目

2016 年 3 月 24 日财政部和国家税务总局共同颁布了财税〔2016〕第 36 号文件(下称《税收新规》),规定了"营改增"剩余行业(包括保险行业)的增值税税率及相关增值税政策,并于 2016 年 5 月 1 日正式实施 。"营改增"实现了从"道道征税,全额征税"向"道道征税,道道抵扣"的转变,消除了货物和劳务税领域税收制度不统一,避免了重复征税的问题,也是增值税制度的发展和完善。

增值税是就其货物或劳务的增值额征收的一种流转税,它是一种价外税。增值税的纳税义务人是中华人民共和国境内销售货物或者提供加工、修理、修配劳务、销售服务、无形资产或者不动产(以下称应税行为)的单位和个人。

按照纳税人的经营规模及会计核算的健全制度,增值税纳税人分为一般纳税人和小规模纳税人。年应税销售额超过 500 万元的纳税人为一般纳税人;年应税销售额未超过 500 万元的纳税人为小规模纳税人。年应税销售额未超过规定标准的纳税人,会计核算健全,能够提供准确税务资料的,可以向主管税务机关办理一般纳税人资格登记,成为一般纳税人。一般纳税人适用税率有 13%、9%、6%、0%四个档次。小规模纳税人征收率为 3%。对月销售额 10 万元以下(含本数)的小规模纳税人,免征增值税。

一般纳税人发生应税行为可以开具增值税专用发票、增值税普通发票、增值税电子普通发票。增值税专用发票实行价税分离,价款和税款分开注明,应纳增值税额是根据当期销项税额减去当期进项税额计算确定,但向消费者个人销售服务、无形资产或者不动产不得开具增值税专用发票。购进货物、服务、无形资产或者不动产取得的增值税专用发票上注明的增值税额可以抵扣销项税额,当期销项税额小于当期进项税额不足抵扣时,其不足部分可以结转下期继续抵扣。根据现行税法规定,纳税人收到专用发票后应及时进行认证,认证时限为自发票专用开票日期起 180 天内。超过 180 天后就不能认证,发票上的税款就成为购买方的成本。A 级纳税人取得销售方使用增值税发票系统升级版开具的增值税发票(包括增值税专用发票、机动车销售统一发票),可以不进行扫描认证,直接电子认证。小规模纳税人发生应税行为不能开具增值税专用发票,只能开具普通发票。具体而言,月不含税销售额超过 3 万元或季不含税销售额超过 9 万元的,可以开具增值税普通发票、增值税电子普通发票;月不含税销售额不超过 3 万元或季不含税销售额不超过 9 万元的,可使用国税通用机打发票。普通发票上价款和税款不分开注明,应纳增值税额是按照销售额和规定的征收率计算确定,购进货物、服务、无形资产或者不动产取得的增值税专用发票上注明增值税额不能抵扣。但目前住宿业,鉴证咨询业,建筑业,工业,信息传输、软件和信息技术服务业,租赁和商务服务业,科学研究和技术服务业,居民服务、修理和其他服务业等试点企业小规模纳税人可以选择使用增值税发票管理系统自行开具增值税专用发票,或者向税务机关申请代开。按照 2019 年税收新规,将全面推行小规模纳税人(其他个人除外)自行开具增值税专用发票。

为了核算保险公司应交增值税的发生、抵扣、缴纳、退税及转出等情况,在"应交税费"下设置应交增值税、未交增值税、预交增值税、待抵扣进项税额、待认证进项税额、待转销项税额、简易计税、转让金融商品应交增值税、代扣代交增值税等明细账。"应交税费——应交增值税"明细账还应设置专栏,其借方专栏包括进项税额、减免税款、已交税金、转出未交增值税;贷方专栏包括销项税额、进项税额转出、出口退税、转出多交增值税。其账户结构见表4-1。

表4-1 "应交税费——应交增值税"账户结构

借方	应交税费——应交增值税	贷方
进项税额		销项税额
减免税款		进项税额转出
已交税金		出口退税
转出未交增值税		转出多交增值税

保险公司应交增值税的账务处理如下。

(1) 销项税额的核算。销项税额是指纳税人发生应税行为按照销售额和增值税税率计算并收取的增值税额。其计算公式为

$$销项税额=销售额(或应税收入)\times税率$$

如果保险公司对保险产品或应税收入采取合并定价的方法,销售额(或应税收入)包含增值税,则:

$$销售额=含税销售额(或应税收入)\div(1+税率)$$

保险公司目前增值税涉税业务(行为)主要包括以下内容。

① 承保业务。主要指保费收入。对于非寿险业务的保费收入按照6%的税率征收增值税,对于目前免征营业税的保险业务,比如寿险业务、一年期及以上返还本利的人身保险(包括除养老年金以外的其他年金保险)、农牧保险业务(包括种植业、养殖业、牧业种植、动植物饲养)、开办的个人投资分红保险业务、为出口货物提供保险产品(包括出口货物保险和出口信用保险)、注册在上海的保险公司从事航运的保险业务可以继续享受免税政策。

② 贷款业务。主要指贷款利息收入(包括保单质押贷款利息、买入返售金融资产利息),按照6%的税率征收增值税,但存款利息、同业拆借利息收入、持有国债、政府债券、政策性金融债券的利息收入、质押式买入返售金融商品的利息收入免征增值税。

按照财政部和国家税务总局2016年6月30日发布的财税〔2016〕70号文件,金融机构同业往来利息收入免税范围扩大为同业存款、同业借款、同业代付、买断式买入返售金融商品、持有金融债券和同业存单等所取得的利息收入。

③ 金融商品交易。主要指金融商品买卖价差收入。对于金融商品转让,根据卖出价扣除买入价后的销售额按照6%的税率征收增值税。其中买入价以股票、债券的购入价减去股票、债券持有期间取得的股票、债券红利收入的余额确定。如果卖出价和买入价相抵后出现负差,可结转下一纳税期与下期转让金融商品销售额相抵,但年末时仍出现负差的不得转入下一会计年度。金融商品转让不得开具增值税专用发票。

④ 销售不动产。主要指销售建筑物及其他土地附着物所有权收入。销售不动产适用税率9%,但对于2016年4月30日之前取得的也可以选择征收率为5%的简易计税方法。

⑤ 租赁业务。对提供不动产租赁服务适用税率9%,但对于2016年4月30日之前取得的也可以选择征收率为5%的简易计税方法;提供有形资产租赁服务,适用税率13%。

⑥ 转让土地使用权。转让土地使用权适用税率9%。

⑦ 再保险收入。对于再保险收入《税收新规》未作出规定,但保险实务界有两种观点。一种观点认为,增值税将继续延续营业税下的处理方式,即初保已被征收增值税(或免征增值税),那么再保险业务不再征收增值税。另一种观点认为,由于再保险是对保险公司提供的保险服务,那么其增值税处理应适用与初保同样的处理,即与免税产品或服务分保相关的收入继续免税,与非免税产品或服务分保相关的收入征收增值税。2016年6月18日财政部和国家税务总局颁布的财税〔2016〕第68号文件采用第二种观点,即纳税人提供再保险服务(境内保险公司向境外保险公司提供的再保险服务除外),实行与原保险服务一致的增值税政策。再保险合同对应多个原保险合同的,所有原保险合同均适用免征增值税政策时,该再保险合同适用免征增值税政策。否则,该再保险合同应按规定缴纳增值税。但对分出业务摊回赔付支出和摊回分保费用是否缴纳增值税尚未作出规定,保险实务界目前存在两种观点。一种观点是摊回赔付支出和摊回分保费用可视为一项独立的交易,实行与原保险服务一致的增值税政策,如果原保险合同赔付支出与手续费支出进行了进项税额抵扣,那么向再保险接受人摊回部分应计算销项税额或作进项税额转出处理;还有一种观点是摊回赔付支出和摊回分保费用不应作为独立的交易缴纳增值税。在实务中,有些公司采取变通的办法,摊回赔付支出和摊回分保费不作增值税会计处理,都在协议中规定,只摊回净价就可以了。

⑧ 其他应税劳务收入。对于手续费收入、咨询服务收入、代勘查收入、代理收入等其他业务收入适用税率6%。对于出售使用过的固定资产,购买时已抵扣进项税额的,适用税率13%;购买时未抵扣进项税额的,按照简易办法依照3%征收率减按2%征收增值税。出售低值易耗品适用税率13%。出售损余物

质视同出售旧货或使用过的固定资产,按照简易办法依照3%征收率减按2%征收增值税。其他收入比照《税收新规》进行处理。

对于确认销项税额的时点,按照增值税条例的有关规定,增值税纳税时点以收款、确认收入和开具发票孰先为原则。由于保险业普遍存在开票与确认收入时点不一致的问题,如果严格按照上述规定纳税,需建立台账管理已收款未开票、已开票未收款、已开票已收款和未开票未收款的情况,对系统改造、内部管理等要求很高,大大增加税务管理成本;对税务机关而言,要对上述差异进行稽查和复核难度也很大,因此,建议按会计确认收入的时间作为增值税纳税义务发生时间。

保险公司销项税额的会计处理为

借:银行存款(或应收保费等)

　　贷:保费收入(或投资收益、其他业务收入、营业外收入、固定资产清理等)

　　　　应交税费——应交增值税(销项税额)

一般纳税人适用简易计税方法计算的增值税应通过"应交税费——简易计税"科目进行核算。

(2)进项税额的核算。进项税额是指纳税人购进货物、加工修理修配劳务、服务、无形资产或者不动产,支付或者负担的增值税额。

保险公司目前涉及增值税进项税额的项目主要包括如下。

① 赔付支出。对于赔付支出实务中存在两种观点:一种观点是凭账抵扣,考虑到无法取得合法有效的增值税专用发票可能无法作为进项抵扣,将赔付支出视同进项税额抵扣。另一种观点是凭票抵扣,即凭取得的增值税专用发票上注明的增值税额(抵扣联)进行抵扣。《税收新规》要求凭票抵扣,目前以现金为主要赔付方式下很难取得增值税专用发票,因此相关进项税额不可抵扣。按照2019年税收新规,保险公司以实物赔付方式承担机动车辆保险责任的,自行向车辆修理劳务提供方购进的车辆修理劳务,其进项税额可以按规定从保险公司销项税额中抵扣。保险公司以现金赔付方式承担机动车辆保险责任的,将应付给被保险人的赔偿金直接支付给车辆修理劳务提供方,不属于保险公司购进车辆修理劳务,其进项税额不得从保险公司销项税额中抵扣。实物赔付和现金赔付的区别主要是看合同,保险合同约定将投保车辆修理至恢复原状,就是"实物赔付",保险合同约定向投保人支付赔偿金,即使直接支付修理费给车辆修理劳务提供方,并取得增值税专用发票,也只能是"现金赔付"。保险公司提供的其他财产保险服务,比照上述规定执行。

② 业务及管理费。对于业务及管理费,进项税额(在从供应商处取得增值税专用发票的支持下)可用于抵扣销项税额。但用于免税项目、集体福利或者个人消费,购进的贷款服务、餐饮服务、居民日常服务和娱乐服务等不得进行进项

税额抵扣。

纳税人购进国内旅客运输服务,其进项税额允许从销项税额中抵扣。纳税人未取得增值税专用发票的,按照以下规定确定进项税额:

第一,取得增值税电子普通发票的,为发票上注明的税额;

第二,取得注明旅客身份信息的航空运输电子客票行程单的,为按照下列公式计算进项税额:

航空旅客运输进项税额=(票价+燃油附加费)÷(1+9%)×9%

第三,取得注明旅客身份信息的铁路车票的,为按照下列公式计算的进项税额:

铁路旅客运输进项税额=票面金额÷(1+9%)×9%

第四,取得注明旅客身份信息的公路、水路等其他客票的,按照下列公式计算进项税额:

公路、水路等其他旅客运输进项税额=票面金额÷(1+3%)×3%

值得注意的是,取得未注明旅客身份信息的非增值税电子普通发票(比如城市出租车发票、手撕定额发票及铁路客运越站补票票据等)、用于集体福利或个人消费的旅客运输服务、购进国际旅客运输服务是不能计算进项税额抵扣的。

③ 手续费支出。对于向机构支付的手续费从机构处取得增值税专用发票用于抵扣。对于向个人保险代理人支付的佣金,可代个人保险代理人统一向主管国税机关申请汇总代开增值税普通发票或增值税专用发票,增值税专用发票注明的进项税额可以抵扣。另外,目前保险公司与保险代理机构合作开展的一些总对总业务,实行总对总的结算和开具发票,但保费收入体现在具体开展业务的分支机构。"营改增"后,总部由于业务较少,其销项税额也较小,但总对总的手续费支出对应的进项税额对应在总部,可能会造成总部进项税额无税可抵的情况,增加资金占用成本。因此,保险公司将会要求保险代理机构将手续费增值税专用发票直接开给分支机构,由分支机构列支手续费支出进行进项税额抵扣。

④ 资产类采购或取得。对于资产类采购或取得,进项税额(在从供应商处取得增值税专用发票的支持下)可用于抵扣销项税额。但是否区分免税项目与非免税项目《税收新规》尚未作出明确规定。在实务中,对于非流动资产,如果全部用于免税项目,其进项税额不得抵扣;如果全部用于应税项目或者既用于应税项目又用于免税项目,其进项税额可以抵扣。对于流动资产,如果全部用于免税项目,其进项税额不得抵扣;如果全部用于应税项目,其进项税额可以抵扣;如果既用于应税项目又用于免税项目,进项税额应在应税项目和免税项目分配,用于免税项目的不得抵扣。另外,一些保险公司实行总部集中采购、统一付费、获取全额发票,并按照分支机构收益情况分摊相关资产、成本或费用。该模式下,进

项税额集中体现在总部,但总部缺乏足够的销项税额抵扣进项税额,因此,"营改增"后需对集中采购模式进行调整,尽量向有实际收益的分支机构开具增值税专用发票,由分支机构列支相关资产、成本或费用,并进行进项税额抵扣。

⑤ 再保险支出。《税收新规》未作出规定,但实务中和再保险收入一样存在两种观点。一种观点是进项税额不能抵扣,另一种观点是其税务处理和初保业务一致,对于应税产品或服务的分保支出,从分保商处取得增值税专用发票用于抵扣;对于非应税产品或服务的分保支出,进项税额不能抵扣。按照财税(2016)第 68 号文件,实行的是第二种观点。境内保险公司对于境外保险公司就其应税保险服务提供的再保险服务,应代扣代缴相应的增值税。一般而言,境内保险公司完成代扣代缴手续后,可就扣缴的增值税额进行进项税额抵扣,因此增值税处理并没有对双方的收入产生影响(假设相关的增值税由境内保险公司承担)。

⑥ 其他支出。对于其他业务支出,在取得增值税专用发票的支持下可用于抵扣销项税额,但利息支出不得进行进项税额抵扣。

保险公司进项税额的会计处理为

借: 赔付支出(或业务及管理费、其他业务成本、手续费及佣金支出、固定资产、无形资产、低值易耗品、分出保费等)

应交税费——应交增值税(进项税额)

贷: 银行存款(或应付赔付款、应付手续费及佣金、其他应付款、长期应付款等)

(3) 进项税额转出的核算。进项税额转出是指纳税人不应从销项税额中抵扣,按规定转出的进项税额。它主要包括: ① 用于简易计税方法计税项目、免征增值税项目、集体福利或者个人消费的购进货物、加工修理修配劳务、服务、无形资产和不动产; ② 非正常损失的购进货物以及相关的加工修理修配劳务和交通运输服务; ③ 非正常损失的不动产以及该不动产所耗用的购进货物、设计服务和建筑服务; ④ 非正常损失的不动产在建工程所耗用的购进货物、设计服务和建筑服务。

已抵扣进项税额的固定资产、无形资产或者不动产,按照下列公式计算不得抵扣的进项税额:

不得抵扣的进项税额=固定资产、无形资产或者不动产净值×适用税率

固定资产、无形资产或者不动产净值,是指纳税人根据财务会计制度计提折旧或摊销后的余额。

保险公司进项税额转出会计处理为

借: 待处理财产损益(或在建工程、应付职工薪酬、业务及管理费等)

贷: 应交税费——应交增值税(进项税额转出)

(4) 视同销售的核算。纳税人将自产、委托加工或购买的货物用于非应税项目、集体福利或个人消费、作为投资、分配给股东或投资者、无偿赠送他人(比如无偿赠送宣传品)、向其他单位或者个人无偿提供服务(比如保单、客户增值服务、俱乐部费用)、无偿转让无形资产或者不动产,应视同销售行为,需要交纳增值税,但用于公益事业或者以社会公众为对象的除外。其会计处理为

借: 业务及管理费(或营业外支出、应付职工薪酬等)
　　贷: 保费收入(或其他业务收入、营业外收入、固定资产清理等)
　　　　应交税费——应交增值税(销项税额)

(5) 出口退税的核算。出口退税是指纳税人出口货物或向境外单位提供适用零税率的应税服务,向主管退税的税务机关申报办理增值税免抵退税手续,而收到退回的税额。其会计处理为

借: 银行存款(或其他应收款)
　　贷: 应交税费——应交增值税(出口退税)

(6) 减免税款的核算。减免税款是指纳税人经主管税务机关批准,实际减免的增值税额。其会计处理为

借: 应交税费——应交增值税(减免税款)
　　贷: 营业外收入(或递延收益)

(7) 已交税金的核算。已交税金是指纳税人本月已交纳的当月应交增值税额,其会计处理为

借: 应交税费——应交增值税(已交税金)
　　贷: 银行存款

(8) 预交增值税的核算。预交增值税是指纳税人转让不动产、提供不动产经营租赁服务等按现行规定预缴的增值税额,其会计处理为

借: 应交税费——预交增值税
　　贷: 银行存款

(9) 待抵扣(认证)进项税额的核算。待抵扣进项税额是指纳税人已取得增值税扣税凭证并经税务机关认证准予以后期间抵扣的进项税额。待认证进项税额是指纳税人由于未取得增值税扣税凭证或未经税务机关认证不得从当期销项税额抵扣的进项税额。平时核算在借方登记,抵扣或认证后:

借: 应交税费——应交增值税(进项税额)
　　贷: 应交税费——待抵扣(认证)进项税额

(10) 待转销项税额的核算。待转销项税额是指纳税人已确认相关收入(或利得)但尚未发生增值税纳税义务而需于以后期间确认为销项税额的增值税额。平时核算在贷方登记,实际发生纳税义务时:

借：应交税费——待转销项税额

　　贷：应交税费——应交增值税(销项税额)或简易计税

(11) 转出未交增值税的核算。转出未交增值税是指纳税人月终将当月发生的应交未交增值税的转出额。其会计处理为

借：应交税费——应交增值税(转出未交增值税)

　　贷：应交税费——未交增值税

(12) 转出多交增值税的核算。转出多交增值税是指纳税人月终将当月多交或预缴的增值税的转出额。其会计处理为

借：应交税费——未交增值税

　　贷：应交税费——应交增值税(转出多交增值税)或预交增值税

五、核算举例

1. 签发保单时缴纳保费的核算

例 4 - 1 某公司与长城公司签订机动车辆保险合同,开出的增值税专用发票上注明的保费为 50 000 元,增值税税额为 3 000 元,已收到银行收账通知。应编制会计分录如下：

借：银行存款　　　　　　　　　　　　　　　53 000

　　贷：保费收入——机动车辆保险　　　　　　50 000

　　　　应交税费——应交增值税(销项税额)　　3 000

例 4 - 2 天运集团公司为其管理职员 200 人投保一年期团体人身意外伤害险,保额为 80 000 元,每人交保费 120 元(含税),该公司当日以转账支票付讫,增值税税率为 6%。应编制会计分录如下：

借：银行存款　　　　　　　　　　　　　　　24 000

　　贷：保费收入——意外伤害险(团意险)　　22 641.51

　　　　应交税费——应交增值税(销项税额)　　1 358.49

2. 预收保费的核算

如果发生保险客户提前缴费或缴纳保费在前、承担保险责任在后的业务,则应作为预收保费处理,保险责任生效时再转为保费收入。

例 4 - 3 某公司收到旺和公司交来的货物运输保险保费 80 000 元,

已收到银行收账通知,该业务下月 5 日起承担保险责任。应编制会计分录如下:

向旺和公司预收保费时:

借:银行存款   80 000

 贷:预收保费——旺和公司   80 000

下月 5 日保费收入实现时,开出的增值税专用发票上注明的保费为 75 471.70元,增值税税额为 4 528.30 元:

借:预收保费——旺和公司   80 000

 贷:保费收入——货物运输保险   75 471.70

  应交税费——应交增值税(销项税额) 4 528.30

3. 分期缴费的保费核算

对于一些大保户或保额高的保户,经保险公司同意,可以分期缴纳保费。保险单一经签单,则全部保费均应作为保费收入,未收款的部分则作为"应收保费"递延,等到下期收款时再冲销。

例 4 - 4 某公司与东风化工厂签订企业财产保险合同,开出的增值税专用发票上注明的保费为 150 000 元,增值税税额为 9 000 元,东风化工厂当时交来转账支票 50 000 元,其余部分约定分五期交清。应编制会计分录如下:

首期收款并发生应收保费时:

借:银行存款   50 000

  应收保费——东风化工厂   109 000

 贷:保费收入——企业财产保险   150 000

  应交税费——应交增值税(销项税额) 9 000

以后每期收到应收保费时:

借:银行存款   21 800

 贷:应收保费——东风化工厂   21 800

4. 中途加保的核算

保险合同成立并开始承担保险责任后,在保单有效期内,保险事项若有变动,比如保险标的升值、财产重估等原因,所以保户中途会要求加保。中途加保的保费收入核算,与投保时保费收入的账务处理相同。

例 4 - 5 某企业投保的财产因资产重估增值而引起保险金额上升,按保险费率计算应追加保费,公司开出的增值税专用发票上注明的保费为 7 000 元,增值税税额为 420 元,已收到银行收账通知。应编制会计分录如下:

借：银行存款　　　　　　　　　　　　　　　　　　　　7 420

　　贷：保费收入——企业财产保险　　　　　　　　　　　　7 000

　　　　应交税费——应交增值税（销项税额）　　　　　　　　420

5. 保费折扣的核算

对于附有销售折扣的保险合同,如果将价款和折扣额在同一张发票上分别注明的,以折扣后的价款为销售额计算销项税额;未在同一张发票上分别注明的,以价款为销售额计算销项税额,不得扣减折扣额。

例 4 - 6　某保险公司 20×5 年 5 月 6 日与某企业签订企业财产保险合同,收到保费 8 000 元（含税）,合同中约定,保险标的在上一年保险期限内无赔款,续保时可享受无赔款减收保费优待,优待金额为本年度续保险种应交保费的 10%。该企业在保险年度未发生赔款,20×6 年 5 月 6 日续保时享受保费折扣,公司开出增值税专用发票,将价款和折扣额在同一张发票上分别注明,增值税税率为 6%。应编制会计分录如下：

借：银行存款　　　　　　　　　　　　　　　　　　　　7 200

　　贷：保费收入——企业财产保险　　　　　　　　　　6 792.45

　　　　应交税费——应交增值税（销项税额）　　　　　　407.55

6. 中途退保的核算

中途退保或部分退保,应按已保期限与剩余期限的比例计算退保费,退保费直接冲减保费收入,并开具红字增值税专用发票。开具红字发票时需要客户配合填写《开具红字增值税专用发票信息表》,并退回原发票,尚结欠的应收保费,则从退保费中扣除。

例 4 - 7　湘江制造厂投保了企业财产保险,由于厂址迁移外地,申请退保,公司开具红字增值税专用发票,发票上注明的保费为 5 000 元,增值税税额为 300 元,但该保户尚有 700 元保费未交,公司开出转账支票支付退保费。应编制会计分录如下：

借：保费收入——企业财产保险　　　　　　　　　　　　5 000

　　应交税费——应交增值税（销项税额）　　　　　　　　 300

　　贷：应收保费——湘江制造厂　　　　　　　　　　　　　700

　　　　银行存款　　　　　　　　　　　　　　　　　　　4 600

第三节　非寿险原保险合同保险
准备金的核算

一、保险准备金的确认

原保险合同准备金包括未到期责任准备金(unearned premium reserve)、未决赔款准备金(reserve for outstanding loss)、寿险责任准备金(life insurance reserve)和长期健康险责任准备金(long term health insurance reserve)。非寿险原保险合同主要涉及未到期责任准备金和未决赔款准备金。

1. 保险准备金的相关规定

(1) 中国保监会关于保险准备金的精算规定。过去保险公司执行的是中国保监会颁布的精算规定，它包括：

① 1999 年开始施行的《关于下发有关精算规定的通知》(保监会令〔1999〕90号，简称"90号令"）。

② 2003 年 7 月 1 日开始施行的《关于印发人身保险新型产品精算规定的通知》(保监发〔2003〕67号，简称"67号令"）。

③ 2005 年 1 月 15 日开始施行《保险公司非寿险业务准备金管理办法（试行)》(保监会令〔2004〕13号，简称"13号令"）。

④ 2006 年 9 月 1 日起开始施行的《健康保险管理办法》(保监会令〔2006〕8号，简称"8号令"）。

(2)《企业会计准则解释第 2 号》(简称《2号解释》)关于保险准备金的规定。按照财政部 2008 年 8 月 7 日颁布的《2号解释》，保险公司应采用新的基于最佳估计原则计提保险责任准备金，新准备金评估标准另行发布。过去我国保险公司都按照保监会的精算规定计提准备金，较为保守，保险公司的很大一部分利润被计提准备金了，有些新保险公司实际已经开始盈利了，但是在账面上还是亏损的，股东对此极为不满。采取基于最佳估计原则计提保险责任准备金后，以往新单亏损，保费收入越高当年利润越少的怪状将得到改变。

(3)《保险合同相关会计处理规定》(简称《规定》)中关于保险准备金的规定。2009 年 12 月 22 日财政部颁布的《规定》使《2号解释》得以落实，《规定》要求引入公允价值计量属性计量保险准备金，即采用符合市场实际的折现率，以合理估计金额为基础计量，同时考虑边际因素和货币时间价值。

保险合同准备金采用公允价值进行计量，有利于真实公允地反映保险公司的财务状况和经营业绩,有助于投资者对保险公司的价值评估和监管部门的风险监管,而且可以增强股东利益的货币时间价值效应,对保险公司内涵价值的增长将产生持续的积极影响。

此外,《规定》立足国情、借鉴国际,适当分离会计规定与监管要求,一方面采用"盯市"的方法,以合理估计金额为基础计量保险合同准备金,保险合同准备金计量从监管精算规定回归公认会计原则,以便向投资者等提供更加具有决策有用性的会计信息;另一方面保险公司评估偿付能力时,继续按照保监会制定的法定精算标准计算保险合同准备金,不适用《规定》有关保险合同准备金的计量原则。这样,保险公司的偿付能力不会因《规定》的实施而发生变化,也不会因为实施《规定》而导致偿付能力监管标准和要求降低,保险公司的偿付能力状况保持稳定,这有利于防范风险,保护被保险人利益。

2. 保险准备金的充足性测试

(1) 充足性测试的概念。充足性测试(adequacy test)是指计算为将来可能履行的保险责任而提取的准备金是否足够、充分,以确保保险准备金负债没有被低估。保险公司在确认保费收入或保险事故发生的当期已经根据保险精算部门计算的金额确认了保险准备金,但是,随着时间的推移和理赔案件调查的深入,原定保险精算假设可能发生变化,导致已确认的保险准备金金额与保险公司应承担的赔付保险金责任不一致。此时,如果不对确认的保险准备金金额进行调整,就不能真实地反映保险公司应承担的赔付保险金责任。

基于会计信息的谨慎性要求,并考虑成本效益原则,保险公司应当至少于每年年度终了,根据销售方式、服务方式和衡量获利能力的方式,并以从获得的被保险人财务状况、生产或生存环境为依据对保险合同准备金进行充足性测试,将已提取的相关准备金余额与充足性测试日重新计算的结果进行比较。如果后者大于前者,则将其差额作为保费不足准备金增加保险合同准备金;相反,不调整。保险公司应明确建立在会计期末对准备金进行充足性测试的规定,细化测试的流程和应体现的文档记录,精算负责人需要对其设计的过程详细审核。

(2) 充足性测试的方法。公司进行准备金充足性测试可以备选的方法包括:整体测算、按产品大类测算和按照个别产品测算。

① 整体测算,即按公司所有产品品种计算应补提的整体准备金的差额。按照公司所有品种进行整体测算的方法,优点在于客观、宜于操作,同时可比性较高。

② 按产品大类测算,即按照产品大类分别计算各产品大类应补提的准备金差额,公司层面的应补提的准备金差额为各产品大类应补提准备金差额的汇总。按照此类方法测算的结果更趋于保守。由于如何划分产品大类需要主观判断的

程度较大,相对整体测算而言,公司之间测算结果的可比性降低。

③ 按照个别产品测算,即按照个别产品分别计算各产品应补提的准备金差额,公司层面的应补提的准备金差额为各产品应补提准备金差额的汇总。按照此类方法测算,相对于前两种方法,结果最为保守,公司之间测算结果的可比性较低。

由此可见,进行充足性测试的基本单元可以是单一产品、某类型产品(如车贷险)、某重大产品险(如机车险)或整个公司。测试单元设置得越大,准备金需要作出会计调整的机会越小,因为部分产品准备金的不足可能被其他产品准备金的盈余所抵消。

二、未到期责任准备金的核算

1. 未到期责任准备金的性质

未到期责任准备金(unearned premium reserve)亦称"未满期保险费准备金"或"未赚保费",它是指保险人为尚未终止的非寿险保险责任提取的准备金。由于保险合同的年度与会计年度通常是不一致的,因此,在会计核算期末时,不能把所收取的保险费全部当作保费收入处理,对于保险责任尚未届满,应属于下年度的部分保险费,必须以准备金的形式提存出来。

2. 未到期责任准备金的计量

未到期责任准备金可以采用未赚保费法计提,其计算公式如下:

$$未到期责任准备金 = [(总保费 - 首日费用) \times 未到期比例]$$
$$= 总保费 \times (1 - 保单获取成本率) \times$$
$$未到期比例$$

首日费用(acquisition cost)即保单获取成本或招揽费用,是指签发保险合同所发生的增量成本(销售、承保和保单合同成立时发生的费用),包括手续费支出、监管费、交强险救助基金、与保费收入挂钩的承保人员工资等。

依美国财务会计准则公报第60号和加拿大公认会计原则规定,保单获取成本应予以资本化,并依保费收入认列为收益的比例转列为费用,其未摊销的取得成本应列为资产。我国对保单获取成本直接列为首日费用,计入当期损益,即一次性作为费用全额列支,在提取未到期责任准备金应予以扣除,否则,如果按毛保费计提法,随着准备金的计提,保单获取成本重复列支了一次,隐藏了利润,降低了会计信息的透明度。

对于未到期比例的计算,目前主要采用百分比估算法,它包括1/2法、1/8法、1/24法、1/365法。

（1）1/2法。采用此法的前提条件是假设全年365天每天签单起保收取的保险费都是相等的，即以7月1日为平均保单签发日，这样，一年的保险单在当年还有50％的有效部分未到期，故期末提取未到期责任准备金＝（本期保费收入－首日费用）×50％。这种方法虽然简便易行，但是在整个保险期间风险并不是均匀分布的，并且保单生效也不是均匀分布在整个承保年度，因此这种方法显然不够准确。

（2）1/8法。也称为按季计算法。采用此法的前提条件是假设每一季度中承保的所有保险单是逐日开出的，且每天开出的保险单数量、每份保险单的保额及保险费大体均匀。这样，就可以认为所有保单都在每季之中签发，即每季度的保单有半个季度的责任未到期。一年中有8个"半季度"，因此，到年末时，对在第一季度投保的保单应提取的准备金为第一季度保费的1/8，另外7/8为已到期保费。对在第二季度投保的保单应提取的未到期准备金为第二季度保费的3/8，另外5/8为已到期保费。依此类推，故年末未到期责任准备金为：第一季度保费×1/8＋第二季度保费×3/8＋第三季度保费×5/8＋第四季度保费×7/8，其计算公式是：

$$未到期责任准备金＝（当季保费收入－首日费用）×$$
$$（签发保单季数×2－1）÷8$$

例4-8 甲公司企业财产保险20×2年各季度保费收入和首日费用如表4-2所示。

表4-2　甲公司企业财产保险保费收入和首日费用表　单位：万元

项　目	一季度	二季度	三季度	四季度
保费收入	85	109	74	172
首日费用	6	8	6	15

则该公司年末未到期责任准备金为

$$未到期责任准备金＝（85－6）×1/8＋（109－8）×3/8＋$$
$$（74－6）×5/8＋（172－15）×7/8$$
$$＝227.63（万元）$$

（3）1/24法。也称为按月计算法。采用此法的前提条件是假设一个月内所有承保的保险单是30天内逐日开出的，且保险单数量、保额、保费大体均匀，这样,就可以认为所有保单都在每月之中签发,即本月承保时保单在当月内的有效期天数都是15天即半个月,每月的保单有半个月的责任未到期。一年可分为24个半个月,对一年期保险单来说,开立保险单的当月末已到期责任为1/24,23/24的保费则是未到期责任准备金。以后每过一个月,已到期责任加上2/24,未到期责任准备金减少2/24,到年末,1月份开出保险单的未到期责任准备金为保费的1/24,2月份开出保险单的未到期责任准备金为保费的3/24……其余类推,到12月份开出保险单的未到期责任准备金为保费的23/24,其计算公式是:

$$未到期责任准备金 = (当月保费收入 - 首日费用) \times$$
$$(签发保单月份 \times 2 - 1) \div 24$$

例4-9 甲公司家庭财产保险一年期保单订立于1月、5月、8月、10月、12月,其保费收入和首日费用如表4-3所示:

表4-3 甲公司家庭财产保险保费收入和首日费用表 单位:万元

项　　目	1月份	5月份	8月份	10月份	12月份
保费收入	64	85	132	203	278
首日费用	7	11	18	25	36

该公司年末未到期责任准备金为

$$未到期责任准备金 = (64 - 7) \times 1/24 + (85 - 11) \times 9/24 + (132 - 18) \times$$
$$15/24 + (203 - 25) \times 19/24 + (278 - 36) \times 23/24$$
$$= 474.21(万元)$$

值得注意的是,目前保险公司未到期责任准备金是按月提取,那么,每月在计算未到期责任准备金时应相应往前推12个月。比如,在2012年8月提取未到期责任准备金时,2011年9月份开出保险单的未到期责任准备金为保费的1/24,10月份开出保险单的未到期责任准备金为保费的3/24……其余类推,到8月份开出保险单的未到期责任准备金为保费的23/24。

按1/24法计提未到期责任准备金的核算特点是,每月开出保险单时,当月按保费的23/24计提未到期责任准备金,随着保险责任期限的逐渐缩短而逐月按2/24转回,即将大部分保费通过计提准备金的方式事后逐月反映为利润。

（4）1/365法。也称为逐日计算法。根据每张保单的剩余未到期天数，逐笔计算未到期责任准备金。其计算公式是：

$$某日保单未到期责任准备金 = （当日保费收入 - 首日费用）\times$$
$$剩余未到期天数 \div 保险期天数$$

例4-10　某公司2010年6月30日承保一年期机动车辆保险业务，共收保费187 000元，首日费用4 500元，则该公司年末未到期责任准备金为

$$未到期责任准备金 = （187\,000 - 4\,500）\times 181/365 = 90\,500（元）$$

采用1/365法最为准确、可靠，因此，未到期比例原则上采用1/365法，但是这种方法建立在先进的准备金计算技术与计算手段基础之上，采用此法应有足够的电脑设备和完备的统计资讯档案。由于全年365天每天签单起保收取的保险费都是不相等的，以年末这个时点计算，未到期责任准备金计算公式如下：

$$年末未到期责任准备金 = 每日保单未到期责任准备金之和$$
$$= P_1 \times 1/365 + P_2 \times 2/365 + \cdots$$
$$+ P_i \times i/365 + \cdots + P_{365} \times 365/365$$
$$= \sum_{i=1}^{365} P_i \times i/365$$

其中：i——一年中的第i日；

　　　P_i——第i日扣除首日费用后的保费收入。

例4-11　甲公司的企业财产保险2011年1月份每日的保费收入（扣除首日费用）如表4-4所示，用1/365法计算2011年12月31日的未到期责任准备金。

表4-4　甲公司企业财产保险保费收入表　　　　单位：万元

月　份	1月							2月…
日　期	1日	2日	5日	9日	15日	26日	31日	1日…
保费收入	30	45	100	40	42	190	62	198…

年末未到期责任准备金 $= 30 \times 1/365 + 45 \times 2/365 + 100 \times 5/365 +$

$$40 \times 9/365 + 42 \times 15/365 + 190 \times$$

$$26/365 + 62 \times 31/365$$

$$= 23.21(万元)$$

3. 科目设置

(1) "未到期责任准备金"科目。"未到期责任准备金"科目核算公司提取的非寿险原保险合同未到期责任准备金。再保险接受人提取的再保险合同分保未到期责任准备金也在本科目核算。该科目属于负债类科目,其贷方登记提取的未到期责任准备金,借方登记冲减的未到期责任准备金,余额在贷方,反映公司的未到期责任准备金。该科目应按保险合同设置明细账。

(2) "提取未到期责任准备金"科目。"提取未到期责任准备金"科目核算公司按规定提取的非寿险原保险合同未到期责任准备金。再保险接受人提取的再保险合同分保未到期责任准备金也在本科目核算。该科目属于损益类(费用)科目,其借方登记提取的未到期责任准备金数额,贷方登记冲减已提取的未到期责任准备金数额,期末将本科目余额转入"本年利润",结转后该科目无余额。该科目应按保险合同及险种设置明细账。

4. 账务处理

(1) 公司在确认原保费收入的当期,应按保险精算确定的未到期责任准备金,借记"提取未到期责任准备金"科目,贷记"未到期责任准备金"科目。

(2) 资产负债表日,应按保险精算重新计算确定的未到期责任准备金与已确认的未到期责任准备金的差额,借记"未到期责任准备金"科目,贷记"提取未到期责任准备金"科目。

(3) 原保险合同提前解除的,应按相关未到期责任准备金余额,借记"未到期责任准备金"科目,贷记"提取未到期责任准备金"科目。

(4) 期末,将"提取未到期责任准备金"科目余额转入"本年利润"科目,结转后该科目无余额。

5. 核算举例

例4-12 某公司家庭财产保险合同当期保费收入 1 200 000 元,根据保险精算计算结果,本期提取未到期责任准备金 320 000 元。现有某保户要求退保,合同提前解除,该合同已提取未到期责任准备金 10 000 元。应编制会计分录如下:

提取未到期责任准备金时：

借：提取未到期责任准备金——家庭财产保险　　　　320 000

　　贷：未到期责任准备金——家庭财产保险　　　　　　320 000

合同提前解除时：

借：未到期责任准备金——家庭财产保险　　　　　　10 000

　　贷：提取未到期责任准备金——家庭财产保险　　　　10 000

例 4 - 13　某公司 20×7 年 11 月 5 日与乙公司签订一份企业财产保险合同,保费 800 000 元,根据精算部门计算结果,该保单 11 月末应提取未到期责任准备金 760 000 元,12 月 31 日,保险精算部门计算确定该份保单 12 月末未到期责任准备金余额应为 700 000 元。应编制会计分录如下：

11 月末提取未到期责任准备金时：

借：提取未到期责任准备金——企业财产保险　　　　760 000

　　贷：未到期责任准备金——企业财产保险　　　　　　760 000

12 月末,按保险精算重新计算确定的未到期责任准备金与已确认的未到期责任准备金的差额：

借：未到期责任准备金——企业财产保险　　　　　　60 000

　　贷：提取未到期责任准备金——企业财产保险　　　　60 000

三、未决赔款准备金的核算

1. 未决赔款准备金的概念和内容

未决赔款准备金(reserve for outstanding loss)是指保险人为非寿险保险事故已发生尚未结案的赔案提取的准备金。未决赔款准备金包括已发生已报案赔款准备金、已发生未报案赔款准备金和理赔费用准备金。

(1) 已发生已报案未决赔款准备金,是指保险人为非寿险保险事故已发生并已向保险人提出索赔、尚未结案的赔案提出的准备金。

(2) 已发生未报案未决赔款准备金,是指保险人为非寿险保险事故已发生、尚未向保险人提出索赔的赔案提出的准备金。

(3) 理赔费用准备金,是指保险人为非寿险保险事故已发生、尚未结案的赔案可能发生的费用而提取的准备金。理赔费用准备金分为直接理赔费用准备金和间接理赔费用准备金。理赔费用中有些费用是与具体的赔案直接相关的,如专家费、律师费、损失检验费等,有些费用是间接相关的,与赔案没有直接的联系,比如相关理赔人员薪酬等。

2. 未决赔款准备金的提取方法

(1) 已发生已报案未决赔款准备金的提取方法。已发生已报案未决赔款准备金主要基于理赔系统中估损数据计提,包括以下三种方法。

① 逐案估计法。即由理赔人员逐一估计每起索赔案件的赔款额,然后记入理赔档案,到一定时间把这些估计的数字汇总,并进行修正,据以提存准备金,这种方法比较简单,但工作量较大。适用于索赔金额确定,或索赔金额大小相差悬殊而难以估算平均赔付额的财产保险业务,如火灾保险、信用保险等。

② 案均赔款法。即先根据保险公司的以往损失资料计算出平均值,然后再根据对将来赔付金额变动趋势的预测加以修正,把这一平均值乘以已报告赔款数目,就可得出未决赔款数额。这一方法适用于索赔案多且金额不大的业务,如汽车保险。

③ 赔付率法。即选择一个时期的赔付率来估计某类业务的最终赔付金额,从估计的最终赔付额中扣除已支付的赔款和理赔费用,即为未决赔款额。这种方法简便易行,但假定的赔付率与实际赔付率可能会有较大出入,此时按这种方法计算则不太准确。

(2) 已发生未报案未决赔款准备金的提取方法。对于已发生未报案未决赔款准备金,此类赔款的估计比较复杂,一般以过去的经验资料为基础,然后根据各种因素的变化进行修正,如出险单位索赔次数、金额、理赔费用的增减、索赔程序的变更等。这种索赔估计需要非常熟悉和精通业务的精算人员准确判断,具体方法包括链梯法、案均赔款法、准备金进展法、B-F法等。

(3) 理赔费用准备金的提取方法。对直接理赔费用准备金,应当采取逐案预估法提取;对间接理赔费用准备金,采用比较合理的比率分摊法提取。所谓合理的比率,就是合理估计理赔费用支出与赔款支出的比例关系,首先要合理的划分哪些是理赔费用,理赔费用与赔款支出的比率也需要有经验数据作为支撑。然后再以当期计提的未决赔款准备金作为基础,乘以估计的理赔费用比率,计算理赔费用准备金。经验数据包括本期以及过往期间理赔费用支出。其计算公式如下:

间接理赔费用准备金 = 已发生已报案未决赔款准备金金额×0.5×经验比例 + 已发生未报案未决赔款准备金金额×经验比例

经验比例是指财务报表间接理赔费用与已决赔款的比例。

3. 科目设置

(1) "保险责任准备金"科目。"保险责任准备金"科目核算公司提取的原保险合同保险责任准备金,包括未决赔款准备金、寿险责任准备金、长期健康险责任准备金。再保险接受人提取的再保险合同保险责任准备金,也在本科目核算。该科目属于负债类科目,其贷方登记提取的保险责任准备金,借方登记冲减的保险责任准备金,余额在贷方,反映公司保险责任准备的金额。该科目应按保险责任准备的类别、保险合同设置明细账。公司也可单独分设"未决赔款准备金""寿险责任准备金""长期健康险责任准备金"等科目。

(2)"提取保险责任准备金"科目。"提取保险责任准备金"科目核算公司按规定提取的原保险合同保险责任准备金,包括提取的未决赔款准备金、提取的寿险责任准备金、提取的长期健康险责任准备金。再保险接受人提取的再保险合同保险责任准备金,也在本科目核算。该科目属于损益类(费用)科目,其借方登记提取的保险责任准备金数额,贷方登记冲减已提取的保险责任准备金数额,期末将本科目余额转入"本年利润",结转后该科目无余额。该科目应按保险责任准备的类别、险种和保险合同设置明细账。公司也可单独分设"提取未决赔款准备金""提取寿险责任准备金""提取长期健康险责任准备金"等科目。

4. 账务处理

(1)投保人发生非寿险保险合同约定的保险事故的当期,应按保险精算确定的未决赔款准备金,借记"提取保险责任准备金——提取未决赔款准备金"科目,贷记"保险责任准备金——未决赔款准备金"科目。

(2)对未决赔款准备金进行充足性测试,应按补提的未决赔款准备金,借记"提取保险责任准备金——提取未决赔款准备金"科目,贷记"保险责任准备金——未决赔款准备金"科目。

(3)原保险合同保险人确定支付赔付款项金额或实际发生理赔费用的当期,应按冲减的相应未决赔款准备金余额,借记"保险责任准备金——未决赔款准备金"科目,贷记"提取保险责任准备金——提取未决赔款准备金"科目。

(4)期末,将"提取保险责任准备金"科目余额转入"本年利润"科目,结转后该科目无余额。

5. 核算举例

例4-14　某公司20×7年8月已决赔款累计数为5 780 000元,业务部门提供未决赔款清单上已报案的未决赔款金额为1 200 000元,根据保险精算计算结果,本期应提取已发生已报案未决赔款准备金890 000元,已发生未报案未决赔款准备金61 200元,理赔费用准备金12 000元。应编制会计分录如下:

借：提取保险责任准备金——提取未决赔款准备金——已发生已报案赔款准
备金
890 000
——已发生未报案赔款准
备金 61 200
——理赔费用准备金
12 000

贷：保险责任准备金——未决赔款准备金——已发生已报案赔款准备金
890 000
——已发生未报案赔款准备金
61 200
——理赔费用准备金 12 000

例 4-15 假设上例已发生已报案赔案中有一案件结案,公司支付赔款 50 000 元,理赔费用 6 000 元,冲减相应未决赔款准备金余额。应编制会计分录如下：

借：保险责任准备金——未决赔款准备金——已发生已报案赔款准备金
50 000
——理赔费用准备金 6 000

贷：提取保险责任准备金——提取未决赔款准备金——已发生已报案赔款
准备金 50 000
——理赔费用准备金
6 000

例 4-16 某公司 20×7 年已提已发生已报案赔款准备金 2 563 000 元,已提已发生未报案赔款准备金 1 250 000 元,已提理赔费用准备金 450 000 元,根据精算部门进行充足性测试计算结果,本年应提已发生已报案赔款准备金 2 585 000 元,应提已发生未报案未决赔款准备金 1 150 000 元,应提理赔费用准备金 420 000 元。应编制调整分录如下：

借：提取保险责任准备金——提取未决赔款准备金——已发生已报案赔款准
备金 22 000

贷：保险责任准备金——未决赔款准备金——已发生已报案赔款准备金
22 000

第四节　非寿险原保险合同赔款支出的核算

一、赔款支出的内容

赔款支出(loss payment)是指短险业务(即非寿险业务)因保险标的遭受损失或发生意外伤害、疾病,按保险合同约定偿付保险事故损失支付给保单持有人的赔款及处理保险事故的相关费用支出。赔款支出包括直接赔款、直接理赔勘查费、间接理赔勘查费。代位追偿款、收回错赔骗赔款及损余物资折价应冲减赔款支出。

(1) 直接赔款,是指根据保险合同约定支付给被保险人或受益人的赔款,应在实际支付赔款时确认,直接计入相关险种的成本。

保险事故发生后、赔偿金额尚未最终确定前预付给被保险人或受益人的赔款,应作为预付赔款入账,结案时转为赔款支出。

(2) 直接理赔费用,是指直接发生于具体赔案的相关费用,包括专家费、律师与诉讼费、损失检验费、公估费、打假奖励费用以及其他直接费用。直接理赔费用,按实际发生额,直接计入相关险种的赔款支出。具体包括以下内容:

① 专家费。专家费是指因案件的定责和定损需要聘请专家或专业机构出具权威意见而产生的相关费用,包括支付给专家或专家机构的劳务费、咨询费、调查费以及专家参与案件处理发生的需要由保险公司承担的差旅费、交通费等。

列支专家费用,应当以理赔部门提供的收费发票作为入账凭证,对于无法获得收费发票或资格证明的专家费用,如农险中聘用农业专家进行案件处理所支付的劳务或咨询费用,支付标准应事先通过协议约定,并取得专家签字确认的收费凭证,报省公司审批后在赔案的专家费用中列支。对于农险理赔中聘用专家参与多个赔案的查勘、定损工作而产生的专家费,应在相应赔案中分别列支专家费。

② 律师与诉讼费。律师费是指聘请律师直接参与保险事故处理(包括事故调查、诉前保全、诉讼、仲裁等),根据委托合同应由保险公司支付或分摊的律师费用。诉讼费是指因保险事故发生诉讼或仲裁,法院或仲裁庭裁定应由保险公司支付的费用,或者法院、仲裁庭裁定由被保险人承担的诉讼费、仲裁费中应由保险公司分摊的部分。本项费用还包括执行费、罚金和罚息。列支律师费,应当以律师费用发票作为入账凭证,超权限的案件,需要提供省公司法律部或合规部的批复意见。列支诉讼费,应当以诉讼费用发票作为入账凭证,需要支付执行费

用的,需要提供关于执行的说明;需要支付仲裁费用的,需要提供收费单据和仲裁报告。

③ 损失检验费。损失检验费是指发生保险事故后,聘请第三方机构(特殊情况还包括被保险人所属的专业部门)参与损失检验或事故处理所发生的服务费、手续费及有关人员的差旅费,包括水险中的海外代理人代理费、专业检验人检验费、船级社检验费、委托第三方机构提供担保产生的担保手续费、海损理算费等。列支损失检验费,应当以收费发票作为入账凭证。

④ 公估费。公估费是指聘请公估机构参与理赔工作包括现场查勘、损因鉴定、保险责任认定、损失鉴定、估损、理算、其他处理等产生的费用。列支公估费,应当以《保险中介服务统一发票》作为入账凭证。

⑤ 打假奖励费用。对于需要支付给公安部门的侦破奖励费、支付给内外部人员的举报奖励费用、打假奖励费用和盗抢车提车费用,提交省级分公司审核通过后,在直接理赔费用中项下直接列支。列支打假奖励费用,需以收费凭证作为入账凭证,向个人支付的奖励费用,应按照税法规定进行个人所得税的代扣代缴。

⑥ 拒赔案件和零赔款案件所发生的直接理赔费用。对于拒赔案件和零赔款案件按照正常的赔案处理流程在业务处理系统中制作赔案,并对其发生的各项直接费用制作赔款计算书,案件提交省级分公司审核通过后,在直接理赔费用项下直接列支。

(3) 间接理赔费用,是指除直接理赔费用之外的其他各项间接费用,包括理赔勘查费、通赔代理费用等。

① 理赔勘查费。理赔勘查费是指保险事故勘查理赔过程发生的与保险事故勘查定损直接有关但不能准确分清到赔案的相关费用,包括车辆使用费、差旅费、调查取证费以及相关理赔人员薪酬等其他相关费用。间接理赔费用,按当期赔案件数或其他合理的方法,分摊计入相关险种的赔款支出。

② 通赔代理费用。通赔代理费用是指公司系统内部各分支机构之间互相代理理赔处理,包括代理车险和非车险的查勘、出险地定损、第三地定损、赔付、人伤跟踪、医疗审核、反欺诈调查等工作,根据内部清算所产生的代理费用。

(4) 承担赔付保险金责任后应当确认的代位追偿款,冲减相关险种的赔款支出。

(5) 收回赔款及物资折价,包括收回错赔骗赔款以及收回损余物资折价,按实际收回错赔骗赔的款项或确认的收回损余物资价值,直接冲减相关险种的赔款支出。

二、赔款支出的核算

1. 当时结案的赔款支出的核算

保险公司收到被保险人赔偿申请及各项有关材料后,应进行认真审核,确定赔偿责任,计算应赔金额,经批核后及时支付赔款。在核算时应设置"赔付支出"科目。

"赔付支出"科目核算公司支付的原保险合同赔付款项和再保险合同赔付款项,包括赔款支出、满期给付、年金给付、死伤医疗给付和分保赔付支出。我国保险实务中,对于非寿险合同称作"保险赔款",对于寿险合同称作"保险金给付"。因此,该科目包括赔款与给付。该科目属于损益类(费用)科目,其借方登记赔款支出、预付赔款的转销、理赔勘查费,贷方登记代位追偿款和损余物资的冲减额、错赔骗赔的追回款以及期末结转"本年利润"科目的数额,结转后该科目无余额。该科目应按保险合同和险种设置明细账。公司也可根据需要分设"赔款支出""满期给付""年金给付""死亡给付""伤残给付""医疗给付""分保赔付支出"等科目。

例 4-17 某中学投保一年期学生住院医疗险,每人保额 60 000 元。投保后该中学一学生因患疾病住院治疗,发生保单责任范围内的医疗费用 10 000 元,保险人按分级累进计算赔偿金 7 000 元,以转账支票支付。应编制会计分录如下:

借:赔付支出——直接赔款——健康保险(医疗险)　　　　7 000
　　贷:银行存款　　　　　　　　　　　　　　　　　　　　　　7 000

例 4-18 张明投保的机动车辆保险出险,公司合同约定采用实物赔付方式,委托某修理机构进行修理,支付修理费 33 900 元(含税),取得增值税专用发票,增值税税率为 13%。应编制会计分录如下:

借:赔付支出——直接赔款——机动车辆保险　　　　　　30 000
　　应交税费——应交增值税(进项税额)　　　　　　　　 3 900
　　贷:银行存款　　　　　　　　　　　　　　　　　　　　　　33 900

2. 预付赔付款的核算

在处理赔案的过程中,有些赔案损失较大,且案情比较复杂,由于种种原因不能当时或短时间内核实损失,确定赔款金额。但为了尽快恢复投保单位或个人的生产经营和正常生活秩序,保险公司按估赔的一定比例,先预付一部分赔款,待核实结案时再一次结清。一般来说,预付赔款金额不得超过估损金额的50%,而且不能跨年度使用,结案率至少在85%以上。在核算时应设置"预付赔付款"科目。

"预付赔付款"科目核算保险公司在理赔过程中按合同约定预付的款项。分入分保业务预付的赔款也在该科目核算。该科目属于资产类科目,其借方登记向保单持有人预付的赔款以及向分出公司预付的赔款,贷方登记结案后转销的预付赔款,余额在借方,反映实际预付的赔款。该科目应按险种或分保分出人设置明细账。

例4-19 某工厂厂房倒塌一时不能结案,但为了尽快恢复该厂生产,保险公司按预计损失的50%,以支票预付赔款80 000元。应编制会计分录如下:

借:预付赔付款——某工厂   80 000

    贷:银行存款   80 000

以后,保险公司调查核实确定该厂损失为170 000元,再开出支票90 000元结清此赔案。会计分录为:

借:赔付支出——直接赔款——企业财产保险   170 000

    贷:预付赔付款——某工厂   80 000

          银行存款   90 000

3. 应付赔付款的核算

应付赔付款是指公司应付未付给保户的赔款。在核算时应设置"应付赔付款"科目。该科目属于负债类科目,其贷方登记应付未付给保户的赔付款,借方登记实际支付给保户的赔付款,余额在贷方,反映尚未支付的赔付款。该科目应按保户设置明细账。

例4-20 某公司投保1年期团体人身意外伤害险,保额每人20 000元。投保后不久,该团体成员李某因意外事故身亡,并由医院出具死亡证明及验尸报告,保险人经核实应赔付50 000元,赔款尚未支付。应编制会计分录如下:

借:赔付支出——直接赔款——意外伤害保险(团意险)   50 000

    贷:应付赔付款——李某   50 000

实际支付时:

借:应付赔付款——李某   50 000

    贷:银行存款   50 000

　　值得注意的是,实务中应将应付赔付款和未决赔款准备金区分开来。虽然应付赔付款和未决赔款准备金都是保险公司对已经发生保险事故所承担的责任,但这两种责任存在明显的区别。首先,责任所对应的保险事故、赔款状况不同。应付赔付款所对应的保险事故有关的赔案已经结案,而未决赔款准备金所对应的保险事故,有的是已经报案但赔案尚未结案,有的是已经发生事故还没有报案;其次,赔付金额的确定性不同。应付赔付款是保险公司承担的金额确定的赔付义务,它反映的是保险公司的付款延迟。而未决赔款准备金所对应的赔付金额尚不确定,需要运用专门的精算方法进行评估,它反映的是保险公司所面临的报案延迟或结案延迟。

4. 理赔费用的核算

　　在理赔中发生的直接理赔费用和间接理赔费用应在"赔付支出"科目核算。

　　例 4 - 21　某家具城发生火灾,财险公司聘请某公估公司进行评估,取得的增值税专用发票上注明的价款为 12 000 元,增值税税额为 720 元,转账付讫。应编制会计分录如下:

```
借:赔付支出——直接理赔费用——企业财产保险        12 000
   应交税费——应交增值税(进项税额)                 720
  贷:银行存款                                    12 720
```

　　例 4 - 22　甲保险公司接受异地本系统乙保险公司委托,勘查其机动车辆保险标的在本地出险受损情况,支付查勘费 2 400 元,收到普通发票,转账支付。

甲公司应编制会计分录如下:

```
借:赔付支出——间接理赔费用——机动车辆保险         2 400
  贷:银行存款                                    2 400
```

同时:

```
借:系统往来——乙公司                            2 400
  贷:赔付支出——间接理赔费用——机动车辆保险         2 400
```

乙公司应编制会计分录如下:

```
借:赔付支出——间接理赔费用——机动车辆保险         2 400
  贷:系统往来——甲公司                            2 400
```

"系统往来"属于公司内部使用的共同类科目,反映保险公司系统内上下级公司之间因代收、代付款项和预缴、预拨资金形成的债权债务以及内部各部门、相关业务之间发生的各项资金的往来。保险公司发生为对方公司代付款项、向对方公司预拨款项、预缴款项或结算支付为对方公司代收的款项时,借记本科目,贷记"银行存款"等有关科目;为对方公司代收款项、收到对方公司预拨款项、预缴款项或结算收取为对方公司代付的款项时,借记"银行存款"等有关科目,贷记本科目。该科目应定期进行清算,中期报告及年终决算时,该科目汇总余额应逐级调节轧平。该科目应按往来公司及业务性质设置明细账,进行明细分类核算。

5. 代位追偿款的核算

代位追偿款(subrogation account)是指公司承担赔偿保险金责任后,依法从被保险人处取得代位追偿权向第三者责任人索赔而取得的赔款。追偿款属于代位求偿,在某些保险事故的发生是由第三者造成的情况下,保险公司事先按照保险合同约定向被保险人支付赔款,与此同时,从被保险人处取得对标的价款进行追偿的权利,由此而追回的价款,实质上不是一项收入,而是对赔款支出的一种抵减。

按照现行会计准则规定,保险人承担赔付保险金责任应收取的代位追偿款,同时满足下列条件的应确认为应收代位追偿款:

① 与该代位追偿款有关的经济利益很可能流入;

② 该代位追偿款的金额能够可靠地计量。

对于代位追偿款,在判断代位追偿款能否收回时,应当根据以往的经验、第三者责任人的财务状况和现金流量等相关信息进行合理估计。如果有证据表明代位追偿款很有可能收回,就应当按照估计的金额确认应收代位追偿款。

保险公司应设置"应收代位追偿款"科目,核算公司按照原保险合同约定承担赔付保险金责任后确认的代位追偿款。该科目属于资产类科目,其借方登记应收的代位追偿款,贷方登记收回的应收代位追偿款,余额在借方,反映公司尚未收回的代位追偿款。本科目应按照被追偿单位(或个人)设置明细账。

例 4-23 得润运输公司投保货物运输保险,运输途中一辆机动车与车主李林驾驶的一辆轿车发生碰撞,经查属于李林造成。保险人支付赔款15 000元后,取得了向李林追偿的权利。应编制会计分录如下:

借:应收代位追偿款——李林　　　　　　　　　　　15 000

　　贷:赔付支出——代位追偿款——货物运输保险　　　　　15 000

如果经多方努力,向李林追回赔款15 000 元,应编制会计分录如下:

借:银行存款　　　　　　　　　　　　　　　　　15 000

　　贷:应收代位追偿款——李林　　　　　　　　　　　15 000

例 4-24 若上例向李林追回赔款 12 000 元,应编制会计分录如下:

借:银行存款 12 000

赔付支出——代位追偿款——货物运输保险 3 000

贷:应收代位追偿款——李林 15 000

收到应收代位追偿款时,已计提坏账准备的,还应同时结转坏账准备。

如果代位追偿取得的是追偿物资,原则上必须变现后方可入账。如遇特殊情况短期内变现确实困难的,应于资产收回 15 天内进行资产价值评估,报省级分公司批准并取得证明所有权的具有法律效力的相关凭据后,按评估价值计入"损余物资",追偿物资变现后,调整当期赔付支出。追偿物资如果转为自用,报总公司批准并取得产权变更手续等法律凭据后,按评估价值计入相关资产价值。

对于代位追偿过程中发生的费用比如律师费、诉讼费以及相关的调查费、差旅费、住宿费、奖励费等,案件结案系统发起追偿任务后,无论追偿是否成功,因追偿而发生的上述费用作为追偿成本,借记"赔付支出——代位追偿款""应交税费——应交增值税(进项税额)"科目,贷记"银行存款"等科目。确认追偿费用时,费用凭证应后附理赔部门出具的费用清单,列明费用发生事由、费用性质、对应赔案号、费用金额。

6. 损余物资的核算

损余物资(salvage value of insured property)是指保险标的受损,经公司赔付后尚有经济价值的残余物资。损余物资处理应坚持"物尽其用"的原则,对受损财产的残余部分应根据可用程度,实事求是、合情合理地作价折归被保险人,从赔款中扣除。如双方达不成协议,被保险人对残余部分坚持不接受时,可报经公司领导批准收回处理。收回损余物资要严格按规定手续办理,开列清单,并设置"损余物资登记簿",列明损余物资的品名、数量、损坏程度、残值数额。取得的损余物资,应当按照同类或类似资产的市场价格计算确定的金额确认为资产,并冲减当期赔款支出。市场价格不包括处置费用。如果不存在活跃的交易市场,应当根据可实现价值和资产成新率计算。损余物资应当以市价计量,不计提折旧。会计期末,应重新判断市场价格,并将市价与账面价值的差额,调整当期赔款支出。

保险公司应设置"损余物资"科目,核算公司按照原保险合同约定承担赔偿保险金责任后取得的损余物资成本。该科目属于资产类科目,其借方登记公司承担赔偿保险金责任后取得的损余物资,贷方登记处置损余物资时收到的金额,余额在借方,反映公司承担赔偿保险金责任后取得的损余物资成本。本科目应按照损余物资种类设置明细账。损余物资发生减值的,可以单独设置"损余物资跌价准备"科目。

例4-25 某商店因火灾保险财产受损,保险公司应赔偿财产损失1 500 000元,扣除归企业所有的损余物资折价100 000元后,保险公司支付1 400 000元赔款。应编制会计分录如下:

借:赔付支出——直接赔款——企业财产保险　　　　　　1 400 000
　贷:银行存款　　　　　　　　　　　　　　　　　　　　　　1 400 000

例4-26 上例中的损余物资企业不能接受,由保险公司作价110 000元出售给其他单位。应编制会计分录如下:

支付赔款时:

借:赔付支出——直接赔款——企业财产保险　　　　　　1 500 000
　贷:银行存款　　　　　　　　　　　　　　　　　　　　　　1 500 000

出售损余物资时:

借:银行存款　　　　　　　　　　　　　　　　　　　　110 000
　贷:赔付支出——直接赔款——企业财产保险　　　　　　　110 000

例4-27 若例4-25中的损余物资保险公司一时无法处理而收回公司,同类资产市场价格115 000元。应编制会计分录如下:

借:损余物资　　　　　　　　　　　　　　　　　　　　115 000
　贷:赔付支出——物资折价——企业财产保险　　　　　　　115 000

以后将该损余物资变卖,价款133 900元(含税)存入银行,依照3%征收率减按2%征收增值税:

借:银行存款　　　　　　　　　　　　　　　　　　　　133 900
　贷:损余物资　　　　　　　　　　　　　　　　　　　　　115 000
　　应交税费——简易计税　　　　　　　　　　　　　　　　2 600
　　赔付支出——物资折价——企业财产保险　　　　　　　　16 300

注:应交增值税=133 900÷(1+3%)×2%=2 600(元)

如果变卖价款为 103 000 元(含税),应编制会计分录如下:

借:银行存款　　　　　　　　　　　　　　　　　103 000

　　赔付支出——物资折价——企业财产保险　　　　 14 000

　　贷:损余物资　　　　　　　　　　　　　　　　　115 000

　　　　应交税费——简易计税　　　　　　　　　　　　2 000

处置损余物资时,已计提跌价准备的,还应同时结转跌价准备。

对于处置损余物资过程中发生的相关费用,借记"赔付支出——物资折价""应交税费——应交增值税(进项税额)"科目,贷记"银行存款"等科目。确认相关费用时,费用凭证应后附理赔部门出具的费用清单,列明费用发生事由、费用性质、对应赔案号、费用金额。

7. 错赔或骗赔案件的核算

在保险理赔过程中,有时会发生错赔或骗赔案件,保险公司发现后应依法查处并追回赔款,会计上采取冲减赔款支出的账务处理。

例 4 - 28　某机动车辆保险赔案发生后被发现是错赔案件,由于工作失误多赔了5 500元。经与保户交涉,该保户退回了多收的赔款。应编制会计分录如下:

借:银行存款　　　　　　　　　　　　　　　　　5 500

　　贷:赔付支出——收回赔款——机动车辆保险　　　 5 500

8. 综合举例

例 4 - 29　20×7 年 6 月 30 日,E 保险公司与 F 公司签订一份保险合同,对 F 公司仓库的一批存货进行投保,约定保险期限为一年,即至 20×8 年 6 月 29 日,保险金额为 5 000 万元,E 保险公司开出的增值税专用发票上注明的保费为 500 万元,增值税税额为 30 万元,款项于合同生效当日一次性收取。经精算后确定,E 保险公司针对未到期责任准备金的提取金额为 200 万元。20×7 年 8 月 5 日,由于相邻的 G 公司发生意外火灾,并殃及了 F 公司的仓库,造成所投保的存货大部分毁损。E 保险公司经定损后,确认存货毁损 80%,金额为 4 000万元,E 保险公司决定全额理赔 4 000 万元。20×7 年 9 月 25 日,本案按照上述理赔方案结案,E 保险公司同时收回毁损存货并享有了对 G 公司的代位追偿权。假设毁损存货残值为 500 万元,估计代位追偿可收回 2 000 万元。20×7

年10月E保险公司转让存货收入618万元(含税),依照3%征收率减按2%征收增值税。20×7年12月从G公司收回补偿1800万元。E保险公司应编制会计分录如下(会计分录中的金额单位为万元):

(1) 20×7年6月30日,E保险公司根据合同确认保费收入并提取准备金:

借:银行存款 530

  贷:保费收入——企业财产保险 500

    应交税费——应交增值税(销项税额) 30

借:提取未到期责任准备金——企业财产保险 200

  贷:未到期责任准备金——企业财产保险 200

(2) 20×7年8月5日,提取未决赔款准备金4000万元:

借:提取保险责任准备金——提取未决赔款准备金 4 000

  贷:保险责任准备金——未决赔款准备金 4 000

(3) 20×7年9月25日,结案赔付,并收回损余存货及确认代位追偿权:

借:赔付支出——直接赔款——企业财产保险 4 000

  贷:银行存款 4 000

冲回未决赔款准备金时:

借:保险责任准备金——未决赔款准备金 4 000

  贷:提取保险责任准备金——提取未决赔款准备金 4 000

收回损余物资时:

借:损余物资 500

  贷:赔付支出——物资折价——企业财产保险 500

确认应收代位追偿款:

借:应收代位追偿款——G公司 2 000

  贷:赔付支出——代位追偿款——企业财产保险 2 000

(4) 20×7年10月处置损余物资:

借:银行存款 618

  贷:损余物资 500

    应交税费——简易计税 12

    赔付支出——物资折价——企业财产保险 106

(5) 20×7年12月收到代位追偿款:

借:银行存款 1 800

  赔付支出——代位追偿款——企业财产保险 200

  贷:应收代位追偿款——G公司 2 000

第五节　非寿险原保险合同特殊 渠道业务的核算

一、共同保险业务的核算

1. 共同保险的概念和分类

共同保险(co-insurance),简称共保,是指两个或两个以上的保险人共同承保同一标的的同一危险、同一保险事故,并按照约定的比例承担保险责任的经营行为。共同保险业务可分为以下两类:

(1) 对外的共同保险。对外的共保业务是指本公司与系统外保险机构共同承保同一保险标的的、共同承担风险的保险业务。

(2) 对内的共同保险。对内的共同保险也称联保,指本公司系统内保险机构共同承保同一保险标的的、共同承担风险的保险业务。

2. 共同保险的会计处理

共保业务根据各保险机构承担的份额不同,可区分为主承保方与次承保方,主承保方即负责签发保单的一方。一般由主承保方统一收取保费资金,然后按照承保份额将保费资金向各次承保方支付相应的保费资金;在赔付环节,一般由主承保方统一支付赔款,然后按照风险承担责任向各次承保方收取赔款资金。因此,主承保方在共保业务中扮演着代收代付资金的角色,且发票开具金额与其保费份额不一定匹配,"营改增"后,为了避免发票流、现金流和合同流三流不一致的情况,在开具保费发票时,应由主承方和次承保方按照份额分别开具发票给投保人,如果需要支付经纪费和佣金,应由经纪公司分别开具发票给主承方和次承保方。鉴于目前共保模式,也可由主承保方出具全额增值税发票,从次承保方获得增值税发票进行进项税额抵扣。

(1) 保险公司作为主承包方业务的会计核算。

① 符合保费收入确认条件,但尚未收到保费时,主承保方按照自身承担份额:

借:应收保费
　　贷:保费收入
　　　　应交税费——应交增值税(销项税额)

② 实际收取保费时按照自身承担份额确认冲销应收保费科目:

借:银行存款

      贷：应收保费

③ 对收取的应支付给次承保方的保费资金：

借：银行存款

      贷：应付保费

实际支付代收保费时冲减应付保费科目。

④ 按共保协议规定需向次承保方收取的出单手续费：

借：银行存款

      贷：其他业务收入——手续费收入

         应交税费——应交增值税(销项税额)

(2) 保险公司作为次承保方业务的会计处理。

① 接到承保通知后，应根据自身承担份额：

借：应收保费

      贷：保费收入

         应交税费——应交增值税(销项税额)

② 收到主承保方划转的保费后：

借：银行存款

      贷：应收保费

③ 按共保协议规定向主承保方支付出单手续费：

借：其他业务成本——出单费

     应交税费——应交增值税(进项税额)

      贷：银行存款

例 4-30　光明煤矿投保的一份保额 500 万元、1 年期的安全责任保险合同于 20×1 年 12 月 1 日成立，由甲、乙两家保险公司共保，合同总保费为 30 万元(含税)。合同约定：保险风险的调查、管理及保费收缴工作以甲公司为主，保费按 6：4 在甲、乙两家保险公司之间分配结算。20×2 年 2 月保费收到。出单手续费 5 000 元(含税)由乙公司支付。保费和手续费适用增值税税率为 6%。

(1) 甲公司应编制会计分录如下：

20×1 年 12 月 1 日保险合同成立时：

借：应收保费——光明煤矿　　　　　　　　　　　180 000

      贷：保费收入——安全责任保险　　　　　　　169 811.32

         应交税费——应交增值税(销项税额)　　　10 188.68

20×2年2月实际收到保费时:

借:银行存款　　　　　　　　　　　　　　　　　　180 000

　　贷:应收保费——光明煤矿　　　　　　　　　　　　　180 000

对收取的应支付给乙公司的保费资金:

借:银行存款　　　　　　　　　　　　　　　　　　120 000

　　贷:应付保费——乙公司　　　　　　　　　　　　　120 000

实际支付时:

借:应付保费——乙公司　　　　　　　　　　　　　120 000

　　贷:银行存款　　　　　　　　　　　　　　　　　　120 000

向乙公司收取手续费时:

借:银行存款　　　　　　　　　　　　　　　　　　5 000

　　贷:其他业务收入——手续费收入　　　　　　　　　4 716.98

　　　　应交税费——应交增值税(销项税额)　　　　　　283.02

(2) 乙公司应编制会计分录如下:

接到承保通知后,应根据自身承担份额:

借:应收保费——光明煤矿　　　　　　　　　　　　120 000

　　贷:保费收入——安全责任保险　　　　　　　　　113 207.55

　　　　应交税费——应交增值税(销项税额)　　　　　6 792.45

收到甲公司划转的保费后:

借:银行存款　　　　　　　　　　　　　　　　　　120 000

　　贷:应收保费——光明煤矿　　　　　　　　　　　　120 000

向甲公司支付出单手续费:

借:其他业务成本——出单费　　　　　　　　　　　4 716.98

　　应交税费——应交增值税(进项税额)　　　　　　283.02

　　　　贷:银行存款　　　　　　　　　　　　　　　　5 000

二、"保险卡"业务的核算

"保险卡"(insurance card)作为一种特殊的保险凭证,具有确定的面值和保险金额,客户可以根据自身需要,通过网络、电话、柜台等多种渠道自主完成保险产品选择和保险合同签订。其会计处理如下:

(1) 销售"保险卡"时,按销售金额计入预收保费:

借:银行存款

　　贷:预收保费

(2) "保险卡"注册成功,保险合同生效时:

借：预收保费
　　贷：保费收入
　　　　应交税费——应交增值税(销项税额)

(3) "保险卡"逾期两年仍未注册的,保险合同失效:

借：预收保费
　　贷：其他业务收入
　　　　应交税费——应交增值税(销项税额)

三、交叉销售业务的核算

交叉销售(cross selling)是一种发现顾客多种需求,并通过满足其需求而实现销售多种相关的服务或产品的营销方式。在金融混业经营的大背景下,通过交叉销售,可以提升客户忠诚度,节约客户成本,满足客户多样化需求,从横向角度开发产品市场。其会计处理如下:

(1) 代理寿险及健康险业务取得手续费时:

借：银行存款
　　贷：其他业务收入——手续费收入
　　　　应交税费——应交增值税(销项税额)

(2) 将收到的手续费扣除个人所得税、个人增值税及附加后,向所属销售人员支付其代理寿险、健康业务手续费时:

借：其他业务成本
　　贷：应交税费——代扣个人所得税
　　　　　　　　——代扣增值税及附加
　　　　银行存款

(3) 产、寿险按协议成立互动部,本公司收取寿险、健康险及互动部租用本公司的职场租金时:

借：银行存款
　　贷：其他业务收入——租金收入
　　　　应交税费——应交增值税(销项税额)

(4) 本公司(包括互动部)代理寿险及健康险业务创立初期取得的销售费用及费用补贴收入时:

借：银行存款
　　贷：其他应付款——其他应付暂收款
此项费用实际支付时予以转销。

　　例 4 - 31　甲公司成立互动部,代理乙寿险公司寿险业务,本月收取手续费 800 000 元(含税),增值税税率为 6%。其中 400 000 元扣除个人所得税 15 000 元和增值税及附加 45 000 元后支付给本公司营销员。另外,本月向乙公司收取职场租金 200 000 元(含税),增值税税率为 9%,收取销售费用及费用补贴 100 000 元,当月用于职场培训支付 35 000 元。甲公司应编制会计分录如下:

　　取得手续费时:

　　借:银行存款　　　　　　　　　　　　　　　　　　800 000

　　　　贷:其他业务收入——手续费收入　　　　　　　754 716.98

　　　　　　应交税费——应交增值税(销项税额)　　　　45 283.02

　　向营销员支付其代理寿险手续费时:

　　借:其他业务成本　　　　　　　　　　　　　　　　400 000

　　　　贷:应交税费——代扣个人所得税　　　　　　　　15 000

　　　　　　　　　　　——代扣增值税及附加　　　　　　45 000

　　　　　　银行存款　　　　　　　　　　　　　　　　340 000

　　收取职场租金时:

　　借:银行存款　　　　　　　　　　　　　　　　　　200 000

　　　　贷:其他业务收入——租金收入　　　　　　　　183 486.24

　　　　　　应交税费——应交增值税(销项税额)　　　　16 513.76

　　收取销售费用及费用补贴收入时:

　　借:银行存款　　　　　　　　　　　　　　　　　　100 000

　　　　贷:其他应付款——其他应付暂收款　　　　　　100 000

　　支付职场培训费时:

　　借:其他应付款——其他应付暂收款　　　　　　　　35 000

　　　　贷:银行存款　　　　　　　　　　　　　　　　　35 000

四、电话营销业务的核算

　　电话营销(telephone marketing)业务,简称电销业务,是以电话为主要沟通手段,借助网络、传真、短信、邮寄等辅助方式,通过总公司电子商务中心专用电话营销号码,以公司名义与客户直接联系,并通过总公司电子商务系统完成保险产品的推介、咨询、报价、保单条件确认等主要营销过程的业务。电销产品只能以直销形式销售,不能委托、雇佣保险中介机构或其他外部专业机构进行销售。

电销业务按渠道进行单独核算,即在销售渠道专项中单独设置电话营销销售渠道,与险种专项共同对电销渠道进行多维度标记。其会计处理如下。

(1) 总公司保单收款时,总公司核算中心取得银行回单,借记"银行存款"科目,贷记"其他应付款——电销集中收款"科目,与系统数据核对一致时,借记"其他应付款——电销集中收款"科目,贷记"系统往来"科目,分公司借记"系统往来"科目,贷记"其他应付款——电销集中收款"科目。

(2) 款单匹配时,分支公司指认具体保单,借记"其他应付款——电销集中收款"科目,贷记"预收保费"科目,如果落地到支公司,通过"系统往来"科目核算。

(3) 保单生效,保单起保时,分支公司借记"应收保费"科目,贷记"保费收入"和"应交税费——应交增值税(销项税额)"科目。

(4) 预收销应收时,借记"预收保费"科目,贷记"应收保费"科目。

例 4-32 某分公司通过"电销"渠道销售保险业务,保费 500 000 元(含税),2 月 5 日系统显示总公司核算中心已取得银行回单。2 月 10 日,分公司款单匹配,指认具体保单,其中向旺和公司销售企业财产保险 300 000 元,向红星公司销售机动车辆保险 200 000 元。2 月 18 日保单生效,保单起保,增值税税率为 6%。分公司应编制会计分录如下:

2 月 5 日确认系统收款时:

借:系统往来——总公司　　　　　　　　　　　　　　　500 000

　　贷:其他应付款——电销集中收款　　　　　　　　　　500 000

2 月 10 日指认具体保单时:

借:其他应付款——电销集中收款　　　　　　　　　　　500 000

　　贷:预收保费——企业财产保险——旺和公司　　　　　300 000

　　　　　　　　——机动车辆保险——红星公司　　　　　200 000

2 月 18 日保单生效时:

借:应收保费——企业财产保险——旺和公司　　　　　　300 000

　　　　　　——机动车辆保险——红星公司　　　　　　200 000

　　贷:保费收入——企业财产保险　　　　　　　　　　283 018.87

　　　　　　　　——机动车辆保险　　　　　　　　　　188 679.25

　　　　应交税费——应交增值税(销项税额)　　　　　　 28 301.88

预收销应收时:

借：预收保费——企业财产保险——旺和公司　　　　300 000

　　　　——机动车辆保险——红星公司　　　　　　200 000

　　贷：应收保费——企业财产保险——旺和公司　　　　　300 000

　　　　——机动车辆保险——红星公司　　　　　　　　200 000

五、淘宝销售车险业务的核算

淘宝销售(Taobao Sales)车险业务是由保险公司总部直接入驻淘宝商城,开设旗舰店进行车险直销,并由保险公司专业的客服人员对消费者提供支持。其会计处理如下。

(1)总公司保单收款时,总公司核算中心取得银行回单,借记"银行存款"科目,贷记"其他应付款——淘宝集中收款"科目,与淘宝和系统数据核对一致时,借记"其他应付款——淘宝集中收款"科目,贷记"系统往来"科目,分公司借记"系统往来"科目,贷记"其他应付款——淘宝集中收款"科目。

(2)款单匹配时,分支公司指认具体保单,借记"其他应付款——淘宝集中收款"科目,贷记"预收保费"科目,如果落地到支公司,通过"系统往来"科目核算。

(3)保单生效,保单起保时,分支公司借记"应收保费"科目,贷记"保费收入"和"应交税费——应交增值税(销项税额)"科目。

(4)预收销应收时,借记"预收保费"科目,贷记"应收保费"科目。

六、网络营销业务的核算

网络营销业务(network marketing),简称网销业务,是以保险网站为主要营销工具,展开各类网上的保险营销活动,以达到综合性地提升竞争优势、获得多样化的客户来源渠道的目的。其会计处理如下。

(1)总公司保单收款时,与第三方结算时,借记"其他应收款——网上销售"科目,贷记"系统往来——分公司"科目,分公司借记"系统往来——总公司"科目,贷记"其他应付款——行政出纳代收"科目,总公司收到银行回单,借记"银行存款"科目,贷记"其他应收款——网上销售"科目。

(2)分公司作虚拟账户收款,收到财务系统内往通知或邮件通知,借记"其他应付款——行政出纳代收"科目,贷记"预收保费"科目。如果落地到支公司,通过"系统往来"科目核算。

(3)保单生效,保单起保时,分支公司借记"应收保费"科目,贷记"保费收入"和"应交税费——应交增值税(销项税额)"科目。

(4)预收销应收时,借记"预收保费"科目,贷记"应收保费"科目。

七、赠予业务的核算

赠予业务(gift business)是指为扩大销售或出于公益性目的,在销售保险合同的同时,向投保人赠送其他保险合同的业务,赠予业务分促销性赠予和公益性捐赠两类。

1. 促销性赠予

促销性赠予应作为商业折扣视同销售,分别全额确认销售的保险合同和赠予的保险合同的保费,分险种分别借记"应收保费"科目,贷记"保费收入"和"应交税费——应交增值税(销项税额)"科目。再将赠予保险合同的保费按相同金额确认为承保费用,并且在销售的保险合同和赠予的保险合同之间按照一定的比例进行分配,分险种分别计入当期损益,借记"业务及管理费"科目,贷记"应收保费"科目。

例4-33 甲保险公司向 A 单位销售企业财产保险,保费 100 000 元(含税),同时向 A 单位赠送了一份一年期团体意外伤害保险,保费 10 000 元(含税),增值税税率为 6%,假设赠予保险费用按保费分摊。甲公司应编制会计分录如下:

销售和赠予保险合同时:

```
借:应收保费——企业财产保险——A 单位            100 000
        ——意外伤害保险——A 单位              10 000
  贷:保费收入——企业财产保险                   94 339.62
        ——意外伤害保险                     9 433.96
    应交税费——应交增值税(销项税额)            6 226.42
```

同时将 10 000 元以保费为基础在企业财产保险和意外伤害保险之间分摊:

```
借:业务及管理费——企业财产保险——其他费用      9 090.91
  业务及管理费——意外伤害保险——其他费用        909.09
  贷:应收保费——意外伤害保险——A 单位          10 000
```

收到企业财产保险保费时:

```
借:银行存款                                100 000
  贷:应收保费——企业财产保险——A 单位          100 000
```

2. 公益性捐赠

在发生公益性捐赠时,必须取得国家认可的从事公益事业社会团体开具的专用收据或发票。在公司发生公益性捐赠保险业务时,会计人员应当根据业务系统流转的数据、收据或发票、其他内部赠送审批材料(如审批表、签报等),核对一致后,按照赠送保单保费金额,借记"营业外支出"科目,贷记"保费收入"科目。赠送保单被保险人发生保险事故,会计人员根据系统流转的经过核赔人员核定的赔款金额,借记"赔付支出"科目,贷记"应付赔付款"或"银行存款"等科目。

例4-34 甲保险公司向某希望小学无偿捐赠一年期团体学生平安保险50 000元,取得国家认可的从事公益事业社会团体开具的专用收据或发票。保险期间该希望小学一学生因发生意外,保险公司支付保险金2 000元。甲公司应编制会计分录如下:

捐赠保险合同时:

借:营业外支出——捐赠支出　　　　　　　　　　　　50 000
　　贷:保费收入——团体学生平安保险　　　　　　　　　　50 000

支付保险金时:

借:赔付支出——直接赔款——团体学生平安保险　　　2 000
　　贷:银行存款　　　　　　　　　　　　　　　　　　　　2 000

八、政策性农业保险业务的核算

政策性农业保险(policy-oriented agriculture insurance),是指保险公司与政府合作,采取财政补贴、政府代办、合作开办、共保体等方式开办的特殊农业保险。保险公司在农村地区开办的农用机械、房屋保险以及其他常规商业保险不属于政策性农业保险业务范畴。

(1) 对于政策性农业保险业务,保险公司应设置险种专项进行核算。政策性农业保险业务险种专项区分中央政策性和地方政策性两大类,严格按照财政部和保监会规定的政策性农业保险统计类别进行设置。

(2) 对于采取共保体或政府代办形式开办的政策性农业保险,并委托保险公司进行会计核算的,可以单独设置账簿进行独立核算,按照保险公司享有的份额记入各个损益科目,账务处理与一般保险业务保持一致。

(3) 和政府或其他保险公司发生的、与政策性农业保险相关业务往来的会计核算,在"其他应收款——其他应收暂付款"和"其他应付款——其他应付暂收款"科目下进行核算。

(4) 对于政府明确规定费用包干比例或额度的政策性农业保险,计提费用应通过"其他应付款"科目进行核算。

(5) 收到政府无偿拨付的政策性农业保险补贴资金时,应计入"营业外收入——专项补贴收入"科目核算。如补贴资金为政府指定用途,应先计入"其他应付款——其他应付暂收款"科目,实际支出时予以转出,如有结余再转入"营业外收入——专项补贴收入"科目。

(6) 对于保险公司不确认保费收入和赔款支出的政府代办业务,收取的代理手续费或管理费应计入"其他业务收入——管理费收入"科目,相关费用支出应直接计入"其他业务成本——代办业务支出"科目。

例 4-35 甲保险公司与乙保险公司对某农场小麦种植业保险业务进行共保,保费 200 000 元已收到,出单手续 4 000 元(含税)由乙公司承担,增值税税率为 6%,开出增值税专用发票。收到政府专项补贴 70 000 元,合同约定:保险风险的调查、管理及保费收缴工作以甲公司为主,保费和政府补贴按 7:3 在甲、乙两家保险公司之间分配。

甲公司应编制会计分录如下:

收取保费时:

借:银行存款 200 000

贷:保费收入——小麦种植业保险 140 000

应付保费——乙公司 60 000

实际支付时:

借:应付保费——乙公司 60 000

贷:银行存款 60 000

向乙公司收取手续费时:

借:银行存款 4 000

贷:其他业务收入——手续费收入 3 773.58

应交税费——应交增值税(销项税额) 226.42

收到政府补贴时:

借:银行存款 70 000

贷:营业外收入——专项补贴收入 49 000

其他应付款——乙公司 21 000

实际支付时:

借:其他应付款——乙公司 21 000

贷:银行存款 21 000

乙公司应编制会计分录如下:

接到承保通知后,应根据自身承担份额:

```
借：应收保费——某农场                              60 000
    贷：保费收入                                        60 000
收到甲公司划转的保费后：
借：银行存款                                      60 000
    贷：应收保费——某农场                               60 000
支付手续费时：
借：其他业务成本——出单费                          3 773.58
    应交税费——应交增值税(进项税额)                226.42
    贷：银行存款                                         4 000
确认应收政府补贴时：
借：其他应收款——甲公司                            21 000
    贷：营业外收入——专项补贴收入                       21 000
实际收到时：
借：银行存款                                      21 000
    贷：其他应收款——甲公司                             21 000
```

另外,对于农业保险经办机构(以下简称保险机构)在经营各级财政按规定给予保费补贴的种植业、养殖业、林业等农业保险业务过程中,为增强风险抵御能力,应专门计提农险大灾风险准备金。具体包括保费准备金和利润准备金,逐年滚存,逐步积累应对农业大灾风险的能力。

保费准备金按照农业保险自留保费的一定比例计提,其中种植业计提比例在2%—8%,养殖业计提比例在1%—4%,森林保险计提比例在4%—10%。保险机构计提保费准备金,滚存余额达到当年农业保险的自留保费,可以暂停计提。

利润准备金按照超额承保利润的一定比例提取。保险机构经营农业保险实现年度及累计承保盈利,且满足一定条件的,其总部应当在依法提取法定公积金、一般(风险)准备金后,从年度净利润中计提利润准备金,计提标准为超额承保利润的75%(如不足超额承保利润的75%,则全额计提)及运用农险大灾准备金(保费准备金及超额利润准备金)所对应的资金产生的投资收益部分,不得将其用于分红、转增资本。具体条件为：① 保险机构农业保险的整体承保利润率超过其自身财产险业务承保利润率,且农业保险综合赔付率低于70%；② 专业农业保险机构的整体承保利润率超过其自身与财产险行业承保利润率的均值,且其综合赔付率低于70%；③ 前两款中,保险机构自身财产险业务承保利润率、专业农业保险机构自身与财产险行业承保利润率的均值为负,按照其近3年的均值(如近3年均值为负或不足3年则按0确定),计算应当计提的利润准备金。其中承保利润率=1-综合成本率。

当出现以下情形时，保险机构可以使用大灾准备金：① 保险机构相关省级分支机构或总部，其当年 6 月末、12 月末的农业保险大类险种综合赔付率超过75％(具体由保险机构结合实际确定，以下简称大灾赔付率)，且已决赔案中至少有 1 次赔案的事故年度已报告赔付率不低于大灾赔付率，可以在再保险的基础上，使用本机构本地区的保费准备金；② 根据前款规定不足以支付赔款的，保险机构总部可以动用利润准备金；仍不足的，可以通过统筹其各省级分支机构大灾准备金，以及其他方式支付赔款。其中事故年度已报告赔付率＝(已决赔款＋已发生已报告赔案的估损金额)/已赚保费。

保险机构应设置"提取保费准备金"(损益类)、"保费准备金"(负债类)、"利润分配——提取利润准备"(所有者权益类)、"利润分配——大灾准备金投资收益"(所有者权益类)、"大灾风险利润准备"(所有者权益类)科目进行核算。具体账务处理如下。

(1) 期末保险机构提取保费准备金时，借记"提取保费准备金"，贷记"保费准备金"科目。

(2) 期末保险机构提取利润准备金时，借记"利润分配——提取利润准备"，贷记"大灾风险利润准备"科目。

(3) 保险机构按规定以大灾准备金所对应的资金用于投资等所产生的收益，借记"应收利息"、"应收股利"等科目，贷记"投资收益"等科目；同时，借记"利润分配——大灾准备金投资收益"科目，贷记"大灾风险利润准备"科目。

(4) 保险机构在确定支付赔付款项金额或实际发生理赔费用的当期，按照应赔付或实际赔付的金额，借记"赔付支出"科目，贷记"应付赔付款""银行存款"等科目；按规定以大灾准备金用于弥补农业大灾风险损失时，按弥补的金额依次冲减"保费准备金""大灾风险利润准备"科目，借记"保费准备金""大灾风险利润准备"科目，贷记"提取保费准备金""利润分配——提取利润准备"科目。

(5) 保险机构不再经营农业保险的，将以前年度计提的保费准备金的余额逐年转回损益时，按转回的金额，借记"保费准备金"科目，贷记"提取保费准备金"科目；将利润准备金的余额转入一般风险准备时，按转回的金额，借记"大灾风险利润准备"科目，贷记"一般风险准备"科目。

九、法院强制划款案件的核算

法院强制划款案件(court money case)是指依据法院强制执行或协助执行等相关法律文书，明确要求保险公司执行、诉讼保全及先予执行的案件，或公司未在生效法律文书确定期限及时履行义务而进入执行程序或强制划款的案件。对于法院强制划款的赔案，保险公司应对被强制执行支付给被保险人的赔款(不含诉讼费、执行费和滞纳金)区分以下情况,分别在"预付赔付款"或"赔付支出——直接赔款"科目下核算。

(1) 对于索赔材料齐全、法律部门和理赔部门已确定具备核赔条件的案件,应及时在理赔业务处理系统完成立案、理算、核赔和结案工作,计入赔付支出,已在"其他应收款"科目挂账的,同时冲减"其他应收款"。按法院判决款金额,借记"赔付支出——直接赔款"科目,贷记"银行存款"或"其他应收"款科目。

(2) 对于法律部门和理赔部门确认尚不具备核赔条件的案件,应在理赔系统中及时完成预付赔款的处理,财会部门根据理赔系统传送的信息,计入预付赔付款,此前在"其他应收款"科目挂账的,应同时冲减"其他应收款"。按法院判决款金额,借记"预付赔付款"科目,贷记"银行存款"或"其他应收款"科目。

当法院最终判决仍由公司赔付的案件,理赔部门应及时将执行款从"预付赔款"转"赔付支出",财会部门根据理赔系统传送的信息,进行账务处理,借记"赔付支出——直接赔款"科目,贷记"预付赔付款"科目,涉及付款的贷记"银行存款"科目。

例 4 - 36 某公司收到法院强制划款通知,先行支付丙保户投保的机动车辆保险赔款 3 000 元,经法律部门和理赔部门确认尚不具备核赔条件。后经法院最终判决应支付 3 500 元。保险公司应编制会计分录如下:

先行支付时:

借:预付赔付款——丙保户   3 000

    贷:银行存款   3 000

法院最终判决结案时:

借:赔付支出——直接赔款——机动车辆保险   3 500

    贷:预付赔付款——丙保户   3 000

        银行存款   500

十、代赔案件的核算

1. 通赔业务产生的代赔案件

通赔业务(union compensation insurance)是指保险公司所属机构承保的车辆在承保地公司所在地以外的地区出险,由异地分支公司代为查勘、定损和赔付的业务。通赔业务分为省间通赔和省内通赔。

保险公司发生的待赔案件,应设置"代付赔付款"科目,核算本公司系统内部分支机构间相互垫付的赔款及代理其他公司支付的赔款。该科目属于资产类科目,其借方登记代付的赔付款,贷方登记收回或冲销的代付赔付款,余额在借方,表示应收未收的代付赔付款。该科目应设"系统内(通赔业务)"和"其他"二级科目,并按委托公司设置明细账。

通赔业务产生的代赔案件,出险地公司代为支付赔款并在省间通赔系统中确认出险地流转结束,借记"代付赔付款——系统内(通赔业务)"科目,贷记"银行存款"科目;省间通赔系统出险地流转结束后,赔案信息回写至新车险理赔系统,并显示为"核赔通过",核赔通过信息需要由承保地财务人员在收付费系统手工接收,并确认代付赔付款金额,借记"赔付支出——直接赔款"科目,贷记"应付赔付款"科目,同时,借记"应付赔付款"科目,贷记"代付赔付款——系统内(通赔业务)"科目。在会计期末,"代付赔付款"科目应当轧平。

例 4 - 37 某外地本系统内乙保险公司承保的车辆险在甲保险公司所在地出险,甲保险公司接受委托代理理赔、勘查,并通过银行存款支付赔款5 000 元。甲保险公司应编制会计分录如下:

借:代付赔付款——乙保险公司　　　　　　　　　　5 000
　　贷:银行存款　　　　　　　　　　　　　　　　　　　　5 000

2. 共保业务产生的代赔案件

共保业务产生的代赔案件会计处理与系统内通赔业务会计处理相同。共保业务产生的代赔案件,保险公司作为出险地公司代为支付赔款时,借记"代付赔付款——其他"科目,贷记"银行存款"科目。保险公司作为承保地公司收到纸质资料案卷后,确认代付赔付款金额,借记"赔付支出——直接赔款"科目,贷记"代付赔付款——其他"科目。

第六节　IFRS17 下非寿险原保险合同负债的计量

一、未到期责任负债的计量

1. 未到期责任负债的计量方法和适用条件

保险公司负债中占比例最大的是责任准备金,IFRS17 将未到期责任准备金称为未到期责任负债(undue liability),并要求采用保费分配法计量。保费分配法(premium allocation method)是将保费按责任期限进行分配,确定未到期责任负债(和保险业务收入)的方法。

保险合同组初始确认时符合下列条件之一的,可以使用保费分配法简化保险合同组的计量。

(1)保险公司合理预期采用该简化方法计量合同组未到期责任负债的结果与根据一般方法计量未到期责任负债的结果无重大差异。

(2)该合同组内每项合同的保险责任期不超过一年。

2. 未到期责任负债的初始计量

采用保费分配法时,公司对未到期责任负债的初始计量可用以下公式表示:

$$未到期责任负债＝已收保费－保险获取现金流量$$

保险获取现金流量 (insurance acquires cash flow)是指因销售、核保和承保已签发或预计签发的合同组而产生的,可直接归属于其对应合同组合的现金流量。比如手续费、税费、出单费用等。

3. 未到期责任负债的后续计量

采用保费分配法时,公司对未到期责任负债的后续计量可用以下公式表示:

报告期末未到期责任负债＝期初未到期责任负债＋当期新收保费－当期保险获取现金流量＋保险获取现金流量的摊销＋针对融资成分的调整－当期确认的保险业务收入－已支付或转入已发生赔款负债的投资成分

如果合同组内的保险合同包含重大融资成分,公司应当按照初始确认时确定的折现率对未到期责任负债的账面价值进行调整,以反映货币时间价值及金融风险的影响。

◗◗◗ **例 4-38** 某保险公司在 2018 年 4 月 1 日签发了一份保险合同,保险期限为一年,即 2018 年 4 月 1 日至 2019 年 3 月 31 日,合同生效之日收到保费 3 200 元,同时支付了保险获取现金流量 480 元,假设保险服务在保险期间均匀提供,保险期间没有索赔发生。按季计算未到期责任负债。

根据以上资料,该保险公司每季度未到期责任负债计量见表 4-5。

表4-5 未到期责任负债计量表

	2018. 4. 1	2018. 6. 30	2018. 9. 30	2018. 12. 31	2019. 3. 31
① 期初未到期责任负债	0	2 720	2 040	1 360	680
② 当期新收保费	3 200	0	0	0	0
③ 当期保险获取现金流量	480	0	0	0	0
④ 保险获取现金流量的摊销	0	120	120	120	120
⑤ 当期确认的保险业务收入	0	800	800	800	800
⑥ 未到期责任负债期末余额 =①+②-③+④-⑤	2 720	2 040	1 360	680	0

4. 保费分配法下亏损处理

如果在保险责任期内的任何时点,事实和情况表明保险合同组是亏损的,公司对于与该合同组剩余保险责任期相关的履约现金流量超过未到期责任负债的账面价值的部分,应当确认为损失计入当期损益,并增加未到期责任负债。

二、已发生赔款负债的计量

对于已发生赔款负债(liability incurred),即未决赔款准备金,公司应当以与已发生赔案相关的履约现金流量计量已发生赔款负债。但是,若未来现金流量预期在赔案发生后一年或更短的期间内支付或收取,则公司无须就货币时间价值及金融风险的影响对这些未来现金流量进行调整。

关 键 词

保费收入 已赚保费 未到期责任准备金 未决赔款准备金 赔款支出
损余物资 代位追偿款 共同保险 保险卡 交叉销售 电话营销 淘宝销售
网络营销 赠予业务 政策性农业保险 法院强制划款案件

复习思考题

1. 简述非寿险原保险合同核算的特点和要求。
2. 简述保费收入的确认条件。

3. 简述保险准备金充足性测试方法。

4. 简述未到期责任准备金的计算方法。

5. 简述未决赔款准备金的内容和提取方法。

6. 简述赔款支出的核算内容。

7. "应交税费——应交增值税"账户包括哪些专栏？简述其内容。

练 习 题

习题一

一、目的：练习非寿险原保险合同保费收入的核算。

二、资料：保险公司发生下列经济业务：

1. 某公司与红星公司签订企业财产保险合同，开出的增值税专用发票上注明的保费为 80 000 元，增值税税额为 4 800 元，已收到银行收账通知。

2. 某公司收到佳佳百货公司交来的货物运输保险保费 1 000 000 元，该业务自下月 10 日起，保险公司承担保险责任。

3. 10 日，上述业务保险责任开始生效，开出的增值税专用发票上注明的保费为 5 000 000 元，增值税税额为 300 000 元，又收到现款（由银行转账）3 140 000 元，余款尚未收到。

4. 某公司与南方公司签订责任保险合同，开出的增值税专用发票上注明的保费为 120 000 元，增值税税额为 7 200 元，约定一个月后缴付。

5. 公司收到上述保费。

6. 长江运输公司投保机动车辆保险，因特殊情况退保，公司开具红字增值税专用发票，发票上注明的保费为 7 000 元，增值税税额为 420 元，但该保户尚有 4 300 元保费未交。

7. 江南丝绸厂投保企业财产保险，与公司签订保险合同，双方约定保费为 200 000 元（含税），分期付款。首期已收到 40 000 元，其余保费分 8 期缴清，增值税税率为 6%。

8. 光明集团公司为其管理职员 100 人投保一年期团体人身意外伤害险，保险金额为 50 000 元，每人每年缴保费 80 元，合计 8 000 元（含税），该笔保费已收妥入账，增值税税率为 6%。

9. 某中学为在校学生 3 000 人投保一年期学生团体平安险，保险金额为 5 000元，按规定每人每年缴保费 10 元（含税），经特别约定分两次缴清，投保时支付 80%，两个月后支付 20%，增值税税率为 6%。

10. 某公司 20×5 年 8 月 9 日与甲公司签订货物运输保险合同，收到保费 10 000 元(含税)，合同中约定，保险标的在上一年保险期限内无赔款，续保时可享受无赔款减收保费优待，优待金额为本年度续保险种应交保费的 20%。甲公司在保险年度未发生赔款，20×6 年 8 月 9 日续保时享受保费折扣，公司开出增值税专用发票，价款和折扣额未在同一张发票上分别注明，增值税税率为 6%。

三、要求：根据上述资料，编制有关会计分录。

习题二

一、目的：练习非寿险原保险合同准备金的核算。

二、资料：保险公司发生下列经济业务：

1. 某公司货物运输保险全年一年期直接承保的保费收入为 100 000 000 元，首日费用为 20 000 000 元，试按 1/2 法计算该公司年末未到期责任准备金的数额。

2. 某公司财产保险综合险一年期保单订立于第二季度和第四季度，其保费收入(扣除首日费用)分别为 120 万元、150 万元，试按 1/8 法计算该公司年末未到期责任准备金的数额。

3. 某公司机动车辆保险一年期保单订立于 2 月、4 月、7 月、9 月，其保费收入(扣除首日费用)分别为 80 万元、60 万元、100 万元、110 万元，试按 1/24 法计算该公司 9 月末和 12 月末未到期责任准备金的数额。

4. 某公司财产保险合同当期保费收入 1 200 000 元，根据保险精算计算结果，本期提取未到期责任准备金 320 000 元。年末，按保险精算重新计算确定的结果未到期责任准备金余额应为 250 000 元。

5. 某一财产保险合同提前解除，该合同已提取未到期责任准备金 18 000 元。

6. 某公司根据保险精算计算结果，本期应提取已发生已报案未决赔款准备金 320 000 元，已发生未报案未决赔款准备金 72 500 元，理赔费用准备金 13 000 元。

7. 某公司某赔案结案，公司支付赔款 40 000 元，理赔费用 3 000 元，冲减相应未决赔款准备金余额。

8. 某公司 20×8 年已提已发生已报案未决赔款准备金 453 000 元，已提已发生未报案未决赔款准备金 560 000 元，已提理赔费用准备金 85 000 元，根据精算部门进行充足性测试计算结果，本年应提已发生已报案未决赔款准备金 420 000 元，应提已发生未报案未决赔款准备金 850 000 元，应提理赔费用准备金 95 000 元。

9. 某公司 2011 年 4 月 18 日承保一年期企业财产保险业务，共收保费 200 000 元，首日费用 5 000 元，试按 1/365 法计算该公司年末未到期责任准备金的数额。

三、要求：根据上述资料，编制有关会计分录。

习题三

一、目的：练习非寿险原保险合同赔款支出的核算。

二、资料：保险公司发生下列经济业务：

1. A 厂财产因火灾出险，保险公司现场勘查后估损金额为 20 000 元，为尽快恢复生产同意预付 10 000 元。

2. 三个月后，上述业务结案，业务部门交来赔款计算书，应赔款 22 500 元，经审核，开出转账支票赔付。

3. 上述赔案理赔过程中，支付损失检验费 20 000 元（含税），取得增值税专用发票，增值税税率为 6%，以银行存款支付。

4. 某企业投保的货物运输保险因火灾出险，据调查核实，保险公司应赔付 100 000 元，因资金紧张，暂时未支付。

5. 某公司某车险出险赔偿后，经查属于第三者责任。保险人支付赔款 80 000 元后，取得了向第三者追偿的权利。

6. 经多方努力，上例向第三者追偿 70 000 元入账。

7. 出售某企财险损余物资获得收入 10 000 元。

8. 某机动车辆保险损余物资作价 8 000 元，保险公司收回并已入库。

9. 收回某企财险损余物资 800 000 元，其中，当即变卖处理 200 000 元，收到款项存入银行，其余验收入库。

10. 将上题中损余物资全部变卖，实际收回现款 750 000 元（含税）存入银行，依照 3% 征收率减按 2% 征收增值税。

11. 追回某家财险骗赔案的已付全部赔款 15 000 元。

12. 某旅客投保公路旅客人身意外伤害险，保险金额确定为 20 000 元，现因车祸造成一肢永久残疾，并由医院出具伤残证明及检查报告，经审查核实，同意按保险金 20 000 元赔付，转账支付。

13. 某公司已经赔付的一辆被盗小轿车经公安机关破案后又追回。该车保险公司已赔付 150 000 元，原价 200 000 元，市场评估价 128 000 元。经与客户协商，此车由保险公司收回处理。经公开拍卖，此车实际收到车价款 120 000 元（含税），依照 3% 征收率减按 2% 征收增值税。

三、要求：根据上述资料,编制有关会计分录。

习题四

一、目的：综合练习非寿险原保险合同业务的核算。

二、资料：某财产保险公司发生下列经济业务：

20×7年7月6日,A保险公司与B公司签订一份保险合同,对B公司的一批车辆进行投保,约定保险期限为1年,即至20×8年7月5日,保险金额为3 000万元,A保险公司开出的增值税专用发票上注明的保费为800万元,增值税税额为48万元,款项于合同生效当日一次性收取。经精算后确定,A保险公司针对未到期责任准备金的提取金额为400万元。20×7年9月5日,B公司的一辆轿车与车主D驾驶一辆机动车发生碰撞,经查属于车主D责任造成。经定损后确认B公司的车毁损70%,金额为40万元,A保险公司决定全额理赔40万元。20×7年10月22日A保险公司按照上述理赔方案结案,同时收回毁损的轿车享有对车主D的代位追偿权。假设毁损的轿车残值为10万元,估计代位追偿可收回20万元。20×7年12月转让收入为5.15万元(含税),依照3%征收率减按2%征收增值税,20×8年4月从车主D那里收回补偿12万元。

三、要求：根据上述资料,编制A保险公司有关会计分录。

习题五

一、目的：练习非寿险原保险合同特殊渠道业务的核算。

二、资料：保险公司发生下列经济业务：

1. 东风化工厂投保了一份保额300万元、1年期的企业财产保险,合同于20×1年12月1日成立,由甲、乙两家保险公司共保,合同总保费为50万元(含税),20×1年4月保费收到。合同约定：保险风险的调查、管理及保费收缴工作以甲公司为主,保费按8：2在甲、乙两家保险公司之间分配结算,出单手续费3 000元(含税)由乙公司承担。保费和手续费适用增值税税率为6%。

2. 某公司向A保户销售意外伤害"保险卡",收到保费2 000元(含税),该保户5日后注册成功,增值税税率为6%。

3. 某公司成立互动部,代理乙公司健康险业务,本月收取手续费600 000元(含税),增值税税率为6%。其中500 000元扣除个人所得税10 000元、30 000元增值税及附加后支付给本公司营销员。另外,本月向乙公司收取职场租金150 000元(含税),增值税税率为9%,收取销售费用及费用补贴80 000元,当月用于职场各项费用支付30 000元。

4. 某分公司淘宝销售车险业务,保费10 000元(含税),7月6日系统显示总公司核算中心已取得银行回单。7月17日,分公司款单匹配,指认具体保单,其中刘明6 000元,张红4 000元。7月15日保单生效,保单起保,增值税税率为6%。

5. 某公司向A保户销售家庭财产保险,保费6 000元(含税),并赠送了一份一年期意外伤害保险,保费500元(含税),增值税税率为6%。当年,A保户发生意外,支付赔偿金1 000元。

6. 某公司向某福利院无偿捐赠一年期健康保险30 000元,取得国家认可的从事公益事业社会团体开具的专用收据或发票。

7. 某公司开办小麦种植保险业务,收到保费200 000元,费用采取包干形式,计提80 000元,本期支付相关费用30 000元。

8. 某公司开办水稻种植保险业务,收到保费1 500 000元。政府无偿拨付给公司指定用途的专项补贴资金60 000元,本期支付相关费用20 000元,结余40 000元予以结转。

9. 某公司收到法院强制划款通知,先行支付丙保户投保的机动车辆保险赔款5 000元,经法律部门和理赔部门确认已确定具备核赔条件。后经法院最终判决应支付6 000元。

10. 某公司接受异地本系统乙保险公司委托,代付其机动车辆保险标的在本地出险赔款4 500元。

三、要求：根据上述资料,编制有关会计分录。

第五章

寿险原保险合同的核算

第一节　寿险原保险合同的核算特点和要求

一、寿险原保险合同的核算特点

1. 会计核算依靠保险精算

在"收支相等原则"下,各险种的保费收入以及给付各种保险金、退保金、年金应如何计算确定? 为保障寿险业务的偿还能力,责任准备金如何提存? 需要多少相应的营业费用? 这一切都有赖于以保险数学为基础的"保险精算"来回答。保险精算是寿险所特有的,它虽然是在寿险会计核算体系之外独立进行的,但两者是相互依存、紧密联系着的。保险精算离开寿险会计核算便失去其意义,而寿险会计核算只有依靠保险精算才使损益计算成为可能。

2. 责任准备金核算占有重要地位

责任准备金是根据保险契约为支付将来的保险给付而设置的积累金,属保险公司对投保人的一种负债。寿险责任准备金的数额与同期全部有效保单价值相等。寿险责任准备金积累时间长、金额大,其核算的准确度如何,直接关系到公司的偿付能力和损益计算的准确性。核算责任准备金能否较快增值,达到一定的收益率,以及安全程度(不致产生利差损)等是寿险核算非常重要的内容。责任准备金在某种程度上控制着利润的实现过程,这也是寿险的一大特色。

3. 关心远期比关心近期更重要

寿险原保险合同经营的业务具有保险期限长期性的特点,绝大部分是期限达十年、二十年甚至三十年以上的长期性负债,在收入补偿与发生成本之间存在较长的时间差,对于寿险业务关心远期比关心近期更重要,因此,流动比率、现金比率对寿险业务并不重要,资产负债表分析更应关注远期偿付能力。而且,由于寿险原保险合同经营的产品与人的身体、生命有着直接密切的关系,能否保证在未来具有充足的偿付能力是事关公司生存的重大问题。与非寿险原保险合同相比,寿险原保险合同偿付能力的重要性尤为突出。

4. 盈利计算有其特殊性

寿险原保险合同在确定保险费时,是建立在"收支相等原则"上,即以保费收入的现值与给付利益的现值相等为条件的。所以从理论上讲,寿险业务没有产生类似非寿险业务那样的利润的余地,但寿险业务核算中损益计算的结果,能够产生盈利。这是因为,在保费计算中,预定死亡率、预定利率、预定费用率与实际的死亡率、资金收益率、费用率出现差额,这种差额形成了寿险盈利的"三差",即"死差""利差"和"费差"。

二、寿险原保险合同会计核算的要求

1. 日常会计核算强调风险控制

由于寿险业务绝大部分属于长期性负债,具有业务范围的社会性、负债资金运用的安全性等特点,故风险控制是日常工作的主要目标,也是贯穿会计核算的指导。会计报表信息披露要求直观、有效、谨慎。

2. 会计与业务部门要密切配合

会计核算工作,尤其是计提责任准备金等事项,依赖于业务部门的精算,而且寿险业务工作量大、范围广、时间长,签单、收费、登卡到记账、编表等整个核算过程,会计和业务部门要明确分工,各负其责,双方的处理手续必须衔接,起相互配合、相互补充、相互监督的作用。同时,会计资料与业务资料应定期核对,防止错乱,以保证核算的准确性。

3. 实行按险种核算损益办法

寿险业务的保障与储蓄双重性质要求各险种均需要单独核算损益,考核绩效。同时,对于共同费用要正确选择分摊标准,及时计入有关险种的成本,以确定经营成果,为分析和考核提供依据。

4. 推行收付费零现金管理制度

为了防范风险,目前保险公司财务管理制度规定禁止保险营销员在代理保险业务过程中经手客户的现金。保险费、退保金、满期生存金、死伤医疗给付金、保单红利等收付费项目全部通过银行或邮储转账方式实现;所有付费凭证必须由总公司印制或经总公司书面授权省级分公司印制;禁止使用暂收收据、临时收据、投保单、复印收据、自制凭据、外部购买凭据和白条等作为保险业务活动收付费凭证;营销人员不得代缴保险费和代领保险金,不得在保险业务活动中经手现金;投保单上投保人签名栏应以标明营销人员不得收取现金和不得代领保险金字样;付费系统须将法定领取人的银行账号作为付费处理的必要条件。

第二节　寿险原保险合同保费收入的核算

一、寿险保费的构成

寿险保费是根据"保险合同双方权利和义务对等"的原则确定的。对投保人来说,按保险合同规定交付保险费是其义务,只有履行了交费义务,寿险合同的受益人才有在未来保险事故发生时领取保险金的权利。对保险人来说,收取保险费是其权利,给付保险金是其义务。保险费是保险基金的根本来源。因此,及时收取保险费,组织好保费收入的会计核算,对于增加寿险公司的资金来源,增强寿险公司的偿付能力,提高寿险公司的经济效益,都具有十分重要的意义。

如前所述,由于保险费率的确定按收支相抵的原则,是对未来发生保险事故的一种成本预测,因此,定价成本是一种预计成本亦即事前成本。寿险保费是由纯保费和附加保费两部分构成的,纯保费是抵付保险金的来源,它具体可以分成危险保险费和储蓄保险费,危险保险费是保险人用来抵付当年的保险金给付的,它是根据预定死亡率来确定的;储蓄保险费是用来逐年积累以抵付将来的保险金给付的,从实质上讲也就是责任准备金,它是根据预定利率来确定的。附加保费是业务费用的来源,是根据预定费用率来确定的。所以,寿险保单的价格基于三个预定因素,即预定死亡率、预定利率和预定费用率。

二、寿险原保险合同保费收入的确认

1. 寿险原保险合同保费收入的确认条件

对于寿险原保险合同保费收入的确认,分期收取保费的,应当根据当期应收取的保费确定;一次性收取保费的,应当根据一次性应收取的保费确定。

具体而言,对于寿险合同,合同约定一次缴纳保费的,保险公司应当在合同约定的开始承担保险责任的日期确认应收保费;合同约定分期缴纳保费的,保险公司应当在合同约定的开始承担保险责任的日期确认首期保费收入,在合同约定的以后各期投保人缴费日期确认相应各期的保费收入。

根据这一原则,合同约定分期缴纳保费的,对于宽限期内应收未收的保费,保险公司应当确认保费收入和应收保费。如在宽限期结束后,投保人未及时交纳续期保费造成保险合同效力中止,应当在效力中止日,终止确认保费收入。如果投保人在合同约定的期间内按合同条款规定对保险合同进行复效,应当区分补缴保费和利息,对于补缴以前期间未缴保费部分,确认为当期保费收入;对于加收利息部分,确认为当期利息收入。

2. 分红保险合同保费收入的确认

分红保险是指将实际经营成果优于定价假设的盈余,按一定比例向保单持有人进行分配的人寿保险产品,包括个人分红保险和团体分红保险(含补充养老保险型)。分红保险和传统寿险的主要差异在于,保户在一定程度上参与保险公司分红保险经营结果的分配,但并不承担相应的风险。

分红保险合同向保险人转移了重大保险风险,认定为保险合同。与普通寿险类似,在满足保费收入确认条件时,确认保费收入。

对于不包含保险风险转移的合同,比如万能保险和投资连结保险,属于金融工具,应当按《企业会计准则第 22 号——金融工具确认和计量》进行确认和计量。

三、寿险原保险合同保费收入的核算

1. 实收保费的核算

对于在保险业务发生时收取保费的情况下,由于保险业务已经发生,所收的部分就是即期保费收入。

例 5 - 1　某寿险公司会计部门根据业务部门送来"简易人身险日结单"及所附收据存根和银行收账通知 2 000 元,审查后办理入账。应编制会计分录如下:

借:银行存款　　　　　　　　　　　　　　　　　　2 000
　　贷:保费收入——普通寿险(简身险)　　　　　　　　2 000

例 5 - 2　某寿险公司收到银行转来的收账通知,企业为其所属职工 300 人投保 10 年期寿险,每人每月交纳保费 100 元。应编制会计分录如下:

借:银行存款　　　　　　　　　　　　　　　　　　30 000
　　贷:保费收入——普通寿险(团寿险)　　　　　　　　30 000

2. 预收保费的核算

对于分期缴费的保险业务,由于投保人一次性缴纳以后若干期保费,对于不属于当期收入的多缴部分作为预收保费处理,到以后年度应缴费时分期确认保费收入。

例 5-3 张红投保个人养老金险,约定每月交费 100 元,20×7 年 1 月 6 日预交保费 1 200 元。应编制会计分录如下:

预收保费时:

借:银行存款　　　　　　　　　　　　　　　　　　　　　　1 200

　　贷:保费收入——年金保险(个人养老金险)　　　　　　　　　　100

　　　　预收保费——张红　　　　　　　　　　　　　　　　　　1 100

以后每月将预收保费转为实现的保费收入时:

借:预收保费——张红　　　　　　　　　　　　　　　　　　　100

　　贷:保费收入——年金保险(个人养老金险)　　　　　　　　　　100

对于在核保出单前收取的首期保费,由于保险责任尚未生效,作为"暂收保费"处理。

例 5-4 某投保人交来终身寿险保费 2 136 元。应编制会计分录如下:

借:银行存款　　　　　　　　　　　　　　　　　　　　　　2 136

　　贷:暂收保费——××保户　　　　　　　　　　　　　　　　2 136

经核保部门核保,同意承保并签发保单,暂收保费转为实收保费。应编制会计分录如下:

借:暂收保费——××保户　　　　　　　　　　　　　　　　　2 136

　　贷:保费收入——终身寿险　　　　　　　　　　　　　　　　2 136

3. 应收保费的核算

对于寿险保费,保单宽限期内欠缴的保费的保单,其保费金额可以可靠地计量,其经济利益很可能流入公司,同时,公司在宽限期仍承担相应保险责任,因此,应计提应收保费并确认保费收入。实际收到且属于约定金额范围的保费时冲减应收保费。保单失效后,将应收保费冲减当期保费收入。同时,将冲减的应收保费和超过宽限期后的应收保费转作表外项目核算。

例 5-5 某保户王红 20×7 年 3 月投保 10 期定期寿险,按规定每年缴保费 10 000 元,宽限期为 2 个月。20×7 年 3 月 5 日王红交纳保费 10 000 元,20×8 年 3 月 5 日续期缴费期已到,但王红尚未交纳保费。20×8 年 4 月,王红交来保费 10 000 元。应编制会计分录如下:

20×7 年 3 月收到首期保费时:

借：银行存款　　　　　　　　　　　　　　　　　　　10 000
　　贷：保费收入——定期寿险　　　　　　　　　　　　　　10 000
20×8 年 3 月保户欠缴保费时：
借：应收保费——王红　　　　　　　　　　　　　　　10 000
　　贷：保费收入——定期寿险　　　　　　　　　　　　　　10 000
20×8 年 4 月收到欠缴保费时：
借：银行存款　　　　　　　　　　　　　　　　　　　10 000
　　贷：应收保费——王红　　　　　　　　　　　　　　　　10 000
如果王红在 20×8 年 5 月 5 日前尚未交纳保费,保单失效：
借：保费收入——定期寿险　　　　　　　　　　　　　10 000
　　贷：应收保费——王红　　　　　　　　　　　　　　　　10 000
同时将应收保费纳入表外科目核算。

假设本例王红在续期生效对应日 20×8 年 3 月 5 日以前交纳保费 10 000 元时,确认为预收保费：
借：银行存款　　　　　　　　　　　　　　　　　　　10 000
　　贷：预收保费——王红　　　　　　　　　　　　　　　　10 000
在生效对应日从预收保费自动冲减应收保费：
借：预收保费——王红　　　　　　　　　　　　　　　10 000
　　贷：应收保费——王红　　　　　　　　　　　　　　　　10 000

4. 失效保单的核算

根据人寿保险条款的约定,宽限期外仍未缴费的保单丧失保单效力。如果投保人在两年之内缴付欠缴的保费和相应的利息,该保单可以恢复效力。在实际收到投保人补缴的保费时确认保费收入,补缴的利息作为利息收入。如果投保人在两年之内仍未补缴保费及其欠缴的利息,根据保险条款规定,该保单永久失效。该类保单在寿险责任准备金项下按失效保单现金价值提列准备金。

例 5-6　某保户投保养老险,因经济困难未按期交费使得保单失效。一年后即复效期内保户申请复效,保险公司同意并要求保户补交保费 1 500 元,利息 50 元(含税),增值税税率为 6%。应编制会计分录如下：
借：银行存款　　　　　　　　　　　　　　　　　　　1 550
　　贷：保费收入——养老保险　　　　　　　　　　　　　　1 500
　　　　利息收入　　　　　　　　　　　　　　　　　　　　47.17
　　　　应交税费——应交增值税(销项税额)　　　　　　　　2.83

注：有些公司将利息收入计入"其他业务收入"科目。月末不计提应收利息，实际收到利息时一次计入利息收入。

5. **自动垫缴保费的核算**

如果保单已有现金价值，投保人在规定的交费日至宽限期结束时，仍未交付保险费，在保险条款有约定自动垫缴保费的，公司应根据其约定，按其现金价值自动垫缴，使保单继续有效。发生自动垫缴保费的业务时，公司确认保费收入。实际收到投保人补足其欠缴保费时，直接冲减"垫缴保费"。垫缴保费不计提佣金，垫缴从应缴日开始计息。

对于自动垫缴保费的核算应设置"垫缴保费"科目，该科目属于资产类科目，其借方登记垫缴的保费，贷方登记收回的垫缴保费，余额在借方，反映公司尚未收回的垫缴保费余额。该科目应按保户设置明细账。

例5-7 某保户投保定期寿险，现已有现金价值，因经济原因暂时不能缴费，公司在宽限期结束时为其垫缴1 000元，三个月后收回，月利率3‰，增值税税率为6%。应编制会计分录如下：

公司垫缴保费时：

借：垫缴保费——××保户　　　　　　　　　　　　　1 000

　　贷：应收保费——定期寿险　　　　　　　　　　　　1 000

收回垫缴保费及利息时：

借：银行存款　　　　　　　　　　　　　　　　　　　1 009

　　贷：垫缴保费——××保户　　　　　　　　　　　　1 000

　　　　利息收入　　　　　　　　　　　　　　　　　　8.49

　　　　应交税费——应交增值税（销项税额）　　　　　0.51

6. **趸交保费的核算**

趸交保费是在保险合同签订时，投保人就把约定的整个保险责任期间应交的保费一次性付清。为了简化会计核算，对于趸交保费采用一次性确认保费收入。会计期末，按照精算方法计算责任准备金，对不属于本会计年度的保费收入通过责任准备金进行调整。

7. **追溯保单的核算**

追溯保单是指保险合同签订日晚于约定生效日期的保单，比如团体补充医疗保险、招投标保险业务等。按照相关规定，追溯保单的保费收入应于保险合同成立日确认。在合同签订之前已收取了相关保费的，按照正常的新单承保流程，通过暂收保费进行核算。先签订合同后收取保费的，在合同签订日确认保费收入,在保费实际收取入账日冲减应收保费。

8. 加保的核算

寿险业务大部分是长期业务,在长达十几年甚至几十年的保险期间内,投保方会由于种种原因提出加保的要求。在投保人要求增加保险金额即增加保费时,保险公司需要对原保险合同进行变更。加收保费业务的业务手续与核算方法与新投保寿险的保费收入业务手续是一样的,所不同的是需要针对原保单作出标记,以保证原保单以后各年保费收取数额以加保后的数额为准。

第三节 寿险原保险合同保险金给付的核算

一、保险金给付的概念和构成

保险金给付(insurance paid)是公司对投保人在保险期满或期中支付保险金,以及对保险期内发生保险责任范围内的意外事故按规定给付保险金。保险金的给付方式包括一次领取、领取生息、固定期间分期给付、固定金额分期给付、年金给付等方式。同一险种不同版本的条款,给付的保险金可能不同,审核领取人申请金额时应加以注意。有借款的必须先结清借款。若在保险合同规定的缴费宽限期内给付时投保人有未缴保费,或者有自动垫缴保费的,应将其从应支付的保险金中扣除。相反,投保人有预交保费,在给付保险金时,应退还预交部分。保险公司某些团体年金保单及部分团体长期健康险保单在合同成立后会根据约定为投保人或被保险人设立专门的账户,具体包括为投保人设立的公共账户(团体保单),为被保险人设立的个人账户(团体保单或个人保单)。根据保险合同条款的约定,客户可以申请保单账户(价值)提取,即从保单账户中提取部分资金而保单仍然有效。

保险金给付分为满期给付、死亡给付、伤残给付、医疗给付和年金给付五种。

满期给付(matured endowment paid)是指寿险业务被保险人生存到保险期满,按保险合同条款约定支付给被保险人或受益人的保险金。

死亡给付(death claim paid)是指寿险业务被保险人在保险期内发生保险责任范围内的死亡事故,公司按保险合同条款约定支付给被保险人或受益人的保险金。

伤残给付(disability claim paid)是指寿险和长期健康险业务被保险人在保险期内发生保险责任范围内的伤残事故,公司按保险合同条款约定支付给被保险人或受益人的保险金。

医疗给付(medical benefit)是指寿险和长期健康险业务被保险人在保险期内发生保险责任范围内的医疗事故,公司按保险合同条款约定支付给被保险人或受益人的保险金。

年金给付(annuity benefit)是指寿险业务被保险人生存至保险条款规定的年限,公司按保险合同条款约定支付被保险人的保险金。

二、科目设置

为了反映寿险和长期健康险业务保险金给付情况,应设置"赔付支出"科目进行核算。该科目属于损益类(费用)科目,其借方登记保险金给付实际支付的金额,贷方登记期末结转"本年利润"科目的数额,结转后该科目无余额。该科目应按保险合同和险种设置明细账。保险公司也可单独设置"满期给付""死亡给付""伤残给付""医疗给付"和"年金给付"科目进行核算。"死亡给付""伤残给付""医疗给付"这三个科目也可合并为"死伤医疗给付"一个科目。

三、账务处理

(1) 发生保险金给付时,借记"赔付支出"科目,贷记"银行存款"或"应付赔付款"等科目。

(2) 若在保险金给付时贷款本息未还清,应将其从应支付保险金中扣除,按保单约定给付金额借记"赔付支出"科目,按未收回的保户质押贷款本金贷记"保户质押贷款"科目,按利息数贷记"利息收入""应交税费——应交增值税(销项税额)"科目,按实际支付的金额贷记"银行存款"或"应付赔付款"等科目。

(3) 若在保险合同规定的缴费宽限期内发生保险金给付时,应按应给付金额,借记"赔付支出"科目,按投保人未缴保费部分,贷记"保费收入(或应收保费)"科目,按利息数,贷记"利息收入""应交税费——应交增值税(销项税额)"科目,按实际支付的金额,贷记"银行存款"或"应付赔付款"等科目。

(4) 若在保险金给付时有保险公司自动垫缴保费时,应将其从应支付保险金中扣除,按应给付金额,借记"赔付支出"科目,按保险公司自动垫缴保费部分,贷记"垫缴保费"科目,按利息数,贷记"利息收入""应交税费——应交增值税(销项税额)"科目,按实际支付的金额,贷记"银行存款"或"应付赔付款"等科目。

(5) 若在保险金给付时保户预交保费,应将其退还给保户,按保单约定给付金额借记"赔付支出"科目,按应退还给保户的保费借记"预收保费"科目,按实际支付的金额贷记"银行存款"或"应付赔付款"等科目。

(6) 保单账户(价值)提取在发生部分领取时,借记"赔付支出"科目,贷记

"银行存款"或"应付赔付款"等科目。根据条款规定,部分领取超过约定次数的公司将扣除部分手续费,从应付金额中进行清算,计入"其他业务收入""应交税费——应交增值税(销项税额)"科目。

(7) 期末将"赔付支出"科目的发生额转入"本年利润"科目时,借记"本年利润"科目,贷记"赔付支出"科目。

四、核算举例

(1) 满期给付的核算举例。

例 5 - 8　某简易人寿保险保户保险期满,持必要单证申请给付保险金 5 000 元,会计人员复核后用转账支票支付保险金。应编制会计分录如下:

借:赔付支出——满期给付——简寿险　　　　　　　　5 000
　　贷:银行存款　　　　　　　　　　　　　　　　　　　　5 000

例 5 - 9　某集团公司为其员工投保的三年期团体两全寿险到期,应给付 300 000 元,尚未支付。应编制会计分录如下:

借:赔付支出——满期给付——团寿险　　　　　　　300 000
　　贷:应付赔付款——某集团公司　　　　　　　　　　　300 000

例 5 - 10　投保人李平投保保险金额为 50 000 元的两全保险满期,尚有 8 000 元的保单质押贷款未归还,该笔贷款应付利息 406 元(含税),增值税税率为 6%,会计部门将贷款及利息扣除后以转账支票办理给付。应编制会计分录如下:

借:赔付支出——满期给付——两全保险　　　　　　50 000
　　贷:保户质押贷款——李平　　　　　　　　　　　　　8 000
　　　　利息收入　　　　　　　　　　　　　　　　　　383.02
　　　　应交税费——应交增值税(销项税额)　　　　　　22.98
　　　　银行存款　　　　　　　　　　　　　　　　　　41 594

(2) 死亡给付的核算举例。

例 5 - 11　某简易人寿保险保户因病死亡,其受益人提出死亡给付申请,业务部门审查同意给付全部保险金 5 000 元,该保户有当月应缴而未缴的

保费 25 元,应从应给付的保险金中扣除,会计部门审核后,以转账支票支付余额。应编制会计分录如下:

借:赔付支出——死亡给付——简寿险　　　　　　　　　　5 000
　　贷:保费收入——简寿险　　　　　　　　　　　　　　　　　　25
　　　　银行存款　　　　　　　　　　　　　　　　　　　　　4 975

例 5 - 12　某终身寿险保户因病死亡,其受益人提出死亡给付申请,业务部门审查同意给付全部保险金 10 000 元,但有保险公司垫缴的保费 1 000元,利息 85 元(含税),增值税税率为 6%,会计部门审核后,从应给付的保险金中扣除转账支付。应编制会计分录如下:

借:赔付支出——死亡给付——终身寿险　　　　　　　　10 000
　　贷:垫缴保费——某保户　　　　　　　　　　　　　　　　1 000
　　　　利息收入　　　　　　　　　　　　　　　　　　　　80.19
　　　　应交税费——应交增值税(销项税额)　　　　　　　　4.81
　　　　银行存款　　　　　　　　　　　　　　　　　　　　8 915

(3) 伤残给付的核算举例。

例 5 - 13　某保户为其子女投保 10 年期独生子女两全保险,现因交通事故造成其子一肢永久残废,经医院提供伤残证明,按规定给付保险金全额5 000 元,经复核转账支付。应编制会计分录如下:

借:赔付支出——伤残给付——普通寿险——独生子女险　5 000
　　贷:银行存款　　　　　　　　　　　　　　　　　　　　5 000

例 5 - 14　某保户投保终身寿险保单,附约约定被保险人发生残废时,可免缴保费而保单仍然有效,其欠缴的保费由保险公司负担。该保户现已残废,保险公司每月给付失能所得 3 000 元,并免缴其应缴的保费 2 000 元。应编制会计分录如下:

借:赔付支出——伤残给付——终身寿险　　　　　　　　5 000
　　贷:保费收入——终身寿险　　　　　　　　　　　　　　2 000
　　　　银行存款　　　　　　　　　　　　　　　　　　　　3 000

(4) 医疗给付的核算举例。

例 5 - 15　某投保重大疾病保险保户在住院期间发生医疗费用

100 000 元,向保险人提出给付申请,保险人审查后同意给付全部保险金 100 000 元,但须扣除宽限期内尚未交付的保费 4 300 元、保单质押贷款 10 000 元、利息 900 元(含税),增值税税率为 6%,保险金暂时未支付。应编制会计分录如下:

借:赔付支出——医疗给付——重大疾病保险　　　　　100 000
　　贷:应收保费——某保户　　　　　　　　　　　　　　　　4 300
　　　　保户质押贷款　　　　　　　　　　　　　　　　　　10 000
　　　　利息收入　　　　　　　　　　　　　　　　　　　　849.06
　　　　应交税费——应交增值税(销项税额)　　　　　　　50.94
　　　　应付赔付款——某保户　　　　　　　　　　　　　84 800

例 5 - 16　某投保重大疾病保险保户发生住院费、手术费、药品费等费用 20 000 元,保险合同约定保户自负额为 2 000 元,余额由保险公司和保户按照 80% 和 20% 分摊,保险公司审查后同意给付全部保险金 14 400 元,该保户有三个月的预交保费 800 元。应编制会计分录如下:

借:赔付支出——医疗给付——重大疾病保险　　　　　14 400
　　预收保费——某保户　　　　　　　　　　　　　　　　　800
　　贷:银行存款　　　　　　　　　　　　　　　　　　　15 200

(5) 年金给付的核算举例。

例 5 - 17　王华投保终身养老金年金保险,每月缴保费 100 元,现已到约定年金领取年龄,该投保人持有关证件向保险公司办理领取手续,按规定每月领取保险金 360 元,经复核,会计部门转账支付。应编制会计分录如下:

借:赔付支出——年金给付——养老金险　　　　　　　　360
　　贷:银行存款　　　　　　　　　　　　　　　　　　　　360

例 5 - 18　张红投保变额年金保险,现已到约定年金领取年龄,可按规定一次领取保险金 10 000 元,其中以转账方式领取保险金 2 000 元,余额存放在保险公司生息。应编制会计分录如下:

借:赔付支出——年金给付——变额年金险　　　　　　10 000
　　贷:银行存款　　　　　　　　　　　　　　　　　　　2 000
　　　　保户储金——张红　　　　　　　　　　　　　　　8 000

例 5 - 19 某单位投保团体年金保险,保险公司为该单位设立了公共账户,现该单位申请从公共账户中提取 200 000 元资金,手续费 3 000 元(含税),增值税税率为 6%,保单继续有效。应编制会计分录如下:

借:赔付支出——年金给付——团体年金保险   200 000

 贷:其他业务收入——手续费   2 830.19

  应交税费——应交增值税(销项税额)   169.81

  银行存款   197 000

第四节　寿险原保险合同解约金给付的核算

解约金(surrender value),又称解约返还金,指投保人在保险期间内,中途解除保险合同时,保险公司就其所提存的保单准备金应付的金额。解约金的金额等于保单准备金减除解约费用后的余额。

一、犹豫期解除合同解约金给付的核算

犹豫期解除合同,简称"撤单"(cancellation)。对于保险期间超过一年的寿险原保险合同,应当约定犹豫期。投保人在犹豫期内有权解除保险合同,保险人应当及时退还全部保险费,冲减当期保费收入。犹豫期一般为 10 天或 20 天。若公司已支付过体检费或确认收取撤单工本费的,以清算方式先从应付金额中扣减,分别冲减业务及管理费或确认为其他业务收入。

例 5 - 20 投保人王某 20×2 年 3 月 5 投保终身寿险,已缴纳保费 3 000 元,核保时公司支付体检费 350 元。3 月 9 日王某提出解除保险合同,公司收取撤单工本费 200 元(含税),增值税税率为 6%。应编制会计分录如下:

借:保费收入——终身寿险   3 000

 贷:业务及管理费——防预费——核保体检费   350

  其他业务收入——撤单工本费   188.68

  应交税费——应交增值税(销项税额)   11.32

  银行存款   2 450

二、犹豫期后解除合同解约金给付的核算

犹豫期后解除合同,简称"退保"(surrender)。寿险犹豫期后,保单正式生

效,发生的退保,应按保单持有期间累积而得的保单现金价值支付给保户,确认为退保费支出,作为"退保金"科目单独反映。该科目属于损益类(费用)科目,其借方登记退保时实际支付的金额,贷方登记期末结转"本年利润"科目的数额,结转后该科目无余额。该科目应按险种和保单设置明细账。其账务处理如下:

(1) 支付退保金时,借记"退保金"科目,贷记"银行存款"或"应付赔付款"等科目。

(2) 支付退保金时,若有贷款本息未还清,以现金价值减去应归还本息的差额借记"退保金"科目,按未收回的保户质押贷款本金贷记"保户质押贷款"科目,按利息数贷记"利息收入""应交税费——应交增值税(销项税额)"科目,按实际支付的金额贷记"银行存款"或"应付赔付款"等科目。

(3) 若在保险合同规定的缴费宽限期内发生退保时,应按应给付金额,借记"退保金"科目,按投保人未缴保费部分,贷记"保费收入(或应收保费)"科目,按利息数,贷记"利息收入""应交税费——应交增值税(销项税额)"科目,按实际支付的金额,贷记"银行存款"或"应付赔付款"等科目。

(4) 若在退保时有保险公司自动垫缴保费的,应将其从应支付保险金中扣除,按应给付金额,借记"退保金"科目,按保险公司自动垫缴保费部分,贷记"垫缴保费"科目,按利息数,贷记"利息收入""应交税费——应交增值税(销项税额)"科目,按实际支付的金额,贷记"银行存款"或"应付赔付款"等科目。

(5) 退保时若有预交保费的,应退还预交部分。按退保金数额借记"退保金"科目,按应退预交保费数额借记"预收保费",按实付金额贷记"银行存款"科目。

(6) 意外伤害险和短期健康险的退保核算不通过"退保金"科目,而是冲减已收的保费收入,借记"保费收入""应交税费——应交增值税(销项税额)"科目,贷记"银行存款"科目。

(7) 期末时将"退保金"科目的发生额转入"本年利润"科目时,借记"本年利润"科目,贷记"退保金"科目。

例 5 - 21　某终身寿险保户因移居国外要求退保,保险公司应支付退保金 7 800 元,会计部门尚未支付。应编制会计分录如下:

借:退保金——终身寿险　　　　　　　　　　　　　7 800
　　贷:应付赔付款——某保户　　　　　　　　　　　　　7 800

例 5 - 22　某养老保险保户因经济困难要求退保,退保金为 7 000

元,但须扣除保户的 2 000 元借款及借款利息 150 元(含税),增值税税率为 6%,会计部门审核无误后转账支付。应编制会计分录如下:

借:退保金——养老金险	7 000	
贷:保户质押贷款——某保户		2 000
利息收入		141.51
应交税费——应交增值税(销项税额)		8.49
银行存款		4 850

例 5 - 23　某定期寿险保户要求退保,业务部门核定应退 1 550 元,但该保户尚有预交 3 个月的保费 80 元,财会部门审核无误后,将退保金与预交保费一并退还给被保险人。应编制会计分录如下:

借:退保金——定期寿险	1 550	
预收保费——某保户	80	
贷:银行存款		1 630

三、保单账户撤销解约金给付的核算

保险公司某些团体年金保单及部分团体长期健康险保单在合同成立后会根据约定为投保人或被保险人设立专门的账户,具体包括为投保人设立的公共账户,为被保险人设立的个人账户。其会计处理如下。

(1) 因整个团体保险合同解除而公共账户和个人账户撤销的,按照保险合同解除的相关规则进行会计核算。

(2) 因被保险人死亡或退休导致个人账户撤销的,个人账户价值部分如果转入公共账户,整个保单账户价值不变,不进行会计核算;个人账户价值转为转换年金产品的,按照保险合同责任转换的相关规则进行会计核算;个人账户价值在撤销时支付给被保险人的,根据给付性质计入"赔付支出"科目下的死亡给付或者年金给付明细。

(3) 因投保人减少导致个人账户撤销的,个人账户价值部分如果转入公共账户,整个保单账户价值不变,不进行会计核算;个人账户价值在撤销时支付给投保人的,计入"退保金"科目。

四、减额交清解约金给付的核算

公司签发的保险合同,若条款中列明有减额交清权益,则投保人可在具有现金价值的前提下,申请办理有关事宜,即利用合同当时的现金价值,在扣除欠交

保费及利息、借款及利息后(如果有的话),以余额作为一次交清的全部保险费,从而以相同的合同条件享有减少后的保险金保障。

例 5 - 24　某保户购入 10 份平安鸿利两全分红险,缴费期 5 年,保额 100 000 元。该保户缴费已满 2 年,已缴保费 21 708 元,保单现金价值为 12 240 元。现该保户因经济困难不想继续缴费,选择减额交清,享有的保额是 55 000 元。假设该保户有借款 2 000 元和利息 75 元(含税)未还,增值税税率为 6%。应编制会计分录如下:

借:退保金——平安鸿利两全分红险　　　　　　　　　12 240

　贷:保户质押贷款——某保户　　　　　　　　　　　2 000

　　利息收入　　　　　　　　　　　　　　　　　　70.75

　　应交税费——应交增值税(销项税额)　　　　　　4.25

　　保费收入——平安鸿利两全分红险　　　　　　　10 165

五、保险合同权益转换解约金给付的核算

保险合同权益转换是指投保人在保险合同有效期间内,根据条款规定选择转换为保险公司当时认可的终身保险、两全保险或年金保险合同而无需核保。其会计处理与减额交清类似。

例 5 - 25　某保户投保定期寿险,已缴保费 30 000 元,保单现金价值为 23 500 元。现该保户申请将定期寿险转换为终身寿险,假设该保户现有欠缴保费 3 000 元未还。应编制会计分录如下:

借:退保金——定期寿险　　　　　　　　　　　　　23 500

　贷:应收保费——某保户　　　　　　　　　　　　3 000

　　保费收入——终身寿险　　　　　　　　　　　20 500

第五节　寿险原保险合同保险准备金的核算

一、寿险原保险合同保险准备金的概念和构成

寿险原保险合同准备金是指公司售出的保单中约定的保险责任,在向受益人支付赔偿或给付以前,公司提取的偿付准备。它是在任何时候为保证保

险给付所需要准备的金额，是对保险单所有人的负债，也是寿险原保险合同的一项主要负债。对于寿险原保险合同，收取保险费在前，而履行给付保险金的义务在若干年之后。如果寿险准备金不充足，则会影响公司的偿付能力，从而危及被保险人的合法权益。为了保障保险客户的利益，促使保险公司安全经营，保险监管机构通过保险监管法规规定公司应提留保险准备金，以确保公司的最低偿付能力。

寿险原保险合同准备金包括寿险责任准备金和长期健康险责任准备金。寿险责任准备金(life insurance reserve)是指保险人为尚未终止的人寿保险责任提取的准备金。长期健康险责任准备金(long term health insurance reserve)是指保险人为尚未终止的长期健康险保险责任提取的准备金。

二、寿险原保险合同保险准备金的性质

寿险原保险合同保险准备金是指寿险原保险合同为了承担将来未到期责任而提存的准备金。随着年龄的增长，死亡率自然上升，自然保费应逐年递增，但由于人的劳动能力和年龄成反比，如果按年龄来制定费率，那么，年轻时的费率很低，年老时的费率很高。这样将使被保险人在晚年最需要保险保障时，却因年老体衰、劳动力减弱甚至已经丧失而缺乏保险费的负担能力。而且，如果费率逐年提高，容易造成"逆选择"。身体健康的人会因费率的加重而中途退出保险，而身体衰弱的人却因生命危险的增加而坚持投保，使正常情况下计算出来的费率难以维持。因此，为了解决上述矛盾，寿险业务收取的保费不是自然保费，而是每年费率相等的均衡保费，这样就会出现保险期的早期的保费溢缴部分，这部分不能看作是盈利，而是保险人对保户的负债，应通过责任准备金的形式提存出来。因此，从实质上来看，寿险原保险合同责任准备金本质就是将早期多收的保费提存出来，用以弥补晚期少收的保费，以便将来履行给付的义务。

三、寿险原保险合同准备金的计量

对于寿险原保险合同准备金的计量，可以采用三因素法(three-factors method)，即考虑对现金流明确的当前估计、反映现金流的时间价值和显性的边际三个因素。

1. 未来现金流

未来现金流(future cash flow)是指预期未来现金流出与预期未来现金流入的差额，即预期未来净现金流出(合理估计负债)。其中，预期未来现金流出，是指保险公司为履行保险合同相关义务所必需的合理现金流出，主要包括：① 根

据保险合同承诺的保证利益,包括死亡给付、伤残给付、医疗给付、年金给付、满期给付等;② 根据保险合同构成推定义务的非保证利益,包括保单红利支出等;③ 管理保险合同或处理相关赔付必需的合理费用,包括保单维持费用、理赔费用等。预期未来现金流入,是指保险公司为承担保险合同相关义务而获得的现金流入,包括保险费和其他收费。

预期未来净现金流出的合理估计金额,应当以资产负债表日可获取的当前信息为基础,按照各种情形的可能结果及相关概率计算确定。换句话说,保险公司履行保险合同相关义务所需支出的合理估计金额,是一个概率加权的平均数,即无偏估计数。保险公司在确定各种情形的可能结果和相关概率时,可以使用两方面参数:① 市场参数,即可以在市场上直接观察到,或直接源于市场的参数,如市场利率等;② 非市场参数,即除市场参数以外的其他参数,如保险索赔的发生频率、保险事故的严重程度、死亡率等。例如,对于未来死亡现金流的无偏估计为:意外死亡概率×赔付金额+不发生意外概率×0。对于未来红利支出的无偏估计应当考虑未来投资收益、未来红利政策等方面的因素,比如,某公司在考虑未来投资收益的基础上,预计明年有 100 万元可用于分红。以前年度一直将 70% 分给客户,预计明年有 50% 的可能性变更红利分配政策,将 80% 分给客户。此时,明年红利支出的无偏估计为:$100 \times (70\% \times 50\% + 80\% \times 50\%) = 75$(万元)。

在确定合理估计负债时,保险精算假设(insurance actuarial assumption)占有的重要的地位。对于保险事故发生率假设,如死亡发生率、疾病发生率、伤残率等,保险公司应当根据实际经验和未来的发生变化趋势确定估计值。对于退保率假设,保险公司应当根据实际经验和未来的发生变化趋势,在考虑产品特征、销售渠道、缴费方式、资本市场条件等基础上,确定合理估计值。对于费用假设,保险公司应当根据费用分析结果和未来的发生变化趋势,确定合理估计值。对于保单红利假设,保险公司应当根据分红保险账户的预期投资收益率、管理层的红利政策、保单持有人的合理预期等因素,确定合理估计值。

2. 货币时间价值

货币时间价值(time value of currency)涉及对现金流进行贴现。货币时间价值影响重大的,应当按照适当的折现率或贴现率对相关未来现金流量进行折现。是否重大的标准是计量单位整体负债的久期应该超过一年。计量货币时间价值所采用的折现率,应当以资产负债表日可获取的当前信息为基础确定,不得锁定。折现率可以中央国债登记结算有限责任公司编制的 750 个工作日国债收益率曲线的移动平均为基准(中国债券信息网"保险合同准备金计量基准收益率曲线",www.chinabond.com.cn),加合理的溢价综合确定。溢价幅度不得高于

150 个基点。

3. 边际因素

保险公司在确定保险合同准备金时,应当考虑边际因素(margin factor),采用系统、合理的方法单独计量,并在保险期间内将边际计入当期损益。边际因素包括风险边际和剩余边际。

(1) 风险边际(risk margin)。风险边际是为应对预期未来现金流的不确定性而提取的准备金。在所有其他因素相同的情况下,风险边际通常会增加保险合同准备金的计量金额。为提供有关未来现金流量的有用信息,风险边际应当具有以下基本特征。① 有关现金流量当前估计数和趋势的不确定性越小,风险调整金额越小,反之,风险调整金额越大;② 发生频率低、结果严重性大的保险合同,其风险调整金额比发生频率高、结果不严重的保险合同的风险调整金额大;③ 对于相同或类似的风险,保险合同期限越长,其风险调整金额相对来说也就越大;④ 概率分布广的风险,其风险调整金额比概率分布窄的风险调整金额大。

风险边际评估方法主要包括以下几种方法。

① 75%分位数法(75 percentile method)。即保险公司应当确定一个置信区间(如 75%),在该置信区间的赔付款项金额与赔付款项金额概率加权平均值之间的差额,即为风险边际。

② 条件尾部期望值法(tail conditional expectation value method)。保险公司应当确定一个置信区间(如 75%),在该置信区间的赔付款项金额与超过该置信区间赔付款项金额概率加权平均值之和,与赔付款项金额概率加权平均值之间的差额,即为风险边际。

③ 资本成本法(cost of capital method)。即保险公司应当确定一个置信区间(如 99.5%),在该置信区间的赔付款项金额与赔付款项金额概率加权平均值之间的差额,就是保险公司为承担保险合同现金流量不确定性而需要持有的成本,以需要持有的成本乘以保险公司的加权平均资本成本,即可得到风险边际。

④ 情景对比法(scenario comparison method)。在情景对比法下,风险边际为不利情景下的负债与合理估计负债的差额。不利情景的选择应考虑死亡率的变动(对于定期寿险考虑死亡率增加,对于年金险通常考虑死亡率减少)、退保率的变动(退保率的变动方向需根据产品特征确定)、费用增加的情景;非分红险应采用和合理估计负债相同的折现率;分红险应考虑预期投资收益的变动。例如,某保险合同无偏估计假设下未来净现金流出的现值为 500 000 元,不利情景为死亡率增加 10%,退保率增加 10%,费用水平增加 10%,不利情

景下未来净现金流出的现值为 700 000 元,其风险边际＝700 000－500 000＝200 000(元)。

(2) 剩余边际(residual margin)。剩余边际(也称合同服务边际)是为了不确认首日利得而确认的边际准备金,于保险合同初始确认日确定,在整个保险期间内摊销。当可观察的保险合同负债的市场价值大于未来合理估计负债和风险边际之和,或者说保费的预期现值超过了未来现金流出预期现值和风险边际之和,存在首日利得,反之存在首日损失。基于会计谨慎性原则,保险公司在保险合同初始确认日不应当确认首日利得,而将其作为保险合同准备金的组成部分;发生首日损失的,应当予以确认并计入当期损益。

在初始确认剩余边际后,对剩余边际进行重新计量没有实际意义,也缺乏经济实质,因此,剩余边际的后续计量是一个摊销过程,摊销金额应计入当期损益。剩余边际的摊销决定了利润释放的时间和金额,保险公司应对保险合同利润释放的模式进行分析,选择合理的利润驱动因素,如风险边际、预期未来赔付的现值,预期未来保费收入的现值、预期未来有效保额的现值、预期未来有效保单红利的现值(分红保险)、账户价值(投资连结保险和万能保险)、保单剩余的时间、两个或多个利润驱动因素的组合等。

在后续计量时,如果评估假设发生了变化,如何计算剩余边际,IASB 和 FASB 在 2010 联合会议上对此进行了讨论,提出了三种方法。

方法一,在首日计量时,确定摊销比例 K,这一比例不随假设的变化而调整。后续计量时,评估时点未摊销的边际＝K×利润驱动因素的现值。

方法二,后续计量时,对剩余边际进行调整,以吸收非市场金融变动变量导致的未来现金流量的变动。

方法三,剩余边际等于未来现金流现值的固定比例。

方法三不能提供更多相关的信息,因此被会议排除,会议表决暂时赞成方法一。其优点是,由于评估假设引起的合理估计负债的变化能够立即、完全地反映在当期损益之中,缺点是如果评估假设发生不利的变化,保险合同已经没有利润了,但仍然在确认剩余边际。

例 5－26　甲保险公司 20×1 年 12 月 18 日与张某签订一份 20 年期定期寿险原保险保单,采取趸缴保费方式,保费为 10 000 元,期初获取费用 800 元,风险边际评估方法采用情景对比法,利润驱动因素的现值选取未来有效保额的现值。在两种不同的情况下,其保险合同准备金计量如下。

(1) 首日计量时,其保险合同准备金评估步骤见表 5－1。

表5-1 首日计量保险合同准备金评估表

20×1年12月18日　　　　　　　　　　　单位:元

项　　　　　目	情　况　1	情　况　2
① 合理估计负债＝贴现的未来赔款和维持费用	7 200	2 500
② 风险边际＝不利情景下的负债－①	2 300	1 450
③ 保费的预期现值＝趸缴保费－获取费用	10 000－800＝9 200	10 000－800＝9 200
④ 剩余边际＝③－①－②	－300 (剩余边际为0,首日损失为300)	5 250 (首日利得作为剩余边际,待摊销)
⑤ 利润驱动因素的现值＝未来有效保额的现值	3 500 000	3 500 000
⑥ 摊销比率＝④/利润驱动因素的现值	—	5 250/3 500 000＝0.15%
保险合同准备金＝①＋②＋④	9 500	9 200

(2) 后续计量时,假设均采用最新的评估假设,其保险合同准备金评估步骤见表5-2。

表5-2 后续计量保险合同准备金评估表

20×2年12月18日　　　　　　　　　　　单位:元

项　　　　　目	情　况　1	情　况　2
① 合理估计负债＝贴现的未来赔款和维持费用	7 000	2 400
② 风险边际＝不利情景下的负债－①	2 200	1 400
③ 利润驱动因素的现值＝未来有效保额的现值	2 850 000	2 850 000
④ 剩余边际＝③×摊销比例	0	2 850 000×0.15%＝4 275
保险合同准备金＝①＋②＋④	9 200	8 075

四、科目设置

1. "保险责任准备金"科目

"保险责任准备金"科目核算公司提取的原保险合同保险责任准备金,包括未决赔款准备金、寿险责任准备金和长期健康险责任准备金。再保险接受人提取的再保险合同保险责任准备金,也在本科目核算。该科目属于负债类科目,其贷方登记提取的保险责任准备金数额,借方登记冲减的保险责任准备金,余额在贷方,反映公司的保险责任准备金。该科目应按保险合同及险种设置明细账。公司也可以单独设置"未决赔款准备金""寿险责任准备金"和"长期健康险责任准备金"科目。

2."提取保险责任准备金"科目

"提取保险险责任准备金"科目核算公司按规定提取的原保险合同保险责任准备金,包括提取的未决赔款准备金、提取的寿险责任准备金和提取的长期健康险责任准备金。再保险接受人提取的再保险合同保险责任准备金,也在本科目核算。该科目属损益类(费用)科目,其借方登记提取的保险责任准备金数额,贷方登记冲减已提取的保险责任准备金数额,期末将本科目余额转入"本年利润",结转后该科目无余额。该科目应按保险合同及险种设置明细账。公司也可以单独设置"提取未决赔款准备金""提取寿险责任准备金"和"提取长期健康险责任准备金"科目。

值得注意的是,投保人因工作调动迁居其他省市而要求将保险关系转移(简称"保单转移"),若投保人投保的险种是保险公司允许转移且转入的保险公司也开办此业务时,投保人办理转移手续后,迁出地保险公司应按其责任准备金计算,并划转迁入地保险公司,双方均以"保险责任准备金"科目列账。另外,在保单合同有效期内,根据保险合同条款的约定,客户在生存到约定年龄时,保险责任进行转换,比如从团体保险转换为个人保险,从分红转换为普通寿险,从原保险转为保户投资款等。保险合同责任转换,合同仍然有效。保险合同责任转换在"保险责任准备金"科目核算。

五、账务处理

(1) 公司确认寿险保费收入的,应按保险精算确定的寿险责任准备金、长期健康险责任准备金,借记"提取保险责任准备金"科目,贷记"保险责任准备金"科目。

(2) 对保险责任准备金进行充足性测试,应按补提的保险责任准备金,借记"提取保险责任准备金"科目,贷记"保险责任准备金"科目。

(3) 原保险合同保险人确定支付给付款项金额当期,应按冲减的保险责任准备金余额,借记"保险责任准备金"科目,贷记"提取保险责任准备金"科目。

(4) 寿险原保险合同提前解除的,应按相关的寿险责任准备金、长期健康险责任准备金余额,借记"保险责任准备金"科目,贷记"提取保险责任准备金"科目。

(5) 系统内发生被保险人从外地转入保险关系而转入的寿险责任准备金、长期健康险责任准备金时,借记"银行存款"或"系统往来"等科目,贷记"保险责任准备金"科目;被保险人迁往外地转移保险关系而转出的寿险责任准备金、长期健康险责任准备金时,借记"保险责任准备金"科目,贷记"银行存款"或"系统往来"等科目。

(6) 发生保险合同责任转换,借记"保险责任准备金——转换前险种"科目,贷记"保险责任准备金——转换后险种"或"保户投资款"科目。

(7) 期末,将"提取保险责任准备金"科目余额转入"本年利润"科目,结转后该科目无余额。

六、核算举例

1. 寿险责任准备金的核算举例

例 5 - 27 经精算部门计算,本期提取两全寿险责任准备金 120 000 元。应编制会计分录如下:

借:提取保险责任准备金——提取寿险责任准备金——两全寿险

　　　　　　　　　　　　　　　　　　　　120 000

　　贷:保险责任准备金——寿险责任准备金——两全寿险　120 000

例 5 - 28 某公司 20×2 年已提终身寿险责任准备金 560 000 元,年末经精算部门进行充足性测试,应提终身寿险责任准备金 750 000 元。应编制会计分录如下:

借:提取保险责任准备金——提取寿险责任准备金——终身寿险

　　　　　　　　　　　　　　　　　　　　190 000

　　贷:保险责任准备金——寿险责任准备金——终身寿险　190 000

例 5 - 29 某投保两全寿险保户现调往外地工作,当年已交保费 300 元,以前年度提存的寿险责任准备金为 2 000 元。保险公司办理保险关系转移手续,并以银行存款支付有关款项。应编制会计分录如下:

借:保费收入——两全寿险　　　　　　　　　　　300

　　保险责任准备金——寿险责任准备金——两全寿险　2 000

　　贷:银行存款　　　　　　　　　　　　　　　　2 300

　　例 5-30　某投保两全寿险保户现调入本市工作,当年预交保费 200 元,以前年度提存的寿险责任准备金为 1 000 元。保险公司办理保险关系转移手续。应编制会计分录如下:

　　借:系统往来　　　　　　　　　　　　　　　　　　　1 200

　　　　贷:预收保费——某保户　　　　　　　　　　　　　　200

　　　　　　保险责任准备金——寿险责任准备金——两全寿险　1 000

　　例 5-31　某投保分红两全险保户现申请将其转换为普通年金保险,保险公司针对该保户投保的分红两全险已提寿险责任准备金 36 000 元。应编制会计分录如下:

　　借:保险责任准备金——寿险责任准备金——分红两全险 36 000

　　　　贷:保险责任准备金——寿险责任准备金——普通年金保险

　　　　　　　　　　　　　　　　　　　　　　　　　　　　36 000

　　例 5-32　某投保两全寿险保户保险期满,持有关证件向保险公司办理领取手续,经复核,会计部门以转账支票支付,该保单责任准备金余额为 15 000 元。公司支付保险金的同时,冲减相应的寿险责任准备金余额。应编制会计分录如下:

　　借:保险责任准备金——寿险责任准备金——两全寿险　　15 000

　　　　贷:提取保险责任准备金——提取寿险责任准备金——两全寿险

　　　　　　　　　　　　　　　　　　　　　　　　　　　　15 000

　　例 5-33　某投保两全寿险保户因移居国外要求退保,会计部门以转账支票支付退保金,该保单责任准备金余额为 18 000 元,冲减相应的寿险责任准备金余额。应编制会计分录如下:

　　借:保险责任准备金——寿险责任准备金——两全寿险　　18 000

　　　　贷:提取保险责任准备金——提取寿险责任准备金——两全寿险

　　　　　　　　　　　　　　　　　　　　　　　　　　　　18 000

　2. 长期健康险责任准备金的核算举例

　　例 5-34　某公司年末根据精算结果,本年应提取重大疾病保险责任准备金 750 000 元。应编制会计分录如下：

借：提取保险责任准备金——提取长期健康险责任准备金——重大疾病保险   750 000

　　贷：保险责任准备金——长期健康险责任准备金——重大疾病保险
　　　　　　　　　　　　　　　　　　　　　　　　　　　　750 000

例 5 - 35　某保户发生重大疾病，保险人审查后同意给付全部保险金，该保单责任准备金余额为 350 000 元，冲减相应的长期健康险责任准备金余额。应编制会计分录如下：

借：保险责任准备金——长期健康险责任准备金——重大疾病保险
　　　　　　　　　　　　　　　　　　　　　　　　　　　　350 000

　　贷：提取保险责任准备金——提取长期健康险责任准备金——重大疾病保险   350 000

例 5 - 36　某投保重大疾病保险保户现调往外地工作，当年公司欠其 4 000 元赔偿金尚未支付，以前年度提存的责任准备金 42 000 元。保险公司办理保险关系转移手续。应编制会计分录如下：

借：应付赔付款——某保户　　　　　　　　　　　4 000

　　保险责任准备金——长期健康险责任准备金——重大疾病保险
　　　　　　　　　　　　　　　　　　　　　　　　　　　42 000

　　贷：系统往来　　　　　　　　　　　　　　　46 000

例 5 - 37　某投保重大疾病保险保户现调入本市工作，当年已交保费 2 000 元，以前年度提存的责任准备金为 50 000 元。保险公司办理保险关系转移手续，款项已存入银行。应编制会计分录如下：

借：银行存款　　　　　　　　　　　　　　　　52 000

　　贷：保险责任准备金——长期健康险责任准备金——重大疾病保险
　　　　　　　　　　　　　　　　　　　　　　　　　　　50 000

　　　保费收入——重大疾病保险　　　　　　　　2 000

例 5 - 38　某投保重大疾病保险保户现申请将其转换为保户投资款，保险公司针对该保户投保的重大疾病保险已提责任准备金 45 000 元。应编制会计分录如下：

借：保险责任准备金——长期健康险责任准备金——重大疾病保险

45 000

　　贷：保户投资款——某保户 45 000

第六节　分红保险业务的核算

一、分红保险的概念和特点

分红保险是指公司将实际经营成果优于定价假设的盈余，按一定比例向保单持有人进行分配的人寿保险产品。分红保险的主要特点在于：投保人除了可以得到传统保单规定的保险责任外，还可以享受保险公司的经营成果，即参加保险公司投资和经营管理活动所得盈余的分配。分红保险的红利来源于利差益、死差益和费差益所产生的可分配盈余。红利派发方式大致有以下几种：

(1) 现金红利，即客户将所得红利直接以现金方式领取。

(2) 累积生息，即红利留存于保险公司，按保险公司每年确定的红利累积利率，以复利方式储存生息，并于本合同终止或投保人申请时给付。

(3) 抵交保费，即红利用于抵交下一期的应交保险费，若抵交后仍有余额，则用于抵交以后各期的应交保险费。

(4) 购买交清增额保险，即依据被保险人的当时年龄，以红利作为一次交清保险费，按相同的合同条件增加保险金额。

分红保险必须单独分设账户，分类分险种核算编制资产负债表、利润表和现金流量表。分红保险采用固定费用率的，其相应的附加保费收入和佣金，管理费用支出等不参与分红保险分红，但应纳入分红保险的损益核算。

二、分红保险收入分配原则

分红保险各险种的保费直接计入各险种的保费收入。分红保险的资金运用在单独的分红专用资金账户中核算。资金收益直接计入分红账户。

三、分红保险的费用分摊

(1) 由于公司的分红保险采用固定费用率，其相应的附加保费收入和佣金、管理费用支出等直接计入分红保险业务，不涉及费用分摊问题。

(2) 与分红保险业务资金投资相关的各项费用支出按投资比重分摊,计入分红保险各险种的投资成本。

(3) 因分红保险资金超量运用而借用其他保险业务资金产生的资金占用成本,在分红保险险种之间按实际占用天数和总公司规定的利率计算。

四、分红保险业务收益的确认

(1) 分红保险业务资金运用所产生的收益直接划归分红保险业务。如分红保险资金与非分红保险业务资金合并投资,则按投资份额分配投资所产生的收益。

(2) 分红保险业务资金所获得的净投资收益按分红保险业务各险种责任准备金的比重分摊,进行分险种损益核算。

(3) 每会计年末,总公司根据分红保险业务资金收益情况和基层公司上划资金的情况,计算并下拨各基层公司当年应分得的分红保险业务资金收益。

五、科目设置

(1) "保单红利支出"科目。"保单红利支出"科目核算人寿保险业务按原保险合同约定支付给投保人的红利。该科目属于损益类(费用)科目,其借方登记按原保险合同约定计提应支付的保单红利,贷方登记期末结转入"本年利润"科目的数额,结转后该科目无余额。该科目应按现金领取、累计生息、交清增额保险、抵交保费设置明细科目,反映公司分红保险业务在会计年度末根据公布的分红率计算应分配给保户的红利。

(2) "应付保单红利"科目。"应付保单红利"科目核算人寿保险业务按原保险合同约定应付未付投保人的红利支出。该科目属于负债类科目,其贷方登记按原保险合同约定计提应支付的保单红利,借方登记向投保人支付的保单红利,余额在贷方,反映公司应付未付投保人的红利。该科目应按现金领取、交清增额保险、抵交保费设置明细科目,反映公司下一会计年度分红保险业务应支付给保户的红利金。

(3) "保险责任准备金"科目。在该科目下设"分红险责任准备金""应付红利准备金"和"未分配红利准备金"明细科目,其中"应付红利准备金"反映公司应支付给保户的红利,"未分配红利准备金"反映公司分红资金运用的收益未进行分配的部分。

(4) "长期应付款"科目。在该科目下设"应付累计生息"二级科目,反映公司分红保险业务红利给付采用累计生息方式发生的本金和利息。

六、账务处理

公司收到投资收益后,计入相应分红险种专户中,借记"存出保证金"科目,贷记"投资收益"科目。

分红的一般会计处理如下。

(1) 对于选择现金支付方式的保户,在其保单年生效对应日领取红利时,财务部门每月根据业务部门提供的单证及保户签收后的红利签收单证,借记"保单红利支出"科目,贷记"应付保单红利——现金领取"科目,并借记"应付保单红利——现金领取"科目,贷记"银行存款"科目。

(2) 对于选择累计生息方式的保户,公司业务部门每月统计其留存在公司分红账户中尚未领取的红利的本金和利息,并将统计结果以书面形式交财务部门,对累积本金财务部门借记"保单红利支出"科目,贷记"长期应付款——应付累计生息本金"科目,对生息借记"保单红利支出"科目,贷记"长期应付款——应付累计生息利息"科目。

(3) 对于选择购买交清增额保险的保户,公司业务部门每月统计其留存在公司分红账户中用于购买交清增额保险的红利数,并将统计结果以书面形式交财务部门,财务部门以此为依据借记"保单红利支出——交清增额保险"科目,贷记"应付保单红利——交清增额保险"科目,并借记"应付保单红利——交清增额保险"科目,贷记"保费收入"科目。

增额保险的红利转保费、未来的给付支出和准备金提取等收支项目均作为分红险种的一部分,列入分红账户加以核算。

(4) 对于选择抵交保费的保户,公司业务部门每月统计其留存在公司分红账户中用于抵交保费的红利数,并将统计结果以书面形式交财务部门,财务部门以此为依据借记"保单红利支出——抵交保费"科目,贷记"应付保单红利——抵交保费"科目;并借记"应付保单红利——抵交保费"科目,贷记"保费收入"科目。抵交保费的红利转保费、未来的给付支出和准备金提取等收支项目均作为分红险种的一部分,列入分红账户加以核算。

例 5 - 39 某人寿保险公司收到分红保险投资收益 400 000 元,期末计算应支付给保户的红利为 300 000 元,红利分配采取现金支付方式。应编制会计分录如下:

计提保单红利支出时:

借:保单红利支出   300 000

　　贷:应付保单红利——现金领取　　　　　　　　　　　　　300 000
　　实际向保户支付红利时:
　　借:应付保单红利——现金领取　　　　　　　　300 000
　　　　贷:银行存款　　　　　　　　　　　　　　　　　　　300 000

例 5-40　某人寿保险公司期末计算,应支付给保户的红利为150 000元,红利分配采取抵交保费方式。应编制会计分录如下:

　　计提保单红利支出时:
　　借:保单红利支出　　　　　　　　　　　　　　150 000
　　　　贷:应付保单红利——抵交保费　　　　　　　　　　　150 000
　　抵交保费时:
　　借:应付保单红利——抵交保费　　　　　　　　150 000
　　　　贷:保费收入　　　　　　　　　　　　　　　　　　　150 000

例 5-41　某人寿保险公司月末计算应支付给保户的累积红利为30 386.4元,其中本金30 000元,利息386.4元,红利分配采取累计生息方式,每年的红利率为1.5%。应编制会计分录如下:

　　借:保单红利支出　　　　　　　　　　　　　　30 000
　　　　贷:长期应付款——应付累计生息本金　　　　　　　　30 000
　　借:保单红利支出　　　　　　　　　　　　　　386.4
　　　　贷:长期应付款——应付累计生息利息　　　　　　　　386.4

第七节　寿险原保险合同特殊渠道业务的核算

一、共同保险业务的核算

　　寿险原保险合同共保业务(co-insurance business)实行首席共保人制度,由参与签订合同的所有共保人书面推举一家保险公司作为首席共保人,由首席共保人全权处理共保业务实务。其他保险公司作为参与共保人存在。

　　当保险公司作为首席共保人时,其共保业务称为首席共保业务;当保险公司作为参与共保人时,其共保业务称为参与共保业务。

1. 保险公司作为首席共保人时首席共保业务的会计核算

(1) 保费收入。

① 对于投保人交来的保费,全额收取,出具全额保费发票。全额保费发票上须注明本公司实际承担部分和其他保险公司分担部分。本公司实际承担部分作为保费收入;参与共保人承担部分计入其他应付款(或应付保费),同时向其发出共保保单保费划转通知书。其会计分录如下:

借:银行存款

　　贷:保费收入(本公司实际承担部分)

　　　　其他应付款——应付参与共保人保费(参与共保人承担部分)

② 在收到参与共保人根据共保保单保费划转通知书上列明金额开具的保费发票后,将归属于参与共保人相应份额的保费划转至参与共保人指定账户,并在财务日清、日结单上准确反映相关信息,冲减其他应付款。其会计分录如下:

借:其他应付款——应付参与共保人保费(参与共保人承担部分)

　　贷:银行存款

(2) 退保及各项赔付支出。

① 对于发生的退保及理赔业务,本公司先代为进行保全、理赔处理并全额支付,出具全额付款收据。全额付款收据上须注明本公司实际承担部分和其他保险公司分担部分。本公司实际承担部分计入退保金或赔付支出;参与共保人承担部分计入其他应收款,同时向其发出共保保单退保或赔付支出划转通知书。其会计分录如下:

借:退保金(本公司实际承担部分)

　　赔付支出(本公司实际承担部分)

　　其他应收款——应收参与共保人退保金或赔付支出(参与共保人承担部分)

　　　　贷:应付赔付款(或银行存款)

② 在收到参与共保人根据共保保单退保或赔付支出划转通知书上列明金额划入的款项后,在财务日清、日结单上准确反映相关信息,冲减其他应收款。其会计分录如下:

借:银行存款

　　贷:其他应收款——应收参与共保人退保金或赔付支出(参与共保人承担部分)

(3) 首席共保业务的直接费用支出。

① 共保保单保险事故所产生的查勘费用、公估费用、检验费用、诉讼费用及

其他费用,本公司先行全额支付。由本公司实际承担的部分计入当期损益,参与共保人承担部分计入其他应收款,同时向其发出共保保单直接费用支出划转通知书。其会计分录如下:

借:赔付支出——理赔费用(本公司实际承担部分)

业务及管理费(本公司实际承担部分)

其他应收款——应收参与共保人直接费用(参与共保人承担部分)

贷:应付赔付款——理赔费用(或银行存款)

其他应付款——员工报销(或银行存款)

② 在收到参与共保人根据共保保单直接费用划转通知书上列明的金额划入的款项后,在财务日清、日结单上准确反映相关信息,冲减其他应收款。

借:银行存款

贷:其他应收款——应收参与共保人直接费用(参与共保人承担部分)

(4) 首席共保业务的准备金根据本公司按比例实际承担的保险责任,按照本公司正常独立承保保单准备金的方法计算并计提核算。

2. 保险公司作为参与共保人时参与共保业务的会计核算

(1) 保费收入。根据首席共保人发来的保费划转通知书及首席共保人收取的保费到账凭证复印件,在系统中进行契约录入及收费处理,出具保费发票,送达首席共保人。按照本公司正常独立承保保单新契约业务的会计核算规则进行会计处理。

(2) 退保及各项赔付。根据首席共保人发来的退保或赔付分担通知书及首席共保人付款收据的复印件,在业务系统内进行退保、理赔操作及相应的付费处理,以银行转账的方式向首席共保人支付退保或各项赔付款。会计核算按照本公司正常独立承保保单退保及理赔业务的会计核算规则进行处理。

(3) 参与共保业务的直接费用支出。根据首席共保人发来的共保保单保险事故所产生的查勘费用、公估费用、检验费用、诉讼费用及其他费用支出分担通知书,进行相应的付费处理,向首席共保人划转应支出费用。会计核算按照本公司正常独立承保保单产生的上述费用的会计核算规则进行处理。

(4) 参与共保业务的准备金根据本公司实际的承保责任,按照本公司正常独立承保保单准备金的方法计算并计提核算。

例 5-42 红星机械厂投保一份 10 年期团体重大疾病保险,保险合同于 20×2 年 3 月 5 日成立,由甲、乙两家保险公司共保,合同总保费为 50 万元,保费已收到。现有一保户王某因病住院,支付保险金 3 万元;还有一保户刘某退保,支付退保金1万元。合同约定:甲公司为首席共保人,乙公司为参与共保人。保费和赔付等相关费用按7:3在甲、乙两家保险公司之间分配结算。

(1) 甲公司应编制会计分录如下:

收到红星机械厂保费时:

借:银行存款	500 000
贷:保费收入——团体重大疾病保险	350 000
其他应付款——乙公司	150 000

支付乙公司保费时:

| 借:其他应付款——乙公司 | 150 000 |
| 　贷:银行存款 | 150 000 |

支付王某保险金和刘某退保金时:

借:赔付支出——团体重大疾病保险	21 000
退保金——团体重大疾病保险	7 000
其他应收款——乙公司	12 000
贷:银行存款	40 000

收到乙公司应承担的保险金和退保金时:

| 借:银行存款 | 12 000 |
| 　贷:其他应收款——乙公司 | 12 000 |

(2) 乙公司应编制会计分录如下:

收到甲公司发来的保费划转通知书及银行收账凭证:

| 借:银行存款 | 150 000 |
| 　贷:保费收入——团体重大疾病保险 | 150 000 |

支付本公司应承担的保险金和退保金时:

借:赔付支出——团体重大疾病保险	9 000
退保金——团体重大疾病保险	3 000
贷:银行存款	12 000

二、激活卡卡折式保单的核算

激活卡卡折式保单(activation card's insurance policy),简称"激活卡",是一种新的销售模式,仿照电话充值卡的方式进行销售,客户购买激活卡后自行进行激活,保单生效。

对于资金先足额实时到账、激活卡后激活的情况(激活卡保单生效日等于或晚于资金到账日的),按照常规承保方式进行核算。对于先激活后实际收到资金的情况(激活卡保单生效日早于资金到账日的),在确认保单生效后,借记"应收保费"科目,贷记"保费收入"科目;资金到账后冲减应收保费。激活卡保费实收到账后,在激活卡有效期结束仍然未激活的,按照条款或相关规定,已收取的暂收保费归公司所有,应在有效期结束时将其确认为其他业务收入,借记"暂收保费"科目,贷记"其他业务收入"科目。

例 5 - 43　某公司采取激活卡销售模式,8 月 5 日激活卡激活,在系统内确认保单生效,8 月 25 日某投保定期寿险保户 5 000 元资金到账。应编制会计分录如下:

8 月 5 日激活卡激活:

借:应收保费——某保户　　　　　　　　　　　　　　　　5 000

　　贷:保费收入——定期寿险　　　　　　　　　　　　　　　5 000

8 月 25 日资金到账:

借:银行存款　　　　　　　　　　　　　　　　　　　　　5 000

　　贷:应收保费——某保户　　　　　　　　　　　　　　　　5 000

例 5 - 44　某公司采取激活卡销售模式,某投保定期寿险保户 1 000 元资金到账,但在激活卡有效期结束仍然未激活。应编制会计分录如下:

资金到账时:

借:银行存款　　　　　　　　　　　　　　　　　　　　　1 000

　　贷:暂收保费——某保户　　　　　　　　　　　　　　　　1 000

激活卡有效期结束时:

借:暂收保费——某保户　　　　　　　　　　　　　　　　1 000

　　贷:其他业务收入　　　　　　　　　　　　　　　　　　　1 000

三、赠予业务的核算

对于促销性赠送寿险保单比如赠送传统寿险、分红保险、万能保险、长期健康险保单,会计人员应当根据业务系统流转的数据、业务管理部门确认的清单及其他内部赠送审批材料(如审批表、签报等),核对一致后,按照赠送保单保费金额(趸交保费),借记"业务及管理费"科目,贷记"保费收入"科目。赠送保单被保险人发生保险事故,会计人员根据系统流转的经过核赔人员核定的赔款金额,借记"赔付支出"科目,贷记"应付赔付款"或"银行存款"等科目。

在发生公益性捐赠寿险保单比如传统寿险、分红保险、万能保险、长期健康险等,必须取得国家认可的从事公益事业社会团体开具的专用收据或发票。在公司发生公益性捐赠保险业务时,会计人员应当根据业务系统流转的数据、收据或发票及其他内部赠送审批材料(如审批表、签报等),核对一致后,按照赠送保单保费金额,借记"营业外支出"科目,贷记"保费收入"科目。赠送保单被保险人发生保险事故,会计人员根据系统流转的经过核赔人员核定的赔款金额,借记"赔付支出"科目,贷记"应付赔付款"或"银行存款"等科目。

例 5 - 45　某公司为宣传公司品牌、推动业务发展,向某保户赠送了一份重大疾病保险保单,保费 2 000 元,该保户因病住院,公司支付保险金 1 200 元。应编制会计分录如下:

赠送保险合同时:

借:业务及管理费——业务宣传费　　　　　　　　　2 000

　　贷:保费收入——重大疾病保险　　　　　　　　　　2 000

支付保险金时:

借:赔付支出——重大疾病保险　　　　　　　　　　1 200

　　贷:银行存款　　　　　　　　　　　　　　　　　　1 200

四、委托管理合同业务的核算

委托管理合同业务(entrusted management contract business)是指根据公司和客户的合同约定,受客户委托,代理客户管理基金收付,不承担任何保险风险及投资风险,收取管理费收入的业务。

保险公司应设置"代理业务负债"科目,核算委托管理业务公司按合同约定接受的委托管理业务款项。该科目属于负债类科目,其贷方登记收到的委托管理业务款项,借方登记支付或退还的委托管理基金,余额在贷方,反映公司尚未退还的保证金。该科目应按客户设置明细账。

委托管理合同业务的账务处理为:收到委托管理业务款项时,借记"银行存款"科目,贷记"代理业务负债"科目;根据合同规定从委托管理基金支付相关给付时,借记"代理业务负债"科目,贷记"银行存款"科目;公司按合同规定从委托管理基金账户直接扣除管理费收入时,借记"代理业务负债"科目,贷记"其他业务收入"科目;按合同规定退还委托管理基金时,借记"代理业务负债"科目,贷记"银行存款"科目。

根据财政部、卫生部 2008 年 1 月联合颁布的《新型农村合作医疗基金财务制度》和《关于保险业参与基本医疗保障管理工作有关问题的通知》(保监发〔2008〕60 号)的相关要求,公司以后参与承办的新型农村合作医疗等委托管理型的基本医疗保障服务(简称"新农合业务")均属于该业务模式。新农合业务为账户管理型业务,收取的管理资金直接确认代理业务负债,其各项支出直接冲减代理业务负债科目。对于账户利息,开设了新农合专户的利息要增加新农合业务管理账户的余额,根据账户利息结算单据确认"代理业务负债";不开设专户的新农合业务的账户利息同一般银行存款账户利息收入一样核算,计入利息收入。按照协议约定计算利息支出,并确认"代理业务负债"。新农合业务管理费收入按照协议约定的管理期间和收费标准计入其他业务收入。

例 5-46 某公司承办新型农村合作医疗等委托管理型业务,20×1年1月1日收到管理资金50 000元,并开设了新农合专户,1月20日公司按合同规定从委托款项中支付30 000元,1月31日计算账户利息1 100元,按合同约定支付给委托人800元,另从基金账户中扣除管理费200元(含税),增值税税率为6%。应编制会计分录如下:

收到委托管理业务款项时:

借:银行存款	50 000	
贷:代理业务负债——某客户		50 000

根据合同规定从委托管理基金支付相关给付时:

借:代理业务负债——某客户	30 000	
贷:银行存款		30 000

计算账户利息时:

借:银行存款	1 100	
贷:代理业务负债——某客户		1 100

按合同约定支付给委托人时:

借:代理业务负债——某客户	800	
贷:银行存款		800

从基金账户扣除管理费时:

借:代理业务负债——某客户	200	
贷:其他业务收入——账户管理费收入		188.68
应交税费——应交增值税(销项税额)		11.32

五、其他特殊渠道业务的核算

对于交叉销售业务、电话营销业务、淘宝销售、网络营销、法院强制划款案件等业务的核算可以比照非寿险合同进行会计处理。

第八节　IFRS17 下寿险原保险合同负债计量

一、寿险原保险合同负债的计量方法

按照 IFRS17 规定,对于寿险原保险合同负债(即寿险原保险合同准备金)采用一般模型法(general model method)计量。但对于具有直接参与分红特征的保险合同,在后续计量时,采用浮动收费法(floating charge method)。公司应当在初始确认和后续的每个资产负债表日计量保险合同负债,以如实反映保险合同负债。

寿险原保险合同负债的账面价值应当为以下两项之和。

(1) 未到期责任负债,包括资产负债表日分摊到该合同组的与未来服务有关的履约现金流量以及该合同组当日的合同服务边际。

(2) 已发生赔款负债,包括资产负债表日分摊到该合同组的与过去服务有关的履约现金流量。

由此可见,未到期责任负债包括履约现金流量和合同服务边际,而已发生赔款负债仅仅考虑履约现金流量。

二、寿险原保险合同负债的计量

1. 履约现金流量

履约现金流量(fulfilment cash flow)是指对保险公司履行保险合同相关义务产生的未来现金流量的现值,经过非金融风险调整的、概率加权的无偏估计数。用公式表达如下:

$$履约现金流量＝未来净现金流出现值＋非金融风险调整$$

其中未来净现金流出现值对应现行准则中的合理估计负债,非金融风险调整对应现行准则中的风险边际。具体而言,包括以下三个因素。

(1) 未来现金流量。

① 未来现金流量的估计要求。

公司在计量保险合同组时,应当考虑该组内每一项保险合同的合同边界内所有未来现金流量。未来现金流量的估计应当符合下列要求:

a. 未来现金流量估计值为概率加权平均值,公司应当按照各种情形的可能结果及相关概率计算确定。公司应当以在无须付出不当成本或努力的情况下可获得的合理及可依据的有关未来现金流量金额、时间及不确定性的信息为基础进行估计。

b. 未来现金流量的估计应当从公司角度出发,有关市场变量的估计应当与可观察的市场价格相一致。

c. 未来现金流量的估计应当以资产负债表日可获取的当前信息为基础,反映计量日存在的情况以及当日关于未来的假设。

d. 对非金融风险调整的估计应当与其他估计分开。一般情况下,公司还应当将未来现金流量的估计与针对货币时间价值及金融风险调整的估计分开。

② 未来现金流量的具体内容。

公司估计的未来现金流量应当在保险合同边界之内。公司不应当将保险合同边界之外的预期保费或预期赔付确认为资产或负债。保险合同边界内的现金流量,是与该合同履约直接相关的现金流量,其中包括公司可相机决定金额或时间的现金流量。具体包括以下各项:

a. 从投保人处收到的保费(包括批改保费和分期保费)及其产生的相关现金流量。

b. 向投保人(受益人)支付或代其支付的款项,包括已报告未支付的赔款,已发生未报告的赔款,以及所有将在未来发生的、公司承担实质性义务的赔款。

c. 向投保人(受益人)支付或代其支付的随基础项目回报变动而变动的款项。

d. 由保险合同的嵌入衍生工具(例如未从保险合同中分拆的嵌入期权和保证)所形成的向投保人(受益人)支付或代其支付的款项。

e. 直接归属于保险合同组合的保险获取现金流量中分摊至该保险合同的现金流量。

f. 理赔费用,即公司进行调查、处理和解决现有保单的索赔时发生的成本,包括律师费、诉讼费、损失检验费、理赔人员薪酬和其他理赔查勘费用等。

g. 未来以实物或服务结算因保险事项产生的赔偿义务所发生的成本。

h. 保单管理和维持费用,如保单批改(保单转换、复效)成本,投保人继续支付保险合同边界内的保费时预期向中介支付的续期佣金。

i. 由保险合同直接产生的或分摊至保险合同的相关流转税和其他征收费用。例如增值税、保险保障基金。

j. 代扣代缴投保人(受益人)的相关税费。

k. 预期赔款补偿(例如损余物资和代位追偿),包括未来赔付进行追偿产生的潜在现金流入,和没有作为单独资产确认的对保险合同过去赔付进行追偿产生的潜在现金流入。

l. 分摊的可直接归属于履行保险合同的固定及可变费用,例如会计、人力资源、信息技术支持、建筑物折旧、租金、维修支出和水电费等成本。

m. 合同条款明确规定向投保人收取的任何其他费用。

公司在估计保险合同产生的未来现金流量时,不应当包括以下各项:

a. 投资回报。

b. 分出的再保险合同产生的现金流量(分出的再保险合同应当单独确认、计量和列报)。

c. 未来保险合同可能产生的现金流量,即现有保险合同边界外的现金流量。

d. 不可直接归属于该保险合同所在保险合同组合的成本相关的现金流量,例如部分产品开发和培训成本。此类成本在发生时计入当期损益。

e. 保险合同履行过程中因劳动力或其他资源的非正常损耗产生的成本相关的现金流量。此类成本在发生时计入当期损益。

f. 非代扣代缴的所得税款项。

g. 公司不同账户之间的资金往来。例如,分红账户和其他账户的资金往来。

h. 从保险合同中分拆出的其他成分产生的适用于其他准则的现金流量。

(2) 货币时间价值及金融风险调整。

公司应当采用适当的折现率对履约现金流量进行货币时间价值(time value of currency)及金融风险调整(financial risk adjustment),以反映货币时间价值及未包含在未来现金流量估计中的有关金融风险。

对于折现率,应按以下原则确定:

① 折现率应当反映货币时间价值、保险合同的现金流量特征以及流动性特征。

② 折现率的确定应当基于与保险合同一致的现金流量特征(例如期限、币种和流动性等)的金融工具当前可观察的市场价格,并与其保持一致,不考虑与保险合同未来现金流量无关但影响到可观察市场价格的所有因素。

③ 折现率的估计应当与保险合同预期现金流量的特征相一致。对于不随基础项目回报变动的预期现金流量,应当采用不反映基础项目回报的折现率进行折现;对于随基础项目回报变动的预期现金流量,应当使用反映该变动性的折现率进行折现,或者根据该变动性的影响对该预期现金流量进行调整,并使用反映该调整的折现率进行折现。对于既包含不随基础项目回报变动的预期现金流

量,又包含随基础项目回报变动的预期现金流量的保险合同,公司可以选择将现金流量进行拆分以使用不同的折现率,或者不进行拆分而使用反映全部预期现金流量特征的折现率。

(3) 非金融风险调整。

非金融风险调整(non-financial risk adjustment)是指公司在履行保险合同时,因承担非金融风险导致的未来现金流量在金额和时间方面的不确定性而要求得到的补偿,反映公司风险的规避程度和分散化效益。

非金融风险调整应当以明晰的方式包含在保险合同负债的计量中。公司不应当重复计算非金融风险调整,例如,公司不应当在预期现金流量和折现率的估计中隐含非金融风险调整。非金融风险调整应当涵盖保险风险和其他非金融风险,例如失效风险、续保风险和费用风险,不应当涵盖并非由保险合同产生的风险,例如,一般操作风险。对于非金融风险调整,目前 IFRS17 没有明确算法,它主要针对发生频率低、结果严重性大、长期保险、概率分布不集中、未知程度大的风险。

2. 合同服务边际

合同服务边际(contract service margin)反映公司因在未来提供保险合同服务而将于未来确认的未赚利润。

(1) 合同服务边际的初始计量。

在保险合同初始确认日,如果预期未来现金流入的现值,以及之前已确认为负债的相关保险获取现金流量之和,超过了预期未来现金流出现值、之前已经确认为资产的相关保险获取现金流量以及非金融风险调整之和,即发生首日利得,公司应当将其确认为合同服务边际,作为保险合同组负债(或资产)的组成部分;反之,即发生首日亏损,公司应当在当期损益中立即予以确认。由此可见,合同服务边际的初始计量和剩余边际的初始计量基本相同。

例 5 - 47 某保险公司签订了 50 份 3 年期的定期寿险保险合同,保险合同签订时保单生效,当即收到保费 1 500 元,保险合同到期前没有合同失效,初始确认时非金融风险调整为 150 元。假设有以下两种情况:

(1) 预期未来每年的现金流出为 300 元,用每年 6% 折现率估算未来现金流出的现值为 802 元(300×2.673)。

(2) 预期未来每年的现金流出为 600 元,用每年 6% 折现率估算未来现金流出的现值为 1 604 元(600×2.673)。

根据以上资料,保险合同负债初始计量见表 5 - 3:

表 5 - 3　保险合同负债初始计量表

单位:元

	情况 1	情况 2
① 预期未来现金流出现值	802	1 604
② 预期未来现金流入现值	1 500	1 500
③ 预期未来净现金流出现值=①-②	-698	104
④ 非金融风险调整	150	150
⑤ 履约现金流量=③+④	-548	254
⑥ 合同服务边际=②-①-④	548 (首日利得作为合同服务边际,待摊销)	-254 (合同服务边际为 0,首日损失为 254)
保险合同负债=⑤+⑥	0	254

(2) 合同服务边际的后续计量。

现行准则中剩余边际按照最初假设确定后,每期除摊销外,基本不做调整;而合同服务边际按照最初假设确定后,每期除摊销外,每个资产负债表日都要调整。对保险合同而言,最大的变化是保险风险精算假设变动对利润的影响,按照现行准则规定,保险风险精算假设(死亡率、发病率等)变动会导致合理估计负债变动(剩余边际不变),相应会导致提取保险责任准备金变动,当期利润变动。而按照 IFRS17,保险精算假设(死亡率、发病率、伤残率等)变动会导致未来履约现金流量变动,从而导致合同服务边际变动,当期利润不受影响,后期会通过合同服务边际摊销影响利润。

① 不具有直接参与分红特征的保险合同的合同服务边际后续计量。

对于不具有直接参与分红特征的保险合同,合同服务边际每期应根据与未来服务有关的履约现金流量的变动进行调整。本期期末合同服务边际计算公式如下:

本期期末合同服务边际=期初合同服务边际+该合同组内新增合同的影响+合同服务边际账面价值于当期计提的利息+(-)与未来服务有关的履约现金流量的变动+(-)合同服务边际的汇兑损益的影响-本期合同服务边际摊销

与未来服务有关的履约现金流量的变动包括对未到期责任负债未来现金流现值估计的变更(如死亡率假设变动引起的未来赔付估计值变动)、非金融风险调整与未来服务相关的变动、本期经验调整(保费流入、保险获取现金流量、保险服务费用、投资成分等的期初预计与本期实际发生额之差)。

值得注意的是,与未来服务有关的履约现金流量变动,不包括货币时间价值即折现率变动的影响,折现率变动引起的履约现金流量变动,作为"保险合同金融变动额"计入利润表。另外,不包括该履约现金流量的增加额超过合同服务边际账面价值而导致的亏损部分;该履约现金流量的减少额抵销的未到期责任负债的亏损部分。

本期合同服务边际摊销应当按照以下方式进行摊销:

a. 识别合同组中的保障责任单元。合同组中的保障责任单元的数量为合同组中的合同所提供的保障的数量,通过考虑每项合同所提供的利益金额或数量及其预期保险责任期限确定。

b. 将合同服务边际本期摊销前的账面价值平均分摊至当期和未来预期提供的每一保障责任单元。

c. 将分摊至当期提供的保障责任单元的金额计入当期损益。

例 5-48 承前例 5-47,对于第 1 种情况假设在后续年度发生以下事项:

(1) 在第一年,所有事件按预期发生,公司不改变与未来期间有关的任何假设。

(2) 非金融风险调整在保险责任期限的每个年度平均释放。

(3) 合同服务边际在每年生效的保障责任单元平均分摊。

(4) 费用预计在每年发生后立即支付。

根据以上事项,保险合同负债计量如下:

(1) 第一年末保险合同负债计量。

首先,对后续年度履约现金流量进行估计:

第一年末:

预期未来现金流出现值= $300 \times 1.833 = 550$(元)

非金融风险调整= $150 - 50 = 100$(元)

第二年末:

预期未来现金流出现值= $300 \times 0.943 = 283$(元)

非金融风险调整= $100 - 50 = 50$(元)

根据以上计算结果,后续年度履约现金流量估计见表 5-4:

表 5-4　后续年度履约现金流量计量表

单位:元

	初始计量	第一年末	第二年末	第三年末
① 预期未来现金流出现值	802	550	283	0
② 预期未来现金流入现值	1 500	0	0	0
③ 预期未来净现金流出现值＝①－②	－698	550	283	0
④ 非金融风险调整	150	100	50	0
⑤ 履约现金流量＝③＋④	－548	650	333	0
⑥ 合同服务边际＝②－①－④	548			

第一年年末合同服务边际＝548＋548×6％－(548＋548×6％)÷3
　　　　　　　　　　　　＝548＋33－194
　　　　　　　　　　　　＝387(元)

保险合同负债余额＝650＋387＝1 037(元)

(2) 第二年末保险合同负债计量。

假设第二年发生了以下事件:

① 实际索赔金额为 220 元,比初始预期减少 80 元;

② 年末公司修正了对第 3 年的未来现金流出的估计,预计支付 200 元;

③ 年末修正了非金融风险调整,现为 40 元。

根据以上事项,保险合同负债计量如下:

预期未来现金流出现值减少:283－200×0.943＝191－133＝95(元)

非金融风险调整减少:50－40＝10(元)

履约现金流量减少:95＋10＝105(元)

合同服务边际增加:105 元

第二年年末合同服务边际＝387＋387×6％＋105－(387＋387×6％
　　　　　　　　　　　　＋105)÷2
　　　　　　　　　　　　＝387＋23＋105－258
　　　　　　　　　　　　＝257(元)

保险合同负债余额＝333－105＋257＝485(元)

(3) 第三年末保险合同负债计量。

保险责任期间结束,剩余的合同服务边际全部摊销确认为损益:

第三年年末合同服务边际＝257＋257×6％－(257＋257×6％)

＝272－272

＝0

保险合同负债余额＝0

② 具有直接参与分红特征的保险合同的合同服务边际后续计量。

对于具有直接参与分红特征的保险合同,在初始确认时,与不具有直接参与分红特征的保险合同相同,合同服务边际按照一般模型法计量。后续计量时,采用浮动收费法(也称可变费用法),因投资收益率变动等金融假设变化引起的与未来服务相关的浮动收费现金流量变动额,应当调整合同服务边际,而非在当期损益中确认,这样更能体现具有直接参与分红特征的保险合同的实质,避免此类合同因金融假设变动导致当期利润和净资产的大幅波动。浮动收费是指公司因代保单持有人管理基础项目并提供投资相关服务而取得的对价,等于基础项目公允价值中公司享有份额减去不随基础项目回报变动的履约现金流量。合同服务边际每期应根据基础项目公允价值变动中公司享有的份额、与未来服务相关且不随基础项目回报变动的履约现金流量变化进行调整。本期期末合同服务边际计算公式如下:

本期期末合同服务边际＝期初合同服务边际＋该合同组内新增合同的影响＋(－)基础项目公允价值变动中公司享有的份额－(＋)与未来服务有关且不随基础项目回报变动的履约现金流量的变动＋(－)合同服务边际汇兑损益的影响－本期合同服务边际摊销

其中,基础项目公允价值变动公司享有的份额类似于利息分享,不包括基础项目公允价值减少额中公司享有的份额超过合同服务边际账面价值而导致的亏损部分;基础项目公允价值增加额中公司享有的份额抵销的亏损部分。

与未来服务有关且不随基础项目回报变动的履约现金流量变动是指货币时间价值及基础项目公允价值变动之外的金融风险影响的变动,如保证利益的变动,死亡率假设变动等引起的赔付变动,不包括折现率变动引起的变动。

例 5－49 某保险公司签发了一组保险期限为 3 年的具有直接参与分红特征的保险合同组,该合同组包含 100 份合同,每份合同的趸缴保费均为 150 元且均在初始确认后立即收到。

(1) 假设如果保险责任期限内被保险人死亡,保单持有人将获得 170 元的死亡给付或账户余额两者之中较高者。当被保险人生存到保险期结束,获得到期账户余额的价值。

(2) 保险公司购买特定的资产池,并以公允价值计量资产且其公允价值变动计入当期损益。预计特定的资产池的公允价值每年将增加10%。但在保险期间,实际情况如下:

① 第一年,特定的资产池的公允价值增加10%;

② 第二年,特定的资产池的公允价值增加8%;

③ 第三年,特定的资产池的公允价值增加10%。

(3) 保险公司每年年底计算每份保险合同(基础项目)的账户余额。

账户余额＝期初余额＋收取的保费＋特定资产池的公允价值变动－年费－
　　　　死亡给付(或满期给付)

年费＝(期初余额＋收取的保费＋特定资产池的公允价值变动)×2%

(4) 预计反映名义现金流量特征的折现率每年固定为6%。

(5) 估计非金融风险调整为25元,并预期在第1—3年内在利润表分别确认为12元、8元、5元。

(6) 预计每年年底将有一名被保险人死亡。

(7) 第一至第三年货币时间价值及金融风险影响的变动导致履约现金流量增加分别为1 403元、1 214元、1 624元。

根据以上事项,合同服务边际计量如下:

(1) 初始确认时,对保险合同进行计量并在后续的每年年末对履约现金流量进行估计(见表5-5)。

表5-5　履约现金流量估计表

单位:元

	初始确认	第一年末	第二年末	第三年末
① 预期未来现金流出现值	14 180	15 431	16 757	0
② 预期未来现金流入现值	15 000	0	0	0
③ 预期未来净现金流出现值＝①－②	－820	15 431	16 757	0
④ 非金融风险调整	25	13	5	0
⑤ 履约现金流量＝③＋④	－795	15 426	16 762	0
⑥ 合同服务边际＝②－①－④	795			0
保险合同负债＝⑤＋⑥	0			0

(2) 计算保单持有人参与分红的基础项目账户余额(见表 5-6)。

表 5-6 基础项目账户余额表

单位:元

基础项目	第一年末	第二年末	第三年末	合计
① 期初余额		16 008	16 772	
② 收取保费	15 000	0	0	15 000
③ 公允价值变动=(①+②)× (10%/8%/10%)	1 500	1 281	1 677	4 456
④ 年费=(①+②+③)×2%	330	346	369	1 045
⑤ 死亡给付=(①+②+③- ④)÷(100/99/98)	162	171	184	517
⑥ 满期给付	0	0	17 896	17 896
期末余额=①+②+③-④- ⑤-⑥	16 008	16 772	0	0

(3) 计算年末合同服务边际(见表 5-7)。

表 5-7 合同服务边际估计表

单位:元

合同服务边际	第一年末	第二年末	第三年末	合计
① 期初余额	0	592	328	
② 新增合同的影响	795	0	0	795
浮动收费的变动: ③ 基础项目公允价值 变动	1 500	1 281	1 677	4 458
④ 与未来服务有关的 履约现金流量变动	1 403	1 214	1 624	4 241
⑤ 本期合同服务边际 摊销	300=(795+1 500- 1 403)÷(100+99+ 98)×100	331=(592+1 281- 1 214)÷(99+ 98)×99	381=328+ (1 677-1 624)	1 012
⑥ 期末余额=①+ ②+③-④-⑤	592	328	0	

③ 具有相机参与分红特征的投资合同的合同服务边际后续计量。

对于具有相机参与分红特征的投资合同,合同服务边际的计量采用修正模型法,它是基于一般模型法,有权自行决定与保单持有人的结算利率,对相机抉择现金流进行特殊处理,将相机现金流量的金额变动分解为金融风险相关假设变更导致的变动和相机抉择变动导致的变动。

合同条款可能允许公司相机确定向保单持有人支付的现金流量。公司应当在合同开始时说明用以确定预计支付的现金流量的基础,如固定利率或随特定资产回报而变动的回报,以使公司能将相机现金流量的金额变动分解为金融风险相关假设变更导致的变动和相机抉择变动导致的变动。公司应当将相机抉择变动导致的现金流量变动视为与未来服务相关的履约现金流量变动,并调整合同服务边际,金融风险相关假设变更导致的现金流量变动不应调整合同服务边际。

例 5 - 50　20×1 年初,甲公司签发了一份万能险合同,该份合同符合保险合同的定义且单独构成一个合同组,假设甲公司遵循一般规定计量该合同组。合同条款约定,甲公司有权自行决定与保单持有人间的结算利率,但结算利率不得为负。甲公司在合同开始时,用书面文档说明了确定预计支付的现金流量的基础,即结算利率等于投资收益率乘以分配比例,该分配比例在合同开始时确定为 80%。该文档同时说明了,投资收益率变动导致的结算利率的变动,即实际投资收益率与预计投资收益率的差额乘以之前确定的分配比例,是金融风险相关假设变更导致的变动;而公司调整分配比例导致的结算利率的变动,即分配比例调整额乘以实际投资收益率,是相机抉择变动导致的变动。甲公司预计每年投资收益率是 5%,即结算利率为 4%。初始确认后,由于投资收益不佳,甲公司 20×2 年的投资收益率只有 2%,为了更多让利给保单持有人,决定将其中的 90% 分配给保单持有人,即当年结算利率为 1.8%。

本例中,结算利率从 4% 变为 1.8%,共减少 2.2%,受到相机抉择变动和金融风险相关假设变更的综合影响。在 20×2 年末,区分金融风险相关假设变更导致的变动与相机抉择变动导致的变动时,甲公司计算金融风险相关假设变更(即投资收益率的变动)导致的变动部分为 $(2\% - 5\%) \times 80\% = -2.4\%$,不应调整合同服务边际;相机抉择变动而导致的变动部分为 $2\% \times (90\% - 80\%) = 0.2\%$,该部分对应的现金流量变动是与未来服务相关的履约现金流量的变动,应调整合同服务边际。

三、亏损合同的确认和处理

1. 初始亏损的确认

在保险合同初始确认日,如果预期未来现金流入的现值,以及之前已确认为负债的相关保险获取现金流量之和,小于预期未来现金流出现值、之前已经确认为资产的相关保险获取现金流量以及非金融风险调整之和,则该保险合同为亏损合同。公司应当将亏损合同组的净现金流出确认为损失计入当期保险服务费用,同时将该亏损部分增加未到期责任负债账面价值。初始确认时,亏损合同组的保险合同负债账面价值等于其履约现金流量,而其合同服务边际为零。

2. 后续亏损的确认

发生下列情形之一导致合同组在后续计量时发生亏损的,公司应当确认亏损并计入当期保险服务费用,同时将该亏损部分增加未到期责任负债账面价值。

(1) 因与未来服务相关的未来现金流量或非金融风险调整的估计发生变更,导致履约现金流量增加额超过合同服务边际账面价值。

(2) 对于具有直接参与分红特征的保险合同组,其基础项目公允价值中公司享有份额的减少额超过合同服务边际账面价值。

3. 亏损合同的处理

公司在确认合同组的亏损后,应当将未到期责任负债账面价值的下列变动额,采用系统合理的方法分摊至未到期责任负债中的亏损部分和其他部分。

(1) 因发生保险服务费用而减少的未来现金流量的现值;

(2) 因相关风险释放而计入当期损益的非金融风险调整的变动金额;

(3) 保险合同金融变动额。

分摊至亏损部分的金额不得计入当期保险服务收入。对于当前确认的亏损可以计提"亏损合同损失",并在利润表中显性确认,而现行准则是在提取保险责任准备金中隐性确认。

4. 后续亏损的处理

公司在确认合同组的亏损后,应当按照下列规定进行后续计量。

(1) 将因与未来服务相关的未来现金流量或非金融风险调整的估计变更所导致的履约现金流量增加额,以及具有直接参与分红特征的保险合同组的基础项目公允价值中公司享有份额的减少额,确认为新增亏损并计入当期保险服务费用,同时将该亏损部分增加未到期责任负债账面价值。

(2) 将因与未来服务相关的未来现金流量或非金融风险调整的估计变更所导致的履约现金流量减少额,以及具有直接参与分红特征的保险合同组的基础项目公允价值中公司享有份额的增加额,减少未到期责任负债的亏损部分,冲减当期保险服务费用;超出亏损部分的金额,确认为合同服务边际。

关 键 词

保费收入　保险金给付　退保金　保户质押贷款　寿险责任准备金　长期健康险责任准备金　三因素法　分红保险　激活卡　委托管理合同　代理业务负债

复习思考题

1. 寿险原保险合同的特点和核算要求有哪些?
2. 简要说明人寿保险费的构成。
3. 简述寿险原保险合同保费收入的核算内容及具体要求。
4. 说明满期给付、死亡给付、伤残给付、医疗给付、年金给付核算的内容。
5. 简述寿险原保险合同的计量方法。
6. 简述分红保险业务的会计核算的基本规定和科目设置。

练 习 题

习题一

一、目的：练习寿险原保险合同保费收入的核算。

二、资料：某公司发生业务如下：

1. 收到某保户交来终身寿险保费 20 000 元,存入银行。

2. 公司在核保出单前收到首期保费 5 000 元,某保户投保健康保险。

3. 某保户王明 20×7 年 9 月投保终身寿险,按规定每年缴保费 3 000 元,宽限期为 2 个月,第一年王明交纳保费 3 000 元,20×8 年 9 月缴费期已到,但王明尚未交纳保费,20×8 年 11 月,王明交来保费 3 000 元。

4. 收到某单位预交团体养老保险保费,转账支票 8 000 元。

5. 交费期已到,将上述预交保费转作保费收入。

6. 某保户投保终身寿险,交费已满两年,已有现金价值,因经济原因暂时不能缴费,公司在宽限期结束时垫缴 500 元,两个月后收回,月利率 2.5‰,增值税税率为 6%。

7. 某投保养老金险保户,因经济困难,未按期缴费,保单失效一年后,该保户申请复效,经审查,公司同意复效,计算应补保费 1 500 元,利息 52 元(含税),

增值税税率为 6%,投保人缴来保费和利息。

8. 某企业投保团体补充医疗保险,保险合同签订日为 8 月 25 日,保险约定生效日是 8 月 10 日,8 月 8 日企业交来保费 50 000 元。

三、要求:根据上述资料,编制有关会计分录。

习题二

一、目的:练习寿险原保险合同各项给付的核算。

二、资料:某公司发生业务如下:

1. 某简身险保户保险期满,持有关证件向保险公司申请领取保险金 4 000 元,经审核无误后,以转账支票付讫。

2. 某简身险保户因病死亡,其受益人提出死亡给付申请,经业务部门审查,同意给付全部保险金 5 000 元,另外,该保户还有当月应缴而未缴保费 50 元。会计部门审核后,以转账支票支付余额。

3. 某保户投保终身年金保险,每月缴保费 150 元,现已到约定年金领取年龄。该投保人持有关证件向本公司办理领取手续,按规定每月领取保险金 480 元,经复核以转账支票支付。

4. 某简身险保户要求退保,经审核同意退保,应付给退保金 5 000 元,但此人尚有 400 元借款未还,借款利息 58 元(含税),增值税税率为 6%。

5. 某养老保险保户因经济困难而要求退保,经业务部门审查,同意支付退保金 6 000 元,另外,该保户尚有预缴 3 个月的保费 150 元。会计部门核对有关单证后,以转账支票付讫。

6. 某长期健康险保单的被保险人患重大疾病,向保险人提出给付申请,保险人审查后,同意给付全部保险金 50 000 元,但须扣除宽限期内尚未缴付的保费 3 400 元、保单质押贷款 5 000 元、利息 100 元(含税),增值税税率为 6%。

7. 某保户投保五年期简身险,已交保费 2 年,现因意外事故一腿致残,经业务部门批准支付保险金 5 000 元。

8. 期末按精算部门转来数据应付保户红利 100 000 元,红利采取现金支付方式。

9. 月末计算应支付给某保户的红利 120 000 元,红利分配采取抵交保费方式。

10. 月末计算应支付保户累计红利 40 281 元,其中本金 40 000 元,利息为 281 元,红利分配采取累计生息方式。

11. 某定期寿险保户因病死亡,其受益人提出死亡给付申请,业务部门审查同意给付全部保险金 15 000 元,但有保险公司垫缴的保费 3 000 元,利息 160 元(含税),增值税税率为 6%,会计部门审核后,从应给付的保险金中扣除转账支付。

12. 某保户投保终身寿险保单,附约约定被保险人发生残废时,可免缴保费而保单仍然有效,其欠缴的保费由保险公司负担。该保户现已残废,保险公司每月给付失能所得 2 000 元,并免缴其应缴的保费 500 元。

13. 某单位投保团体长期健康保险,保险公司为该单位设立了公共账户,现该单位申请从公共账户中提取 300 000 元资金,手续费 4 000 元(含税),增值税税率为 6%,保单继续有效。

14. 某保户 20×2 年 2 月 6 日投保定期寿险,已缴纳保费 5 000 元,核保时公司支付体检费 600 元。20×2 年 2 月 14 日该保户提出解除保险合同,公司收取撤单工本费 300 元(含税),增值税税率为 6%。

15. 某保户购入 10 份两全分红险,保额 200 000 元。该保户缴费已满 5 年,已缴保费 42 560 元,保单现金价值为 28 130 元。现该保户不想继续缴费,选择减额交清,享有的保额是 120 000 元,假设该保户有宽限期内欠交保费 1 200 元未还。

16. 某保户投保终身寿险,已缴保费 50 000 元,保单现金价值为 38 650 元。现该保户申请将终身寿险转换为养老金险,假设该保户有预交保费 2 000 元。

三、要求:根据上述资料,编制有关会计分录。

习题三

一、目的:练习寿险原保险合同准备金的计量方法。

二、资料:甲保险公司 20×1 年 12 月 15 日与刘某签订一份 20 年期定期寿险原保险保单,采取趸缴保费方式,保费为 11 000 元,期初获取费用 1 000 元,利润驱动因素的现值选取未来有效保额的现值。有关资料见下表。

1. 首日计量

首日计量保险合同准备金评估表

20×1 年 12 月 15 日 单位:元

	情 况 1	情 况 2
① 合理估计负债	8 200	4 600
① 风险边际	3 500	2 800
③ 保费的预期现值		
④ 剩余边际		
⑤ 未来有效保额的现值	1 000 000	1 000 000
⑥ 摊销比率		
保险合同准备金		

2. 后续计量

后续计量保险合同准备金评估表

20×2 年 12 月 15 日 单位：元

	情 况 1	情 况 2
① 合理估计负债	8 000	4 300
② 风险边际	3 200	2 600
③ 未来有效保额的现值	850 000	850 000
④ 剩余边际		
保险合同准备金		

三、要求：根据上述资料，将有关数据填入表格。

习题四

一、目的：练习寿险原保险合同准备金的核算。

二、资料：某公司发生业务如下：

1. 经精算部门计算，本期提取终身寿险责任准备金 60 000 元。

2. 公司上年年末提取长期健康险责任准备金 200 000 元，本年有一保户调入该城市，责任准备金为 5 000 元；另一保户调出该城市，责任准备金为 8 000元，该保户尚有未交保费 60 元。

3. 某养老金险保户要求转移保险关系，经审查同意转出。该保户当年已交保费 120 元，已提寿险责任准备金 8 000 元，以银行存款支付有关款项。

4. 某投保普通寿险保户保险期满，持有关证件向保险公司办理领取手续，经复核，会计部门以转账支票支付，该保单责任准备金余额为 15 000 元。

5. 某投保两全保险保户因移居国外要求退保，会计部门以转账支票支付退保金，该保单责任准备金余额为 10 000 元。

6. 公司年末根据精算结果，本年应提取重大疾病保险责任准备金 600 000 元。

7. 某长期健康险保单的被保险人发生重大疾病，保险人审查后同意给付全部保险金，该保单责任准备金余额为 40 000 元。

8. 某投保两全寿险保户现调入本市工作，当年调出公司欠其 1 500 元赔偿金未付，以前年度提存的寿险责任准备金为 12 000 元，保险公司办理保险关系转移手续。

9. 某投保重大疾病保险保户现申请将其转换为终身寿险，保险公司针对该保户投保的重大疾病保险已提责任准备金 40 000 元。

10. 某投保定期寿险保户现调往外地工作,当年预交保费 3 000 元,以前年度提存的责任准备金 25 000 元,保险公司办理保险关系转移手续。

11. 某公司 20×2 年已提定期寿险责任准备金 830 000 元,已提重大疾病保险责任准备金 650 000 元,年末经精算部门进行充足性测试,应提终身寿险责任准备金 810 000 元,应提重大疾病保险责任准备金 680 000 元。

三、要求:根据上述资料,编制有关会计分录。

习题五

一、目的:练习寿险原保险合同特殊渠道业务的核算。

二、资料:保险公司发生下列经济业务:

1. 广安电器厂投保一份团体年金保单,保险合同于 20×2 年 4 月 10 日成立,由甲、乙两家保险公司共保,合同总保费为 60 万元,保费已收到。现有一保户张某退休,领取养老金 5 000 元;还有一保户谢某退保,支付退保金 8 000 元。合同约定:甲公司为首席共保人,乙公司为参与共保人。保费和赔付等相关费用按 8∶2 在甲、乙两家保险公司之间分配结算。

2. 某公司采取激活卡销售模式,9 月 10 日激活卡激活,在系统内确认保单生效,9 月 20 日某投保终身寿险保户 3 000 元资金到账。

3. 某公司接受客户委托,代理客户管理基金收付。20×7 年 5 月 2 日收到委托款项 10 000 元,20×7 年 5 月 25 日按客户要求从委托管理业务款项中支付 5 000 元,5 月 31 日从基金账户扣除管理费 200 元(含税),增值税税率为 6%。

4. 某公司承办新型农村合作医疗等委托管理型业务,20×8 年 3 月 1 日收到管理资金 8 000 元,并开设了新农合专户,3 月 15 日公司按合同规定从委托款项中支付 6 000 元,3 月 31 日计算账户利息 200 元,按合同约定支付给委托人 150 元,另从基金账户中扣除管理费 100 元(含税),增值税税率为 6%。

5. 某公司为宣传公司品牌、推动业务发展,向某保户赠送了一份五年期分红保险保单,保费 3 000 元,在保险期间公司未发生保险金给付,但支付红利 500 元。

三、要求:根据上述资料,编制有关会计分录。

第六章

再保险合同的核算

第一节　再保险合同核算概述

一、再保险的基本概念

再保险(reinsurance),也称分保,是保险人在原保险合同的基础上,通过签订分保合同,将其所承担的部分风险和责任向其他保险人进行保险的行为。在再保险业务中,习惯上把分出自己承保业务的保险人称作原保险人,或称分出人;接受分保业务的保险人称作再保险人、分入人、分保接受人。原保险人通常通过签订再保险合同,支付规定的分保费,将其承担的风险和责任的一部分转嫁给一家或多家保险或再保险公司,以分散责任风险,保证其业务经营的稳定性。分保接受人按照再保险合同的规定,对保险人的原保单下的赔付承担补偿责任。再保险的责任额度按分保接受人对每一具体的危险单位、每一次事故或每一年度所承担的责任在再保险合同中分别加以规定。

二、再保险和原保险的关系

再保险的基础是原保险,再保险的产生正是基于原保险人经营中分散风险的需要。因此,原保险和再保险是相辅相成的,它们都是对风险的承担和分散。保险是投保人以交付保费为代价将风险责任转嫁给保险人,实质是在全体被保险人之间分散风险;再保险人是原保险人以交付分保费为代价将风险责任转嫁给再保险人,在它们之间进一步分散风险。因此,再保险是保险的进一步延续,也是保险业务的组成部分。

三、再保险合同的确定

再保险合同(reinsurance contract),是指一个保险人(再保险分出人)分出一定的保费给另一个保险人(再保险接受人),再保险接受人对再保险分出人由原保险合同所引起的赔付成本及其他相关费用进行补偿的保险合同。

再保险合同首先要满足保险合同的定义。保险合同成立的关键在于判断保险人承担了重大保险风险。这要求对再保险合同进行重大保险风险测试。

四、再保险合同重大保险风险测试

再保险合同重大保险风险测试可以分为以下几个步骤。

(1) 判断再保险保单是否有转移保险风险。对于再保险保单,转移保险风险是指再保险分入人支付分保赔款的金额和时间应取决于原保险合同已决赔款的支付金额和支付时间,并且直接地随着已决赔款金额和支付时间的变化而变化。如果再保险分入人支付分保赔款的金额或时间发生重大改变的可能性是微乎其微的,则就认为该再保险保单没有转移保险风险,不确认为再保险合同。

(2) 判断再保险保单的保险风险转移是否具有商业实质。对于再保险保单,如果再保险交易未对交易双方产生可辨认的经济影响,则该再保险保单不具有商业实质。例如,某再保险保单规定再保险分入人需要对分出人进行赔偿,但同时,再保险分出人又通过另一个保单直接或间接地、以其他形式赔偿再保险分入人,由于该项交易对交易双方没有实质的经济影响,因此,该再保险保单不具有商业实质。

(3) 判断再保险保单转移的保险风险是否重大,以再保险保单保险风险比例来衡量保险风险转移的显著程度,其计算公式为

$$再保险保单保险风险比例 = \sum 再保险分入人发生净损失的情形下损失金额的现值 \times 发生概率 \div 再保险分入人预期保费收入的现值 \times 100\%$$

再保险保单保险风险比例大于1%的,确认为再保险合同。对于确实难以适用上述公式的再保险保单,保险人可以制定合理的替代性测试方案,报中国保监会备案后施行。

对于显而易见满足转移重大保险风险条件的再保险保单,保险人往往可以不计算再保险保单保险风险比例,直接将再保险保单判定为再保险合同。

例 6-1　20×2年,甲再保险公司与乙原保险公司签订了一份超额赔款再保险保单,同意对乙公司600万元以上的损失进行赔偿,并且规定了赔偿

限额为 100 万元,甲公司收取再保险保费 12 万元。

本例中,甲公司重大保险风险测试步骤如下。

① 全面理解再保险业务的背景和实质,判断再保险保单是否转移保险风险。本例中原保险人将超过 600 万元以上的赔款损失通过再保险保单转移给甲再保险公司,为转移保险风险的再保险保单。

② 了解所有相关合同及协议,明确其商业目的和转移本质。本例中,通过对相关协议的了解和全面评估,如果再保险合同约定的保险事故发生,再保险分入人将按照合同条款对分出人进行赔偿,且通过审查,未发现再保险分出人通过另一个保单直接或间接地、以其他形式赔偿再保险分入人,判定该再保险保单具有商业实质。

③ 计算保险风险比例。首先,对损失模型、赔付模式、贴现利率等做出合理的假设,根据以上假设对未来现金流进行随机模拟,得到再保险分入人与分出人之间所有现金流的净现值。本例中甲公司根据经验数据模拟乙公司损失金额及发生概率分布见表 6-1,并假定贴现利率为 0,通过分析预测得到甲公司的损益分布如下表。

表 6-1 甲再保险公司损益分布表

乙原保险公司 损失金额(万元)	发生概率(%)	甲再保险公司 净损益(万元)
0	85.6	20
10	12.6	0
50	1.2	−30
100	0.6	−80

其次,计算再保险分入人收取的保费现金流的现值,本例中再保险人收取的保费是 12 万元。

再次,计算保险风险比例。

$$保险风险比例 = 1.2\% \times 30/12 + 0.6\% \times 80/12 = 7\%$$

由于该保单的保险风险比例>1%,满足转移重大保险风险的条件,因此,确认为再保险合同。

五、再保险的种类

按照责任限额分类,再保险可以分为比例再保险和非比例再保险。

1. 比例再保险

比例再保险(proportional reinsurance)是指以保险金额为基础确定每一危险单位的自留额和分保额,分出公司的自留额和接受公司的接受额均是按照保险金额的一定比例确定的。比例再保险又可以分为成数再保险、溢额再保险以及成数和溢额混合再保险。

(1) 成数再保险(quota-share reinsurance)。成数再保险是按照保险金额的一定比例作为自留额和分保额。它是一种最简单的分保方式。分保分出人以保险金额为基础,对每一危险单位按固定比例即一定成数作为自留额,将其余的一定成数转让给分保接受人,保险费和保险赔款按同一比例分摊。成数分保的责任、保费和赔款的分配,表现为一定的百分比,但就具体分保合同而言,则表现为一定的金额。成数分保的分出公司和分入公司有着共同的利害关系,对每一笔业务,分出公司有盈余或亏损,分入公司也相应有盈余或亏损,这种分保方式实际上具有合伙经营的性质。

假设原保险金额均在最高限额之内,成数再保险责任、保费和赔款的计算如表 6-2 所示。

表 6-2　成数分保计算表　　　　　　单位:万元

标的	总　额　100%			自　留　30%			分　出　70%		
	保险金额	保费	赔款	自留额	保费	自负赔款	分保额	分保费	摊回赔款
甲	100	1	0	30	0.3	0	70	0.7	0
乙	300	3	20	90	0.9	6	210	2.1	14
丙	400	4	30	120	1.2	9	280	2.8	21
合计	800	8	50	240	2.4	15	560	5.6	35

(2) 溢额再保险(surplus reinsurance)。溢额再保险是指先按保险金额的一定比例作为自留额,余下的金额作为分保额。它是指分出公司以保险金额为基础,规定每一危险单位的一定额度作为自留额,并将超过自留额的部分即溢额,分给分入公司。分入公司按承担的溢额责任占保险金额的比例收取分保费和分摊分保赔款、分保费用等。

自留额是分出公司按业务质量的好坏和自己承担责任的能力,在订立溢额再保险合同时确定的,通常以固定数额表示。例如,保险公司的自留额为 100 万元,承保金额 400 万元,则分保金额为 300 万元。在溢额分保合同中,溢额与总保额之间的比例称为分保比例,该笔业务的分保比例为 75%。溢额分保中的分保比例并不是固定不变的,不同业务有不同的比例。

溢额再保险的分入公司不是无限度地接受分出公司的溢额责任,而通常以自留额的一定倍数,即若干"线"数为限,一"线"相当于分出公司的自留额。如自留额为 20 万元,分保额为 5 线,则分入公司最多接受 100 万元,即分保额为 100万元。

假设某溢额分保合同的自留额为 20 万元,现有 3 笔业务,溢额分保的责任、保费和赔款分配的结果列示如表 6-3 所示。

表 6-3　溢额分保计算表　　　　　　单位:元

业务次序	总　额　100%			自　留　部　分			分　出　部　分			
	保险金额	保费	赔款	保险金额	保费	赔款	比例	保险金额	保费	赔款
第一笔	200 000	500	300	200 000	500	300	0	0	0	0
第二笔	500 000	1 250	400	200 000	500	160	60%	300 000	750	240
第三笔	800 000	2 000	600	200 000	500	150	75%	600 000	1 500	450
合　计	1 500 000	3 750	1 300	600 000	1 500	610	—	900 000	2 250	690

(3) 成数和溢额混合再保险(quota share and surplus mixed reinsurance)。成数和溢额混合再保险是前两种方式的混合运用。成数溢额混合再保险合同并无一定的形式,可视分出公司的需要和业务质量而定。假设一个自留额 40万元的溢额合同,规定对于自留额部分,分出公司有权另行订立成数分保合同。如将其中的 70% 分出。在这种情况下,混合分保的责任分配如表6-4所示。

表 6-4　成数和溢额混合分保计算表　　　　　　单位:元

保险金额	成　数　分　保			溢额分保
	金　额	自留 30%	分出 70%	
200 000	200 000	60 000	140 000	0
400 000	400 000	120 000	280 000	0
700 000	400 000	120 000	280 000	300 000
1 000 000	400 000	120 000	280 000	600 000

2. 非比例再保险

非比例再保险(non-proportional reinsurance)又称超额损失分保,它是以赔款金额为基础确定每一危险单位的自留额和分保额。非比例再保险又可分为超额赔款再保险和超额赔付率再保险。超额赔款再保险是根据一定的条件确定一个自负赔款限额,接受公司仅承担超过自负赔款限额后的全部或部分赔款;超额赔付率再保险是根据一定的条件确定一个年度自负赔付率,接受公司只承担超过该赔付率以后的全部或部分赔款。

(1) 超额赔款再保险(excess-of-loss reinsurance)。超额赔款再保险是根据一定的条件确定一个自负赔款限额,接受公司仅承担超过自负赔款限额后的全部或部分赔款。它又包括险位超赔再保险和事故超赔再保险。

① 险位超赔再保险。它是以每一危险单位的赔款为基础确定分出公司自负赔款责任的限额即自赔额,超过自赔额以上的赔款,由分入公司负责。例如,现有一超过 200 万元以后的 800 万元的火险险位超赔分保合同。在一次事故中有三个危险单位遭受损失,假设每次事故对危险单位没有限制,则赔款的分摊情况如表 6-5 所示。

表 6-5　险位超赔的赔款分摊计算表　　　　　　　　单位:元

危险单位	发 生 赔 款	分出公司承担赔款	分入公司承担赔款
Ⅰ	2 000 000	2 000 000	—
Ⅱ	2 400 000	2 000 000	400 000
Ⅲ	3 000 000	2 000 000	1 000 000
合 计	7 400 000	6 000 000	1 400 000

② 事故超赔再保险。它是以一次事故或巨灾所发生的赔款的总和来计算自负责任额和再保险责任额的再保险方式。无论一次事故涉及的风险单位有多少,均以总赔款衡量分出公司和接受公司所需承担的责任。

假设有一超过 100 万元以后的 100 万元的巨灾超赔分保合同,一次台风持续了 6 天,该事故共损失 400 万元。

若按一次事故计算:

400 万元赔款,原保险人先自负 100 万元赔款,再保险人承担 100 万元赔款,剩下 200 万元赔款仍有原保险人自负,原保险人共承担 300 万元赔款。

若按两次事故计算:

第一个 72 小时损失 150 万元,分出公司承担 100 万元,接受公司承担

50万元。

第二个72小时损失250万元,分出公司承担100万元,接受公司承担100万元,剩余的50万元不在本再保险保障范围内,由分出公司承担。

(2) 超额赔付率再保险(excess of loss ratio reinsurance)。超额赔付率再保险是根据一定的条件确定一个年度自负赔付率,接受公司只承担超过该赔付率以后的全部或部分赔款。即按赔款与保费的比例来确定自负责任和再保险责任。也就是在约定的某一年度内,由再保险人就超过某一赔付率的责任负责。

例如,某超额赔付率再保险合同规定,赔付率在70%以下由分出公司负责,超过70%至120%,即超过70%以后的50%,由接受公司负责,并规定赔付金额60万元的责任限制,两者以较小者为准。假设净保费收入为100万元,已发生赔款为80万元,则赔付率为80%,分出公司70%,计70万元;接受公司负责70%以后的部分,即10%,计10万元。

仍以上例合同为例,若已发生赔款为135万元,则赔付率为135%,分出公司70%,计70万元;接受公司负责70%以后的50%,即50万元(小于60万元);还有15万元赔款将仍由分出公司负责。

六、再保险的安排方式

再保险有临时再保险合同、固定再保险合同、预约再保险合同和财务再保险合同四种基本安排方式。

1. 临时再保险合同

临时再保险合同(facultative reinsurance contract)是对于业务的分出和分入,分出公司和分入公司均无义务的约束,可自由选择。它是一种诞生最早的分保方式,一般适合于新开办的或不稳定的业务、固定再保险合同中规定除外的或不愿放入固定再保险合同的业务,以及超过固定再保险合同限额或需要超赔再保险保障的业务。在安排时需将分出业务的具体情况和分保条件逐笔告诉对方,对方是否接受或接受多少可以完全自由选择。对于分出公司来说,是否要办理临时分保,可视危险情况来决定。临时再保险的本质在于,一方面,对于某一危险单位,保险人是否进行再保险、再保险多少,完全由本身所承受的风险责任情况以及自留的多少来决定,逐笔与再保险人接洽;另一方面,再保险人是否接受、如何接受、接受多少,可以根据危险的性质、自身的承保能力、与原保险人的业务关系等,酌情自行决定。

2. 固定再保险合同

固定再保险合同(fixed reinsurance contract)也称合约再保险,是分出公司和分入公司对于所规定范围内的业务有义务约束,双方都无权选择。它是因临时再保险不能满足分出公司的需要而出现的一种再保险安排方式。分出公司和接受公司双方事先通过契约将业务范围、地区范围、除外责任、分保佣金、自留额、合同限额、账单的编制与发送等各项分保条件用文字形式予以固定,明确双方的权利和义务。一经双方签订合同,双方均应遵守。因此,固定再保险对当事人双方都具有强制性。

3. 预约再保险合同

预约再保险合同(treaty reinsurance contract)是介于临时再保险和固定再保险之间的一种安排方式。一般而言,它对于分出公司来说相当于临时再保险,而对于接受公司来说相当于合约再保险。也就是说,这种安排对于分出公司没有强制性,业务是否需要办理再保险或分出多少,完全可以自由决定。但对于接受公司来说具有强制性,凡属预约分保范围内的每笔业务不能加以挑剔选择,都必须接受。因此,预约再保险合同又称为临时固定再保险合同,它克服了临时再保险合同手续烦琐的缺点,是对固定再保险合同的自动补充,适合于火险和水险的比例分保。

4. 财务再保险合同

财务再保险合同(financial reinsurance contract)是指保险人与再保险人约定,保险人支付再保险费给再保险人,再保险人为保险人提供财务融通,并对于保险人因风险所致损失,负担赔偿责任的行为。和传统再保险一样,财务再保险也是为保险公司提供转移风险的工具,只是传统再保险的目的是分摊承保风险(underwriting risk)为主,而财务再保险则是着重分担财务风险(financial risk),主要以投资风险(investment risk)为主。原保险人购买财务再保险的主要目的是为了得到在某一时点上包括偿付能力在内的综合资金实力,保证其财务收支平衡,避免由于积累承保损失或其他经济因素的变化所致的亏损或破产。

第二节　分 保 账 单

一、分保账单的概念和格式

1. 分保账单的概念

分保账单(reinsurance account list)是分保分出公司对于分保业务活动的各项财务指标按一定格式填制的凭证。分保账单的编制是分保管理程序中很关键的一环,是履行分保协定和条款的凭据,也是分保实务中最繁重的工作。分保账单能否及时、准确地编制出来,不仅可以从中反映出公司的管理水平,而且也可以保证及时结付。

再保险业务的核算比较特殊,依据的是分保分出人定期开出的分保账单。分保账单是再保险业务的原始凭证,既是再保险双方当事人进行往来账务清算的依据,又是编制记账凭证的依据。因此,熟悉分保账单是进行再保险业务核算的重要前提。

2. 分保账单的格式

对于分保账单的格式,尽管不同的保险具有不同的形式,但其宗旨类同,主要内容大同小异,经常项目基本一致,只是临时性项目有所差异。表6-6以经常应用的项目为例,说明分保账单的一般格式。

表6-6 分保账单

公司名称: 险别:
分入公司名称: 业务年度:
账单期: 货币单位:

借 方		贷 方	
项　目	金　额	项　目	金　额
分保赔款 固定分保手续费 浮动分保手续费 纯益手续费 经纪人手续费 保费准备金扣存 应付你方余额		分保费 保费准备金返还 准备金利息 应收你方余额	
合计		合计	
你方成分(%)		你方成分(%)	

二、分保账单的编制

1. 分保账单的基本内容

分保账单(见表6-6)载明了分保业务活动的分出保费、分保赔款、分保费用、扣存和返还准备金等主要财务指标,这些内容是相互关联的。下面说明分保账单所包括的基本内容。

(1) 分保费(reinsurance premium)。分保费是指分保分出人根据分保业务计算的应向分保接受人分出的保费。当保单项下的保费分期收取时,分保费应分期支付。

(2) 分保赔款(insurance indemnity)。分保赔款是指分保接受人向分保分出人支付的赔付款。

(3) 固定分保手续费(fixed reinsurance commission)。分保手续费又称分保佣金,是指分保分出人向分保接受人收取的报酬,即分保分出人支付的手续费(或佣金)中应由分保接受人承担的份额。平时对手续费率暂定一个标准。

(4) 浮动分保手续费(floating reinsurance commission)。浮动分保手续费是根据分保分出人赔付率情况对原手续费进行调整的手续费,其高低取决于分出公司赔付率的高低,其目的在于鼓励分保分出人注重核保品质。比如暂定手续费率为30%,赔付率等于65%的,分保手续费率为分保费的30%,赔付率每超过或低于65%一个百分点(不足一个百分点不计),分保手续费率减少或增加0.5个百分点,但分保手续费率最高以35%为限,最低以25%为限。

(5) 纯益手续费(profit commission)。纯益手续费又称盈余手续费,是指分保接受人同意在其取得利润的基础上支付给分保分出人一定比例的报酬。纯益手续费制度的建立,旨在鼓励原保险人谨慎核保,使合约业务能产生利润,或酬谢原保险人努力使合约产生利润。比例再保险常有此项规定。纯益手续费的计算公式如下:

纯益手续费 =(收入项目合计－支出项目合计)×纯益手续费率

其中,收入项目和支出项目由合同规定。收入项目一般包括分保费收入,支出项目一般包括分保费用、分保赔付支出以及相关的其他税费等。纯益手续费由合同规定。如计算结果为亏损时,则将亏损滚转至下一业务核算期。

(6) 经纪人手续费(broker fee)。经纪人手续费是指分保业务通过经纪公司安排时,分保接受人补贴分保分出人所付经纪人佣金的份额。

(7) 保费准备金(premium reserve)。保费准备金是根据分保合同按分保费的一定比例,由分保分出公司从应付给分保接受人的保费中扣存,以确保分保接受人履行再保险责任,并在下一账单期退还的保费准备金。扣存期12个月,次年同期返还,归还的同时要支付利息。针对这一内容,在分保账单的借方和贷方分别设置保费准备金扣存和准备金返还项目。

(8) 准备金利息(interest on reserve)。准备金利息是指按分保合同规定的办法和商定利率,对扣存的保费准备金计算的利息,在交换分保业务中,可经双方商定互免计算准备金的利息。

(9) 余额(balance)。余额即分保账单中收支轧抵后表现在借方或贷方的差额。因为分保账单的借贷方要平衡,所以,应付的余额列在借方,应收的余额列在贷方。

2. 分保账单的编制方法

编制分保账单有以下两种方法。

(1) 对分保账单的每一个项目,都按分保接受人所接受的比例直接列出具体数字。例如,承保业务的总分出保费为 20 万元,分保接受人所接受的比例是 10%,那么在分保账单上反映的分保费数字为 2 万元(200 000×10%)。

(2) 对分保账单的每一项目都按 100% 列示数字,再列出某个分保接受人所接受的比例,然后计算出该分保接受人应分担的数字。例如,有一笔业务,有几家再担保公司接受分保,可以编制一张统一的账单(按 100%),然后将每一个接受公司的"应付你方余额"或"应付我方余额"用其所接受的成分计算列示。

第二种方法与第一种方法比较,具有简化分保账单编制手续的优点。

第三节　再保险合同核算的基本要求

一、采用权责发生制原则

再保险合同确认、计量和报告的基本原则是权责发生制。对于再保险合同而言,权责发生制意味着在确认原保险合同资产、负债和损益的当期,应当根据合同,确认相应的再保险合同负债、资产和损益,而无论相关的款项是否已经收付。对再保险分出人来说,应当在确认原保险合同保费收入的当期,按照相关再保险合同的约定,计算确定分出保费、应向再保险接受人摊回的分保费用,同时确认应收分保未到期责任准备金;在提取原保险合同未决赔款准备金、寿险责任准备金、长期健康险责任准备金的当期,按照相关再保险合同的约定,确认相应的应收分保准备金资产;在确定支付赔付款项金额或实际发生理赔费用的当期,按照相关再保险合同的约定,计算确定应向再保险接受人摊回的赔付成本等。对再保险接受人来说,应当采用预估等合理的方法,及时确认分保费收入,从而根据相关再保险合同的约定,计算确定应当向再保险分出人支付的分保费用,并及时评估有关责任准备金。

二、再保险合同与原保险合同独立处理

虽然再保险合同的确定依赖于原保险合同,但在会计处理上,再保险合同的各个经济事项都必须独立于原保险合同单独地确认、计量和报告,不能与原保险合同的会计事项合并确认、计量和报告。

为了真实反映保险公司的权利和义务以及相关的收益和费用状况,再保

险分出人不应当将再保险合同形成的资产与有关原保险合同形成的负债相互抵销,再保险分出人不应当将再保险合同形成的收入或费用与有关原保险合同形成的费用或收入相互抵销。在实务中,对于再保险分出人,保险合同准备金不得以分保后的净额列报,保险合同保费收入不得以扣除分出保费后的净额列报,原保险合同费用不得以扣除摊回分保费用后的净额列报,保险合同赔付成本不得以扣除摊回赔付成本后的净额列报等,再保险合同形成的上述资产、负债、收入和费用应单独列示。因为,无论是否能从再保险接受人处摊回,再保险分出人对投保人都应该承担全部的责任,因此,再保险分出人通常没有权力将应从再保险接受人收取的金额与应支付给直接投保人的金额相抵销。总额列报可以更清楚地说明再保险分出人享有的权利和承担的义务,以及相关的收益和费用。

我国旧保险会计制度要求在利润表中单独列示分出保费、摊回赔付支出和摊回分保费用,但不要求在资产负债表中列示分保前责任准备金以及再保资产,低估了公司的负债,同时也掩盖了部分信用风险。

三、再保险合同债权、债务不得抵销

为真实、完整反映保险公司的财务状况,再保险合同形成的债权、债务应单独确认、计量和报告,不得随意抵销。这一原则有两层含义:第一,再保险分出人可能同时又是再保险接受人。其与同一再保险合同人同时有分出和分入业务时,分出与分入业务分别形成的债权、债务应单独确认,不得相互抵销,不得以抵销后的净额列报。即再保险合同双方应按照各自在不同的再保险合同中所处的角色,分别确认其对对方的债权和债务。第二,同一笔分保业务产生的债权和债务不得相互抵销。对于一笔分保业务,再保险分出人对再保险接受人会同时产生应收分保账款和应付分保账款,再保险分出人应将其单独列示,不得相互抵销。但是,如果债权和债务的结算点相同或者双方在合同中约定可以抵销,保险公司可以以抵销后的净额列示再保险合同产生的资产和负债。

第四节　分出业务的核算

一、分出保费的核算

再保险分出人应当在确认原保险合同保费收入的当期,按照相关再保险合

同的约定,计算确定分出保费,计入当期损益。

1. 分出保费的确认

(1) 合约分保业务。对于合约分保业务,再保险分出人与再保险接受人签订再保险合同,约定某一范围内的所有业务自动按照预先确定的条件进行分保。因此,再保险分出人应在原保险合同保费收入确定时,即按照合约约定,计算其对应的分出保费,计入当期损益。

(2) 临时分保业务。对于临时分保业务,再保险分出人可以视情况决定是否分出某一保单,再保险接受人也需要对每一风险单位进行独立的核保后决定是否接受以及接受条件,因此,再保险合同的签订会滞后于原保险合同。

如果再保险分出人在原保险合同确定当期与再保险接受人签订了再保险合同,再保险分出人应在再保险合同确定时,按照再保险合同约定计算原保险合同对应的分出保费。

如当期未确定再保险合同,则保险责任仍由再保险分出人承担,与原保险合同相关的经济利益也仍属于再保险分出人,同时,分出保费也难以可靠计量,因此,再保险分出人不应确认分出保费。

(3) 预约分保业务。预约分保业务分出保费的确认参照临时分保业务处理。

2. 分出保费的账务处理

为了反映再保险分出人向再保险接受人分出的保费,保险公司应设置"分出保费"科目。该科目属于损益类(费用)类科目,其借方登记分出的保费,贷方登记转入"本年利润"数额,结转后该科目无余额。该科目应按险种设置明细账。其账务处理如下。

(1) 公司在确认原保险合同保费收入的当期,应按再保险合同约定计算确定的分出保费金额,借记"分出保费"和"应交税费——应交增值税(进项税额)"科目,贷记"应付分保账款"科目。

在原保险合同提前解除的当期,应按再保险合同约定计算确定的分出保费的调整金额,借记"应付分保账款"科目,贷记"分出保费"和"应交税费——应交增值税(进项税额)"科目。

(2) 对于超额赔款再保险等非比例再保险合同,应按再保险合同约定计算确定的分出保费金额,借记"分出保费"和"应交税费——应交增值税(进项税额)"科目,贷记"应付分保账款"科目。调整分出保费时,借记或贷记"分出保费"和"应交税费——应交增值税(进项税额)"科目,贷记或借记"应付分保账款"科目。

（3）期末,应将"分出保费"科目发生额转入"本年利润"科目,结转后该科目无余额。

二、摊回分保费用的核算

再保险分出人应当在确认原保险合同保费收入的当期,按照相关再保险合同的约定,计算确定应向再保险接受人摊回的分保费用,计入当期损益。

1. 摊回分保费用的确认

（1）合约分保业务。合约分保业务的手续费包括固定手续费、浮动手续费和纯益手续费三种类型。

① 固定手续费。固定手续费可在确认原保险合同保费收入的当期,根据原保险合同发生的费用支出,按照再保险合同约定的固定比例计算确定,计入当期损益。

② 浮动手续费。浮动手续费中的预收分保手续费可在确认原保险合同保费收入的当期,根据原保险合同发生的费用支出,按照再保险合同约定的固定比例计算确定,计入当期损益。

浮动手续费中的调整手续费由于在业务年度结束后根据赔付情况才能准确计算,因此,应当在确认原保险合同保费收入的当期,根据当期原保险合同的赔付情况,按照合理的方法预估应摊回的分保费用,计入当期损益。预估一般可采用历史保单终极赔付率预估法,即根据公司经验数据,计算历史保单终极赔付率,并以此判断新业务的终极赔付水平,从而确定浮动手续费调整金额。

③ 纯益手续费。再保险分出人应当根据相关再保险合同的约定,在能够计算确定应向再保险接受人收取的纯益手续费时,将该项纯益手续费作为摊回分保费用,计入当期损益。"能够计算确定"是指,再保险分出人能够根据再保险合同的约定,预估当期的纯益手续费金额。

纯益手续费一般跟分出的保险业务的盈利情况挂钩,再保险分出人在计算纯益手续费时所应用的盈利计算假设应与计算原保险合同所形成的负债时所应用的盈利计算假设相一致。例如,再保险分出人在准备合同项下与纯益手续费有关的损益计算书时,损益中的支出项目一般包括未决赔款准备金,未决赔款准备金的评估应与再保险分出人对该笔分出业务所对应的原保险合同评估未决赔款准备金时采用的精算假设相一致。

（2）临时分保业务。对于临时分保业务,如果再保险合同在原保险合同保费收入确认的当期确定,则可参照合约分保业务的方法确认应摊回的分保费用;如原保险合同保费收入确认的当期未能确定再保险合同,再保险分出人不确认分出保费,相应的,也不应确认摊回分保费用。

(3) 预约分保业务。预约分保业务摊回分保费用的确认参照临时分保业务处理。

2. 摊回分保费用的账务处理

为了反映再保险分出人向再保险接受人摊回的分保费用,保险公司应设置"摊回分保费用"科目。该科目属于损益类(收入)类科目,其贷方登记应向再保险接受人摊回的费用,借方登记期末结转"本年利润"的数额,结转后该科目无余额。该科目应按险种设置明细账。其账务处理为:

(1) 公司在确认原保险合同保费收入的当期,应按相关再保险合同约定计算确定的应向再保险接受人摊回的分保费用,借记"应收分保账款"科目,贷记"摊回分保费用"科目。涉及增值税销项税额的,还应贷记"应交税费——应交增值税(销项税额)"科目。

(2) 计算确定应向再保险接受人收取的纯益手续费的,应按相关再保险合同约定计算确定的纯益手续费,借记"应收分保账款"科目,贷记"摊回分保费用"科目。涉及增值税销项税额的,还应贷记"应交税费——应交增值税(销项税额)"科目。

(3) 在原保险合同提前解除的当期,应按相关再保险合同约定计算确定的摊回分保费用的调整金额,借记"摊回分保费用"科目,贷记"应收分保账款"科目。涉及增值税销项税额的,还应借记"应交税费——应交增值税(销项税额)"科目。

(4) 期末,应将"摊回分保费用"科目发生额转入"本年利润"科目,结转后该科目无余额。

三、摊回赔付成本的核算

1. 摊回赔付成本的确认

再保险分出人确认摊回赔付成本的方式有两种。

(1) 随赔随摊法。随赔随摊法是指再保险分出人在确认原保险合同赔付金额的当期,确认摊回赔付成本。

(2) 分保账单到达法。分保账单到达法是指再保险分出人在确认原保险合同赔付金额的当期,不确认摊回赔付成本,待分保账单经再保险分入人确认时,确认摊回赔付成本。

我国现行会计准则要求再保险分出人应当在确定支付赔款金额的当期,按照相关再保险合同的约定,计算确定应向再保险接受人摊回的赔付成本,计入当期损益,即采用随赔随摊法。

2. 摊回赔付支出的账务处理

为了反映再保险分出人向再保险接受人摊回的赔付成本,保险公司应设置"摊回赔付支出"科目。该科目属于损益类(收入)类科目,其贷方登记应向再保险接受人摊回的赔付成本,借方登记期末结转"本年利润"的数额,结转后该科目无余额。该科目应按险种设置明细账。另外,再保险分出人也可以单独设置"摊回赔款支出""摊回年金给付""摊回满期给付""摊回死亡给付""摊回伤残给付""摊回医疗给付"等科目。其账务处理如下。

(1) 在确定支付赔付款项金额或实际发生理赔费用而确认原保险合同赔付成本的当期,应按相关再保险合同约定计算确定的应向再保险接受人摊回的赔付成本,借记"应收分保账款"科目,贷记"摊回赔付支出"科目。涉及增值税销项税额的,还应贷记"应交税费——应交增值税(销项税额)"科目。

(2) 公司因取得和处置损余物资、确认和收到应收代位追偿款等而调整原保险合同赔付成本的当期,应按相关再保险合同约定计算确定的摊回赔付成本的调整金额,借记或贷记"摊回赔付支出"科目,贷记或借记"应收分保账款"科目。涉及增值税销项税额的,还应借记或贷记"应交税费——应交增值税(销项税额)"科目。

(3) 对于超额赔款再保险等非比例再保险合同,计算确定的应向再保险接受人摊回的赔付成本的,应按摊回的赔付成本的金额,借记"应收分保账款"科目,贷记"摊回赔付支出"科目。涉及增值税销项税额的,还应贷记"应交税费——应交增值税(销项税额)"科目。

(4) 期末,应将"摊回赔付支出"科目发生额转入"本年利润"科目,结转后该科目无余额。

四、应收分保准备金的核算

1. 应收分保准备金的确认

(1) 再保险分出人应当按照相关再保险合同的约定,计算确认相关的应收分保未到期责任准备金资产。再保险分出人应当在资产负债表日调整原保险合同未到期责任准备金余额时,相应调整应收分保未到期责任准备金余额。

应收分保未到期责任准备金采用未赚保费法计提,计算公式如下:

期末应收分保未到期责任准备金余额 = 期末有效保单保费收入×分出比例×(1−分保保单获取成本率)×未到期比例+充足性测试所需保费不足准备金

分保保单获取成本率 ＝ 摊回分保费用／分出保费

(2) 再保险分出人应在提取原保险合同未决赔款准备金、寿险责任准备金、长期健康险责任准备金的当期,按照相关再保险合同的约定,计算确定应向再保险接受人摊回的相应准备金,确认当期损益,并同时确认相应的应收分保准备金资产。

2. 科目设置

(1)"应收分保合同准备金"科目。"应收分保合同准备金"科目核算再保险分出人从事再保险业务确认的应收分保未到期责任准备金,以及应向再保险接受人摊回的保险责任准备金。该科目属于资产类科目,其借方登记应收的分保合同准备金,贷方登记冲减的应收分保合同准备金,余额在借方,反映再保险分出人从事再保险业务确认的应收分保合同准备金余额。该科目应按再保险接受人和再保险合同设置明细账。再保险分出人也可以单独设置"应收分保未到期责任准备金""应收分保未决赔款准备金""应收分保寿险责任准备金""应收分保长期健康险责任准备金"等科目。

(2)"摊回保险责任准备金"科目。"摊回保险责任准备金"科目核算反映再保险分出人从事再保险业务应向再保险接受人摊回的保险责任准备金。该科目属于损益类(收入)科目,其贷方登记应向再保险接受人摊回的保险责任准备金,借方登记期末结转"本年利润"的数额,结转后该科目无余额。该科目应按保险责任准备金类别和险种设置明细账。再保险分出人也可以单独设置"摊回未决赔款准备金""摊回寿险责任准备金""摊回长期健康险责任准备金"等科目。

3. 账务处理

(1) 公司在确认非寿险原保险合同保费收入的当期,按照相关再保险合同约定计算的相关应收分保未到期责任准备金金额,借记"应收分保合同准备金"科目,贷记"提取未到期责任准备金"科目。

资产负债表日,调整原保险合同未到期责任准备金余额,按相关再保险合同约定计算确定的应收分保未到期责任准备金的调整金额,借记"提取未到期责任准备金"科目,贷记"应收分保合同准备金"科目。

(2) 公司在提取原保险合同未决赔款准备金、寿险责任准备金、长期健康险责任准备金的当期,按相关再保险合同的约定计算确定的应向再保险接受人摊回的保险责任准备金金额,借记"应收分保合同准备金",贷记"摊回保险责任准备金"科目。

(3) 在确定支付赔付款项金额或实际发生理赔费用而冲减原保险合同相应未决赔款准备金、寿险责任准备金、长期健康险责任准备金的当期,按相关应收分保保险准备金的相应冲减金额,借记"摊回保险责任准备金"科目,贷记"应收分保合同准备金"科目。

(4)在对原保险合同未决赔款准备金、寿险责任准备金、长期健康险责任准备金进行充足性测试补提保险责任准备金时,按相关再保险合同约定计算确定的应收分保保险准备金的相应增加额,借记"应收分保合同准备金",贷记"摊回保险责任准备金"科目。

(5)在原保险合同提前解除而转销相关未到期责任准备金余额的当期,借记"提取未到期责任准备金"科目,贷记"应收分保合同准备金"科目。

在原保险合同提前解除而转销相关寿险责任准备金、长期健康险责任准备金余额的当期,按相关应收分保保险准备金余额,借记"摊回保险责任准备金"科目,贷记"应收分保合同准备金"科目。

五、再保险合同损益的调整

(1)再保险分出人应当在原保险合同提前解除的当期,按照相关再保险合同的约定,计算确定分出保费、摊回分保费用的调整金额,计入当期损益。

当原保险合同提前解除时,原保险合同保险责任终止,依赖于原保险合同存在的对应的再保险责任也同时终止,按照权责发生制原则,再保险分出人需要在当期按照再保险合同的约定,计算被解除的原保险合同对应的应冲减的分出保费,应冲减的摊回分保费用。

(2)再保险分出人应当在因取得和处置损余物资,确认和收到应收代位追偿款等而调整原保险合同赔付成本的当期,按照相关再保险合同的约定,计算确定摊回赔付成本的调整金额,计入当期损益。

保险人承担赔偿保险金责任取得的损余物资,应当按照同类或类似资产的市场价格计算确定的金额确认为资产,并冲减当期赔付成本。摊回赔付成本是以原保险合同赔付成本为基础计算确定的,因此,在原保险合同赔付成本减少的同时,应相应冲减摊回赔付成本。

(3)再保险分出人调整分出保费时应当将调整金额计入当期损益。

(4)再保险分出人在确认原保险合同保费收入的当期,在计算确定再保险合同各项损益时,虽然已采用合同预定或尽量合理的方法对再保险合同损益进行了计算或估算,但在确定分保账单时,仍然可能因为各种情况导致账单数据和前期计算或估算数据不一致。再保分出人应在与再保接受人确定分保账单的当期,按照账单数据与前期计算或估算数据的差额,调整当期相关再保险合同损益项目。

六、再保险合同形成的债权、债务

再保险合同形成的债权主要包括：应收分保账款、应收分保准备金；再保险合同形成的债务主要包括：应付分保账款、存入分保准备金。另外，再保险分出人与再保险接受人之间的预付款行为会形成预付款资产或负债。

1. 再保险合同形成的债权、债务的确认

(1) 存入分保准备金，是指公司的再保险业务按合同约定，由分保分出人扣存分保接受人部分分保费以应付未了责任的准备金。存入分保准备金通常根据分保业务账单按期扣存和返还，扣存期限一般为 12 个月，至下年同期返还。

(2) 再保险分出人应按照权责发生制原则确认由此形成的对再保险接受人的债权或债务。

① 再保险分出人应在确认分出保费的同时，确认应付分保账款；

② 在确认摊回分保费用和摊回赔款的同时，确认应收分保账款；

③ 在对原保险合同确认责任准备金负债的同时，确认应收分保准备金；

④ 在调整以上项目的同时，调整对应的再保险合同债权、债务；

⑤ 再保险分出人应在收到再保险接受人预付的摊回分保赔付款时，确认预收款负债；

⑥ 在收到再保险接受人支付的分保准备金时确认存入分保准备金；

⑦ 在向再保险接受人支付预付的分出保费时，确认预付款资产。

(3) 需要指出的是，预付分出保费主要发生在超赔(即超额赔款再保险)业务中。超赔业务的分出保费主要组成部分 MDP 保费(minimum and deposit premium)是再保险分出人提前支付给再保险接受人的预付性质的分出保费，再保险分出人应在支付 MDP 保费时将其确认为预付款资产，并在每期按照超赔合同计算或估算当期分出保费时冲减此项预付款资产，冲减至零后再确认应付分保账款。

(4) 应收分保账款、应付分保账款、预付分出保费、预收摊回分保赔付款和存入分保准备金应区分不同的再保险接受人分别进行确认。不得将不同的再保险接受人的债权、债务合并确认，以保证债权债务的清晰、可靠和易于追踪管理。

(5) 再保险分出人与再保险接受人就相互间的再保险债权债务进行实际结算时，再保险分出人应于完成结算当期同时调整该次结算所涉及的、已确认在该再保险接受人名下的应收分保账款、应付分保账款、预付分出保费、预收摊回分保赔付款和存入分保准备金。实务中，当再保险分出人与再保险接受人在某次结算的金额是双方部分债权与债务轧差后的净额时,再保险分出人应分别调整已确认的债权债务,不得以净额直接调整其对该再保险接受人的债权或者债务。

(6) 再保险合同形成的债权如发生减值,适用《企业会计准则第22号——金融工具确认和计量》和《企业会计准则第37号——金融工具列报》。

2. **再保险合同形成的债权的会计处理**

(1) 应收分保账款的会计处理。应收分保账款是指保险公司从事再保险业务应收取的款项。为了反映应收分保账款的发生和收回情况,应设置"应收分保账款"科目。该科目属于资产类科目,其借方登记分保业务中应收未收款项的发生数,贷方登记收回数,余额在借方,反映应收尚未收回的分保账款。该科目应按再保险分出人和再保险合同设置明细账。

应收分保账款的会计处理在前面已经述及,这里不再赘述。再保险分出人、再保险接受人结算分保账款时,按应付分保账款金额,借记"应付分保账款"科目,按应收分保账款金额,贷记"应收分保账款"科目,按其差额借记或贷记"银行存款"科目。

(2) 应收分保准备金的会计处理。应收分保准备金的会计处理在前面已经述及,这里不再赘述。

(3) 预付分出保费的会计处理。预付分出保费是指在超赔业务中,再保险分出人提前支付给再保险接受人的预付性质的分出保费。为了反映预付分出保费的发生情况,应设置"预付分出保费"科目。该科目属于资产类科目,其借方登记预付的分出保费,贷方登记冲减的已预付的分出保费,余额在借方,反映尚未转销的预付分出保费款。该科目应按分入人设置明细账。其账务处理为:

① 在超赔业务中,再保险分出人提前支付给再保险接受人的预付性质的分出保费时,借记"预付分出保费"科目,贷记"银行存款"科目。

② 每期按照超赔合同计算或估算当期分出保费时,借记"应付分保账款",贷记"预付分出保费"科目。

3. **再保险合同形成的债务的会计处理**

(1) 应付分保账款的会计处理。应付分保账款是指保险公司从事再保险业务应付未付的款项。为了反映应付分保账款的发生和支付情况,应设置"应付分保账款"科目。该科目属于负债类科目,其借方登记分保业务中应付未付款项的发生数,贷方登记实际支付的数额,余额在贷方,反映公司从事再保险业务应付未付的款项。该科目应按再保险分出人和再保险合同设置明细账。

应付分保账款的会计处理在前面已经述及,这里不再赘述,在结算分保账款时,其账务处理可比照应收分保账款。

(2) 存入分保准备金的会计处理。存入分保准备金是指公司分出业务按约定扣存分入人的保费形成的准备金。为了反映的存入分保准备金发生情况,应设置"存入保证金"科目。该科目属于负债类科目,其借方登记扣存的分保准备金,贷方登记返还的分保准备金,余额在贷方,反映尚未返还的分保准备金。该科目要求按分入人设置明细账。其账务处理如下。

① 发出分保业务账单时,按账单标明的扣存本期分保保证金,借记"应付分保账款"科目,贷记"存入保证金"科目。

② 按账单标明的返还上期扣存分保保证金,借记"存入保证金"科目,贷记"应付分保账款"科目。

③ 计算存入分保保证金利息时,借记"利息支出",贷记"应付分保账款"科目。

(3) 预收摊回分保赔付款的会计处理。预收摊回分保赔付款是指从事再保险分出业务预收的分保赔付款。为了反映预收摊回分保赔付款情况,应设置"预收赔付款"科目。该科目属于负债类科目,其贷方登记预收的分保赔付款,借方登记转销的预收分保赔付款,余额在贷方,反映尚未转销的预收分保赔付款。该科目要求按分入人设置明细账。其账务处理如下。

① 再保险分出人应在收到再保险接受人预付的摊回分保赔付款时,借记"银行存款"科目,贷记"预收赔付款"科目。

② 公司在确定支付赔付款项金额或实际发生理赔费用而确认原保险合同赔付成本的当期,借记"预收赔付款"科目,贷记"应收分保账款"科目。

七、分出业务的核算举例

例6-2 承前例4-29,20×7年6月30日,E保险公司与F公司签订一份保险合同,对F公司仓库的一批存货进行投保,约定保险期限为一年,即至20×8年6月29日,保险金额为5000万元,E保险公司开出的增值税专用发票上注明的保费为500万元,增值税税额为30万元,款项于合同生效当日一次性收取。经精算后确定,E保险公司针对未到期责任准备金的提取金额为200万元。同时,E保险公司与H保险公司签订了一份比例再保险合同,约定H保险公司承担源于原保险合同的保险风险的40%,收到H保险公司开出的分保费增值税专用发票。发生分保费5.3万元(含税),按照摊回的分保费用向H保险公司开出增值税专用发票。增值税税率均为6%。20×7年8月5日,由于与F公司相邻的G公司发生意外火灾,并殃及了 F 公司的仓库,造成所投保的存货大部分毁损。经定损后确认存货毁损 80%,金额为 4 000 万元,E 保险公司决定全额理赔 4 000 万元。20×7 年 9 月 25 日 E 保险公司按照上述理赔方案结案,同时收回毁损存货并享有对 G 公司的代位追偿权。假设毁损存货残值为 500 万元,估计代位追偿可收回 2 000 万元。20×7 年 10 月 E 保险公司转让存货收入 618 万元(含税),依照 3% 征收率减按 2% 征收增值税,20×7 年 12 月从 G 公司收回补偿 1 800 万元。

E 保险公司应编制会计分录如下(会计分录中的金额单位为万元)。

1. 20×7 年 6 月 30 日,按照再保险合同确定分出保费及应收未到期责任准备金:

借:分出保费——企业财产保险 200
　　应交税费——应交增值税(进项税额) 12
　　　贷:应付分保账款——H 公司 212

按照再保险合同约定计算的相关应收分保未到期责任准备金:

借:应收分保合同准备金——H 公司 80
　　　贷:提取未到期责任准备金——企业财产保险 80

按再保险合同约定计算确定的应向再保险接受人摊回的分保费用:

借:应收分保账款——H 公司 2.12
　　　贷:摊回分保费用——企业财产保险 2
　　　　　应交税费——应交增值税(销项税额) 0.12

2. 20×7 年 8 月 5 日,按照再保险合同确定应向再保险接受人摊回的未决赔款准备金:

借:应收分保合同准备金——H 公司 1 600
　　　贷:摊回保险责任准备金——未决赔款准备金——企业财产保险
　　　　　　　　　　　　　　　　　　　　　　　　　　　　　　　1 600

3. 20×7 年 9 月 25 日,结案赔付并收回损余存货及确认代位追偿权:

(1) 冲减应收的未决赔款准备金:

借:摊回保险责任准备金——未决赔款准备金——企业财产保险
　　　　　　　　　　　　　　　　　　　　　　　　　　　　　　　1 600
　　　贷:应收分保合同准备金——H 公司 1 600

(2) 摊回赔付支出:

借:应收分保账款——H 公司 1 600
　　　贷:摊回赔付支出——企业财产保险 1 600

(3) 收到损余物资:

借：摊回赔付支出——企业财产保险   200
    贷：应收分保账款——H公司   200

（4）确认应收代位追偿款：

借：摊回赔付支出——企业财产保险   800
    贷：应收分保账款——H公司   800

4. 20×7年10月，处置损余物资：

借：摊回赔付支出——企业财产保险   42.4
    贷：应收分保账款——H公司   42.4

5. 20×7年12月，收到代位追偿款：

借：应收分保账款——H公司   80
    贷：摊回赔付支出——企业财产保险   80

例6-3 甲保险公司根据20×2年第二季度发生的分保业务编制分保账单并寄送乙再保险公司（假设分保账单数据和平时发生一致，不需调整），分保费为含税价，增值税税率为6％，摊回分保赔款和摊回分保费用均不考虑增值税。分保账单格式如表6-7所示：

表6-7 分保账单

公司名称：甲保险公司   险别：火险
分入人：乙再保险公司   业务年度：20×2年
账单期：第二季度   货币单位：万元

借 方		贷 方	
项 目	金 额	项 目	金 额
分保赔款	1 280	分保费	500
固定分保手续费	5	保费准备金返还	250
浮动分保手续费		准备金利息	8
纯益手续费			
经纪人手续费			
保费准备金扣存	300		
应付你方余额		应收你方余额	827
合计	1 585	合计	1 585
你方成分(100%)		你方成分(100%)	827

甲保险公司应编制会计分录如下（会计分录中的金额单位为万元）：

1. 在确认原合同保险费收入的当期，计算确定分出保费：

借：分出保费——火险　　　　　　　　　　　　　471.70

　　应交税费——应交增值税(进项税额)　　　　 28.30

　　　贷：应付分保账款——乙公司　　　　　　　　　　　500

2. 在确认原保险合同保险费收入的当期,计算确定应向再保险接受人摊回的分保费用:

借：应收分保账款——乙公司　　　　　　　　　　　5

　　　贷：摊回分保费用——火险　　　　　　　　　　　　　5

3. 在确定原保险合同赔付成本的当期,计算确定的应向再保险接受人摊回的赔付成本:

借：应收分保账款——乙公司　　　　　　　　　　1 280

　　　贷：摊回赔付支出——火险　　　　　　　　　　　　1 280

4. 发出分保账单时,按账单标明的扣存本期分保保证金:

借：应付分保账款——乙公司　　　　　　　　　　 300

　　　贷：存入保证金——存入分保保证金——乙公司　　　　300

5. 按账单标明的返还上期扣存分保分保保证金:

借：存入保证金——存入分保保证金——乙公司　　 250

　　　贷：应付分保账款——乙公司　　　　　　　　　　　250

6. 计算存入分保保证金利息时:

借：利息支出　　　　　　　　　　　　　　　　　　 8

　　　贷：应付分保账款——乙公司　　　　　　　　　　　　8

7. 结算分保账款时:

借：应付分保账款——乙公司　　　　　　　　　　 458

　　银行存款　　　　　　　　　　　　　　　　　 827

　　　贷：应收分保账款——乙公司　　　　　　　　　　1 285

其中：应付分保账款＝500－300＋250＋8＝458(万元)

　　　应收分保账款＝5＋1 280＝1 285(万元)

例 6 - 4　A保险公司与B保险公司签订货运险分保合同,采取溢额分保方式,保险公司承保金额5 000万元,自留额为1 000万元,A公司本月保费800万元(含税),增值税税率为6%,发生赔款600万元,按合约规定A公司向B公司提供理赔资料,B公司向A公司预付了240万元的赔款。

分保比例＝(5 000 － 1 000)÷5 000×100%＝80%

分出保费＝800×80%＝640(万元)

摊回分保赔款＝600×80％＝480(万元)

A保险公司应编制会计分录如下(会计分录中的金额单位为万元)：

1. 按照再保险合同确定分出保费：

借：分出保费——货运险	603.77	
应交税费——应交增值税(进项税额)	36.23	
贷：应付分保账款——B公司		640

2. 预收赔款时：

借：银行存款	240	
贷：预收赔付款——B公司		240

3. 摊回赔款时：

借：应收分保账款——B公司	480	
贷：摊回赔付支出——货运险		480

同时

借：预收赔付款	240	
贷：应收分保账款——B公司		240

例6-5 甲保险公司与乙保险公司签订货运险分保合同,采取超额赔款再保险,分出公司自赔额为300万元,按合约规定甲保险公司提前支付给乙保险公司分出保费200万元,按照超赔合同计算当期分出保费为600万元(含税),增值税税率为6％,实际发生赔款400万元。

甲保险公司应编制会计分录如下(会计分录中的金额单位为万元)：

1. 甲保险公司提前支付给乙保险公司的预付性质的分出保费时：

借：预付分出保费——乙公司	200	
贷：银行存款		200

2. 按照超赔合同计算当期分出保费时：

借：分出保费——货运险	566.04	
应交税费——应交增值税(进项税额)	33.96	
贷：应付分保账款——乙公司		600
借：应付分保账款——乙公司	200	
贷：预付分出保费——乙公司		200

3. 摊回分保赔款时：

借：应收分保账款——乙公司	100	
贷：摊回赔付支出——货运险		100

第五节 分入业务的核算

一、分保费收入的核算

1. 分保费收入的确认和计量

分保费收入同时满足下列条件的才能予以确认:

(1) 再保险合同成立并承担相应的保险责任。一般自签订日起成立,但自合同规定的起期日起才开始承担保险责任。

(2) 与再保险合同相关的经济利益很可能流入。一般情况下,如果再保险分出人信用良好,能够按照合同规定如期发送分保账单并结算分保往来款项,则意味着与再保险合同相关的经济利益很可能流入再保险接受人。

(3) 与再保险合同相关的收入能够可靠地计量。它分为以下两种情况:

① 如果再保险接受人可以在每一会计期间对该期间的分保费收入金额作出合理估计,则应按照估计金额确认当期分保费收入及相关分保费用。

② 如果再保险接受人只有收到分保业务账单时才能对分保费收入进行可靠计量,则应当于收到分保业务账单时根据账单标明金额确认分保费收入及相关分保费用。

2. 分保费收入的预估方法

再保险分入业务会计处理的主要特点之一是业务数据的间接性、滞后性和不完整性。由于再保险接受人收到分出人提供账单的滞后性,使再保险接受人在满足分保费收入确认条件当期,通常无法及时收到分出人提供的实际账单,此时再保险接受人应根据再保险合同的约定对当期分保费收入进行专业、合理的预估。分保费收入的预估通常是由分入保险公司承保人员(underwriter)完成的。分保费收入所依附的再保险合同必须成立。

(1) 比例再保险合同分保费收入的预估方法。对于比例再保险合同,分保费收入依赖于分出公司的业务规模。在签订再保险合同时,直保公司要估计再保险合同的保费(估计保费收入 EPI),报告给再保险接受人。承保人以估计保费收入(EPI)为数据基础,结合再保险人自身积累的历史数据、保险行业公开的统计数据、国家公布的相关经济指标数据等,运用自身经验对分保费收入进行估计。再保接受人可在总体基础上采用发展法进行预测,也可以采用按合约逐单进行预测。

(2) 非比例再保险合同分保费收入的预估方法。对于非比例再保险合同,最终保费收入除依赖于直保公司保费规模之外,还与其损失赔付经验有关。承保人通常以合同中列明的最低保费收入(MDP)作为数据基础进行估计。对于调整保费,按照定价基础进行预估,根据合同规定,按照保费或时间等因素计算调整保费。对于恢复保费,按照合同规定,根据实际发生赔款摊回金额的大小,确定恢复保费的金额。

(3) 临时再保险业务分保费收入的预估方法。对于临时再保险业务,规模一般较小,通常再保险保费都为确定的值;可以逐单对保费进行预估,也可以将风险相似的合同进行合并,然后运用链梯法进行保费预测。

3. 分保费收入的会计处理

对于分保费收入的会计处理,应在"保费收入"科目下按照再保险合同和险种设置明细账进行核算。具体核算方法包括以下两种。

(1) 终期分保费收入预估法。

① 采用本方法预估分保费收入,再保险接受人应在再保险合同开始生效当期预估并确认该再保险合同在有效期内能给接受人带来的全部分保费收入,并进而确定属于本会计年度的分保费收入,进行账务处理。

② 确认分保费收入当年,再保险接受人如有充分证据表明可对该最终保费进行更准确的估计,则应对原预估数据进行调整,调整金额计入当期损益。

③ 该会计年度一旦结束,在以后年度一般不再调整保费数据,除非该业务年度实际收到账单的保费总数大于预估总数时,才将大于的数据计入收到账单当期。

④ 再保险接受人应在分保费收入相关实际账单基本收到后,根据实际账单累计分保费收入数据调整原预估分保费收入,差额计入当期损益。

⑤ 若进行终期调整之后,还有分保费收入流入,则再保险接受人应在收到相关账单当期予以确认,分保费收入计入收到账单当期。

⑥ 再保险接受人应当在收到分出人提供的实际账单时,在按照账单标明的金额入账的同时,按照账单标明的金额冲减预估分保费收入。

⑦ 终期分保费收入预估法应用举例。

例 6-6 某再保险合同起期后,预估分保费收入 1 500 万元(含税),预估分保手续费 500 万元(含税),两者之差为预估应收账款 1 000 万元(假设符合债权、债务抵销条件,下同),增值税税率为 6%。会计处理为(会计分录中的金额单位为万元):

借：预估分保手续费　　　　　　　　　　　　　　　　471.70

　　应交税费——应交增值税（进项税额）　　　　　28.30

　　预估应收账款　　　　　　　　　　　　　　　1 000

　　贷：预估分保费收入　　　　　　　　　　　　　　1 415.09

　　　　应交税费——应交增值税（销项税额）　　　　84.91

　　收到第一期账单，分保费收入 200 万元（含税），分保赔款 20 万元，分保手续费 60 万元（含税），应收分保账款 120 万元。会计处理为：

借：分保费用　　　　　　　　　　　　　　　　　　56.60

　　应交税费——应交增值税（进项税额）　　　　　3.40

　　赔付支出　　　　　　　　　　　　　　　　　20

　　应收分保账款　　　　　　　　　　　　　　120

　　贷：保费收入　　　　　　　　　　　　　　　　　188.68

　　　　应交税费——应交增值税（销项税额）　　　　11.32

借：预估分保费收入　　　　　　　　　　　　　　　188.68

　　应交税费——应交增值税（销项税额）　　　　　11.32

　　贷：预估分保手续费　　　　　　　　　　　　　　56.60

　　　　应交税费——应交增值税（进项税额）　　　　3.40

　　　　预估应收账款　　　　　　　　　　　　　140

　　以后各期收到账单处理与上述步骤相同。

　　假设在实际账单基本收到后，累计已收到保费 1 600 万元（含税），手续费 550 万元（含税），则需将业务累计数据与预估数据之间的差额调整到当期损益。会计处理为：

借：预估分保手续费　　　　　　　　　　　　　　　47.17

　　应交税费——应交增值税（进项税额）　　　　　2.83

　　预估应收账款　　　　　　　　　　　　　　　50

　　贷：预估分保费收入　　　　　　　　　　　　　　94.34

　　　　应交税费——应交增值税（销项税额）　　　　5.66

　　在此之后若还有保费：保费 10 万元（含税），手续费 2 万元（含税），赔款 20 万元，则会计处理为：

借：分保费用　　　　　　　　　　　　　　　　　　1.89

　　应交税费——应交增值税（进项税额）　　　　　0.11

　　赔付支出　　　　　　　　　　　　　　　　　20

　　贷：保费收入　　　　　　　　　　　　　　　　　9.43

　　　　应交税费——应交增值税（销项税额）　　　　0.57

　　　　应付分保账款　　　　　　　　　　　　　12

(2) 账单期分保费收入预估法。

① 采用本方法预估分保费收入,再保险接受人应在再保险合同开始生效之日起,按照账单期(一般为按季度)分别预估确认分保费收入,计入账单期损益。

② 第一个账单期预估分保费收入的计量,应由该再保险合同的承保人员以分出人提供的 EPI 为基础依据,并适当考虑其他影响因素(主要包括相同或类似合同的历史数据、行业数据、承保人经验等),进行计算分摊到本期。

③ 第一个账单期之后,承保人员可以根据历史数据、经验和已收到的实际账单,运用精算方法对未来账单期保费进行预估,同时可以根据 EPI、承保经验、行业数据等进行适当调整,确认当期分保费收入。

④ 再保险接受人应当在收到分出人提供的实际账单时,根据账单标明的金额对原预估分保费收入进行调整,调整金额计入当期损益。

⑤ 账单期分保费收入预估法应用举例。

例 6 - 7 某再保险合同起期后,第一个账单期预估分保费收入 180万元(含税),预估分保手续费 50 万元(含税),两者之差为预估应收账款 130 万元,增值税税率为 6%。会计处理为(会计分录中的金额单位为万元):

借:预估分保手续费	47.17
应交税费——应交增值税(进项税额)	2.83
预估应收账款	130
贷:预估分保费收入	169.81
应交税费——应交增值税(销项税额)	10.19

收到第一期账单,账单标明金额为:分保费收入 200 万元(含税),分保赔款20 万,分保手续费 60 万(含税),应收分保账款 120 万。会计处理为:

借:分保费用	56.60
应交税费——应交增值税(进项税额)	3.40
赔付支出	20
应收分保账款	120
贷:保费收入	188.68
应交税费——应交增值税(销项税额)	11.32
借:预估分保费收入	169.81
应交税费——应交增值税(销项税额)	10.19
贷:预估分保手续费	47.17
应交税费——应交增值税(进项税额)	2.83

　　　　预估应收账款　　　　　　　　　　　　　　　　　　　130

　　收到第一期账单时,结合实际情况,预估第二期分保费收入 100 万元(含税),分保手续费 30 万元(含税),应收分保账款 70 万。会计处理为:

借:预估分保手续费　　　　　　　　　　　　　　　28.30
　　应交税费——应交增值税(进项税额)　　　　　　 1.70
　　预估应收账款　　　　　　　　　　　　　　　　　70
　　贷:预估分保费收入　　　　　　　　　　　　　　94.34
　　　　应交税费——应交增值税(销项税额)　　　　　 5.66

以后各账单期收到账单均重复进行上述操作。

二、分保费用的核算

1. 分保费用的确认和计量

　　分保费用是指再保险接受人向再保险分出人支付的分保费用。分保费用的确认和计量如下。

　　(1) 再保险接受人应在确认分保费收入的当期,确认相应的分保费用,计入当期损益。

　　(2) 再保险接受人应根据当期确认的预估分保费收入和再保险合同约定的分保费用率,计算确定应计入当期的分保费用金额。

　　① 对于采用固定手续费率的,根据分保合同列明的手续费率在分保费收入预估的基础上进行预估。

　　② 对于采用浮动手续费率的,根据估计的业务终极赔付率计算实际的手续费率;或者根据历史赔付经验建立模型,采用随机模拟等技术得出平均的手续费支付水平。

　　③ 对于纯益手续费的预估,采用与浮动手续费相同的方法即可。

　　④ 再保险接受人应在调整分保费收入当期,根据分保费用率或实际账单标明分保费用金额计算调整相关分保费用,计入当期损益。

2. 分保费用的会计处理

　　为了反映分保费用的发生情况,应设置"分保费用"科目。该科目属于损益类(费用)科目,其借方登记应承担的分保费用,贷方登记期末结转"本年利润"科目的数额,结转后该科目无余额。该科目要求按险种设置明细账。其账务处理如下。

　　(1) 公司在确认分保费收入的当期,应按再保险合同约定计算确定的分保费用金额,借记"分保费用"科目,贷记"应付分保账款"科目。涉及增值税进项税额的,还应借记"应交税费——应交增值税(进项税额)"科目。

收到分保业务账单,按账单标明的金额对分保费用进行调整,借记或贷记"分保费用"科目,贷记或借记"应付分保账款"科目。涉及增值税进项税额的,还应借记或贷记"应交税费——应交增值税(进项税额)"科目。

(2) 计算确定应向再保险分出人支付的纯益手续费,应按再保险合同约定计算确定的纯益手续费,借记"分保费用"科目,贷记"应付分保账款"科目。涉及增值税进项税额的,还应借记"应交税费——应交增值税(进项税额)"科目。

(3) 期末,应将"分保费用"科目余额转入"本年利润"科目,结转后该科目无余额。

三、分入业务准备金的核算

再保险接受人提取分保未到期责任准备金、分保未决赔款准备金、分保寿险责任准备金、分保长期健康险责任准备金,以及进行相关分保准备金充足性测试,比照《企业会计准则第25号——原保险合同》的相关规定处理。

1. 分入业务准备金的评估

分入业务准备金包括分保未到期责任准备金、分保未决赔款准备金、分保寿险责任准备金和分保长期健康险责任准备金。由于分保方式的不同,再保险接受人会承担不同的责任。分入人应当根据不同的分保方式和业务风险的分布特征确定不同业务准备金的评估方法。

2. 分入业务准备金的充足性测试

对于再保险接受人责任准备金的充足性测试,应参照原保险合同中对于责任准备金充足性测试的方法。

3. 分入业务准备金的会计处理

由于再保险账单一般滞后,根据权责发生制原则的要求,需要对分入业务进行预估,并以预估后的分保险费收入和分保赔款作为评估责任准备金的基础。其科目设置及会计处理比照《企业会计准则第25号——原保险合同》的相关规定处理。

四、分保赔付支出的核算

再保险接受人应当在收到分保业务账单的当期,按照账单标明的分保赔付款项金额,作为分保赔付成本,计入当期损益,同时,冲减相应的分保准备金余额。为了反映分保的赔付支出发生情况,再保险接受人应在"赔付支出"科目下按再保险合同和险种设置明细账,也可以单独设置"分保赔付支出"科目。该科目属于损益类(费用)科目,其借方登记应承担的分保赔款数,贷方登记期末结转"本年利润"科目的数额,结转后该科目无余额。其账务处理为:

（1）再保险接受人收到分保业务账单的当期,应按账单标明的分保赔付款项金额,借记"赔付支出"科目,贷记"应付分保账款"科目。涉及增值税进项税额的,还应借记"应交税费——应交增值税(进项税额)"科目。

（2）期末,应将"赔付支出"科目余额转入"本年利润"科目,结转后该科目无余额。

五、再保险合同形成的债权、债务

再保险合同形成的债权主要包括应收分保账款、存出分保准备金;再保险合同形成的债务主要包括应付分保账款。另外,再保险接受人与再保险分出人之间的预付款行为会形成预付款资产或负债。

1. 应收、应付分保款项的会计处理

应收、应付分保款项是指保险公司由于分保业务而形成的各种应收和应付等结算款项。

（1）再保险分出人和再保险接受人通常根据分保业务账单的余额进行结算。

（2）再保险接受人应当在确认预估分保费收入的当期,确认应收分保账款;同时根据相关再保险合同的约定,预估应当支付给再保险分出人的分保费用,并确认预估应付分保账款。

（3）再保险接受人收到实际分保业务账单后,按照账单标明的分保余额对预估应收、应付分保账款进行调整。

2. 存出分保准备金的会计处理

存出分保准备金是指分保分入业务按合同约定存出的分保准备金。为了反映存出分保准备金的发生和收回情况,应设置"存出保证金"科目。该科目属于资产类科目,其借方登记存出的分保准备金,贷方登记收回的分保准备金,余额在借方,反映公司存出的分保准备金数额。该科目应按分出人设置明细账。其账务处理为:

（1）按账单标明的再保险分出人扣存本期分保保证金,借记"存出保证金"科目,贷记"应收分保账款"科目。按账单标明的再保险分出人返还上期扣存分保保证金,借记"应收分保账款",贷记"存出保证金"科目。

（2）计算存出分保保证金利息时,借记"应收分保账款",贷记"利息收入"科目。

3. 预付赔付款的会计处理

预付赔付款是指分入分保业务预付的赔付款。为了反映预付赔付款发生情况,应设置"预付赔付款"科目。该科目属于资产类科目,其借方登记预付的分保

赔付款,贷方登记预付赔款的结算减少数,余额在借方,反映尚未结算预付赔款实有数。该科目应按往来单位设置明细账。其账务处理如下。

(1) 再保险接受人预付分保赔付款时,借记"预付赔付款"科目,贷记"银行存款"科目。

(2) 转销预付的分保赔付款时,借"应付分保账款"科目,贷记"预付赔付款"科目。

4. 预收分出保费的会计处理

预收分出保费是指在超赔业务中,再保险接受人提前向再保险分出人收取的分出保费。为了反映预收分出保费的发生情况,应设置"预收保费"科目。该科目属于负债类科目,其借方登记预先收到的分出保费,贷方登记冲减的已预收的分出保费,余额在贷方,反映尚未转销的预收分出保费款。该科目应按分出人设置明细账。其账务处理如下。

(1) 在超赔业务中,再保险接受人提前向再保险分出人收取的分出保费,借记"银行存款"科目,贷记"预收保费"科目。

(2) 每期按照超赔合同计算或估算当期分入保费时,借记"预收保费"科目,贷记"应收分保账款"科目。

例 6 - 8 承前例 6 - 2,假设该项再保险合同起期后,预估分保费收入 160 万元(含税),预估分保手续费 1.6 万元(含税),预估未到期责任准备金 72 万,采用账单期分保费收入预估法,增值税税率为 6%。

H 公司应编制会计分录如下(会计分录中的金额单位为万元):

1. 预估分保费收入、预估分保手续费及相应的未到期责任准备金时:

借:预估应收账款		160
贷:预估分保费收入		150.94
应交税费——应交增值税(销项税额)		9.06
借:预估分保手续费		1.51
应交税费——应交增值税(进项税额)		0.09
贷:预估应付账款		1.6
借:提取预估未到期责任准备金		72
贷:预估未到期责任准备金		72

2. 收到分保账单,作与上述相反的分录冲销,同时根据分保账单确定分保费收入、分保费用及未到期责任准备金:

借:应收分保账款——E 公司		212

　　贷：保费收入——分保费收入——企业财产保险　　　　　200

　　　　应交税费——应交增值税(销项税额)　　　　　　　 12

借：分保费用——企业财产保险　　　　　　　　　　　　　 2

　　应交税费——应交增值税(进项税额)　　　　　　　 0.12

　　　贷：应付分保账款——E公司　　　　　　　　　　　 2.12

借：提取未到期责任准备金——企业财产保险　　　　　　　80

　　　贷：未到期责任准备金——企业财产保险　　　　　　　 80

3. 确定应付的未决赔款准备金：

借：提取保险责任准备金——提取未决赔款准备金——企业财产保险

　　　　　　　　　　　　　　　　　　　　　　　　　　1 600

　　　贷：保险责任准备金——未决赔款准备金——企业财产保险

　　　　　　　　　　　　　　　　　　　　　　　　　　1 600

4. 结案赔付并收回损余存货及确认代位追偿权：

(1) 冲减应付的未决赔款准备金：

借：保险责任准备金——未决赔款准备金——企业财产保险

　　　　　　　　　　　　　　　　　　　　　　　　　　1 600

　　　贷：提取保险责任准备金——提取未决赔款准备金——企业财产保险

　　　　　　　　　　　　　　　　　　　　　　　　　　1 600

(2) 分担赔付成本：

借：赔付支出——分保赔付支出——企业财产保险　　　 1 600

　　　贷：应付分保账款——E公司　　　　　　　　　　 1 600

(3) E公司收到损余物资：

借：应付分保账款——E公司　　　　　　　　　　　　　 200

　　　贷：赔付支出——分保赔付支出——企业财产保险　 200

(4) E公司确认应收代位追偿款：

借：应付分保账款——E公司　　　　　　　　　　　　　 800

　　　贷：赔付支出——分保赔付支出——企业财产保险　 800

5. E公司处置损余物资：

借：应付分保账款——E公司　　　　　　　　　　　　　42.4

　　　贷：赔付支出——分保赔付支出——企业财产保险　42.4

6. E公司收到代位追偿款：

借：赔付支出——分保赔付支出——企业财产保险　　　　 80

　　　贷：应付分保账款——E公司　　　　　　　　　　　　 80

例 6-9　承前例 6-3,乙再保险公司应编制会计分录如下:

1. 平时预估分保费收入、分保费用,收到分保账单,作相反的分录冲销,同时根据分保账单确定分保费收入、分保费用(会计分录中的金额单位为万元):

借: 应收分保账款——甲公司　　　　　　　　　　　　　500
　　贷: 保费收入——分保费收入——火险　　　　　　　　471.70
　　　　应交税费——应交增值税(销项税额)　　　　　　　28.30
借: 分保费用——火险　　　　　　　　　　　　　　　　　5
　　贷: 应付分保账款——甲公司　　　　　　　　　　　　　　5

2. 按照账单标明的分保赔付金额,确定分保赔付成本:

借: 赔付支出——分保赔付支出——火险　　　　　　　　1 280
　　贷: 应付分保账款——甲公司　　　　　　　　　　　　1 280

3. 按账单标明的再保险分出人扣存本期分保保证金:

借: 存出保证金——存出分保保证金——甲公司　　　　　　300
　　贷: 应收分保账款——甲公司　　　　　　　　　　　　　300

4. 按账单标明的再保险分出人返还上期扣存分保保证金:

借: 应收分保账款——甲公司　　　　　　　　　　　　　250
　　贷: 存出保证金——存出分保保证金——甲公司　　　　　250

5. 计算存出分保保证金利息时:

借: 应收分保账款——甲公司　　　　　　　　　　　　　　8
　　贷: 利息收入　　　　　　　　　　　　　　　　　　　　8

6. 结算分保账款时

借: 应付分保账款——甲公司　　　　　　　　　　　　1 285
　　贷: 应收分保账款——甲公司　　　　　　　　　　　　　458
　　　　银行存款　　　　　　　　　　　　　　　　　　　827

其中: 应收分保账款＝500－300＋250＋8＝458(万元)
　　　应付分保账款＝5＋1 280＝1 285(万元)

例 6-10　承前例 6-4,B保险公司应作如下会计处理(会计分录中的金额单位为万元):

1. 按照再保险合同确定分入保费:

借: 应收分保账款——A公司　　　　　　　　　　　　　640
　　贷: 保费收入——分保费收入——货运险　　　　　　　603.77

| 应交税费——应交增值税(销项税额) | 36.23 |

2. 预付赔款时：

借：预付赔付款——A 公司　　　　　　　　　　　　　　240

　　贷：银行存款　　　　　　　　　　　　　　　　　　　　240

3. 分担分保赔款时：

借：赔付支出——分保赔付支出——货运险　　　　　　480

　　贷：应付分保账款——A 公司　　　　　　　　　　　　　480

同时

借：应付分保账款——A 公司　　　　　　　　　　　　240

　　贷：预付赔付款——A 公司　　　　　　　　　　　　　　240

例 6-11　承前例 6-5,乙保险公司应作如下会计处理(会计分录中的金额单位为万元)：

1. 收取甲保险公司提前支付分出保费时：

借：银行存款　　　　　　　　　　　　　　　　　　　　200

　　贷：预收保费——甲公司　　　　　　　　　　　　　　　200

2. 按照超赔合同计算当期分入保费时：

借：应收分保账款——甲公司　　　　　　　　　　　　600

　　贷：保费收入——分保费收入——货运险　　　　　　　566.04

　　　　应交税费——应交增值税(销项税额)　　　　　　　33.96

借：预收保费——甲公司　　　　　　　　　　　　　　200

　　贷：应收分保账款——甲公司　　　　　　　　　　　　　200

3. 分担分保赔款时：

借：赔付支出——分保赔付支出——货运险　　　　　　100

　　贷：应付分保账款——甲公司　　　　　　　　　　　　　100

第六节　再保险合同特殊渠道业务的核算

一、当期结清的分入业务的核算

当期结清的分入业务(acceptation business of settle account)是指公司作为再保险接受人,与分出公司签订的当年结算完毕的一年期分入再保险合同。如民安火险溢额合同,分出公司每季度扣留当季分出保费的35%作为保费留存,实际结算时,分出公司只付给分入公司65%的分出保费。

如果合约正常续转,则该季度扣留的留存保费会在下一财务年度的对应季度支付给分入公司;如果合约不续转,则该季度扣留的留存保费将不会支付给分入公司。

年底,如果决定合约不续转,分入公司只需承担当年的全部已决赔款和90%未决赔款的摊回义务,无需承担后续的摊回义务。如果合约续转,分入公司将承担该业务年度的保单发生的后续赔付的摊回义务。通常情况下,分入公司会依据合同规定,在财务年度终止(12月31日)之前,提前告知分出公司终止本年度的合约后重新签署新一年的再保险合约。

当期结清的分入业务的会计处理如下。

(1) 初始计量时,涉及分出保费的35%的保费留存:

借:存出保证金——存出分保保证金

  贷:应收分保账款

(2) 按合同约定应结算的90%的未决赔款准备金:

借:存出保证金——存出分保保证金

  贷:应付分保账款

(3) 如果合约未于年末终止,则分入公司会继续承担该合约未来的赔付责任,将在下年收到上年扣留的保费留存:

借:应收分保账款

  贷:存出保证金——存出分保保证金

借:应付分保账款

  贷:存出保证金——存出分保保证金

(4) 如果合约于年末终止,则分入公司不再承担该合约未来的赔付责任,应当将已提取的分入未到期责任准备金和分入未决赔款准备金冲回。分入公司将不能收回扣留的保费留存,应将对应的存出分保保证金冲减为零:

借:应收分保账款

  贷:存出保证金——存出分保保证金

借:保费收入——分保费收入

  应交税费——应交增值税(销项税额)

  贷:应收分保账款

将未决赔款准备金的90%调整为已决赔付:

借:赔付支出——分保赔付支出

  贷:应付分保账款

同时冲回按合同约定应结算 90% 的未决赔款准备金的预提分录：

借：应付分保账款

　　贷：存出保证金——存出分保保证金

如分入公司承接的是第二年续转的此类再保合同，视同第一年承接，按上述方法进行账务处理。

⬤ **例 6 - 12** M 再保险公司 20×2 年 1 月向 N 保险公司接受一份火险溢额再保险合同，接受分保费 800 万元（含税），增值税税率 6%，提取未到期责任准备金 360 万元。M 保险公司按分保费的 35% 作为保费留存以应付未了责任。本年提取未决赔款准备金 150 万元，按 90% 作为赔款留存。假设年末该项合同正常续转。M 再保险公司应编制会计分录如下（会计分录中的金额单位为万元）：

（1）初始计量，接受分保费时：

借：应收分保账款——N 公司　　　　　　　　　　　　　800

　　贷：保费收入——分保费收入——火险　　　　　　　　　754.72

　　　　应交税费——应交增值税（销项税额）　　　　　　　45.28

（2）提取未到期责任准备金时：

借：提取未到期责任准备金——火险　　　　　　　　　　360

　　贷：未到期责任准备金——火险　　　　　　　　　　　360

（3）按分保费的 35% 向 N 保险公司存出保费准备金时：

借：存出保证金——存出分保保证金——N 公司　　　　　280

　　贷：应收分保账款——N 公司　　　　　　　　　　　　280

（4）提取未决赔款准备金时：

借：提取保险责任准备金——提取未决赔款准备金——火险　150

　　贷：保险责任准备金——未决赔款准备金——火险　　　　150

（5）按未决赔款准备金的 90% 向 N 保险公司存出赔款准备金时：

借：存出保证金——存出分保保证金——N 公司　　　　　135

　　贷：应付分保账款——N 公司　　　　　　　　　　　　135

（6）合同正常续转，下年收到上年扣留的保费留存和赔款留存时：

借：应收分保账款——N 公司　　　　　　　　　　　　280

　　贷：存出保证金——存出分保保证金——N 公司　　　　280

借：应付分保账款——N 公司　　　　　　　　　　　　135

　　贷：存出保证金——存出分保保证金——N 公司　　　　135

例 6-13　假设上例年末该项合同不续转,M再保险公司应编制会计分录如下:

初始计量时会计分录同上例(1)—(5)(会计分录中的金额单位为万元)。

(7)年末该项合同终止,M再保险公司将不能收回扣留的保费留存,应将对应的存出分保保证金冲减为零:

借:应收分保账款——N公司　　　　　　　　　　　280
　　贷:存出保证金——存出分保保证金——N公司　　　　　　　280
同时　借:保费收入——分保费收入——火险　　　　　264.15
　　　　应交税费——应交增值税(销项税额)　　　　15.85
　　　　　　贷:应收分保账款——N公司　　　　　　　　　　280

并冲回提取的未到期责任准备金:

借:未到期责任准备金——火险　　　　　　　　　360
　　贷:提取未到期责任准备金——火险　　　　　　　　　360

(8)将未决赔款准备金的90%调整为已决赔付:

借:赔付支出——分保赔付支出——火险　　　　　135
　　贷:应付分保账款——N公司　　　　　　　　　　135

同时冲回按合同约定应结算90%的未决赔款准备金的预提分录:

借:应付分保账款——N公司　　　　　　　　　　135
　　贷:存出保证金——存出分保保证金——N公司　　　　　135

并冲回提取的未决赔款准备金:

借:保险责任准备金——未决赔款准备金——火险　　150
　　贷:提取保险责任准备金——提取未决赔款准备金——火险　　150

二、系统内分保业务

系统内分保业务(system reinsurance business),是指公司为逐级平衡风险,内部开展的下级公司向上级公司进行再保险分出的业务,主要为超赔合约形式。保险公司应设置"分保内部往来"科目核算,该科目属于公司内部使用的共同类科目,反映保险公司系统内上下级公司之间因分保业务发生的应收或应付款项。保险公司发生应收分保账款时,借记本科目,贷记有关科目;发生应付分保账款时,借记有关科目,贷记本科目。该科目应定期进行清算,中期报告及年终决算时,该科目汇总余额应逐级调节轧平。该科目应按分保类型及往来单位设置明细账。

系统内分保业务按上级公司发出的分保业务账单进行账务处理。分出公司

发出分保业务账单时:

　　借:分出保费

　　　　应交税费——应交增值税(进项税额)

　　　　　贷:摊回赔付支出

　　　　　　　摊回分保费用

　　　　　　　应交税费——应交增值税(销项税额)

　　贷或借:分保内部往来

　　分入公司收到分保业务账单时:

　　借:分保费用

　　　　赔付支出——分保赔付支出

　　　　应交税费——应交增值税(进项税额)

　　借或贷:分保内部往来

　　　　贷:保费收入——分保费收入

　　　　　　应交税费——应交增值税(销项税额)

　　期末,作为系统内分保业务双方的上、下级公司均应按规定的方法提取分保未到期责任准备金和分保未决赔款准备金。

　　分保未到期责任准备金由系统自动计算或按 1/24 法手工计算提取。为简化起见,系统内分保业务仅提取未到期责任准备金全额部分,保单获取成本部分不提取。

　　分保未决赔款准备金由系统自动计算及传送,为简化起见,系统内分保业务仅提取已发生已报案未决赔款准备金。

　　例 6-14　甲保险公司与上级公司乙保险公司签订企业财产保险分保合同,采取超额赔款再保险,分出公司自赔额为 500 万元,当期按照超赔合同计算分出保费为 1 000 万元(含税),实际发生赔款 1 200 万元,分保手续费 450 万元(含税),增值税税率为 6%。

　　甲保险公司发出分保业务账单时,应编制会计分录如下:

　　借:分出保费——企业财产保险　　　　　　　943.40

　　　　应交税费——应交增值税(进项税额)　　 56.60

　　　　分保内部往来——乙公司　　　　　　　　150

　　　　　贷:摊回赔付支出——企业财产保险　　　　　　700

　　　　　　　摊回分保费用——企业财产保险　　　　　424.53

　　　　　　　应交税费——应交增值税(销项税额)　　　 25.47

期末与乙公司清算时:

借:银行存款 150

　　贷:分保内部往来——乙公司 150

乙公司收到分保业务账单时,应编制会计分录如下:

借:分保费用——企业财产保险 424.53

　　应交税费——应交增值税(进项税额) 25.47

　　赔付支出——分保赔付支出——企业财产保险 700

　　贷:保费收入——分保费收入——企业财产保险 943.40

　　　　应交税费——应交增值税(销项税额) 56.60

　　　　分保内部往来——甲公司 150

期末与甲公司清算时:

借:分保内部往来——甲公司 150

　　贷:银行存款 150

第七节　IFRS17 下再保险合同相关会计处理

一、IFRS17 下再保险合同会计处理的基本原则

对于再保险合同,现行准则单独制定了《企业会计准则第 26 号——再保险合同》,但 IFRS17 没有针对再保险合同制定单独的会计准则,分入的再保险合同采用与原保险合同相同的规则,分出的再保险合同在 IFRS17 中进行了单独的章节规定,但关于亏损合同组计量的相关规定不适用。

二、分出的再保险合同相关会计处理

1. 分出的再保险合同分组

公司应当将同一分出的再保险合同组合至少分为下列合同组:

(1)初始确认时存在净利得的合同组;

(2)初始确认时无显著可能性在未来产生净利得的合同组;

(3)该组合中剩余合同组成的合同组。

公司可以按照净成本或净利得水平以及初始确认后在未来产生净利得的可能性等,对分出的再保险合同组作进一步细分。公司不得将分出时间间隔超过一年的合同归入同一分出的再保险合同组。

2. 分出的再保险合同组确认

公司应当在下列时点中的最早时点确认其分出的再保险合同组:

（1）分出的再保险合同组责任期开始日；

（2）分出的再保险合同组所对应的保险合同组确认为亏损合同组时。

分出的再保险合同组分出成比例责任的，公司应当在下列时点中的最早时点确认该合同组：

（1）分出的再保险合同组责任期开始日和任一对应的保险合同初始确认时点中较晚的时点；

（2）分出的再保险合同组所对应的保险合同组确认为亏损合同组时。

3. 分出的再保险合同组资产的初始计量

公司在初始确认其分出的再保险合同组时，应当按照履约现金流量与合同服务边际之和对分出再保险合同资产进行初始计量。

（1）未来现金流量现值的估计。

公司在估计分出的再保险合同组的未来现金流量现值时，采用的相关假设应当与计量所对应的保险合同组保持一致。

（2）非金融风险调整的确定。

公司应当根据分出的再保险合同组转移给再保险分入人的风险，估计非金融风险调整。

（3）合同服务边际的初始计量。

分出再保险合同组的合同服务边际，是指公司为在未来获得再保险分入人提供的保险合同服务而产生的净成本或净利得。其金额为下列各项之和：

① 履约现金流量；

② 在该日终止确认的相关资产或负债对应的现金流量；

③ 分出再保险合同组内合同在该日产生的现金流量；

④ 分保摊回未到期责任资产亏损摊回部分的金额。

净成本与分出前发生的事项相关的，公司应当将其确认为费用并计入当期损益，这个规定主要是针对再保险业务中的一种特殊类型的业务——追溯型再保险业务而言的。

4. 分出的再保险合同组资产的后续计量

公司应当在资产负债表日按照分保摊回未到期责任资产与分保摊回已发生赔款资产之和对分出再保险合同资产进行后续计量。分保摊回未到期责任资产包括资产负债表日分摊至分出的再保险合同组的、与未到期责任有关的履约现金流量和当日该合同组的合同服务边际。分保摊回已发生赔款资产包括资产负债表日分摊至分出的再保险合同组的、与已发生赔款及其他相关费用的摊回有关的履约现金流量。

5. 亏损合同的处理

为了降低会计错配，新准则提出了"亏损摊回"的概念。对于订立时点不晚于对应的保险合同确认时点的分出的再保险合同,公司在初始确认对应的亏损合同组或者将对应的亏损保险合同归入合同组而确认亏损时,应当根据下列两项的乘积确定分出再保险合同组分保摊回未到期责任资产亏损摊回部分的金额:

(1) 对应的保险合同确认的亏损;

(2) 预计从分出再保险合同组摊回的对应的保险合同赔付的比例。

公司应当按照上述亏损摊回部分的金额调整分出再保险合同组的合同服务边际,同时确认为摊回保险服务费用,计入当期损益。

公司在对分出的再保险合同组进行后续计量时,应当调整亏损摊回部分的金额以反映对应的保险合同亏损部分的变化,调整后的亏损摊回部分的金额不应超过公司预计从分出再保险合同组摊回的对应的保险合同亏损部分的相应金额。

6. 合同服务边际的后续计量

资产负债表日分出的再保险合同组的合同服务边际账面价值应当以期初账面价值为基础,经下列各项调整后予以确定:

(1) 当期归入该合同组的合同对合同服务边际的影响金额;

(2) 合同服务边际在当期计提的利息,计息利率为该合同组内合同确认时、不随基础项目回报变动的现金流量所适用的加权平均利率;

(3) 分保摊回未到期责任资产亏损摊回部分的金额,以及与分出再保险合同组的履约现金流量变动无关的分保摊回未到期责任资产亏损摊回部分的转回;

(4) 与未来服务相关的履约现金流量的变动金额,但分摊至对应的保险合同组且不调整其合同服务边际的履约现金流量变动而导致的变动,以及对应的保险合同组采用保费分配法计量时因确认或转回亏损而导致的变动除外;

(5) 合同服务边际在当期产生的汇兑差额;

(6) 合同服务边际在当期的摊销金额。公司应当按照取得保险合同服务的模式,合理确定分出再保险合同组在责任期内各个期间的责任单元,并据此对根据(1)至(5)调整后的合同服务边际账面价值进行摊销,计入当期及以后期间损益。

再保险分入人不履约风险导致的履约现金流量变动金额与未来服务无关,公司不应当因此调整分出再保险合同组的合同服务边际。

7. 分出保费的分摊和摊回保险服务费用的确认

公司因当期取得再保险分入人提供的保险合同服务而导致分保摊回未到期责任资产账面价值的减少额,应当确认为分出保费的分摊;因当期发生赔款及其他相关费用的摊回导致分保摊回已发生赔款资产账面价值的增加额,以及与之相关的履约现金流量的后续变动额,应当确认为摊回保险服务费用。

公司应当将预计从再保险分入人收到的不取决于对应的保险合同赔付的金额,作为分出保费的分摊的减项。公司在确认分出保费的分摊和摊回保险服务费用时,不得包含分出再保险合同中的投资成分。

8. 保费分配法的适用范围

符合下列条件之一的,公司可以采用保费分配法简化分出的再保险合同组的计量。

(1) 公司能够合理预计采用保费分配法与不采用保费分配法计量分出再保险合同组的结果无重大差异。公司预计履约现金流量在赔案发生前将发生重大变化的,表明该合同组不符合本条件。

(2) 该分出的再保险合同组内各项合同的责任期不超过一年。

公司采用保费分配法计量分出的再保险合同组时,亏损摊回部分的金额应当调整分出再保险合同组的分保摊回未到期责任资产账面价值,同时确认为摊回保险服务费用,计入当期损益。

关 键 词

再保险合同　分保账单　分出保费　摊回分保费用　摊回赔付成本　应收分保准备金　分保费收入　分保费用　分入业务准备金　分保赔付支出

复习思考题

1. 简述再保险的种类。
2. 简述再保险业务核算的基本要求。
3. 简要说明分保账单的基本内容。
4. 简述分保费收入的确认条件。
5. 试比较终期分保费收入预估法和账单期分保费收入预估法的区别。

练 习 题

习题一

一、目的:练习再保险合同重大保险风险测试的方法。

二、资料:20×2年,甲再保险公司与乙原保险公司签订了一份超额赔款再保险保单,同意对乙公司600万以上的损失进行赔偿,并且规定了赔偿限额为100万,甲公司收取再保保费50万。甲公司根据经验数据模拟乙公司损失金额

及发生概率分布如下表,并假定贴现利率为0:

乙原保险公司 损失金额(万元)	发生概率(%)	甲再保险公司 净损益(万元)
0	90.5	10
10	8.1	0
50	1.2	—20
100	0.2	—40

三、要求:根据上述资料,计算保险风险比例并判断该项合同是否属于再保险合同。

习题二

一、目的:练习成数再保险分出业务、分入业务的核算。

二、资料:20×7年7月6日,A保险公司与B公司签订一份保险合同,对B公司的一批车辆进行投保,约定保险期限为一年,即至20×8年7月5日,保险金额为3 000万元,A保险公司开出的增值税专用发票上注明的保费为800万元,增值税税额为48万元,款项于合同生效当日一次性收取。经精算后确定,A保险公司针对未到期责任准备金的提取金额为400万元。同时,A保险公司与C保险公司签订了一份比例再保险合同,约定C保险公司承担源于原保险合同的保险风险的20%,收到C保险公司开出的分保费增值税专用发票。发生分保费用4.24万元(含税),按照摊回的分保费用向C保险公司开出增值税专用发票。增值税税率均为6%。20×7年9月5日,B公司的一辆轿车与车主D驾驶一辆机动车发生碰撞,经查属于车主D责任造成。经定损后确认B公司的轿车毁损70%,金额为40万元,A保险公司决定全额理赔40万元。20×7年10月22日,A保险公司按照上述理赔方案结案,同时收回毁损的轿车享有对车主D的代位追偿权。假设毁损的轿车残值为10万元,估计代位追偿可收回20万元。20×7年12月转让收入为5.15万元(含税),依照3%征收率减按2%征收增值税。20×8年4月从车主D那里收回补偿12万元。假设该项再保险合同起期后,预估分保费收入150万元(含税),预估分保手续费2万元(含税),预估未到期责任准备金50万元,采用账单期分保费预估法。增值税税率为6%。

三、要求:根据上述资料,编制A保险公司和C保险公司有关会计分录。

习题三

一、目的:练习再保险合同债权、债务的核算。

二、资料：甲保险公司根据20×7年第三季度发生的分保业务编制分保账单并寄送乙再保险人(假设分保账单数据和平时发生一致,不需调整),分保费为含税价,增值税税率为6%,摊回分保赔款和摊回分保费用均不考虑增值税。分保账单格式如下表所示：

分 保 账 单

公司名称：甲保险公司　　　　　　　　　　　　险种：农业保险

分入人：乙再保险公司　　　　　　　　　　　　业务年度：20×7年

账单期：第三季度　　　　　　　　　　　　　　货币单位：万元

借　　　　方		贷　　　　方	
项　　　目	金　　　额	项　　　目	金　　　额
分保赔款	1 900	分保费	4 000
分保手续费	800	保费准备金返还	400
保费准备金扣存	500	准备金利息	20
应付你方余额	1 220	应收你方余额	
合　　计	4 420	合　　计	4 420
你方成分(100%)	1 220	你方成分(100%)	

三、要求：根据上述资料,编制甲保险公司和乙保险公司有关会计分录。

习题四

一、目的：练习溢额再保险分出业务、分入业务的核算。

二、资料：A保险公司与B保险公司签订财产保险分保合同,采取溢额分保方式,保险公司承保金额6 000万元,自留额为1 500万元,A公司本月保费600万元(含税),增值税税率为6%,发生赔款300万元,按合约规定A公司向B公司提供理赔资料,B公司向A公司预付了100万元的赔款。

三、要求：根据上述资料,编制A保险公司和B保险公司有关会计分录。

习题五

一、目的：练习超额赔款再保险业务的核算。

二、资料：甲保险公司与乙保险公司签订货运险分保合同,采取超额赔款再保险,分出公司自赔额为200万元,按合约规定甲保险公司提前支付给乙保险公司分出保费300万元,按照超赔合同计算当期分出保费为700万元(含税),增值税税率为6%,实际发生赔款400万元。

三、要求：根据上述资料,编制甲保险公司和乙保险公司有关会计分录。

习题六

一、目的：练习当期结清的分入业务的核算。

二、资料：A 再保险公司 20×2 年 1 月向 B 保险公司接受一份火险溢额再保险合同，接受分保费 600 万元(含税)，增值税税率为 6%，提取未到期责任准备金 450 万元。A 再保险公司按分保费的 35% 作为保费留存以应付了责任。本年提取未决赔款准备金 200 万元，按 90% 作为赔款留存，年末该项合同不续转。

三、要求：根据上述资料，编制 A 再保险公司有关会计分录。

习题七

一、目的：练习系统内分保业务的核算。

二、资料：A 保险公司与上级公司 B 保险公司签订一份建筑安装工程险分保合同，采取超额赔款再保险，分出公司自赔额为 100 万元，按照超赔合同计算当期分出保费为 800 万元(含税)，实际发生赔款 600 万元，分保手续费 200 万元(含税)，增值税税率为 6%。

三、要求：根据上述资料，编制 A 保险公司和 B 保险公司有关会计分录。

第七章

保险合同收入、费用和利润的核算

第一节　保险合同收入的核算

保险公司的收入主要包括保费收入、利息收入、投资收益、公允价值变动收益、汇兑损益、其他业务收入、资产处置收益、营业外收入等,其中保费收入、利息收入、投资收益、公允价值变动收益、汇兑损益在其他章节已有阐述,这里不再重复。本章主要说明其他业务收入和营业外收入的核算。

一、其他业务收入的核算

其他业务收入(other operating revenue)是指公司确认的与经常性活动相关的其他活动收入,如租金收入、手续费收入、咨询服务收入、代勘查收入、代保管收入、担保收入、账户管理费收入等。为了核算和监督其他业务收入情况,应设置"其他业务收入"科目。该科目属于损益类(收入)科目,其贷方登记发生的其他业务收入,借方登记期末结转"本年利润"科目的数额,结转后该科目无余额。该科目应按其他业务收入的种类设置明细账。有些公司将利息收入纳入本科目核算,但定期存款利息计入"投资收益"科目。

例 7 - 1　甲公司拥有一栋办公楼,20×8 年 3 月 1 日,甲公司与乙公司签订了经营租赁协议,将这栋办公楼的 1—7 层出租给乙公司使用,按月收取租金,开出的增值税专用发票上注明的金额为 80 000 元,增值税税额为 7 200 元。应编制会计分录如下:

借:银行存款　　　　　　　　　　　　　　　　87 200

　　贷:其他业务收入——租赁收入　　　　　　　　　　80 000

    应交税费——应交增值税(销项税额)   7 200

例7-2 保险公司接受外地保险公司委托,勘查其国内货物运输险标的受损情况,并获对方支付的勘查费 4 200 元(含税),增值税税率为 6%。应编制会计分录如下:

  借:银行存款   4 200
   贷:其他业务收入——代勘查收入   3 962.26
     应交税费——应交增值税(销项税额)   237.74

二、资产处置收益的核算

  资产处置收益(asset disposal profit)是指公司固定资产,无形资产等因出售,转让等原因,产生的处置利得。为了核算和监督公司资产处置收益,应设置"资产处置损益"科目。该科目属于损益类科目,其贷方登记发生的资产处置收益,借方登记发生的资产处置损失,期末将"资产处置损益"科目的净收益或净损失转入"本年利润"科目,结转后该科目无余额。该科目应按资产处置损益种类设置明细账。

例7-3 20×8 年 3 月 23 日,甲财险公司将拥有的某项专利技术出售给乙公司,取得出售收入 480 万元,增值税税率为 6%。该项专利技术的成本为 1 200 万元,已摊销金额为 800 万元。甲财险公司应编制会计分录如下:

  借:银行存款   4 800 000
   累计摊销   8 000 000
   贷:无形资产   12 000 000
     应交税费——应交增值税(销项税额)   288 000
     资产处置损益——非流动资产处置利得   512 000

三、营业外收入的核算

  营业外收入(non operating revenue)是指与公司业务经营无直接关系的各项收入,包括非流动资产毁损报废利得、非货币性资产交换利得、债务重组利得、政府补助、捐赠利得、罚款收入等。

  为了核算和监督公司营业外的各项收入,应设置"营业外收入"科目。该科目属于损益类(收入)科目,其贷方登记发生的营业外收入,借方登记期末结转"本年利润"科目的数额,结转后该科目无余额。该科目应按营业外收入种类设置明细账。

例 7 - 4　某公司按规定程序将报废复印机的净收益 20 000 元转作营业外收入。应编制会计分录如下：

借：固定资产清理　　　　　　　　　　　　　　　　20 000
　　贷：营业外收入——非流动资产报废利得　　　　　　　20 000

第二节　保险合同获取成本和
费用支出的核算

保险合同获取成本(insurance contract acquisition cost)，也称为保单获取成本或首日费用，是指保险公司在签单或续保过程中发生的与保险合同有关的直接费用，主要包括手续费及佣金支出以及与保费收入挂钩的相关费用。另外，在保险经营过程中还会发生与保险合同没有直接关系的其他费用支出，本章主要阐述税金及附加、手续费及佣金支出、业务及管理费、其他业务成本、资产减值损失、资产处置损失、营业外支出的核算，其他内容在有关章节阐述。

一、税金及附加的核算

税金及附加(business taxes and surcharges)是指公司经营活动发生的城市维护建设税、教育费附加、水利建设基金等相关税费。

1. 税金及附加的计算

(1) 城市维护建设税的计算。

城市维护建设税(city maintenance and construction tax)是为了加强城市维护建设，面向有经济收入的单位和个人收取的税金。它的计税依据是保险公司的应纳增值税税额。城市维护建设税的计算公式为

$$应纳城市维护建设税税额＝应纳增值税税额×适用税率$$

城市维护建设税适用税率有三档，分别为 7％、5％和 1％，根据公司所处的不同地理位置(城市市区、县或镇、县镇以下)而定。

(2) 教育费附加的计算。

教育费附加(education surcharge)是按公司应纳增值税税额的一定比例计算的，用于发展教育事业、扩大教育经费的资金来源的基金，它不是一种税，而是一种费。其中，对于国务院规定的教育费附加，其征收率为 3％；对于经财政部同意由省政府规定的地方教育费附加，其征收率为 1％—2％。教育费附加计算

公式为

$$应交教育费附加＝应纳增值税税额×教育费附加征收率$$

(3) 水利建设基金的计算

水利建设基金(water construction fund)是专项用于水利建设的政府性基金。是否征收、如何计算由地方税务机关确定。

2. 科目设置

(1)"税金及附加"科目。"税金及附加"科目核算公司经营活动发生的城市维护建设税、教育费附加等相关税费。该科目属于损益类(费用)科目,其借方登记公司按规定计算的城市维护建设税、教育费附加等相关税费,贷方登记期末结转"本年利润"科目的数额和公司收到的减免税金数,结转后该科目无余额。

(2)"应交税费"科目。"应交税费"科目核算公司按照税法规定计算应交纳的各种税费,包括增值税、所得税、城市维护建设税、房产税、土地使用税、车船使用税、教育费附加等。公司代扣代交的个人所得税、个人增值税、个人城市维护建设税、个人教育费附加等也通过本科目核算,但本科目不包括印花税。该科目属于负债类科目,其贷方登记按规定比例计算的应交税费和退回的多交税费,借方登记实际交纳税费或按规定补交税费,余额一般在贷方,表示公司尚未交纳的税费。如果余额在借方,表示公司多交或尚未抵扣的税费。该科目应按应交的税费项目设置明细账。

3. 核算举例

例7-5 某保险公司本月增值税销项税额为 4 000 000 元,进项税额为 1 800 000 元,假设城市维护建设税税率为 7%,教育费附加费率为 5%。税金及附加的计算及会计分录如下:

应交城市维护建设税＝(4 000 000－1 800 000)×7%＝154 000(元)

应交教育费附加＝(4 000 000－1 800 000)×5%＝110 000(元)

借:税金及附加　　　　　　　　　　　　　264 000

　　贷:应交税费——应交城市维护建设税　　　　154 000

　　　　　　——应交教育费附加　　　　　　110 000

二、手续费及佣金支出的核算

1. 手续费及佣金支出的内容

手续费支出及佣金支出(handing charge and commission expense)是指公

司发生的与其经营活动相关的各项手续费、佣金等支出。其中,手续费支出是指公司支付给受其委托并在授权范围内代为办理保险业务的保险中介机构的手续费。保险中介机构包括保险代理机构和保险经纪机构。保险代理机构、保险经纪机构应当具备国务院保险监督管理机构规定的条件,取得保险监督管理机构颁发的经营保险代理业务许可证、保险经纪业务许可证。佣金支出是指公司向专门推销寿险业务的个人代理人和经纪人公司支付的佣金。个人代理人和经纪人应当品行良好,具有从事保险代理业务或者保险经纪业务所需的专业能力,包括个险渠道营销员、收展渠道收展员、中介渠道保险客户经理、团险渠道销售人员等。佣金分为直接佣金和附加佣金。直接佣金是指公司按代理合同及相关规定,按代理销售收入和直接佣金率(或类似比率)计算得出的,直接支付给个人代理人的支出。附加佣金是指为满足个人代理人开展代理业务需要,而发生的直接用于个人代理人队伍建设及与其直接相关的保障支出、教育培训支出和委托报酬。委托报酬包括津贴、补贴、奖励、业务推动支出等。

值得注意的是,按照美国通用会计准则 FAS60《保险公司会计处理和编报规则》第 29 条规定承保费用(acquisition cost)应予以资本化,并且根据相关保费收入的确认比例予以摊销,国际会计准则对此没有明确规定,但是在实务操作中通常对保险合同(长期及短期)的承保费用采用递延摊销的方法。将保单取得费用进行递延符合收支匹配原则,也能够合理均衡地反映保险业务的利润,而且可以使利润提前释放,这对于新公司有很大帮助,也利于上市。但 2008 年财政部颁布的《2 号解释》对保险业的影响除了保费收入的计量外,另一个影响体现在手续费、佣金摊销问题上。H 股报表通常实行摊销(DAC),但内地就不允许进行摊销。《2 号解释》要求在这一问题上,H 股报表将与 A 股保持一致,即不得摊销,这导致上市保险公司的 H 股利润表中利润打了七到八折。

2. 科目设置

(1)"手续费及佣金支出"科目。"手续费及佣金支出"科目核算保险公司按规定支付给代理保险业务的代理人的手续费及佣金。分入分保业务分入方支付给分出方的手续费不在该科目核算,而应列入"分保费用"。但因代理其他公司业务而支付给个人代理人的费用支出在本科目核算。"手续费及佣金支出"科目属于损益类(费用)科目,其借方登记发生的手续费及佣金支出或计提应付未付的手续费及佣金,贷方登记期末结转"本年利润"科目的数额,结转后该科目无余额。该科目应按支出类别设置明细账。

(2)"应付手续费及佣金"科目。"应付手续费及佣金"科目核算保险公司因保险代理业务而发生的应付未付的手续费及佣金支出。该科目属于负债类科目,其贷方登记发生的应付手续费及佣金,借方登记实际支付的应付手续费及佣金,余额在贷方,反映公司尚未支付的手续费及佣金。该科目应按代理人设置明细账。

值得注意的是,保险公司应和代理方签订协议,代理协议中需对支付方式、计提方式作出规定,并对税务条款进行约定,并且约定计提手续费的比例是否包含增值税。一般而言,计提手续费时,按照不含税保费的一定比例计提手续费,且支付的手续费为含增值税金额。

另外,按照税法规定,公司支付给保险营销员(个人代理人)的佣金(包含所有实物奖励、旅游奖励、奖励性质培训等非货币形式的奖励),需要代扣代交增值税附加和个人所得税。其具体计算方法如下。

① 保险营销员增值税及附加的计算。

对按月纳税的月不含税佣金收入大于 10 万元(按季纳税的季度不含税佣金收入大于 30 万元)的,适用简易计税方法按 3% 征收率交纳增值税,在增值税的基础上交纳城市维护建设税、教育费附加、地方教育附加、水利建设基金(如有)。

② 保险营销员个人所得税的计算。

a. 应税收入额的确定。保险营销员取得的佣金收入,以不含增值税的收入减除 20% 的费用后的余额为应税收入额。即:

$$应税收入额 = 不含增值税的佣金收入 \times (1 - 20\%)$$

b. 展业成本的计算。保险营销员展业成本按照应税收入额的 25% 计算。即:

$$展业成本 = 不含增值税的佣金收入 \times (1 - 20\%) \times 25\%$$

c. 附加税费。按增值税一定比率附征城市维护建设税、教育费附加、地方教育附加、水利建设基金(如有)。

d. 扣缴单位按累计预扣法预扣预缴个人所得税。

$$本期应预扣预缴税额 = (累计预扣预缴应纳税所得额 \times 预扣率 - 速算扣除数) - 累计减免税额 - 累计已预扣预缴税额$$

$$累计预扣预缴应纳税所得额 = 累计收入额 - 累计减除费用 - 累计其他扣除$$

累计收入额按照不含增值税的累计收入减除 20% 费用后的余额计算;累计减除费用按照 5 000 元/月乘以纳税人当年截至本月在本公司的从业月份数计算;累计其他扣除按照展业成本、附加税费和依法确定的其他扣除之和计算。

上述公式中的预扣率、速算扣除数,比照表 7 - 1 执行。

表 7 - 1　个人所得税预扣率表

级数	累计预扣预缴应纳税所得额	预扣率(%)	速算扣除数(元)
1	不超过 36 000 元的部分	3	0
2	超过 36 000 元至 144 000 元的部分	10	2 520
3	超过 144 000 元至 300 000 元的部分	20	16 920
4	超过 300 000 元至 420 000 元的部分	25	31 920
5	超过 42 000 元至 66 000 的部分	30	52 920
6	超过 66 000 元至 960 000 元的部分	35	85 920
7	超过 960 000 元的部分	45	181 920

相关专项扣除和专项附加扣除,在年度中每月预扣预缴环节暂不扣除,待年度终了后汇算清缴申报时办理扣除事项。

在一个纳税年度内,保险营销员的每月应预扣预缴税额为负值时,暂不退税;纳税年度终了后余额仍为负值时,由纳税人通过办理综合所得年度汇算清缴,税款多退少补。

e. 佣金收入并入当年综合所得的计税依据。保险营销员取得的佣金收入,以不含增值税的收入减除 20% 的费用后的余额为收入额,收入额减去展业成本以及附加税费后,并入当年综合所得,合并计算个人所得税。

次年办理汇算清缴时,年度综合所得应纳税所得额=每一纳税年度综合所得收入额-展业成本-附加税费-费用 60 000 元-专项扣除-专项附加扣除-依法确定的其他扣除。

再以年度综合所得应纳税所得额,适用 3% 至 45% 的超额累进税率,计算全年应缴纳的个人所得税,税款多退少补。

f. 特殊情形。由省、自治区、直辖市人民政府根据本地区实际情况,以及宏观调控需要确定,对增值税小规模纳税人可以在 50% 的税额幅度内减征城市维护建设税、教育费附加、地方教育附加、水利建设基金(如有)。

比如,王云是某市保险公司的营销员,2019 年 1 月、5 月、9 月、11 月取得佣金收入分别为 50 000 元、4 000 元、103 000 元、154 500 元。王云每月自行缴付"三险一金" 4 000 元,还每月自行支付税优商业健康保险费 200 元,每月符合条件的子女教育、赡养老人、住房贷款利息支出等专项附加扣除合计3 000 元。假定王云所在地的城市维护建设税率为 7%,教育费附加、地方教育附加征收率分别为 3%、2%,且符合省政府规定对这几项税费额按 50% 的幅度减征的条件。王云取得佣金收入时,各月应纳增值税及附加和个人所得税计算如下。

2019年1月:

• 公司代征增值税及附加税费

王云月销售额未超过10万元,增值税及附加税费为0元。

• 预扣预缴王云的个人所得税

应税收入额＝50 000×(1−20％)＝40 000(元)

个人所得税扣除项目合计＝基本减除费用＋其他扣除＝5 000＋40 000×25％＋200＝15 200(元)

应纳税所得额＝40 000−15 200＝24 800(元)

实际预扣预缴个人所得税＝24 800×3％＝744(元)

2019年5月:

• 公司代征增值税及附加税费

王云佣金收入未超过10万元,增值税及附加税费为0元。

• 预扣预缴王云的个人所得税

累计应税收入额＝(50 000＋4 000)×(1−20％)＝43 200(元)

个人所得税累计扣除项目合计＝累计减除费用＋累计其他扣除＝5 000×5＋43 200×25％＋200×5＝36 800(元)

累计应纳税所得额＝43 200−36 800＝6 400(元)

累计应预扣预缴个人所得税＝6 400×3％＝192(元)

实际预扣预缴个人所得税＝192−744＝−552(元)

5月份应预扣预缴税额为负值,本月暂不退税,实际应预扣预缴个人所得税为0元。

2019年9月:

• 公司代征增值税及附加税费

不含增值税佣金收入＝103 000÷(1＋3％)＝100 000(元)

王云取得的佣金收入未超过10万元,增值税及附加税费为0元。

• 预扣预缴王云的个人所得税

累计应税收入额＝(50 000＋4 000＋103 000)×(1−20％)＝125 600(元)

个人所得税累计扣除项目合计＝累计减除费用＋累计其他扣除＝5 000×9＋125 600×25％＋200×9＝78 200(元)

累计应纳税所得额＝125 600−78 200＝47 400(元)

累计应预扣预缴个人所得税＝47 400×10％−2 520＝2 220(元)

实际预扣预缴个人所得税＝2 220−744＝1 476(元)

2019 年 11 月：

- 公司代征增值税及附加税费

不含增值税佣金收入＝154 500÷(1+3％)＝150 000(元)

公司代征增值税＝150 000×3％＝4 500(元)

代征附加税费＝4 500×(7％+3％+2％)×50％＝270(元)

- 预扣预缴王云的个人所得税

累计应税收入额＝(50 000＋4 000＋103 000＋150 000)×(1－20％)＝245 600(元)

个人所得税累计扣除项目合计＝累计减除费用＋累计其他扣除＝5 000×11＋245 600×25％＋270＋200×11＝118 870(元)

累计应纳税所得额＝245 600－118 870＝126 730(元)

累计应预扣预缴个人所得税＝126 730×10％－2 520＝10 153(元)

实际预扣预缴个人所得税＝10 153－744－1 476＝7 933(元)

王云 2019 年度综合所得在次年汇算清缴时应补(退)个人所得税：

全年综合所得应税收入额＝(50 000＋4 000＋103 000＋150 000)×(1－20％)＝245 600(元)

全年综合所得应纳税所得额＝245 600－245 600×25％－270－5 000×12－4 000×12－3 000×12－200×12＝37 530(元)

全年应缴纳个人所得税＝37 530×10％－2 520＝1 233(元)

全年已预扣预缴个人所得税＝744＋1 476＋7 933＝10 153(元)

2019 年个人所得税应退税额＝1 233－10 153＝－8 920(元)

因此，王云 2019 年度取得的综合所得在次年汇算清缴时应退个人所得税 8 920元。

3. 核算举例

◗ 例 7-6 甲代理机构(一般纳税人)将本月代收的机动车辆保险费 212 00 元(含税)转来，开出增值税专用发票。按不含税保费计提手续费，手续费率 15％，下月支付，取得增值税专用发票。保费和手续费适用增值税税率为 6％。保险公司应编制会计分录如下：

确认保费时：

借：银行存款   212 000

    贷：保费收入——机动车辆保险   200 000

        应交税费——应交增值税(销项税额)   12 000

同时计提手续费:

借:手续费及佣金支出——手续费   30 000

 贷:应付手续费及佣金——甲代理机构   30 000

下月支付手续费时:

借:应付手续费及佣金——甲代理机构   30 000

 应交税费——应交增值税(进项税额)   1 698.11

 贷:银行存款   30 000

  手续费及佣金支出——手续费   1 698.11

或者,首先将原来计提手续费用全额冲回,支付手续费时:

借:手续费及佣金支出——手续费   28 301.89

 应交税费——应交增值税(进项税额)   1 698.11

  贷:银行存款   30 000

假设本例,按含税保费计提手续费,计提时:

借:手续费及佣金支出——手续费   31 800

 贷:应付手续费及佣金——甲代理机构   31 800

下月支付手续费时:

借:应付手续费及佣金——甲代理机构   31 800

 应交税费——应交增值税(进项税额)   1 800

 贷:银行存款   31 800

  手续费及佣金支出——手续费   1 800

或者,首先将原来计提手续费用全额冲回,支付手续费时:

借:手续费及佣金支出——手续费   30 000

 应交税费——应交增值税(进项税额)   1 800

  贷:银行存款   31 800

例 7 - 7   乙代理机构(小规模纳税人)将代收的企业财产保险费 148 400元(含税)转来,系 A 单位投保,并随同交来银行转账支票 89 040 元,其余下月交清,保险公司开出增值税专用发票,增值税税率为 6%。按不含税保费计提手续费,手续费费率为 5%,季末支付,取得普通发票。保险公司应编制会计分录如下:

确认保费时:

借:银行存款   89 040

 应收保费——A 单位   59 360

　　贷：保费收入——企业财产保险　　　　　　　　　140 000
　　　　应交税费——应交增值税(销项税额)　　　　　　8 400
同时计提手续费：
借：手续费及佣金支出——手续费　　　　　　　　　7 000
　　贷：应付手续费及佣金——乙代理机构　　　　　　7 000
下月乙代理机构交来前欠保费时：
借：银行存款　　　　　　　　　　　　　　　　　59 360
　　贷：应收保费——A单位　　　　　　　　　　　59 360
季末支付手续费时：
借：应付手续费及佣金——乙代理机构　　　　　　　7 000
　　贷：银行存款　　　　　　　　　　　　　　　　7 000
假设季末支付手续费时，取得了乙代理机构开具的增值税专用发票，增值税
税率为3%，会计分录为：
借：应付手续费及佣金——乙代理机构　　　　　　　7 000
　　应交税费——应交增值税(进项税额)　　　　　203.88
　　贷：银行存款　　　　　　　　　　　　　　　　7 000
　　　　手续费及佣金支出——手续费　　　　　　　203.88
假设上例乙代理机构尚未交来前欠保费，季末支付手续费时：
借：应付手续费及佣金——乙代理机构　　　　　　　4 200
　　应交税费——应交增值税(进项税额)　　　　　122.33
　　贷：银行存款　　　　　　　　　　　　　　　　4 200
　　　　手续费及佣金支出——手续费　　　　　　　122.33
其中：应付手续费及佣金＝89 040÷(1＋6%)×5%＝4 200(元)

　　🌀 **例7-8**　某保险公司11月末根据直接佣金计提表计算应付某市意
外伤害险代理人王云佣金154 500元(含税)，代扣代缴增值税4 500元，附加税
费270元，实际预扣预缴个人所得税7 933元，十天后支付佣金，代王云向税务
机关代开增值税专用发票。应编制会计分录如下：
计提佣金时：
借：手续费及佣金支出——直接佣金——意外伤害险　154 500
　　贷：应付手续费及佣金——王云　　　　　　　　154 500
支付佣金时：
借：应付手续费及佣金——王云　　　　　　　　　154 500

应交税费——应交增值税(进项税额) 4 500

　　贷:应交税费——代扣增值税及附加 4 770

　　　　　　——预扣个人所得税 7 933

　　　银行存款 141 797

　　　手续费及佣金支出——直接佣金——意外伤害险 4 500

例 7 - 9 某保险公司月末根据附加佣金计提表,计算为个人代理人王芳支付参加养老保障及医疗、意外等保障的保险费 1 200 元,为王芳支付参加各类培训费用 1 590 元(含税),取得增值税专用发票,增值税税率为 6％。发放实物奖励 904 元(含税),增值税税率为 13％。应编制会计分录如下:

　　计提佣金时:

　　借:手续费及佣金支出——附加佣金——保障支出 1 200

　　　　　　　　　　　　　　　——教育培训支出 1 590

　　　　　　　　　　　　　　　——委托报酬 904

　　　贷:应付手续费及佣金——王芳 3 694

　　实际支付和发放实物奖励时:

　　借:应付手续费及佣金——王芳 3 694

　　　应交税费——应交增值税(进项税额) 90

　　　贷:低值易耗品 800

　　　应交税费——应交增值税(进项税额转出) 104

　　　银行存款 2 790

　　　手续费及佣金支出——附加佣金——教育培训支出 90

三、业务及管理费的核算

1. 业务及管理费的内容

业务及管理费(operating and administrative expense)是指公司在保险业务经营及管理工作中发生的各项费用,包括业务相关费用、职工薪酬、财产相关费用、外部监管费、中介费用、办公费用六大类。

(1) 业务相关费用。业务相关费用是指公司为特定的展业、理赔或客户服务等业务活动发生的费用,具体包括以下内容。

① 广告费,反映公司通过中介媒体宣传公司品牌、产品、其他信息的广告费用支出,包括影视广告、户外广告、报刊广告、招聘广告等。广告费支出必须符合以下条件:一是广告是通过经工商部门批准的专门机构制作的;二是已经实际

支付费用,并已取得相应发票;三是通过一定的媒体传播。

② 业务宣传费,反映公司为开展业务宣传活动但未通过媒体所发生的带有广告性质的费用,包括用于开展常规业务宣传活动所支付的费用(比如宣传用品、设计制作费用、宣传活动的礼品、赠品、宣传品、场租费、产品包装、业务支持宣传工具、业务宣传片等设计制作费用)、用于大型宣传活动(如产品说明会,包括宣传资料印刷费、业务宣传片摄制费、公关服务费、媒体服务费、发布仪式费、广告性赞助费等)、用于其他非专项宣传活动所发生的费用。

③ 业务招待费,反映公司为拓展业务而发生的交际招待费用,包括餐费、礼品、景点门票、被接待人员交通费和住宿费等。

④ 防预费,反映公司为防止保险事故发生,经被保险人同意,对保险标的或被保险人采取安全预防措施或健康检查所发生的费用及设备支出,以及开展防灾防损培训的费用和奖励在防灾防损工作中有突出贡献的单位和个人的费用。

⑤ 客户服务费,反映公司为客户提供各种服务发生的各项费用。

(2) 职工薪酬。职工薪酬是指保险公司为获得职工提供的服务或解除劳动关系而给予的各种形式的报酬或补偿。职工薪酬包括短期薪酬、离职后福利、辞退福利和其他长期职工福利。公司提供给职工配偶、子女、受赡养人、已故员工遗属及其他受益人等的福利,也属于职工薪酬。

短期薪酬,是指公司在职工提供相关服务的年度报告期间结束后十二个月内需要全部予以支付的职工薪酬,因解除与职工的劳动关系给予的补偿除外。短期薪酬具体包括以下项目。

① 职工工资,反映在职职工的工资、奖金、津贴和补贴等。

② 职工福利费,反映公司为职工卫生保健、生活、住房、交通等所发放的各种补贴和非货币性福利,包括公司向职工发放的因公外地就医费用、实行医疗统筹的职工医疗费用、职工供养直系亲属医疗补贴、供暖费补贴、职工防暑降温费、职工困难补贴、救济费、职工食堂经费补贴、职工交通补贴、丧葬补助费、抚恤费、安家费、探亲假路费等。

③ "四险一金",包括医疗保险费、养老保险费、失业保险费、工伤保险费和住房公积金。

④ 工会经费,反映公司为了改善职工文化生活用于开展工会的相关支出。

⑤ 职工教育经费,反映公司提高职工业务素质用于职工教育及职业技能培训的相关支出。

⑥ 短期带薪缺勤,反映公司支付工资或提供补偿的职工缺勤,包括年休假、病假、短期伤残、年休假、病假、短期伤残、婚假、产假、丧假、探亲假等。它分为累

积带薪缺勤和非累积带薪缺勤。累积带薪缺勤是指带薪权利可以结转下期的带薪缺勤。非累积带薪缺勤带薪权利不能可以结转下期的带薪缺勤,本期尚未使用完的带薪缺勤将予以取消。

⑦ 短期利润分享计划,反映公司因职工提供服务而与职工达成的基于利润或其他经营成果提供薪酬的协议。

⑧ 非货币性福利,反映公司以自产产品或外购商品发放给职工作为福利,将本公司拥有的资产无偿提供给职工使用,租赁资产供职工无偿使用,为职工提供无偿医疗保健服务;向职工提供本公司支付了一定补贴的商品或服务,以低于成本的价格向职工出售住房等。

离职后福利,是指公司为获得职工提供的服务而在职工退休或与企业解除劳动关系后,提供的各种形式的报酬和福利,短期薪酬和辞退福利除外。

辞退福利,是指公司在职工劳动合同到期之前解除与职工的劳动关系,或者为鼓励职工自愿接受裁减而给予职工的补偿。

其他长期职工福利,是指除短期薪酬、离职后福利、辞退福利之外所有的职工薪酬,包括长期带薪缺勤、长期残疾福利、长期利润分享计划等。

对于企业年金基金,适用《企业会计准则第 10 号——企业年金基金》;以股份为基础的薪酬,适用《企业会计准则第 11 号——股份支付》。

(3) 财产相关费用。财产相关费用是指公司为取得、使用或维持各类有形及无形资产发生的费用,具体包括以下内容。

① 固定资产折旧费,反映公司按有关规定提取的固定资产折旧费。

② 无形资产摊销,反映公司无形资产摊销的金额。

③ 关联交易费用,反映公司租用本公司集团公司及其子公司资产所发生的关联交易费用支出。

④ 车船使用费,反映公司机动车船所需要的燃料、辅助油料、养路、牌照、车检等费用。

⑤ 电子设备运转费,反映公司为保证电子机具及配套设备的正常运转所支付的水电费、安装调试费、设备维护费以及耗用纸张、色带、微机软盘等费用。

⑥ 租赁费,反映公司租用营业、办公性用房及其他设备和交通工具所支付的租金(不包括融资租赁费)。

⑦ 水电费,反映公司营业办公用房所支付的水电费及增容费开支,包括污水处理费,但不包括纯净水、饮品。

⑧ 修理费,反映公司固定资产及低值易耗品的修理费(不包括资本化后计入固定资产的部分)。

⑨ 财产保险费,反映公司进行财产保险所支付的费用(不包括人身保险费以及为员工支付带有福利性质的保险费)。

⑩ 绿化费,反映公司内部绿化以及义务植树所发生的零星费用。

⑪ 取暖降温费,反映公司按规定支付给第三者的专门用于办公场所或规定支付的取暖降温费用。

⑫ 物业费用,反映公司发生的物业管理费用,包括物业服务费与保洁服务费。

⑬ 安全防范费,反映公司用于购置安装安全防卫设施等发生的相关费用,包括防盗门、消防器材及保安人员费用。

(4) 外部监管费。外部监管费是指公司按外部监管机构规定交纳和提取的费用,具体包括以下内容。

① 同业公会会费,反映公司交纳的同业公会会费。

② 学会会费,反映公司交纳的学会会费。

③ 提取保险保障基金,反映公司按规定提取的保险保障基金。

④ 提取农险巨灾风险准备金,反映公司按规定提取的农险巨灾风险准备金。

⑤ 提取交强险救助基金,反映公司按规定提取的交强险救助基金。

(5) 中介费用。中介费用是指公司为聘请外部中介机构发生的费用,具体包括以下内容。

① 审计费,反映公司聘请外部中介机构进行查账验资以及进行资产评估等发生的各项费用。

② 精算费,反映公司聘请外部中介机构提供精算服务发生的费用。

③ 咨询费,反映公司聘请经济技术顾问、法律顾问等支付的费用。

④ 诉讼费,反映公司由于诉讼发生的费用。

⑤ 公证费,反映公司进行公证事务时所发生的费用。

⑥ 席位费,反映公司按规定向证券交易所和同业拆借市场等交纳的席位费。

⑦ 检验费,反映公司经营过程中,需要经资质认定的检验机构对公司资产或承保的财产进行产品质量检验而出具检验结果所花费的成本。

对发生于具体赔案的支付给第三方的专家费、律师及诉讼费、损失检验费、公估费等,如赔案不成立,应根据理赔部门提供的相关发票及费用支付说明,分别计入"业务及管理费"科目下的"间接理赔费用——咨询费""间接理赔费用——诉讼费""间接理赔费用——检验费""间接理赔费用——审计费"等。但对于某些公司,无论赔案是否成立,这些费用都计入"赔付支出"。

(6) 办公费用。办公费用是指公司发生的除上述费用以外的日常办公费用,具体包括以下内容。

① 邮电费,反映公司办理各项业务所支付的邮费、电报费、电传费、电话费、市内电话月租金及电话安装(含电话初装费)、迁移、维护费、线路租用费。

② 印刷费,反映公司印刷各种保单、条款、单证、账簿、报表、信纸、信封、文稿、便笺等所支付的费用以及附带的包装费、邮运费。

③ 差旅费,反映按规定报销的差旅费用。

④ 会议费,反映公司按规定标准支付的会议经费,包括公司系统内举办,或承办的会议和公司员工参加系统外主办的会议所发生的直接相关费用,但不包括董(监)事会会议费。奖励性质的会议应代扣代缴个人所得税,会议餐费应根据标准支出,超标的不允许列支。

⑤ 培训费,反映公司为职工开展培训活动所发生的各项支出。

⑥ 外事费,反映公司有关出国考察、访问、学习、进修的交通费、生活费、服装费以及外宾来访等外事活动中按规定标准支付的接待费用,涉外业务人员按规定发给的服装费。包括不能在"职工教育经费"中列支的高管人员大额出国培训费用,但不包括公司员工出境培训费用,以及公司董(监)事会成员外事费用。

⑦ 公杂费,反映公司购置经营业务所需资料、饮水所用燃料、刻制业务专用章、购置营业办公用品、清洁卫生用品用具以及规定金额以下的零星购置等开支的费用。

⑧ 宣教费,反映公司购置书籍、报纸杂志、资料等所发生的费用。

⑨ 低值易耗品摊销,反映公司低值易耗品摊销的金额。

⑩ 其他资产摊销,反映不属于低值易耗品的其他资产摊销的金额。

⑪ 董事会费,反映公司董事会及其成员执行职能而发生的各项费用,包括其差旅费、会议费、外事费、培训费等。

⑫ 银行结算费,反映公司按规定支付给银行的汇兑、结算邮费、电汇费、手续费以及向开户银行购买专用凭证和网银手续费等费用。

⑬ 技术转让费,反映公司接受技术转让等发生的费用,该技术的预计受益期限应当在一年以内或受让的金额很小,否则应作为无形资产。

⑭ 研究开发费用,反映公司研究开发新条款、新产品、新软件系统(包括系统新增功能和上线推广费用)、新教育培训课程和非专利技术等发生的费用。

⑮ 劳务费,反映公司支付给除订立劳动合同人员(含全职、兼职和临时职工)、未与公司订立劳动合同但为公司提供与职工类似服务的人员(如劳务派遣

用工)之外临时性的劳务人员的费用支出。

⑯ 其他费用,不属于上述费用的业务及管理性质费用。

2. 业务及管理费的归集和分配

业务及管理费包括直接费用和间接费用。直接费用是直接归属至相关险种的费用,间接费用是指无法或不易直接辨认或归属到某一险种的费用,比如水电费、办公场所租金、总经理薪酬等。凡能准确分清险种的,直接计入相关险种的成本;不能分清的,按规定办法分摊计入各险种的成本。常用的分摊方法包括保费收入、员工人数、使用机器时数、使用面积比例、处理时数或数量、直接成本比例等。

美国保险监理官协会和加拿大监理官均要求保险公司应以保费收入为基础分摊业务及管理费。假设某保险公司20×2年5月业务及管理费为200 000元,以保费收入为基础在各险种分配可见表7-2。

表7-2　业务及管理费分配表

项目　　　　　　　险别	汽 车 险	船 舶 险
保费收入(元)	7 000 000	3 000 000
各险种占保费收入比例(%)	70	30
各险种分配金额(元)	140 000	60 000

3. 业务及管理费的账务处理

为了核算和监督各项费用的发生情况,保险公司应设置"业务及管理费"科目。该科目属于"损益类(费用)"科目,其借方登记发生的业务及管理费,贷方登记期末结转"本年利润"的数额,结转后该科目无余额。该科目应按费用项目设置明细账。

(1) 直接支付费用的核算。直接支付费用是指在本期发生、本期支付的应由本期负担的各项费用,如办公费、会议费、水电费等。对于与免税险种相关的费用,其进项税额不得抵扣,尽可能取得普通发票;如果取得了增值税专用发票,必须查询或认证,之后选择不得抵扣或进项税额转出。如果取得的增值税专用发票上注明的增值税既涉及应税险种,又涉及免税险种的,可以将其按保费收入比例进行分配,这给实际操作带来了难度,增加了工作量,实务中,保险公司往往"凭票抵扣"。

例 7 - 10　某宾馆持费用单据和增值税专用发票前来保险公司财会部门结算财产保险业务部员工参加的会议费,其中,住宿服务 84 800 元(含税),适用增值税税率 6%;餐饮娱乐服务 21 200 元(含税),适用增值税税率 6%;烟酒、饮料消费 33 900 元(含税),适用增值税税率 13%,均取得增值税专用发票,公司转账支付。应编制会计分录如下:

```
借:业务及管理费——会议费                    130 000
    应交税费——待认证进项税额                  9 900
  贷:银行存款                                     139 900
借:业务及管理费——会议费                      5 100
    应交税费——应交增值税(进项税额)          4 800
  贷:应交税费——待认证进项税额                   9 900
```

注:餐饮娱乐服务和烟酒、饮料消费不得进行进项税额抵扣,实务中可要求单独开具普通发票。

例 7 - 11　某财险公司财产续保,保费 30 000 元(含税),应编制会计分录如下:

```
借:业务及管理费——财产保险费                30 000
  贷:保费收入——企业财产保险                    28 301.89
      应交税费——应交增值税(销项税额)           1 698.11
```

例 7 - 12　某寿险公司委托印刷厂印刷保单,用转账支票支付 30 000 元,其中非寿险保单 12 000 元(含税),取得增值税专用发票,增值税税率 9%;寿险保单 18 000 元,取得普通发票。

```
借:业务及管理费——印刷费                    29 009.17
    应交税费——应交增值税(进项税额)            990.83
  贷:银行存款                                      30 000
```

例 7 - 13　某财险公司购入一批空气清新剂,取得的增值税专用发票上注明的价款 2 000 元,增值税税额为 260 元,转账付讫,其中营业场所领用 1 200 元,办公室领用 800 元。

购入时:
```
借:低值易耗品                                   2 000
```

应交税费——应交增值税(进项税额) 260

　　贷:银行存款 2 260

领用时:

借:业务及管理费——公杂费 1 200

应付职工薪酬——职工福利 904

　　贷:低值易耗品 2 000

　　　　应交税费——应交增值税(进项税额转出) 104

例 7 - 14 某财险公司购入有关财险业务专业图书、报纸杂志,价款 5 000 元,取得书店(小规模纳税人)开具的增值税专用发票,增值税税率为 3%。应编制会计分录如下:

借:业务及管理费——宣教费 4 854.37

应交税费——应交增值税(进项税额) 145.63

　　贷:银行存款 5 000

例 7 - 15 某财险公司划付车险理赔车汽油费 2 000 元(含税),修理费 1 500 元(含税),取得增值税专用发票,增值税税率为 13%。应编制会计分录如下:

借:业务及管理费——车船使用费 1 769.91

　　　　　　　　　——修理费 1 327.43

应交税费——应交增值税(进项税额) 402.66

　　贷:银行存款 3 500

例 7 - 16 某财险公司在洪水来临之前,帮助某保户转移大量物资共支付 1 000 元临时工工资。应编制会计分录如下:

借:业务及管理费——防预费 1 000

　　贷:库存现金 1 000

例 7 - 17 某寿险公司购入 T 恤衫一批作为非寿险业务宣传品,取得的增值税专用发票上注明的价款为 7 000 元,增值税税额为 910 元,转账付讫。其中公司宣传领用赠与客户 5 000 元,个人代理人支付 3 000 元(含税)购买赠与客户,增值税税率为 13%。应编制会计分录如下:

(1) 购入时：

借：低值易耗品——宣传用品 7 000

应交税费——应交增值税(进项税额) 910

贷：银行存款 7 910

(2) 公司宣传领用时：

借：业务及管理费——业务宣传费 5 650

贷：低值易耗品——宣传用品 5 000

应交税费——应交增值税(销项税额) 650

(3) 个人代理人购买赠与客户时：

借：库存现金 3 000

贷：其他业务收入 2 654.87

应交税费——应交增值税(销项税额) 345.13

借：其他业务成本 2 000

贷：低值易耗品——宣传用品 2 000

例 7 - 18 某公司办公室报销景点门票费 500 元,餐费和招待用烟 1 300 元(取得普通发票),以现金付讫。应编制会计分录如下：

借：业务及管理费——业务招待费 1 800

贷：库存现金 1 800

例 7 - 19 某公司自行研究、开发一项网络保险产品,截至 20×7 年 12 月 31 日,支付购买软件费 2 260 000 元(含税),增值税税率为 13%,应支付研究人员工资 200 000 元,经测试该项研发活动完成了研究阶段,从 20×8 年 1 月 1 日开始进入开发阶段。20×8 年支付软件开发费 318 000 元(含税),增值税税率为 6%,假定符合开发支出资本化的条件。20×8 年 6 月 30 日,该项研发活动结束,最终开发出一项鸿运网络保险。应编制会计分录如下：

(1) 20×7 年发生的研发支出：

借：研发支出——费用化支出 2 200 000

应交税费——应交增值税(进项税额) 260 000

贷：银行存款 2 260 000

应付职工薪酬——工资 200 000

(2) 20×7 年 12 月 31 日,发生的研发支出全部属于研究阶段的支出：

借：业务及管理费——研究开发费用 2 200 000

　　贷：研发支出——费用化支出　　　　　　　　　　　　　　2 200 000

　　(3) 20×8 年,发生开发支出并满足资本化确认条件:

　　借：研发支出——资本化支出　　　　　　　　　　300 000

　　　　应交税费——应交增值税(进项税额)　　　　　18 000

　　　　贷：银行存款　　　　　　　　　　　　　　　　　　318 000

　　(4) 20×8 年 6 月 30 日,该技术研究完成并形成无形资产:

　　借：无形资产——鸿运网络保险　　　　　　　　　300 000

　　　　贷：研发支出——资本化支出　　　　　　　　　　　　300 000

例 7 - 20　某寿险公司转账支付 53 000 元(含税)物业服务费及保洁费用,取得增值税专用发票,增值税税率为 6%,当期非寿险业务保费收入为 22 000 000 元,寿险业务保费收入为 28 000 000 元。应编制会计分录如下:

　　借：业务及管理费——物业费用　　　　　　　　　50 000

　　　　应交税费——待认证进项税额　　　　　　　　　3 000

　　　　贷：银行存款　　　　　　　　　　　　　　　　　　53 000

　　借：业务及管理费——物业费用　　　　　　　　　　1 680

　　　　应交税费——应交增值税(进项税额)　　　　　1 320

　　　　贷：应交税费——待认证进项税额　　　　　　　　　3 000

不能抵扣的进项税额＝3 000÷(22 000 000＋28 000 000)×28 000 000＝1 680(元)

　　(2) 转账摊销费用的核算。转账摊销费用是指通过转账形式列支的应由本期负担的各项费用,如应付职工薪酬、固定资产折旧、低值易耗品摊销、无形资产及长期待摊费用摊销等。

　　① 应付职工薪酬的核算。应付职工薪酬(employee payable)是指公司根据有关规定应付给职工的各种薪酬。

　　对于"四险一金"(医疗保险费、养老保险费、失业保险费、工伤保险费和住房公积金),公司应当按照国务院、所在政府或企业年金计划规定的标准计量应付职工薪酬义务和应计入成本费用的薪酬金额;对于工会经费和职工教育经费,公司应当按照国家相关规定,分别按职工工资总额的 2% 和 1.5% 计量应付职工薪酬(工会经费、职工教育经费)义务金额和应计入成本费用的薪酬金额;从业人员技术要求高、培训任务重、经济效益好的公司,可按照国家相关规定,按照职工工资总额的 2.5% 计量应计入成本费用的职工教育经费。对于国家(包括省、市、自治区政府)相关福利法规没有明确规定计提基础和计提比例的职工薪酬如职工福利费,公司应当根据历史经验数据和实际情况,合理预计当期应付职工薪酬。

公司应当设置"应付职工薪酬"科目核算公司根据有关规定应付给职工的各种薪酬。该科目属于负债类账户,其贷方登记发生的应付职工的薪酬数,借方登记实际支付的职工薪酬。实际工作中,一般无余额,有余额在贷方,表示公司应付未付的职工薪酬。该科目应按"工资""职工福利""社会保险费""住房公积金""工会经费""职工教育经费""累积带薪缺勤""短期利润分享计划""非货币性福利""离职后福利""辞退福利"等设置明细账,进行明细分类核算。

例 7 - 21 20×7 年 8 月,某保险公司计算出本月应付工资 630 000元,其中,经营及管理人员工资 500 000 元,建造营业用房人员工资 100 000 元,内部开发保险业务流程系统人员工资 30 000 元。

根据所在政府规定,公司分别按职工工资总额的 10%、12%、2% 和 10.5%计提医疗保险费、养老保险费、工伤保险费和住房公积金,缴纳给当地社会保险经办机构和住房公积金管理机构。公司内设医务室,根据 20×6 年实际发生的职工福利费情况,公司预计 20×7 年应承担的职工福利费义务金额为职工工资总额的 2%,职工福利的受益对象为上述所有人员。公司分别按职工工资总额的 2% 和 1.5% 计提工会经费和职工教育经费。假定公司开发保险业务流程系统已处于开发阶段,并符合无形资产资本化的条件。

应计入业务及管理费的职工薪酬金额

$$= 500\,000 + 500\,000 \times (10\% + 12\% + 2\% + 10.5\% + 2\% + 2\% + 1.5\%)$$
$$= 700\,000(元)$$

应计入在建工程成本的职工薪酬金额

$$= 100\,000 + 100\,000 \times (10\% + 12\% + 2\% + 10.5\% + 2\% + 2\% + 1.5\%)$$
$$= 140\,000(元)$$

应计入无形资产的职工薪酬金额

$$= 30\,000 + 30\,000 \times (10\% + 12\% + 2\% + 10.5\% + 2\% + 2\% + 1.5\%)$$
$$= 42\,000(元)$$

应编制会计分录如下:

借:业务及管理费——职工工资   500 000

     ——职工福利费   10 000

——社会统筹保险费	120 000
——住房公积金	52 500
——工会经费	10 000
——职工教育经费	7 500
在建工程	140 000
研发支出——资本化支出	42 000
贷：应付职工薪酬——工资	630 000
——职工福利	12 600
——社会保险费	151 200
——住房公积金	66 150
——工会经费	12 600
——职工教育经费	9 450

例 7-22 甲保险公司有 1 200 名职工，从 2014 年 1 月 1 日起实行累积带薪缺勤制度。制度规定，每个职工可享受 5 个工作日带薪年休假，未使用的年休假向后结转一个日历年度，超过 1 年未使用的作废；职工年休假时，首先使用当年可享受权利，不足部分再从上年结转的带薪休假中扣除；职工离开时，对未使用的累积带薪年休假无权获得现金。2014 年 12 月 31 日，每个职工当年平均未使用带薪年休假 2 天。公司预计 2015 年有 1 000 名职工将享受不超过 5 天带薪年休假，有 100 名职工享受 6.5 天休假，假设这 100 名职工为部门经理，公司日工资平均 600 元。该公司应编制会计分录如下：

借：业务及管理费——短期带薪缺勤　　　　　90 000
　　贷：应付职工薪酬——累积带薪缺勤　　　　　　90 000
其中：90 000＝100 人×1.5 天×600

例 7-23 甲保险公司在 2014 年年初制订了一项短期利润分享计划，对公司管理层进行激励。计划规定，公司本年利润目标为 2 000 万元，如果超过 2 000 万元，管理层将得到超过部分 10% 的额外报酬。2014 年度，公司实际利润为 2 400 万元。该公司应编制会计分录如下：

借：业务及管理费——短期利润分享计划　　　400 000
　　贷：应付职工薪酬——利润分享计划　　　　　　400 000

例 7-24 甲保险公司为各部门经理级别以上职工提供汽车免费使用，

同时为副总裁以上高级管理人员每人租赁一套住房。该公司共有部门经理级别以上职工 20 名，每人提供一辆奥迪汽车免费使用，假定每辆奥迪汽车每月计提折旧 800元；该公司共有副总裁以上高级管理人员 4 名，公司为其每人租赁一套 120 平方米带有家具和电器的公寓，月租金为每套 5 000 元。该公司应编制会计分录如下：

借：业务及管理费——折旧费　　　　　　　　　　　16 000
　　　　　　　　——租赁费　　　　　　　　　　　20 000
　　贷：应付职工薪酬——非货币性福利　　　　　　　　　　　36 000
借：应付职工薪酬——非货币性福利　　　　　　　　36 000
　　贷：累计折旧　　　　　　　　　　　　　　　　　　　　16 000
　　　　其他应付款　　　　　　　　　　　　　　　　　　　20 000

② 固定资产折旧的核算。固定资产（fixed asset）是指为生产商品、提供劳务、出租或经营管理而持有的，使用寿命超过一个会计年度的房屋、建筑物、机器、机械、运输工具以及其他与经营有关的设备、器具、工具等有形资产。

折旧（depreciation）是指在固定资产使用寿命内，按照确定的方法对应计折旧额进行系统分摊。应计折旧额，是指应当计提折旧的固定资产的原价扣除其预计净残值后的金额。已计提减值准备的固定资产，还应当扣除已计提的固定资产减值准备累计金额。

公司应当对所有的固定资产计提折旧，但是已提足折旧仍继续使用的固定资产和单独入账的土地除外。固定资产应当按月计提折旧，当月增加的固定资产，当月不计提折旧，从下月起计提折旧；当月减少的固定资产，当月仍计提折旧，从下月起不计提折旧。固定资产提足折旧后，不论能否继续使用，均不再计提折旧；提前报废的固定资产，也不再补提折旧。

公司至少应当于每年年度终了，对固定资产的使用寿命、预计净残值和折旧方法进行复核。使用寿命预计数与原先估计数有差异的，应当调整固定资产使用寿命。预计净残值预计数与原先估计数有差异的，应当调整预计净残值。与固定资产有关的经济利益预期实现方式有重大改变的，应当改变固定资产折旧方法。固定资产使用寿命、预计净残值和折旧方法的改变应当作为会计估计变更。保险公司各类固定资产折旧年限及预计净残值率可参见表 7 - 3。

公司应当根据与固定资产有关的经济利益的预期实现方式，合理选择固定资产折旧方法。可选用的折旧方法包括年限平均法、工作量法、双倍余额递减法和年数总和法等。固定资产的折旧方法一经确定，不得随意变更。

固定资产折旧通过"累计折旧"科目核算。其贷方登记公司计提的折旧数，借方登记因减少固定资产而转销的折旧数，期末余额在贷方，反映公司现有固定资产累计已提取的折旧数。该科目应按固定资产的类别或项目设置明细账。

固定资产应按月计提折旧,期末根据固定资产折旧表,借记"业务及管理费——固定资产折旧费",贷记"累计折旧",并计入固定资产卡片。

例 7 - 25　某财险公司 2016 年 9 月 1 日购入一栋办公楼,取得的增值税专用发票上注明的价款为 7 500 万元,增值税税额为 675 万元,用银行存款支付。假设该办公楼预计折旧年限为 35 年,预计净残值率为 3%,采用直线法计提折旧。公司应编制会计分录如下:

2016 年 9 月 1 日购入时:

借:固定资产——办公楼　　　　　　　　　　75 000 000

　应交税费——应交增值税(进项税额)　　　 6 750 000

　　贷:银行存款　　　　　　　　　　　　　　81 750 000

每月月末计提折旧时:

月折旧额 = 75 000 000 × (1 − 3%) ÷ 420 = 173 214.29(元)

借:业务及管理费——固定资产折旧费　　　　173 214.29

　　贷:累计折旧　　　　　　　　　　　　　　173 214.29

例 7 - 26　某寿险公司 2016 年 7 月 5 日购入一台理赔车,取得的增值税专用发票上注明的价款为 150 000 元,增值税税额为 19 500 元,用银行存款支付。假设该理赔车预计折旧年限为 4 年,预计净残值率为 3%,采用直线法计提折旧。2017 年 9 月 15 日,由于火灾导致该理赔车毁损,经批准予以转销。公司应编制会计分录如下:

购入时:

借:固定资产——理赔车　　　　　　　　　　150 000

　应交税费——应交增值税(进项税额)　　　 19 500

　　贷:银行存款　　　　　　　　　　　　　　169 500

每月月末计提折旧时:

月折旧额 = 150 000 × (1 − 3%) ÷ 48 = 3 031.25(元)

借:业务及管理费——固定资产折旧费　　　　3 031.25

　　贷:累计折旧　　　　　　　　　　　　　　3 031.25

2017 年 9 月 15 日:

固定资产净值 = 150 000 − 3 031.25 × 14 = 107 562.5(元)

不得抵扣的进项税额 = 107 562.5 × 13% = 13 983.13(元)

借：待处理财产损溢——待处理固定资产损溢　　　121 545.63
　累计折旧　　　　　　　　　　　　　　　　　42 437.50
　贷：固定资产——理赔用车　　　　　　　　　　　　　　150 000
　　　应交税费——应交增值税(进项税额转出)　　　　　　13 983.13
经批准转销时：
借：营业外支出　　　　　　　　　　　　　　　121 545.63
　贷：待处理财产损溢——待处理固定资产损溢　　　　　121 545.63

表 7 - 3　固定资产折旧年限及预计净残值率分类表

类	别	折旧年限	预计净残值率(%)
房屋及建筑物	1. 房屋		
	营业用房	35	3
	非营业用房	35	3
	简易房	5	3
	2. 建筑物	5	3
	3. 土地	—	
机器设备	1. 机械设备	10	3
	2. 动力设备	11	3
	3. 通信设备	5	3
	4. 电子计算机	5	3
	5. 电器设备	5	3
	6. 安全保卫设备	5	3
	7. 办公家具	5	3
	8. 医疗设备	6	3
交通运输设备	1. 专用运钞车、理赔车	4	3
	2. 其他交通运输设备	8	3
固定资产装修	固定资产装修	个别判断	个别判断

③ 低值易耗品摊销的核算。低值易耗品(low-value consumption good)是指不能作为固定资产的各种用具物品,如办公用品、物料用品、宣传用品、电子设备耗材、营销员奖励的礼品等。公司取得低值易耗品应当按照实际成本进行计量。低值易耗品的摊销方法包括两种：

a. 一次摊销法。一次摊销法(one-off amortization method)是指在领用低值易耗品时，其全部价值一次计入相关资产成本或当期损益，适用于价值较低或极易损坏的低值易耗品。

b. 五五摊销法。五五摊销法(fifty percent amortization method)是指在领用低值易耗品时，先摊销其成本的一半，在报废时再摊销其成本的一半。即低值易耗品分两次各按50%进行摊销。五五摊销法既适用于价值较低、使用期限较短的低值易耗品，也适用于每期领用数量和报废数量大致相等的低值易耗品。采用五五摊销法的情况下需要单独设置"在库""在用"和"摊销"明细科目。

保险公司应通过"低值易耗品"科目核算公司在库低值易耗品的实际成本，该科目属于资产类科目，其借方登记购入的低值易耗品，贷方登记领用的低值易耗品，余额在借方，反映公司库存未用低值易耗品的实际成本。该科目应按低值易耗品的种类，分别"在库""在用"和"摊销"设置明细账。同时，对于在用低值易耗品，以及使用部门退回仓库的低值易耗品，应加强实物管理，并在备查簿上进行登记。

例 7 - 27　某公司从三农服务站购入一批办公用品，转账支付800元，取得普通发票，采用一次摊销法。应编制会计分录如下：

购入时：

借：低值易耗品——办公用品　　　　　　　　　　　800
　　贷：银行存款　　　　　　　　　　　　　　　　　　800

办公室领用时：

借：业务及管理费——公杂费　　　　　　　　　　　800
　　贷：低值易耗品——办公用品　　　　　　　　　　800

例 7 - 28　某保险公司因业务需要领用一台点钞机，价值1 500元，采用五五摊销法。应编制会计分录如下：

① 领用时：

借：低值易耗品——在用　　　　　　　　　　　　　1 500
　　贷：低值易耗品——在库　　　　　　　　　　　　1 500

② 领用时摊销其价值的一半：

借：业务及管理费——低值易耗品摊销　　　　　　　750
　　贷：低值易耗品——摊销　　　　　　　　　　　　750

③ 报废时摊销其价值的一半:

借:业务及管理费——低值易耗品摊销   750

  贷:低值易耗品——摊销   750

同时

借:低值易耗品——摊销   1 500

  贷:低值易耗品——在用   1 500

④ 无形资产摊销的核算。无形资产(intangible asset)是指公司拥有或者控制的没有实物形态的可辨认非货币性资产。包括专利权、非专利技术、商标权、著作权、特许权、土地使用权等。公司应当于取得无形资产时分析判断其使用寿命。使用寿命为有限的,应当估计该使用寿命的年限或者构成使用寿命的产量等类似计量单位数量;无法预见无形资产为企业带来经济利益期限的,应当视为使用寿命不确定的无形资产。使用寿命有限的无形资产应进行摊销。使用寿命不确定的无形资产不应摊销。

使用寿命包括法定寿命和经济寿命,有些无形资产的使用寿命受法律、规章或合同的限制,比如我国法律规定专利权有效期为 20 年,商标有效期为 10 年。有些无形资产,如永久性特许权、非专利技术等的寿命不受法律或合同的限制,但可以确定为公司带来经济利益的年限。使用寿命有限的无形资产,其应摊销金额应当在使用寿命内系统合理摊销。无形资产的摊销期自可供使用(即其达到预定用途)时起至终止确认时止。当月增加的无形资产,当月开始摊销;当月减少的无形资产,当月不再摊销。

无形资产的应摊销金额为其成本扣除预计残值后的金额。已计提减值准备的无形资产,还应扣除已计提的无形资产减值准备累计金额。使用寿命有限的无形资产,其残值应当视为零,但下列情况除外:

第一,有第三方承诺在无形资产使用寿命结束时购买该无形资产。

第二,可以根据活跃市场得到预计残值信息,并且该市场在无形资产使用寿命结束时很可能存在。

无形资产的摊销方法包括直线法、生产总量法等。公司选择的无形资产摊销方法,应当反映与该项无形资产有关的经济利益的预期实现方式。无法可靠确定预期实现方式的,应当采用直线法摊销。

公司应当按月对无形资产进行摊销。无形资产的摊销金额一般应当计入当期损益,其他会计准则另有规定的除外。公司自用的无形资产,其摊销金额进入业务及管理费;出租的无形资产,其摊销金额进入其他业务成本;某项无形资产包含的经济利益通过其他资产实现的,无形资产的摊销金额应当计入相关资产成本。

　　例7-29　甲公司购入一项非寿险保单特许权,取得的增值税专用发票上注明的价款为4 800 000元,增值税税额为288 000元,合同规定受益年限为10年。甲公司应编制会计分录如下:

购入时:

借:无形资产——特许权　　　　　　　　　　　　　4 800 000

　　应交税费——应交增值税(进项税额)　　　　　　288 000

　　贷:银行存款　　　　　　　　　　　　　　　　　　5 088 000

每月摊销时:

月摊销额=4 800 000÷120=40 000(元)

借:业务及管理费——无形资产摊销　　　　　　　　40 000

　　贷:累计摊销　　　　　　　　　　　　　　　　　　40 000

　　⑤ 长期待摊费用摊销的核算。长期待摊费用(long-term deferred expense)是指公司已经发生但由本期和以后各期负担的分摊期限在一年以上的各项费用,如以经营租赁方式租入的固定资产改良支出、一年期以上的租金、广告牌租赁费等。

　　租入固定资产改良支出是指能增加以租赁方式租入固定资产的效用或延长其使用寿命的改装、翻修、改建支出。固定资产改良支出一般数额较大,受益期较长(超过1年),而且固定资产的性能、质量等都有较大的改进。

　　长期待摊费用的核算应设置"长期待摊费用"科目,用来核算公司已经发生,但摊销期限在一年以上的各项费用。该科目属于资产类科目,其借方登记发生的各项长期待摊费用,贷方登记摊销的长期待摊费用,余额在借方,反映公司尚未摊销完毕的长期待摊费用。该科目应按费用项目设置明细账。

　　发生各项长期待摊费用时,借记"长期待摊费用""应交税费——应交增值税(进项税额)"科目,贷记"银行存款"等科目;摊销各项长期待摊费用时,借记"业务及管理费"科目,贷记"长期待摊费用"科目。

　　⑥ 应交税费的核算。计入业务及管理费的税金主要包括房产税、土地使用税和车船使用税。房产税是国家对在城市、县城、建制镇和工矿区征收的产权所有人缴纳的税。房产税依照原值一次减除10%—30%后的余额计算交纳。没有房产原值作为依据的,由房产所在地税务机关参考同类房产核定。房产出租的,以房产租金收入作为房产税的计税依据。土地使用税是国家为了合理利用城镇土地,调节土地级差收入,提高土地使用效益,加强土地管理而开征的一种税。土地使用税以纳税人实际占有的土地面积为计税依据,依照规定税额计算征收。车船使用税由拥有并且使用车船的单位和个人交纳。车船使用税按照适

用税率计算交纳。值得注意的是印花税不通过"应交税费"科目核算。

保险公司按规定计算应交的房产税、土地使用税、车船使用税,借记"业务及管理费"科目,贷记"应交税费——应交房产税、土地使用税、车船使用税"科目;实际上交时,借记"应交税费——应交房产税、土地使用税、车船使用税"科目,贷记"银行存款"科目。

⑦ 提取保险保障基金的核算。2008 年 9 月 11 日中国保监会颁布了《保险保障基金管理办法》规定,经保险监督管理机构批准设立,并在境内依法登记注册的中资保险公司、中外合资保险公司、外资独资保险公司和外国保险公司分公司,应当按照下列规定,对经营的财产保险业务或者人身保险业务缴纳保险保障基金(Insurance Protection Fund),缴纳保险保障基金的保险业务纳入保险保障基金救助范围:a. 非投资型财产保险按照保费收入的 0.8% 缴纳,投资型财产保险,有保证收益的,按照业务收入的 0.08% 缴纳,无保证收益的,按照业务收入的 0.05% 缴纳;b. 有保证收益的人寿保险按照业务收入的 0.15% 缴纳,无保证收益的人寿保险按照业务收入的 0.05% 缴纳;c. 短期健康保险按照保费收入的 0.8% 缴纳,长期健康保险按照业务收入的 0.15% 缴纳;d. 非投资型意外伤害保险按照保费收入的 0.8% 缴纳,投资型意外伤害保险,有保证收益的,按照业务收入的 0.08% 缴纳,无保证收益的,按照业务收入的 0.05% 缴纳。业务收入,是指投保人按照保险合同约定,为购买相应的保险产品支付给保险公司的全部金额。保险公司应当及时、足额将保险保障基金缴纳到保险保障基金公司的专门账户,有下列情形之一的,可以暂停缴纳:a. 财产保险公司的保险保障基金余额达到公司总资产 6% 的;b. 人身保险公司的保险保障基金余额达到公司总资产 1% 的。下列业务不属于保险保障基金的救助范围,不缴纳保险保障基金:a. 保险公司承保的境外直接保险业务;b. 保险公司的再保险分入业务;c. 由国务院确定的国家财政承担最终风险的政策性保险业务;d. 保险公司从事的企业年金受托人、账户管理人等企业年金管理业务;e. 中国保监会会同有关部门认定的其他不属于保险保障基金救助范围的业务。

《办法》明确规定,保险保障基金的资金运用限于银行存款,买卖政府债券、中央银行票据、中央企业债券、中央级金融机构发行的金融债券,以及国务院批准的其他资金运用形式。

《办法》明确规定,有下列情形之一的,可以动用保险保障基金:a. 保险公司被依法撤销或者依法实施破产,其清算财产不足以偿付保单利益的;b. 中国保监会经商有关部门认定,保险公司存在重大风险,可能严重危及社会公共利益和金融稳定的。

保险公司被依法撤销或者依法实施破产,其清算财产不足以偿付保单利益的,保险保障基金按照下列规则对非人寿保险合同的保单持有人提供救助:a.保单持有人的损失在人民币5万元以内的部分,保险保障基金予以全额救助;b.保单持有人为个人的,对其损失超过人民币5万元的部分,保险保障基金的救助金额为超过部分金额的90%;保单持有人为机构的,对其损失超过人民币5万元的部分,保险保障基金的救助金额为超过部分金额的80%。保单持有人的损失,是指保单持有人的保单利益与其从清算财产中获得的清偿金额之间的差额。

经营有人寿保险业务的保险公司被依法撤销或者依法实施破产的,其持有的人寿保险合同,必须依法转让给其他经营有人寿保险业务的保险公司;不能同其他保险公司达成转让协议的,由中国保监会指定经营有人寿保险业务的保险公司接收。被依法撤销或者依法实施破产的保险公司的清算资产不足以偿付人寿保险合同保单利益的,保险保障基金可以按照下列规则向保单受让公司提供救助:a.保单持有人为个人的,救助金额以转让后保单利益不超过转让前保单利益的90%为限;b.保单持有人为机构的,救助金额以转让后保单利益不超过转让前保单利益的80%为限。

例7-30　某公司非投资性财产保险8月份保费收入20 000 000元,则提取保险保障基金为:20 000 000×0.8%＝160 000元,应编制会计分录如下:

借:业务及管理费——提取保险保障基金　　　　　160 000
　　贷:其他应付款　　　　　　　　　　　　　　　　　　　160 000

⑧提取交强险救助基金的核算。提取交强险救助基金(social assistance fund for road traffic accident)是指公司根据监管机构的有关规定,按照交强险保费收入的一定比例提取并缴纳当地政府部门,用于机动车交通事故第三者救助的专项基金。

提取交强险救助基金时,借记"业务及管理费——提取交强险救助基金",贷记"应交税费"科目。公司也可根据需要单独设置"提取交强险救助基金"科目。

四、其他业务成本的核算

其他业务成本(other business expense)是指公司确认的除主营业务活动以外的其他经营活动所发生的支出,比如出租固定资产、出租投资性房地产、出租无形资产、咨询服务、代理勘查等发生或结转的相关成本、费用。

为了核算和监督保险公司其他业务成本情况,应设置"其他业务成本"科目,该科目属于损益类(费用)科目,其借方登记发生的其他业务成本,贷方登记期末结转"本年利润"科目的数额,结转后该科目无余额。该科目应按其他业务成本的种类设置明细账。

例 7 - 31 某公司为其他公司代办勘查,取得勘查收入 20 000 元(含税),已收到银行收账通知。发生勘查支出 12 000 元(含税),转账支付。适用增值税税率均为 6%。应编制会计分录如下:

借:银行存款	20 000
贷:其他业务收入——代勘查收入	18 867.92
应交税费——应交增值税(销项税额)	1 132.08
借:其他业务成本——代勘查支出	11 320.75
应交税费——应交增值税(进项税额)	679.25
贷:银行存款	12 000

例 7 - 32 20×7 年 1 月 1 日,A 公司将一项专利技术出租给 B 公司使用,该专利技术账面余额为 500 万元,摊销期限为 10 年,出租合同规定,每年收取租金 1 000 000 元(含税),增值税税率为 6%。A 公司应编制会计分录如下:

(1) 取得该项专利技术使用费时:

借:银行存款	1 000 000
贷:其他业务收入——租金收入	943 396.23
应交税费——应交增值税(销项税额)	56 603.77

(2) 按月对该项专利技术进行摊销时:

借:其他业务成本——出租无形资产支出	41 666.67
贷:累计摊销	41 666.67

例 7 - 33 甲公司 2016 年 7 月 1 日购入一栋营业用房,取得的增值税专用发票上注明的价款为 1 500 万元,增值税税额为 135 万元,出租给乙公司使用,已确认投资性房地产,采用成本模式进行后续计量。该栋营业用房按照直线法计提折旧,使用寿命为 20 年,预计净残值为零。按照经营租赁合同,乙公司

每月支付甲公司租金 5 万元(含税)。租赁期满 1 年后,甲公司将该栋营业用房出售给乙公司,合同价款为 1 800 万元(含税),乙公司用银行存款付清。适用增值税税率均为 9%。甲公司应编制会计分录如下:

(1)购入营业用房时:

借:投资性房地产　　　　　　　　　　　　　　　　　15 000 000

　　应交税费——应交增值税(进项税额)　　　　　　　1 350 000

　　贷:银行存款　　　　　　　　　　　　　　　　　　　16 350 000

(2)每月计提折旧时:

每月计提的折旧:1 500÷240＝6.25(万元)

借:其他业务成本——出租投资性房地产支出　　　　　　62 500

　　贷:投资性房地产累计折旧　　　　　　　　　　　　　62 500

(3)每月确认租金时:

借:银行存款　　　　　　　　　　　　　　　　　　　50 000

　　贷:其他业务收入——租金收入　　　　　　　　　　　45 871.56

　　　应交税费——应交增值税(销项税额)　　　　　　　4 128.44

(4)出售时:

借:银行存款　　　　　　　　　　　　　　　　　　　18 000 000

　　贷:其他业务收入——出售投资性房地产收入　　　16 513 761.47

　　　应交税费——应交增值税(销项税额)　　　　　　1 486 238.53

(5)结转成本时:

已计提的折旧:6.25×12＝75(万元)

借:其他业务成本——出售投资性房地产支出　　　　　14 250 000

　　投资性房地产累计折旧　　　　　　　　　　　　　　750 000

　　贷:投资性房地产　　　　　　　　　　　　　　　　15 000 000

五、资产减值损失的核算

1. 资产减值的范围

资产减值损失(asset impairment loss)是指公司计提各项资产减值准备所形成的损失,包括应收款项、低值易耗品、损余物资、抵债资产、长期股权投资、持有至到期投资、固定资产、无形资产、投资性房地产、贷款等资产发生减值应计提的各项准备。

公司所有的资产在发生减值时,原则上都应当对发生的减值损失及时加以确认和计量,因此,资产减值包括所有资产的减值。但是,由于有关资产的性质不同,其减值的会计处理也有所区别,因而所适用的具体准则也不同。比如,损余物资、低值易耗品、抵债资产等存货的减值适用于《企业会计准则第1号——存货》,持有至到期投资、贷款及应收款项、可供出售金融资产等金融资产的减值适用于《企业会计准则第22号——金融工具确认和计量》,投资性房地产的减值适用于《企业会计准则第3号——投资性房地产》。对于固定资产(含在建工程)、无形资产、按成本计量的投资性房地产、对子公司、合营企业和联营企业的长期股权投资、商誉的减值适用于《企业会计准则第8号——资产减值》。其中金融资产的减值将在第八章阐述。

2. 科目设置

为了核算和监督保险公司资产减值损失情况,应设置"资产减值损失"科目,该科目属于损益类(费用)科目。其借方登记公司的应收款项、低值易耗品、损余物资、长期股权投资、持有至到期投资、固定资产、无形资产、贷款等资产发生减值应计提的各项准备,贷方登记期末转入"本年利润"的数额,结转后该科目无余额。该科目应按资产减值损失项目设置明细账。

3. 资产减值损失的账务处理

(1) 损余物资、低值易耗品、抵债资产等存货的减值损失。资产负债表日,存货应当按成本与可变现净值孰低计量。如由于存货毁损、全部或部分陈旧过时等原因,使存货成本高于可变现净值的,应按可变现净值低于存货成本部分,计提存货跌价准备,计入当期损益。可变现净值,是指公司在正常经营过程中,以估计售价减去所必需的估计费用后的价值。

存货跌价准备应按单个存货项目的成本与可变现净值计量,如果某些存货具有类似用途,且实际上难以将其与该产品系列的其他项目区别开来进行估价,可以合并计量成本与可变现净值;对于数量繁多、单价较低的存货,可以按存货类别计量成本与可变现净值。

当存在以下一项或若干项情况时,应当将存货账面价值全部转入当期损益:① 已霉烂变质的存货;② 已过期且无转让价值的存货;③ 经营中已不再需要,并且已无使用价值和转让价值的存货;④ 其他足以证明已无使用价值和转让价值的存货。

当存在下列情况之一时,应当计提存货跌价准备:① 市价持续下跌,并且在可预见的未来无回升的希望;② 因材料已不适应公司的需要;③ 其他足以证明该项存货实质上已经发生减值的情形。

如果以前减记存货价值的影响因素已经消失的,减记的金额应当予以恢复,并在原已计提的存货跌价准备金额内转回,转回的金额计入当期损益。

例 7 - 34 20×7 年 12 月 31 日,甲公司抵债资产的账面余额为 100 000 元,由于市场价格下跌,预计可变现净值为 80 000 元,由此应计提的抵债资产跌价准备为 20 000 元。应编制会计分录如下:

借:资产减值损失——计提的抵债资产跌价准备　　　20 000
　　贷:抵债资产跌价准备　　　　　　　　　　　　　　　20 000

假设 20×8 年 6 月 30 日,抵债资产的账面余额为 100 000 元,由于市场价格有所上升,使得甲公司抵债资产预计可变现净值为 95 000 元,应转回的抵债资产跌价准备为 15 000 元。应编制会计分录如下:

借:抵债资产跌价准备　　　　　　　　　　　　　　　15 000
　　贷:资产减值损失——计提的抵债资产跌价准备　　　15 000

假设 20×8 年 12 月 30 日,抵债资产的账面余额仍为 100 000 元,由于市场价格进一步上升,使得甲公司抵债资产预计可变现净值为 98 000 元,应转回的抵债资产跌价准备为 3 000 元。应编制会计分录如下:

借:抵债资产跌价准备　　　　　　　　　　　　　　　3 000
　　贷:资产减值损失——计提的抵债资产跌价准备　　　3 000

(2) 固定资产(含在建工程)、无形资产、按成本计量的投资性房地产、对子公司、合营企业和联营企业的长期股权投资、商誉的减值损失。

① 资产减值迹象的判断。从外部信息来源来看,如果资产市场价值明显下降,公司经济、技术、法律或市场环境发生了重大不利变化;利率或其他市场回报率的提高影响了计算资产可收回金额的贴现率,公司需要据此估计资产的可收回金额,决定是否需要确认减值损失。

从内部信息来源来看,如果资产已经陈旧过时或发生实体损坏;资产已经或将被闲置、终止使用或提前处置;内部报告显示资产的经济绩效已低于或将低于预期等,均属于资产可能发生减值的迹象。

② 资产减值的测试。如果有确凿证据表明资产存在减值迹象的,应进行减值测试,估计资产的可收回金额。但有两项资产除外,即因公司合并形成的商誉和适用寿命不确定的无形资产,对于这两类资产,无论是否存在减值迹象,都应当至少于每年年度终了时进行减值测试。

③ 资产可收回金额的计量。公司资产存在减值迹象的,应当估计资产的可收回金额,然后将所估计资产的可收回金额与其账面价值相比较,以确定资产是否发生了减值,以及是否需要计提资产减值准备并确认相应的减值损失。

资产可收回金额的估计应当根据其公允价值减去处置费用后的净额与资产预计未来现金流量的现值两者之间较高者。

④ 资产减值损失的确认与计量。公司在对资产进行减值测试后,如果可收回金额的计量结果表明,资产的可收回金额低于其账面价值的,应当将资产的账面价值减记可收回金额,减记的金额确认为资产减值损失,计入当期损益,同时,计提相应的资产减值准备。

考虑到固定资产、无形资产、商誉等资产发生减值后,一方面价值回升的可能性比较小,通常属于永久性减值;另一方面从会计信息稳健性要求考虑,为了避免确认资产重估增值和操纵利润,资产减值损失一经确认,在以后会计期间不得转回。以前期间计提的资产减值准备,需要等到资产处置时才可转回。

例 7-35 20×7 年 12 月 31 日,某公司的理赔用车存在可能发生减值迹象。经计算,该批理赔用车的可收回金额合计为 1 230 000 元,账面价值为 1 400 000 元,以前年度未对该批理赔用车计提过减值准备。应编制会计分录如下:

借:资产减值损失——计提的固定资产减值准备　　　　170 000
　　贷:固定资产减值准备　　　　　　　　　　　　　　　170 000

例 7-36 20×7 年 12 月 31 日,某公司的某项专利存在可能发生减值迹象。该公司外购的类似专利技术的账面价值为 800 000 元,剩余摊销年限为 4 年,经减值测试,该专利技术的可收回金额为 750 000 元。应编制会计分录如下:

借:资产减值损失——计提的无形资产减值准备　　　　50 000
　　贷:无形资产减值准备　　　　　　　　　　　　　　　50 000

六、资产处置损失的核算

资产处置损失(asset disposal loss)是指公司固定资产,无形资产等因出售,转让等原因,产生的处置损失。

例 7-37 某保险公司 2016 年 8 月出售 2010 年购入的不需用的理赔车,原价 80 000 元,估计折旧 20 000 元,已计提减值准备 10 000 元。双方协商作价 41 200 元(含税),款项已收到。清理过程中支付清理费用 4 000 元,收到普通发票。应编制会计分录如下:

（1）固定资产进入清理时：

借：固定资产清理	50 000	
累计折旧	20 000	
固定资产减值准备	10 000	
贷：固定资产		80 000

（2）支付清理费用时：

| 借：固定资产清理 | 4 000 | |
| 贷：银行存款 | | 4 000 |

（3）收到出售固定资产价款时：

借：银行存款	41 200	
贷：固定资产清理		40 400
应交税费——简易计税		800

应交增值税＝41 200÷（1＋3%）×2%＝800（元）

（4）结转固定资产清理净损失时：

| 借：资产处置损益——处置非流动资产损失 | 13 600 | |
| 贷：固定资产清理 | | 13 600 |

七、营业外支出的核算

营业外支出（non operating expense）是指公司发生的与经营业务无直接关系的各项支出，包括非流动资产毁损报废损失、非货币性资产交换损失、债务重组损失、公益性捐赠支出、非常损失、盘亏损失等。

为了核算和监督保险公司营业外支出的情况，应设置"营业外支出"科目，该科目属于损益类（费用）科目，其借方登记发生的营业外支出，贷方登记期末结转"本年利润"科目的数额，结转后该科目无余额。该科目应按营业外支出项目设置明细账。

例 7-38　某公司拥有某项专利技术，根据市场调查，该项专利已没有市场，决定应予转销。转销时，该项专利技术的账面余额为 600 万元，摊销期限为 10 年，采用直线法进行摊销，已摊销了 5 年，假定该项专利权的残值为零，已累计计提的减值准备为 160 万元，假定不考虑其他相关因素。应编制会计分录如下：

借：累计摊销	3 000 000	
无形资产减值准备	1 600 000	
营业外支出——处置无形资产损失	1 400 000	
贷：无形资产——专利权		6 000 000

例 7 - 39 某企业因资金周转困难,通过债务重组方式与保险公司达成协议:企业欠公司保费 50 万元、分保账款 4 万元,用支票 30 万元归还分保账款和部分保费,其他债务用一台丰田小轿车抵偿。该车原价 25 万元,市场评估价 18 万元,评估价与公允价值相符合。经批准,此车留作保险公司公务用车。应编制会计分录如下:

(1) 收到支票时:

借:银行存款 300 000

    贷:应收保费——××单位 260 000

        应收分保账款——××单位 40 000

(2) 收到抵债资产丰田小轿车时:

借:抵债资产——丰田小轿车 180 000

    营业外支出——债务重组损失 60 000

    贷:应收保费——××单位 240 000

(3) 经批准,收回的小轿车留作公司公务用车:

借:固定资产——交通运输设备——丰田小轿车 250 000

    贷:抵债资产——丰田小轿车 180 000

        累计折旧 70 000

第三节　保险合同利润的核算

利润(profit)是指公司在一定会计期间的经营成果,它是各项收入抵补各项支出后所获得的最后成果。如果收入大于支出,即为利润;反之,即为亏损。利润或亏损是衡量保险公司经营管理水平和市场竞争能力的一个重要标志。

一、利润的构成内容

利润分为营业利润、利润总额、净利润、综合收益总额四个层次。

1. 营业利润

营业利润(operating profit)是指公司从经营活动中取得的全部利润。营业利润应是构成公司利润总额的主体部分,其计算公式为

$$营业利润 = 营业收入 - 营业支出$$

2. 利润总额

利润总额(total profit)是由营业利润、营业外收入、营业外支出三个项目构成的,可以用公式表示为

$$利润总额 = 营业利润 + 营业外收入 - 营业外支出$$

3. 净利润

净利润(net profit)是指利润总额减去所得税费用后的净额,可以用公式表示为:

$$净利润 = 利润总额 - 所得税费用$$

4. 综合收益总额

综合收益(total composite income)是指公司在某一期间除与所有者以其所有者身份进行的交易之外的其他交易或事项所引起的所有者权益变动。其计算公式为

$$综合收益总额 = 净利润 + 其他综合收益扣除所得税影响后的净额$$

二、本年利润的核算

为了核算本年利润,保险公司应设置"本年利润"科目,核算公司在本年度实现的净利润(或发生的净亏损)总额。该科目属于所有者权益类科目,其贷方登记从各损益类(收入)科目转入的金额以及转入"利润分配"科目的净亏损,借方登记从损益类(费用)科目转入的金额以及转入"利润分配"科目的净利润。在年终结转利润分配之前,该科目一般是有余额的。如为贷方余额,反映本年度自年初开始累计实现的净利润;如为借方余额,反映本年度自年初开始累计发生的净亏损。年终结转后,"本年利润"科目无余额。

例 7-40 中信寿险公司损益类科目全年发生额情况如表 7-4 所示。

表 7-4　中信寿险公司损益类科目全年发生额　　单位:元

科 目 名 称	本期贷方发生额	科 目 名 称	本期借方发生额
保费收入	9 230 649	赔付支出	2 810 500
利息收入	543 146	保单红利支出	145 600
其他业务收入	84 000	退保金	257 800

续　表

科 目 名 称	本期贷方发生额	科 　目 　名 　称	本期借方发生额
汇兑损益	85 000	分出保费	253 733
公允价值变动损益	26 582	分保费用	197 426
摊回保险责任准备金	655 000	提取保险责任准备金	346 739
摊回赔付支出	374 263	提取未到期责任准备金	271 287
摊回分保费用	56 293	利息支出	95 000
营业外收入	12 000	手续费及佣金支出	105 590
		税金及附加	461 740
		业务及管理费	237 679
		其他业务成本	24 408
		资产减值损失	23 418
		营业外支出	19 394

根据上述资料,编制会计分录如下:

1. 结转各项收入时:

借:保费收入	9 230 649
利息收入	543 146
其他业务收入	84 000
汇兑损益	85 000
公允价值变动损益	26 582
摊回保险责任准备金	655 000
摊回赔付支出	374 263
摊回分保费用	56 293
营业外收入	12 000
贷:本年利润	11 066 933

2. 结转各项成本、费用和支出时:

借:本年利润	5 250 314
贷:赔付支出	2 810 500
保单红利支出	145 600

退保金	257 800
分出保费	253 733
分保费用	197 426
提取保险责任准备金	346 739
提取未到期责任准备金	271 287
利息支出	95 000
手续费及佣金支出	105 590
税金及附加	461 740
业务及管理费	237 679
其他业务成本	24 408
资产减值损失	23 418
营业外支出	19 394

该公司实现利润总额为：11 066 933－5 250 314＝5 816 619(元)。

三、所得税费用的核算

所得税费用(income tax expense)是指公司应从当期利润总额中扣除的所得税费用。所得税是以企业取得的经营所得和其他所得(转让财产收入,股息、红利等权益性投资收益,利息收入,租金收入,特许权使用费收入,接受捐赠收入等)为征税对象的一种税。企业分为居民企业和非居民企业。居民企业,是指依法在中国境内成立,或者依照外国(地区)法律成立但实际管理机构在中国境内的企业。非居民企业,是指依照外国(地区)法律成立且实际管理机构不在中国境内,但在中国境内设立机构、场所的,或者在中国境内未设立机构、场所,但有来源于中国境内所得的企业。企业所得税的税率为25％。非居民企业来源于中国的所得适用税率为20％。

公司在计算确定当期所得税及递延所得税费用的基础上,应将两者之和确认为利润表中的所得税费用。公式如下：

$$所得税费用 ＝ 当期所得税＋递延所得税$$

1. 当期所得税

保险公司在一定时期内实现的利润总额,是计算交纳所得税的基础。但由于会计对收入和费用的确认,与税法的规定在某些方面不尽相同,这使得会计所反映的利润与税法规定的计税利润之间不相一致,因此,一般情况下,公司的利润总额并不直接等于纳税所得额。根据税法规定,应将保险公司利润总额调整

为应纳税所得额,然后计算保险公司当期所得税(current income tax)。即:

$$当期所得税 = 应纳税所得额 \times 适用税率$$

$$应纳税所得额 = 利润总额 + 纳税调整增加额 - 纳税调整减少额$$

纳税调整增加额主要包括如下内容。

(1) 税法规定的允许扣除项目中保险公司已计入当期费用但超过税法规定扣除标准的金额,主要包括:

① 超过税法规定标准的业务招待费(按实际发生额的60%扣除,但最高不得超过当年营业收入的5‰)。

② 公益救济性捐赠中超过年度利润总额12%的部分。

③ 广告费和业务宣传费中超过当年营业收入15%的部分。

④ 超过规定计算限额的手续费及佣金支出。保险公司发生与其经营活动有关的手续费及佣金支出,不超过当年全部保费收入扣除退保金等后余额的18%(含本数)的部分,在计算应纳税所得额时准予扣除;超过部分,允许结转以后年度扣除。

⑤ 超过税法规定标准的提取保险保障基金,其中,非投资型财产保险业务,不得超过保费收入的0.8%;投资型财产保险业务,有保证收益的,不得超过业务收入的0.08%;无保证收益的,不得超过业务收入的0.05%。有保证收益的人寿保险业务,不得超过业务收入的0.15%;无保证收益的人寿保险业务,不得超过业务收入的0.05%。短期健康保险业务,不得超过保费收入的0.8%;长期健康保险业务,不得超过保费收入的0.15%。非投资型意外伤害保险业务,不得超过保费收入的0.8%;投资型意外伤害保险业务,有保证收益的,不得超过业务收入的0.08%;无保证收益的,不得超过业务收入的0.05%。财产保险公司的保险保障基金余额达到公司总资产6%的和人身保险公司的保险保障基金余额达到公司总资产1%的,超过部分应作为纳税调整增加额。

⑥ 超过税法标准的提取责任准备金,其中,未到期责任准备金、寿险责任准备金、长期健康险责任准备金依据精算师或出具专项审计报告的中介机构确定的金额提取,未决赔款准备金中已发生已报案未决赔款准备金,按最高不超过当期已经提出的保险赔款或者给付金额的100%提取;已发生未报案未决赔款准备金按不超过当年实际赔款支出额的8%提取。

⑦ 超过税法标准的折旧费。固定资产按直线法计算折旧的允许扣除。各类固定资产的最低折旧年限为:房屋、建筑物为20年;飞机、火车、轮船、机器、机械和其他生产设备为10年;与生产经营活动有关的器具、工具、家具为5年;运输设备为4年;电子设备为3年。

⑧ 超过税法标准的无形资产和长期待摊费用摊销(无形资产按直线法计算摊销费用允许扣除,但摊销年限不得低于 10 年,长期待摊费用摊销年限不得低于 3 年)。

⑨ 职工福利费、工会经费、职工教育经费分别超过工资薪金总额 14%、2%、2.5% 的部分。

⑩ 超过税法标准的农险大灾风险准备金。对农险大灾风险准备金的税前扣除规定是当年按照规定提取的大灾准备金在超过上年度累计提取的大灾准备金余额部分才允许扣除。计算公式为:本年度扣除的大灾准备金=本年度自留保费×规定比例-上年度已在税前扣除的大灾保费准备金结存余额。按上述公式计算的数额如为负数,应调增当年应纳税所得额。

(2) 会计准则规定列入费用或损失但税法规定不允许扣除项目的金额,如税收滞纳金;罚金、罚款和被没收财物的损失;非公益救济性捐赠支出;赞助支出;未经核定的准备金支出;与取得收入无关的其他支出等。

(3) 会计准则规定不确认收入但税法规定要作为应税收入的项目,如关联企业之间采用不合理定价减少应纳税所得额,税法规定税务机关有权进行特别调整,调增应纳税所得额;视同销售收入,会计上可以不作为销售收入,税法上要求作为应税收入;接受捐赠收入等。

纳税调整减少额主要包含如下。

① 按税法规定允许弥补的亏损(前 5 年内的未弥补亏损)。亏损结转制度是一种税收优惠制度。公司纳税年度发生的亏损准予向以后年度结转,用以后年度的所得弥补,但结转年限最长不得超过 5 年。公司在汇总计算缴纳所得税时,境外营业机构的亏损不得抵减境内营业机构的盈利。

② 会计准则规定应确认收入、收益,但税法规定不作为应纳税所得额的准予免税的项目,如公司购买财政部发行的国家公债所取得的利息收入,符合条件的居民企业之间的股息、红利等权益性投资收益。

③ 会计准则规定不确认为费用或损失,但税法规定应作为费用或损失扣除,如税法规定公司安置残疾人员的,在按照支付给残疾职工工资据实扣除的基础上,按照支付给残疾职工工资的 100% 加计扣除;公司开展研发活动中实际发生的研发费用,未形成无形资产计入当期损益的,在按规定据实扣除的基础上,在 2018 年 1 月 1 日至 2020 年 12 月 31 日期间,再按照实际发生额的 75% 在税前加计扣除;形成无形资产的,在上述期间按照无形资产成本的 175% 在税前摊销。研发费用包括人员人工费用、直接投入费用、折旧费用、无形资产摊销、新产品设计费、新工艺规程制定费和其他相关费用。

2. 递延所得税

递延所得税(deferred income tax)是指按照所得税准则规定当期应予确认的递延所得税资产和递延所得税负债金额,即递延所得税资产及递延所得税负债当期发生额的综合结果,但不包括计入所有者权益的交易或事项的所得税影响。用公式表示为

$$递延所得税 = 递延所得税负债增加额 + 递延所得税资产减少额$$
$$= (递延所得税负债的期末余额 - 递延所得税负债的期初余额)$$
$$+ (递延所得税资产的期末余额 - 递延所得税资产的期初余额)$$

3. 暂时性差异

暂时性差异(temporary difference)是指资产、负债的账面价值与其计税基础不同产生的差额。因为资产、负债的账面价值与其计税基础不同,产生了在未来收回资产或清偿负债的期间内,应纳税所得额增加或减少并导致未来期间应交所得税增加或减少的情况,形成公司的资产和负债,在有关暂时性差异发生当期,符合确认条件的情况下,应当确认相关的递延所得税负债或递延所得税资产。

根据暂时性差异对未来期间应纳税所得额的影响,分为应纳税暂时性差异和可抵扣暂时性差异。

(1) 应纳税暂时性差异。应纳税暂时性差异(taxable temporary difference)是指在确定未来收回资产或清偿负债的期间的应纳税所得额时,将导致产生应税金额的暂时性差异,即在未来期间不考虑该事项影响的应纳税所得额的基础上,由于该暂时性差异的转回,会进一步增加转回期间的应纳税所得额和应交所得税金额,在其产生当期应当确认相关的递延所得税负债。

应纳税暂时性差异通常产生于以下情况。

① 资产的账面价值大于其计税基础。资产的账面价值代表的是公司在持续使用或最终出售该项资产时将取得的经济利益的总额,而计税基础代表的是资产在未来期间可予税前扣除的总金额。资产的账面价值大于其计税基础,该项资产未来期间产生的经济利益不能全部税前扣除,两者之间的差额会造成未来期间应纳税所得额和应交所得税的增加,在其产生当期,应当确认相关的递延所得税负债。

② 负债的账面价值小于其计税基础。负债的账面价值为公司预计在未来期间清偿该项负债时的经济利益的流出,而其计税基础代表的是账面价值在扣除税法规定未来期间允许税前扣除的金额之后的差额。负债的账面价值与其计税基础不同产生的暂时性差异,实质上是税法规定就该项负债在未来期间可以

税前扣除的金额(即与该项负债相关的费用支出在未来期间可予税前扣除的金额)。负债的账面价值小于其计税基础,则意味着就该项负债在未来期间可予税前扣除的金额为负数,即应在未来期间应纳税所得额的基础上调增,增加应纳税所得额和应交所得税金额,产生应纳税暂时性差异,应当确认相关的递延所得税负债。

(2) 可抵扣暂时性差异(deductible temporary difference)。可抵扣暂时性差异是指在确定未来收回资产或清偿负债的期间的应纳税所得额时,将导致产生可抵扣金额的暂时性差异。该差异在未来期间转回时会减少转回期间的应纳税所得额,减少未来期间的应交所得税。在可抵扣暂时性差异产生当期,符合确认条件时,应当确认相关的递延所得税资产。

可抵扣暂时性差异通常产生于以下情况。

① 资产的账面价值小于其计税基础。资产的账面价值小于其计税基础,意味着公司在未来期间就该项资产可以在其自身取得经济利益的基础上多扣除了一部分金额,公司在未来期间可以减少应纳税所得额并减少应交所得税,符合有关条件时,应当确认相关的递延所得税资产。例如,20×8 年 3 月 20 日,某公司自股票市场取得一项权益性投资,支付价款 2 000 万元,作为交易性金融资产核算。20×8 年 6 月 30 日,该项权益性投资的市价为 1 600 万元。按税法规定,公司对外投资期间,投资资产的成本在计算应纳税所得额时不得扣除,所以,交易性金融资产在持有期间的公允价值变动减值的金额,不能冲减应纳税所得额,待出售时一并计入应纳税所得额。因此,编制半年报表时,该公司 20×8 年 6 月 30 日资产负债表上的计税基础为取得成本 2 000 万元,而按照会计准则规定确认的账面价值为 1 600 万元。账面价值与计税基础的差异 400 万元,属于暂时性差异,该差异在未来期间转回时会减少未来期间的应交所得税,导致应交所得税减少。

② 负债的账面价值大于其计税基础。负债的账面价值大于其计税基础,意味着在未来期间按照税法规定与负债相关的全部或部分支出可以自未来应税经济利益中扣除,减少未来期间应纳税所得额和应交所得税。符合有关条件时,应当确认相关的递延所得税资产。例如,20×8 年 2 月,某公司收到某客户保费 1 000 万元,因保险责任尚未生效不符合保费收入确认条件,将其作为预收保费核算,则该项预收保费在当年资产负债表的账面价值为 1 000 万元。而按照税法规定,该预收保费应计入取得当期的应纳税所得额,与该项负债相关的经济利益已在取得当期交纳所得税,未来期间按照会计准则规定确认收入时,不再计入应纳税所得额,即其在未来期间计算应纳税所得额时可予税前扣除的金额为 1 000 万元,计税基础＝账面价值－未来期间按照税法规定可予税前扣除的金额,计算应纳税所得额时,按照税法规定可予扣除的金额＝1 000－1 000＝0。该

项负债的账面价值 1 000 万元与计税基础 0 之间产生了 1 000 万元的暂时性差异,减少未来期间应纳税所得额,使公司未来期间以应交所得税的方式流出的经济利益减少。

4. 所得税费用的会计处理

例 7 - 41 安信财产保险公司 20×8 年度利润表中利润总额为 3 000 万元,该公司所得税税率为 25%。递延所得税资产和递延所得税负债不存在期初余额。20×8 年发生的有关交易和事项中,会计处理与税收处理存在差别的有:

(1) 20×8 年 1 月开始计提折旧的一项固定资产成本为 1 500 万元,使用年限为 10 年,净残值为 0,会计处理按双倍余额递减法计提折旧,税收处理按直线法计提折旧。假定税法规定的使用年限和净残值与会计规定相同。

(2) 公司账面列支业务招待费 500 万元,该公司当年的营业收入为 50 000 万元。

(3) 公司全年发生业务宣传费(假设无广告费)246 万元。

(4) 公司全年发生手续费及佣金支出 1 920 万元,该公司当年的保费收入(扣除退保金)为 12 000 万元。

(5) 公司全年发生公益性捐赠 600 万元。

(6) 当年度发生研究开发支出 1 250 万元,其中 750 万元资本化计入无形资产成本。假定所开发的无形资产于期末达到预定使用状态。

(7) 违反保险监管部门规定应支付罚款 682.5 万元。

(8) 期末计提了 75 万元的损余物资减值准备。

(9) 公司国库券利息收入 110 万元。

该公司 20×8 年资产负债表相关项目金额及其计税基础如表 7 - 5 所示。

表 7 - 5　安信公司 20×8 年资产负债表相关项目金额及其计税基础

单位:万元

项　　目	账面价值	计税基础	差　异	
			应纳税暂时性差异	可抵扣暂时性差异
损余物资	2 000	2 075		75
固定资产				
固定资产原价	1 500	1 500		
减:累计折旧	300	150		

项 目	账面价值	计税基础	差 异	
			应纳税暂时性差异	可抵扣暂时性差异
减：固定资产减值准备	0	0		
固定资产账面价值	1 200	1 350		150
无形资产	750	0	750	
其他应付款	250	250		
总 计			750	225

该公司 20×8 年所得税费用计算过程及会计处理如下：

1. 计算 20×8 年度当期应交所得税

应纳税所得额应该在利润总额的基础上，按照税法规定进行调整。

(1) 会计上按双倍余额递减法计提当年折旧额＝1 500×2/10＝300(万元)

税法上按直线法计提当年折旧额＝1 500÷10＝150(万元)

应纳税所得额调增＝300－150＝150(万元)

(2) 业务招待费按实际发生额的 60% 扣除＝500×60%＝300(万元)

最高扣除额＝50 000×5‰＝250(万元)

因此允许扣除额＝250(万元)

应纳税所得额调增＝500－250＝250(万元)

(3) 业务宣传费允许扣除＝50 000×15%＝7 500(万元)

实际发生 246 万元全部允许扣除。

(4) 手续费及佣金支出允许扣除＝12 000×18%＝2 160(万元)

实际发生 1 920 万元全部允许扣除。

(5) 允许扣除的公益性捐赠＝3 000×12%＝360(万元)

应纳税所得额调增＝600－360＝240(万元)

(6) 研究开发支出加扣＝500×75%＋750×175%＝1 687.5(万元)

(7) 罚款不允许税前扣除

应纳税所得额调增 ＝ 682.5(万元)

(8) 计提的损余物资减值准备不允许税前扣除

$$应纳税所得额调增 = 75(万元)$$

(9) 国库券利息收入准予免税

$$应纳税所得额调减 = 110(万元)$$

20×8 年度当期应交所得税为：

$$应纳税所得额 = 3\,000 + 150 + 250 + 240 - 1\,687.5 + 682.5 + 75 - 110$$
$$= 2\,600(万元)$$

$$应交所得税 = 2\,600 × 25\% = 650(万元)$$

2. 计算 20×8 年度递延所得税

$$递延所得税资产 = 225 × 25\% = 56.25(万元)$$

$$递延所得税负债 = 750 × 25\% = 187.5(万元)$$

$$递延所得税 = 187.5 - 56.25 = 131.25(万元)$$

3. 计算 20×8 年度确认的所得税费用

$$所得税费用 = 650 + 131.25 = 781.25(万元)$$

其会计处理如下：

借：所得税费用	7 812 500
递延所得税资产	562 500
贷：应交税费——应交所得税	6 500 000
递延所得税负债	1 875 000

例 7-42 沿用上例资料,假定该公司 20×9 年当期应交所得税为 1 155 万元,资产负债表中有关资产、负债的账面价值与其计税基础相关资料如表 7-6 所示,除所列项目外,其他资产、负债项目不存在会计和税收的差异。

表 7-6　安信公司 20×9 年资产负债表相关项目金额及其计税基础

单位：万元

项　　目	账面价值	计税基础	差　　异	
			应纳税暂时性差异	可抵扣暂时性差异
损余物资	4 000	4 200		200
固定资产				

续　表

项　　目	账面价值	计税基础	差　　异	
			应纳税暂时性差异	可抵扣暂时性差异
固定资产原价	1 500	1 500		
减：累计折旧	540	300		
减：固定资产减值准备	50	0		
固定资产账面价值	910	1 200		290
无形资产	675	0	675	
预计负债	250	0		250
总　　计			675	740

该公司 20×9 年所得税费用计算过程及会计处理如下：

1. 计算 20×9 年度当期应交所得税

　　　　当期所得税＝当期应交所得税＝1 155（万元）

2. 计算 20×9 年度递延所得税

① 期末递延所得税负债　　　　　　　　　　　　（675×25％）168.75

期初递延所得税负债　　　　　　　　　　　　　　　　　187.50

递延所得税负债减少　　　　　　　　　　　　　　　　　18.75

② 期末递延所得税资产　　　　　　　　　　　　　（740×25％）185

期初递延所得税资产　　　　　　　　　　　　　　　　　56.25

递延所得税资产增加　　　　　　　　　　　　　　　　　128.75

　　　　递延所得税＝－18.75－128.75＝－147.50（万元）

3. 计算 20×9 年度确认的所得税费用

　　　　所得税费用＝1 155－147.50＝1 007.50（万元）

其会计处理如下：

借：所得税费用　　　　　　　　　　　　　　　10 075 000

　　递延所得税资产　　　　　　　　　　　　　　1 287 500

　　递延所得税负债　　　　　　　　　　　　　　　187 500

　　贷：应交税费——应交所得税　　　　　　　　　　　11 550 000

四、利润分配的核算

1. 利润分配的内容和程序

为了正确合理地处理好保险公司、投资者及保险公司职工等各方面的利益关系,保险公司在一定时期经营活动过程中所获得的净利润应按规定的项目和程序在有关方面进行分配。在利润分配方面,政府一般都给予了很多的规定和限制。对于保险公司交纳所得税后的利润,除国家另有规定者外,必须按下列顺序分配。

(1) 抵补保险公司已交纳的在成本和营业外支出中无法列支的有关惩罚性或赞助性支出,如被没收的财物损失、延期交纳各项税款的滞纳金和罚款、保险监督管理部门对保险公司因少交或迟交保证金的加息。

(2) 弥补保险公司以前年度亏损。以前年度亏损,是指保险公司以前年度发生的亏损连续 5 年在所得税前弥补而没有弥补完的部分。公司亏损要及时弥补,一是用税前利润弥补,二是用税后利润弥补。用税前利润弥补亏损,如果 1 年没有弥补完,可连续弥补,但连续弥补的最长期限为 5 年。税后利润弥补亏损,是指 5 年内用税前利润未能弥补完而用税后利润弥补亏损。

(3) 提取法定盈余公积金。法定盈余公积金按净利润的 10% 提取,累计额达到注册资本的 50% 时可以不再提取。

(4) 提取一般风险准备金。保险公司应按本年净利润的 10% 提取一般风险准备,用于巨灾风险的补偿,不得用于转增资本和分红。

(5) 提取利润准备金。它是指农业保险业务在满足一定条件下按超额承保利润的 75% 计提的应对农业大灾风险的利润准备金。

(6) 提取储备基金、企业发展基金和职工奖励及福利基金。它们是指外商投资保险公司按照法律、行政法规提取的基金。

(7) 向投资者分配利润。保险公司征得投资者同意可不分配本年度利润,而作为本年度未分配利润留存;也可把以前年度未分配的利润并入本年度向投资者分配。

国有保险公司和国家控制的保险公司,向国家分配利润的比例由国家核定。国有保险公司向投资者分配的利润应交国家财政,但国家可视财政状况和保险公司的实际情况,将其中的一部分留给保险公司用于补充资本金或建立一般风险准备金。其他保险公司则按公司章程或董事会、股东大会或有控制权的单位的决定进行分配。股份有限公司按下列顺序分配:① 支付优先股股利或永续债利息。② 提取任意盈余公积金。任意盈余公积金根据保险公司的章程或股东会议的决议提取。③ 支付普通股股利。④ 转作资本(或股本)的普通股股利。

这是指公司按照利润分配方案以分派股票股利的形式转作的资本(或股本)。

保险公司当年无利润时,不得向投资者分配利润。但股份有限公司用盈余公积金弥补亏损后,经股东会议特别决议,可按不超过股票面值 65% 的比率用盈余公积金分配股利,分配股利后,保险公司的法定盈余公积金不得低于注册资本的 25%。

2. 利润分配的核算

为了使"本年利润"科目能够完整反映保险公司全年累计实现的净利润(或亏损),便于检查保险公司利润计划的执行情况,利润的分配不直接冲减"本年利润"科目数额,而是设置"利润分配"科目反映利润分配的情况。

"利润分配"科目核算保险公司利润的分配(或亏损的弥补)和历年分配(或弥补)后的积存余额。该科目属于所有者权益类科目,其借方登记从"本年利润"科目转入的净亏损、分配的净利润,以及将已分配的净利润转入"未分配利润"的数额,贷方登记从"本年利润"转入的净利润,用盈余公积和一般风险准备弥补亏损而转入的数额以及将盈余公积和一般风险准备弥补亏损转入"未分配利润"的数额。该科目年末如为贷方余额,反映保险公司历年积存未分配的利润;如为借方余额,反映保险公司累积的尚未弥补的亏损。"利润分配"科目应设置以下明细科目:提取法定盈余公积、提取一般风险准备、提取利润准备、大灾准备金投资收益、提取任意盈余公积、应付优先股股利、应付永续债利息、应付普通股股利、转作股本的股利、盈余公积补亏、一般风险准备补亏和未分配利润等进行核算。

年度终了,账务处理如下。

(1) 按规定从净利润中提取盈余公积,借记"利润分配——提取法定盈余公积、提取任意盈余公积"科目,贷记"盈余公积——法定盈余公积、任意盈余公积"科目。

外商投资保险公司按照规定提取的储备基金、企业发展基金和职工奖励及福利基金,借记"利润分配——提取储备基金、提取企业发展基金、提取职工奖励及福利基金"科目,贷记"盈余公积——储备基金、企业发展基金、职工奖励及福利基金"科目。

(2) 按规定从净利润中提取一般风险准备金,借记"利润分配——提取一般风险准备"科目,贷记"一般风险准备"科目。

(3) 按规定从净利润中提取利润准备金,借记"利润分配——提取利润准备"科目,贷记"大灾风险利润准备"科目。按规定以大灾准备金所对应的资金用于投资等所产生的收益,借记"利润分配——大灾准备金投资收益"科目,贷记"大灾风险利润准备"科目。

(4) 分类为权益工具的金融工具,在存续期间分派股利(含分类为权益工具的工具所产生的利息)的,应根据经批准的股利分配方案,按应分配给金融工具持有者的股利金额,借记"利润分配——应付优先股股利、应付永续债利息"科目,贷记"应付股利"科目。

(5)经股东大会或类似机构决议,分配给普通股股东或投资者的现金股利或利润,借记"利润分配——应付普通股股利"科目,贷记"应付股利"科目。

(6)经股东大会或类似机构决议,分配给股东的股票股利,应在办理增资手续后,借记"利润分配——转作股本的股利"科目,贷记"股本"科目。

(7)用盈余公积弥补亏损,借记"盈余公积——法定盈余公积、任意盈余公积"科目,贷记"利润分配——盈余公积补亏"科目。

(8)用一般风险准备弥补亏损,借记"一般风险准备"科目,贷记"利润分配——一般风险准备补亏"科目。

(9)年度终了,公司应将本年实现的净利润,自"本年利润"科目转入本科目,借记"本年利润"科目,贷记"利润分配——未分配利润"科目;如为净亏损,做相反会计分录;同时,将"利润分配"科目所属其他明细科目的余额转入本科目的"未分配利润"明细科目。结转后,本科目除"未分配利润"明细科目外,该科目的其他明细科目应无余额。

例 7-43 某公司 20×8 年税前利润为 4 000 万元,"利润分配——未分配利润"借方余额 500 万元(系 20×7 年亏损),国库券利息收入 80 万元,非公益救济性捐赠 100 万元,税收罚款 5 万元,非广告性赞助支出 75 万元,所得税税率为 25%,分别按税后利润 10% 提取法定盈余公积,按 10% 提取一般风险准备,剩余部分按 80% 向普通股股东分红。假设该公司资产、负债项目部分不存在会计和税收上的差异。则该公司会计处理如下:

应纳税所得额 $= 4\,000 - 500 - 80 + 100 + 5 + 75 = 3\,600$(万元)

应交所得税 $= 3\,600 \times 25\% = 900$(万元)

提取法定盈余公积 $= (4\,000 - 500 - 900) \times 10\% = 260$(万元)

提取一般风险准备 $= (4\,000 - 500 - 900) \times 10\% = 260$(万元)

应付普通股股利 $= (4\,000 - 500 - 900 - 260 - 260) \times 80\% = 1\,664$(万元)

应编制会计分录如下:

计算应交所得税时:

借:所得税费用	9 000 000	
贷:应交税费——应交所得税		9 000 000

将"所得税费用"科目的借方发生额转入"本年利润"科目时:

借：本年利润　　　　　　　　　　　　　　　　　9 000 000
　　贷：所得税费用　　　　　　　　　　　　　　　　　9 000 000
从净利润中提取法定盈余公积时：
借：利润分配——提取法定盈余公积　　　　　　2 600 000
　　贷：盈余公积——法定盈余公积　　　　　　　　　2 600 000
从净利润中提取一般风险准备时：
借：利润分配——提取一般风险准备　　　　　　2 600 000
　　贷：一般风险准备　　　　　　　　　　　　　　　2 600 000
计算应当分配给普通股股东股利时：
借：利润分配——应付普通股股利　　　　　　　16 640 000
　　贷：应付股利——应付普通股股利　　　　　　　16 640 000
结转本年净利润时：
借：本年利润　　　　　　　　　　　　　　　　31 000 000
　　贷：利润分配——未分配利润　　　　　　　　　31 000 000

将"利润分配"科目下的其他明细科目的余额转入"利润分配——未分配利润"明细科目时：

借：利润分配——未分配利润　　　　　　　　　21 840 000
　　贷：利润分配——提取法定盈余公积　　　　　　　2 600 000
　　　　　　　　——提取一般风险准备　　　　　　　2 600 000
　　　　　　　　——应付普通股股利　　　　　　　16 640 000

该保险公司"利润分配——分配利润"明细科目余额为贷方余额 4 160 000元（31 000 000－5 000 000－21 840 000 ＝4 160 000），则该公司 20×8 年年末未分配利润为 4 160 000 元。

五、以前年度利润调整的核算

保险公司会计报表报出后，若因为以前年度记账差错等原因导致多记或少记利润，根据有关制度规定，不再调整以前年度已结清的账目，而是通过"以前年度损益调整"科目进行核算。

"以前年度损益调整"（prior year income adjustment）科目核算公司本年度发生的调整以前年度损益的事项。公司在年度资产负债表日至财务会计报告批准报出日之间发生的需要调整报告年度损益的事项，以及本年度发生的以前年度重大会计差错的调整，也在该科目核算。

该科目属于损益类（费用）科目，其借方登记调整减少的以前年度利润或调整增加的以前年度亏损以及由于调整增加或减少的以前年度利润或亏损而相应增加的所得税,贷方登记调整增加的以前年度利润或调整减少的以前年度亏损以及由于调整减少或增加以前年度利润或亏损而相应减少的所得税,期末将该科目的余额转入"利润分配——未分配利润"科目,结转后,该科目应无余额。其具体账务处理为:

调整增加的以前年度利润或调整减少的以前年度亏损,借记有关科目,贷记"以前年度损益调整"科目;调整减少的以前年度利润或调整增加的以前年度亏损,借记"以前年度损益调整"科目,贷记有关科目。

由于调整增加或减少的以前年度利润或亏损而相应增加的所得税,借记"以前年度损益调整"科目,贷记"应交税费——应交所得税"科目,由于调整减少或增加以前年度利润或亏损而相应减少的所得税,做相反会计分录。

经上述调整后,应同时将该科目的余额转入"利润分配——未分配利润"科目。本科目如为贷方余额,借记"以前年度损益调整"科目,贷记"利润分配——未分配利润"科目;如为借方余额,做相反会计分录。

本年度发生的调整以前年度损益的事项,应当调整本年度会计报表相关项目的年初数或上年实际数;在年度资产负债表日至财务会计报告批准报出日之间发生的调整报告年度损益的事项,应调整报告年度会计报表相关项目的数字。

例 7-44　某公司年终决算时,发现上年度某企业财产保险保费10 000元尚未入账,假设该保费尚未收到。则应作以下调整分录:

调整增加的以前年度利润时:

借:应收保费	10 000
贷:以前年度损益调整	10 000

由于调整增加以前年度利润而相应增加的所得税时:

借:以前年度损益调整	2 500
贷:应交税费——应交所得税	2 500

将"以前年度损益调整"科目的余额转入"利润分配——未分配利润"科目时:

借:以前年度损益调整	7 500
贷:利润分配——未分配利润	7 500

例 7-45　某公司年终决算时,发现上年度少计提折旧 50 000元。则应作以下调整分录:

调整减少的以前年度利润时:

借：以前年度损益调整   50 000

  贷：累计折旧   50 000

由于调整减少的以前年度利润而相应减少的所得税时：

借：应交税费——应交所得税   12 500

  贷：以前年度损益调整   12 500

将"以前年度损益调整"科目的余额转入"利润分配——未分配利润"科目时：

借：利润分配——未分配利润   37 500

  贷：以前年度损益调整   37 500

公司在财产清查中盘盈的固定资产，根据《企业会计准则第 28 号——会计政策、会计估计变更和差错更正》规定，作为前期差错处理。盘盈的固定资产，在按管理权限报经批准处理前应先通过"以前年度损益调整"科目核算。盘盈的固定资产，应按以下规定确认其入账价值：如果同类或类似固定资产存在活跃市场的，按同类或类似固定资产的市场价格，减去按该项固定资产的新旧程度估计的价值损耗后的余额，作为入账价值；如果同类或类似固定资产不存在活跃市场的，按该项固定资产的预计未来现金流量的现值，作为入账价值。公司按上述规定确定的入账价值，借记"固定资产"科目，贷记"以前年度损益调整"科目。

例 7 - 46 某公司在财产清查中，发现账外电脑一台，按其同类商品的市场价格，减去按该项资产的新旧程度估计的价值损耗后的余额为 3 000 元。（假定与其计税基础不存在差异）该公司适用的所得税率为 25%，分别按净利润的 10% 计提法定盈余公积和一般风险准备。应编制会计分录如下：

盘盈固定资产时：

借：固定资产   3 000

  贷：以前年度损益调整   3 000

确定应缴纳的所得税时：

借：以前年度损益调整   750

  贷：应交税费——应交所得税   750

结转为留存收益时：

借：以前年度损益调整   2 250

  贷：盈余公积——法定盈余公积   225

    一般风险准备   225

    利润分配——未分配利润   1 800

关 键 词

其他业务收入　营业外收入　手续费及佣金支出　税金及附加　业务及管理费　其他业务成本　资产减值损失　本年利润　所得税　利润分配

复习思考题

1. 简述保险公司收入和费用的主要内容。
2. 简述税金及附加的计算方法和列支渠道。
3. 简述业务及管理费的核算内容。
4. 什么是低值易耗品? 它有哪些摊销方法?
5. 资产减值损失的范围包括哪些?
6. 简述利润的构成。
7. 简述所得税的计算方法。
8. 简述利润分配的内容和程序。
9. "利润分配"科目应设置哪些明细科目?

练 习 题

习题一

一、目的：练习保险合同各项收入的核算。

二、资料：某保险公司发生下列经济业务：

1. 公司将办公楼的 10—15 层出租给甲公司使用，每月收取租金 10 万元(含税)，增值税税率为 9%。

2. 公司接受其他保险公司委托，代理进行损失检验，开出的增值税专用发票上注明的手续费 6 000 元，增值税税额为 360 元。

3. 公司获得咨询收入 1 200 元(含税)，存入银行，增值税税率为 6%。

4. 公司出售 2016 年 5 月 8 日购入的不需用电脑设备原价 50 000 元(已抵扣进项税额)，已提折旧 30 000 元，售价 26 500 元(含税)，收到转账支票一张，存入银行。经领导批准，予以核销转账。

5. 将本公司的非专利技术出租给新光工厂，租金为 56 000 元(含税)，增值税税率为6%,当即收到转账支票。

三、要求:根据上述资料,编制有关会计分录。

习题二

一、目的:练习保险合同各项费用的核算。

二、资料:公司发生下列经济业务:

1. 某寿险公司月末根据附加佣金计提表,应支付个人代理人王明业务推动奖励600元,发放实物奖励500元。

2. 甲代办单位将代收的企业财产保险费265 000元(含税)转来,系B公司投保,并随同交来银行转账支票212 000元,其余下月交清,保险公司开出增值税专用发票,增值税税率为6%。手续费按含税保费计提,手续费费率为8%,下月支付,取得增值税专用发票,增值税税率为6%。

3. 某寿险公司本月意外伤害保险保费收入为1 800 000元,人寿保险保费收入为250 000元,短期健康保险保费收入为1 200 000元,长期健康险保费收入为2 000 000元,本月保户质押贷款利息收入60 000元,销售不动产收入1 200 000元,咨询服务收入20 000元,以上均为不含税收入,假设本月进项税额为120 000元,城市维护建设税税率为7%,教育费附加费率为5%,计提本月应交城市维护建设税和教育费附加。

4. 某财险公司计算本月应交车船使用税2 000元。

5. 某寿险公司通过影视媒体宣传公司品牌支付费用,取得的增值税专用发票上注明的价款为20 000元,增值税额为1 200元,当期非寿险保费收入为15 000 000元,寿险保费收入为25 000 000元,开出转账支票付讫。

6. 某财险公司购印花税票3 400元,取得普通发票,开出转账支票付讫。

7. 某财险公司农险部支付常年法律顾问费50 000元,取得普通发票,转账支付。

8. 某财险公司财务部门通知每人限报200元服装费作劳保用品,支付现金4 000元。

9. 某财险公司支付财险部办公用租金20 000元(含税),增值税税率为9%;支付水费5 000元(含税),增值税税率为9%;支付电费12 000元(含税),增值税税率为13%,均取得增值税专用发票,开出转账支票付讫。

10. 某财险公司工程保险业务部接待外宾,租用轿车一辆自行驾驶,付租金500元(含税),取得增值税专用发票,增值税税率为13%,以现金支付。

11. 某财险公司购入车险宣传用报纸5种,刊物6种,以现金支付4 520元(含税),增值税税率为9%,取得增值税专用发票。

12. 某寿险公司1月末根据短期健康险直接佣金计提表,计算应付给某市李红佣金164 800元(含税),李红自行支付税优商业健康保险费100元,15天后该公司扣除相关税费后支付佣金,代李红向税务机关代开增值税专用发票。

13. 某财险公司非投资型财产保险本月保费收入 800 万元,按规定提取保险保障基金。

14. 某财险公司为其他公司提供咨询服务,收入 65 000 元(含税),发生有关支出 18 000(含税)元,适用增值税税率均为 6%。

15. 某财险公司营业大楼自保,保费 50 000 元(含税),增值税税率为 6%。

16. 某寿险公司为保户进行健康检查,发生费用 20 000 元,取得普通发票。

17. 某财险公司工程保险业务部购入一台铁皮柜,价值 1 200 元,取得商店委托税务机构代开的增值税专用发票,增值税税率为 3%,转账付讫,采用五五摊销法。

18. 某公司在财产清查中发现某固定资产短少,该固定资产账面原值 4 000元,已提折旧 2 800 元。经批准管理人员负责赔偿 20%,其余 80% 作营业外支出处理。增值税税率为 13%。

19. 某公司理赔车上月初账面原值余额 900 000 元,上月增加 20 000 元,减少 10 000 元,年折旧率 24%,计算本月折旧额。

20. 某公司出售旧办公大楼,账面原价为 16 000 000 元,已提折旧 8 200 000元,双方协商作价 8 000 000 元(含税),增值税税率为 9%。清理过程中共支付清理费 80 000 元(含税),增值税税率为 6%。经领导批准,予以核销转账。

21. 某公司盘亏不需用办公设备一台,原始价值 6 600 元,已提折旧 1 500元,已提减值准备 600 元,予以转账,增值税税率为 13%。

22. 某公司有电子计算机 5 台,每台原始价值 11 000 元,已提折旧 4 000元。现由于市价持续下跌,每台仅为 5 500 元,计提其减值准备。

23. 某公司在建的营业用房一幢,账面价值 150 000 元,因发生财务困难已停建,并预计在未来 3 年内不会开工,该工程已减值 10%,计提其减值准备。

24. 某财险公司聘请会计师事务所进行查账验资,支付费用 20 000 元,取得由会计师事务所(小规模纳税人开具)的增值税专用发票,增值税税率为 3%。

25. 某寿险公司签发转账支票一张,购入一项非寿险产品专利权,取得增值税专用发票注明的价款为 240 000 元,增值税额为 14 400 元。该项专利权分5 年摊销完毕。

26. 某公司将本公司拥有的土地使用权出售给上联机械厂,取得出售收入400 000 元(含税),当即收到转账支票,增值税税率为 9%。该项土地使用权的成本为 600 000 元,已摊销金额为 200 000 元,已提减值准备 15 000 元。

27. 某寿险公司自行研究、开发一项非寿险业务流程系统,截至 20×7 年 12月 31 日,支付研发支出合计 1 060 000 元(含税),增值税税率为 6%。经测试该项研发活动完成了研究阶段,从 20×8 年 1 月 1 日开始进入开发阶段。20×8 年支付研发支出 226 000 元(含税),增值税税率为 13%,计算应付开发人员薪酬 100 000 元,假定符合开发支出资本化的条件。20×8 年 8 月 15 日,该项研发活动结束,最终开发一项保险业务流程系统。

28. 某公司有一项专利权,账面价值 75 000 元,因有其他新专利出现,使该项专利的盈利能力大幅度下降,预计其在剩余的使用年限内,未来盈利的现值为 60 000 元,计提其减值准备。

29. 某公司租入的营业用房进行翻修,领用材料 24 600 元,分配工资 10 000 元,并按工资总额的 5% 预计职工福利费,分 6 年摊销。

30. 某公司支付车险专用理赔车大修理费 22 600 元(含税),增值税税率为 13%,分 5 年摊销。

31. 某企业因资金周转困难,与保险公司达成协议:企业欠保险公司保费 30 万元,用一台福田小轿车抵偿。该车原价 28 万元,市场评估价 20 万元。经批准,此车变卖,实际收到价款 12 万元,按照 3% 减按 2% 计算增值税。

32. 某公司计算出本月应付工资 500 000 元,其中,经营及管理人员工资 350 000 元,建造营业用房人员工资 100 000 元,内部开发保险业务流程系统人员工资 50 000 元。根据所在政府规定,公司分别按职工工资总额的 8%、20%、2% 和 12% 计提医疗保险费、养老保险费、失业保险费和住房公积金,缴纳给当地社会保险经办机构和住房公积金管理机构。公司内设医务室,根据 20×6 年实际发生的职工福利费情况,公司预计 20×7 年应承担的职工福利费义务金额为职工工资总额的 5%,职工福利的受益对象为上述所有人员。公司按分别职工工资总额的 2% 和 2.5% 计提工会经费和职工教育经费。假定公司开发保险业务流程系统已处于开发阶段、并符合无形资产资本化的条件。

33. 某公司根据"工资结算汇总表"结算本月应付职工工资总额 500 000 元,代扣职工房租 20 000 元,代垫职工家属医药费 30 000 元,代扣个人所得税 10 000 元,实发工资 440 000 元。

34. 某公司以现金支付职工李某生活困难补助 600 元,以银行存款支付 8 000 元补贴食堂。

35. 某公司董事会成员出国考察,支付费用 30 000 元。

36. 某公司为各部门经理级别以上职工提供汽车免费使用,同时为副总裁以上高级管理人员每人租赁一套住房。该公司共有部门经理级别以上职工 30 名,每人提供一辆奥迪汽车免费使用,假定每辆奥迪汽车每月计提折旧 900 元;该公司共有副总裁以上高级管理人员 5 名,公司为其每人租赁一套 150 平方米带有家具和电器的公寓,月租金为每套 6 000 元,取得普通发票。

37. A公司购入一栋写字楼,价款为 51 000 万元(不含税),其中包括土地使用权为 1 000 万元,取得增值税专用发票,增值税税率为 9%,转账支付。A公司将其作为投资性房地产,写字楼预计尚可使用年限为 40 年,土地使用权预计尚可使用年限为 50 年。写字楼和土地使用权的预计净残值为零,均采用直线法计提折旧和摊销。假定按年计提折旧和进行摊销。20×7 年 1 月 A公司与B公司签订租赁协议,将该写字楼整体出租给B公司,租期为 3 年,年租金为 2 000 万元(含税),增值税税率为 9%,每年年初支付。租赁期满后,将写字楼转为自用办公楼。

38. 20×7 年 12 月 31 日,某公司损余物资的账面余额为 100 000 元,由于市场价格下跌,预计可变现净值为 80 000 元,20×8 年 6 月 30 日,由于市场价格回升,使得损余物资预计可变现净值为 85 000 元,20×8 年 12 月 31 日市场价格进一步回升,使得损余物资预计可变现净值为 95 000 元。

39. 某公司交强险本月保费收入 500 000 元,按 2% 提取交强险救助基金。

40. 某寿险公司购入一批挂历作为非寿险业务宣传品,转账支付 54 500 元(含税),取得增值税专用发票。其中公司宣传领用赠与客户 30 000 元,个人代理人支付 30 000 元(含税)购买赠与客户,增值税税率为 9%。

41. 某财险公司 2016 年 8 月 9 日支付价款 22 000 元(含税)购买 5 台电脑,增值税税率为 13%;支付运费 200 元(含税),增值税税率为 9%,取得增值税专用发票。

三、要求:根据上述资料,编制有关会计分录。

习题三

一、目的:练习保险合同利润的核算。

二、资料:保险公司发生下列经济业务:

1. 某财产保险公司损益类科目全年发生额情况如下:

单位:元

科 目 名 称	本期贷方发生额	科 目 名 称	本期借方发生额
保费收入	1 200 000	赔付支出	560 000
利息收入	364 000	分出保费	240 000
汇兑损益	40 000	分保费用	120 000
投资收益	25 000	手续费及佣金支出	204 000
其他业务收入	54 000	税金及附加	740 000
摊回赔付支出	78 000	业务及管理费	350 000
摊回分保费用	36 000	利息支出	150 000
摊回保险责任准备金	25 000	提取未到期责任准备金	560 000

续　表

科 目 名 称	本期贷方发生额	科　目　名　称	本期借方发生额
营业外收入	355 000	提取保险责任准备金	210 000
		资产减值损失	340 000
		其他业务成本	12 000
		营业外支出	8 500

2. 某人寿保险公司 20×8 年税前利润为 5 000 万元，营业收入 20 000 万元，保费收入（扣除退保金）4 500 万元，"利润分配——未分配利润"贷方余额为 500 万元，国库券利息收入 80 万元，公益救济性捐赠 200 万元，业务招待费 180 万元，广告费与业务宣传费 150 万元，手续费及佣金支出 460 万元，税收罚款 5 万元，非广告性赞助支出 20 万元，所得税税率为 25%，分别按税后利润 10% 提取法定盈余公积，按 10% 提取一般风险准备，剩余部分按 70% 向股东分红。假设该公司资产、负债项目部分不存在会计和税收上的差异。

3. 某财险公司 20×8 年当期应交所得税为 85 万元，20×8 年递延所得税资产年初余额为 58.45 万元，递延所得税负债年初余额为 35.69 万元，公司 20×8 年资产负债表相关项目金额及其计税基础如下表所示。

20×8 年资产负债表相关项目金额及其计税基础 单位：万元

项　　目	账面价值	计税基础	差　异	
			应纳税暂时性差异	可抵扣暂时性差异
交易性金融资产	4 000	4 320		320
损余物资	1 000	1 240		240
无形资产	550	0	550	
预收保费	120	0		120
总　　计			550	680

4. 某财产保险公司 20×7 年年终决算发现上年短期借款利息应提未提 6 000 元，预收保费 80 000 元已到责任生效期但尚未入账。

5. 某人寿公司盘盈全新电器设备一台，同类设备的市场价格减去按该项资产的新旧程度估计的价值损耗后的余额为 6 000 元。（假定与其计税基础不存在差异）该公司适用的所得税率为 25%，分别按净利润的 10% 计提法定盈余公积和一般风险准备。

三、要求：根据上述资料，编制有关会计分录。

第八章

外币交易的核算

第一节 外币交易核算概述

一、外币交易的含义及内容

外币交易(foreign currency trade)是指以外币计价或者结算的交易。外币是企业记账本位币以外的货币。外币交易包括：

(1) 外币与记账本位币、外币与外币之间的兑换业务。

(2) 保险公司收到投资者的外币投资。

(3) 保险公司提供经外币计价的保险和再保险业务。

(4) 保险公司接受外币再保险业务。

(5) 支付或收取外币手续费。

(6) 保险公司取得或处置以外币计价的资产。

(7) 承担或清偿以外币计价的债务。

二、记账本位币

记账本位币(bookkeeping base currency)是指企业经营所处的主要经济环境中的货币。我国《企业会计准则》规定："企业通常应选择人民币作为记账本位币。业务收支以人民币以外的货币为主的企业,可以按照选定其中一种货币作为记账本位币。但是,编报的财务报表应当折算为人民币。"

我国境内的保险公司由于日常业务往来、收付结算和报表编制等都是以人民币计量为主,所以应以人民币作为记账本位币。但有些中外合资保险公司、外资保险公司在我国设立的分公司等,也可根据保险公司主要经营业务的特点和管理上的需要,经投资各方的同意,选用某种与保险公司经营业务密切相关的外国货币作为记账本位币。对于境外经营子公司、合营企业、联营企业、分支机构

选定境外经营的记账本位币,还应当考虑下列因素:

(1) 境外经营对其所从事的活动是否拥有很强的自主性;

(2) 境外经营活动中与企业的交易是否在境外经营活动中占有较大比重;

(3) 境外经营活动产生的现金流量是否直接影响企业的现金流量、是否可以随时汇回;

(4) 境外经营活动产生的现金流量是否足以偿还其现有债务和可预期的债务。

企业记账本位币一经确定,不得随意变更,除非企业经营所处的主要经济环境发生重大变化。企业因经营所处的主要经济环境发生重大变化,确需变更记账本位币的,应当采用变更当日的即期汇率将所有项目折算为变更后的记账本位币。

三、即期汇率和即期汇率近似汇率

企业在处理外币交易和对外币财务报表进行折算时,应当采用交易发生日的即期汇率将外币金额折算为记账本位币金额反映;也可以采用按照系统合理的方法确定的、与交易发生日即期汇率近似的汇率折算。

即期汇率(spot exchange rate)通常是指中国人民银行公布的当日人民币外汇牌价的中间价。企业发生的外币兑换业务或涉及外币兑换的交易事项,应当按照交易实际采用的汇率(即银行买入价或卖出价)折算。

即期汇率的近似汇率是指按照系统合理的方法确定的、与交易发生日即期汇率近似的汇率,通常采用当期平均汇率或加权平均汇率等。

企业通常应当采用即期汇率进行折算。汇率变动不大的,也可以采用即期汇率的近似汇率进行折算。

四、外币交易的记账方法

《企业会计准则第 19 号——外币折算》规范了外币交易的会计处理。准则中规定,"企业对于发生的外币交易,应当将外币金额折算为记账本位币金额。外币交易应当在初始确认时,采用交易发生日的即期汇率将外币金额折算为记账本位币金额;也可采用按照系统合理的方法确定的、与交易发生日即期汇率近似的汇率折算"。同时,准则应用指南中亦明确指出"对于外币交易频繁、外币币种较多的金融企业,也可以采用分账制记账方法进行日常核算,资产负债表日,应当对相应的外币账户余额分别货币性项目和非货币性项目进行调整。采用分账制记账方法,其产生的汇兑差额的处理结果,应当与统账制一致"。由此可见,现行会计准则将对分账制和统账制的选择权完全交给了企业,但无论是采用分账制记账方法,还是采用统账制记账方法,只是账务处理程序不同,但产生的结果应当相同,计算出的汇兑差额相同,相应的会计处理也相同,均计入当期损益。

第二节　外币分账制的核算

一、外币分账制的概念和特点

外币分账制(foreign currency independent account system)又称原币记账法,在这种方法下,发生的外币业务是以原币直接记账,即发生外币业务时,都按照原币填制凭证、登记账簿、编制报表,而不是按汇率折成本位币记账,以全面反映各种外币资金增减变动情况。一般情况下,对于外币业务量较大、发生频繁而且涉及币种较多的保险公司,应选用外币分账制。其特点是:

(1) 以各种原币分别设账,即本币与各种外币分账核算。所谓分账,是指各种外币都自成一套独立的账务系统,平时每一种分账货币都按照原币金额填制凭证、登记账簿、编制报表。

(2) 设置"货币兑换"科目,以联系和平衡不同货币之间的账务。当涉及两种货币的交易业务时,用"货币兑换"账户进行核算,分别与原币有关账户对转。

(3) 年终并表,以本币统一反映财务状况和经营成果。资产负债表日,应当对相应的外币账户余额分别货币性项目和非货币性项目进行调整。各种分账货币,分别编制各自的资产负债表,各外币资产负债表按照年终外汇牌价折合成人民币,然后与原人民币资产负债表汇总合并成统一的资产负债表。

二、科目设置

为了反映和监督外币业务的核算,应设置"汇兑损益"和"货币兑换"科目。

1. "汇兑损益"科目

"汇兑损益"科目核算保险公司因外币交换、汇率变动等原因实现的汇兑收益及损失。该科目属于损益类科目,其借方登记汇兑损失,贷方登记汇兑收益。期末,应将科目的余额转入"本年利润"科目,结转后该科目应无余额。

2. "货币兑换"科目

"货币兑换"科目核算保险公司采用外币分账制核算外币交易所产生的不同币种之间的兑换。该科目属于共同类科目,应按币种设置明细账。

货币兑换的主要账务处理如下:

(1) 公司发生的外币交易仅涉及货币性项目的,应按相同币种金额,借记或贷记有关货币性项目科目,贷记或借记"货币兑换"科目。

(2) 发生的外币交易同时涉及货币性项目和非货币性项目的,按相同外币金额记入货币性项目和本科目(外币);同时,按交易发生日即期汇率折算为记账本位币的金额记入非货币性项目和本科目(记账本位币)。结算货币性项目产生的汇兑差额计入"汇兑损益"科目。

(3) 期末,应将所有以外币表示的本科目余额按期末汇率折算为记账本位币金额,折算后的记账本位币金额与本科目(记账本位币)余额进行比较,为贷方差额的,借记本科目(记账本位币),贷记"汇兑损益"科目;为借方差额的做相反的会计分录。结转后本科目期末应无余额。

三、核算举例

　　例 8 - 1　甲公司 20×8 年 12 月 3 日接受投资者投入 5 万美元,当日即期汇率为 RMB 646.56/USD 100,已将美元存入银行。应编制会计分录如下:

借:银行存款——美元户　　　　　　　　　　　　USD 50 000
　　贷:货币兑换——美元户　　　　　　　　　　　USD 50 000
借:货币兑换——人民币户　　　　　　　　　RMB 323 280
　　贷:实收资本——人民币户　　　　　　　　RMB 323 280

　　例 8 - 2　甲公司 20×8 年 12 月 8 日接受香港某保险公司委托,勘查其货物运输保险标的在国内受损情况,并获对方支付的勘查费 90 000 港元(含税),增值税税率为 6%,当日即期汇率为 RMB 87.25/HKD 100。应编制会计分录如下:

借:银行存款——港币户　　　　　　　　　　　　HKD 90 000
　　贷:货币兑换——港币户　　　　　　　　　　HKD 90 000
借:货币兑换——人民币户　　　　　　　　　RMB 78 525
　　贷:其他业务收入——代勘查收入　　　　RMB 74 080.19
　　　应交税费——应交增值税(销项税额)　RMB 4 444.81

　　例 8 - 3　甲公司 20×8 年 12 月 10 日从人民币账户中支出 20 000元,购买美元,对外付汇,银行卖出价为 RMB 652.56/USD 100。应编制会计分录如下:

借:银行存款——美元户　　　　　　　　　　　　USD 3 064.85
　　贷:货币兑换——美元户　　　　　　　　　　USD 3 064.85
借:货币兑换——人民币户　　　　　　　　　RMB 20 000

贷：银行存款——人民币户   RMB 20 000

例 8-4 甲公司 20×8 年 12 月 12 日从港币账户中支出 5 000 港元,向银行兑换成人民币,银行买入价为 RMB 88.68/HKD 100。应编制会计分录如下：

借：银行存款——人民币户   RMB 4 434

   贷：货币兑换——人民币户   RMB 4 434

借：货币兑换——港币户   HKD 5 000

   贷：银行存款——港币户   HKD 5 000

例 8-5 甲公司 20×8 年 12 月 15 日从其港币存款账户中支付港币,购买 10 000 美元对外付汇。假设当日港币买入价为 RMB 87.58/HKD 100,美元卖出价为 RMB 682.26/USD 100。应编制会计分录如下：

借：银行存款——美元户   USD 10 000

   贷：货币兑换——美元户   USD 10 000

借：货币兑换——人民币户   RMB 68 226

   贷：货币兑换——人民币户   RMB 68 226

借：货币兑换——港币户   HKD 77 901.35

   贷：银行存款——港币户   HKD 77 901.35

例 8-6 20×8 年 12 月 18 日某进出口公司向甲公司投保出口信用险,保费 30 000 美元,甲公司取得保费收入后存入银行,当日即期汇率为 RMB 672.56/USD 100。甲公司应编制会计分录如下：

借：银行存款——美元户   USD 30 000

   贷：货币兑换——美元户   USD 30 000

借：货币兑换——人民币户   RMB 201 768

   贷：保费收入——出口信用险(人民币)   RMB 201 768

例 8-7 20×8 年 12 月 19 日某外运公司向甲公司投保出口货物运输险,保费 800 000 日元,约定先付一半,月底再付一半。当日即期汇率为 RMB 7.152 5/JPD 100。甲公司应编制会计分录如下：

确认保费收入时：

借：银行存款——日元户 　　　　　　　　　　　　JPD 400 000

　　应收保费——某外运公司（日元） 　　　　　　JPD 400 000

　　贷：货币兑换——日元户 　　　　　　　　　　　　JPD 800 000

借：货币兑换——人民币户 　　　　　　　　　　　　RMB 57 220

　　贷：保费收入——出口货运险（人民币） 　　　　　RMB 57 220

收回应收保费时：

借：银行存款——日元户 　　　　　　　　　　　　　JPD 400 000

　　贷：应收保费——某外运公司（日元） 　　　　　　JPD 400 000

例 8 - 8　20×8 年 12 月 20 日某出口信用险保户因特殊情况提出申请退保，经甲公司业务部门审查，同意退保，退保费为 3 000 美元，当日即期汇率为 RMB 672.45/USD 100。甲公司应编制会计分录如下：

借：货币兑换——美元户 　　　　　　　　　　　　　USD 3 000

　　贷：银行存款——美元户 　　　　　　　　　　　　USD 3 000

借：保费收入——出口信用险（人民币） 　　　　　　RMB 20 173.5

　　贷：货币兑换——人民币户 　　　　　　　　　　　RMB 20 173.5

例 8 - 9　甲公司 20×8 年 12 月 22 日支付某国外公司代理海上货运险的代理费 300 000 日元，已由银行存款支付，当日即期汇率为 RMB 7.324 5/JPD 100。甲公司应编制会计分录如下：

借：货币兑换——日元户 　　　　　　　　　　　　　JPD 300 000

　　贷：银行存款——日元户 　　　　　　　　　　　　JPD 300 000

借：手续费及佣金支出——海上货运险（人民币户）

　　　　　　　　　　　　　　　　　　　　　　　RMB 21 973.5

　　贷：货币兑换——人民币户 　　　　　　　　　　　RMB 21 973.5

例 8 - 10　甲公司 20×8 年 12 月 23 日根据业务需要，通过中国工商银行汇出 15 000 美元给国外某保险公司作为代理货运险损案的周转金，12 月 27 日发生损案，实际给付赔款 12 000 美元，当日即期汇率为 RMB 658.85/USD 100，余款收回。甲公司应编制会计分录如下：

（1）汇出理赔保证金时：

借：存出保证金——存出理赔保证金（美元户） 　　　USD 15 000

贷：银行存款——美元户 　　　　　　　　　　USD 15 000

（2）支付赔款时：

借：赔付支出——货运险（人民币户） 　　　　RMB 79 062

　　贷：货币兑换——人民币户 　　　　　　　RMB 79 062

借：货币兑换——美元户 　　　　　　　　　　USD 12 000

　　贷：存出保证金——存出理赔保证金（美元户） 　USD 12 000

（3）收回余款时：

借：银行存款——美元户 　　　　　　　　　　USD 3 000

　　贷：存出保证金——存出理赔保证金（美元户） 　USD 3 000

例 8-11 甲公司 20×8 年 12 月 30 日以 5 000 港元购入乙公司 H 股 1 000 股作为短期投资,当日即期汇率为 RMB 88.76/HKD 100,款项已付。甲公司应编制会计分录如下：

借：货币兑换——港币户 　　　　　　　　　　HKD 5 000

　　贷：银行存款——港币户 　　　　　　　　HKD 5 000

借：交易性金融资产——股票（人民币户） 　　　RMB 4 438

　　贷：货币兑换——人民币户 　　　　　　　RMB 4 438

例 8-12 以甲公司为例,20×8 年 12 月 31 日结算外币交易汇兑损益。假设 12 月 31 日美元汇率为 RMB 683.53/USD 100,港币汇率为 RMB 88.25/HKD 100,日元汇率为 RMB 7.520 4/JPD 100。

根据上述外币交易,现将"货币兑换"账户余额结算如下（表 8-1、表 8-2、表 8-3、表 8-4）：

表 8-1

借方	货币兑换——人民币户		贷方
1.	323 280	4.	4 434
2.	78 525	5.	68 226
3.	20 000	8.	20 173.5
5.	68 226	9.	21 973.5
6.	201 768	10.	79 062
7.	57 220	11.	4 438
本期借方发生额	749 019	本期贷方发生额	198 307
借方余额	550 712		

表 8 - 2

借方		货币兑换——美元户	贷方
8.	3 000	1.	50 000
10.	12 000	3.	3 064.85
		5.	10 000
		6.	30 000
本期借方发生额	15 000	本期贷方发生额	93 064.85
		贷方余额	78 064.85

表 8 - 3

借方		货币兑换——港币户	贷方
4.	5 000	2.	90 000
5.	77 901.35		
11.	5 000		
本期借方发生额	87 901.35	本期贷方发生额	90 000
		贷方余额	2 098.65

表 8 - 4

借方		货币兑换——日元户	贷方
9.	300 000	7.	800 000
本期借方发生额	300 000	本期贷方发生额	800 000
		贷方余额	500 000

由上表可知,"货币兑换——美元户"账户贷方余额为 78 064.85 美元,按期末汇率 RMB 683.53/USD 100,折算为人民币贷方余额为 533 596.67 元。"货币兑换——港币户"账户余额为贷方余额 2 098.65 港元,按期末汇率 RMB 88.25/HKD 100,折算为人民币为贷方余额 1 852.06 元。"货币兑换——日元户"账户贷方余额为 500 000 日元,按期末汇率 RMB 7.520 4/JPD 100,折算为人民币贷方余额为 37 602 元。至此,三个人民币以外的"货币兑换"账户余额合

计为贷方余额 573 050.73 元人民币。而"货币兑换——人民币户"账户余额为借方余额 550 712 人民币,两者差额为 22 338.73 元,该差额即为汇兑收益,因此,甲公司应编制会计分录如下:

借:货币兑换——人民币户 22 338.73
　　贷:汇兑损益 22 338.73

第三节　外币统账制的核算

一、外币统账制的概念和特点

外币统账制(foreign currency uniform account system)也称记账本位币法。在这种方法下,应选择某一种货币作为记账本位币,而其他各种非记账本位币计价的经济业务均应在业务发生时,按一定的汇率全部折算成记账本位币金额后入账。因为我国企业原则上应以人民币为记账本位币,故在外币统账制下,当保险公司发生外币业务时,则一般按人民币统一入账,统一记录,外币业务的金额均要折算为人民币金额后入账反映,同时要设立不同外币种类的外币账户,登记反映外币资产和外币债权、债务的增减变动情况。

二、外币折算业务的初始确认和计量

企业对于发生的外币交易,应当将外币金额折算为记账本位币金额。外币交易应当在初始确认时,采用交易发生日的即期汇率将外币金额折算为记账本位币金额;也可采用按照系统合理的方法确定的、与交易发生日即期汇率近似的汇率折算。这里的即期汇率可以是外汇牌价的买入价或卖出价,也可以是中间价,在与银行不进行货币兑换的情况下,一般以中间价作为即期汇率。

例 8-13　某保险公司因外币支付需要,从银行购入 30 000 美元,当日银行美元卖出价为 RMB 678.56/USD 100,当日中间价 RMB 675.45/USD 100。

公司与银行存款发生货币兑换业务,兑换所用汇率为买入价或卖出价,而通常记账所用的即期汇率为中间价。本例中,公司买入外汇时,应按外币卖出价折算应向银行支付的记账本位币的金额,按照中间价将买入的外币折算为记账本位币,差额计入汇兑损益,因此,应编制会计分录如下:

　　借：银行存款——美元户　　　　（30 000×6.754 5）　　202 635
　　　　汇兑损益　　　　　　　　　　　　　　　　　　　　　　　　933
　　　　贷：银行存款——人民币户　（30 000×6.785 6）　　203 568

例 8 - 14　某保险公司将 10 000 港元到银行兑换成人民币,存入该
银行的人民币账户,当日的银行港币买入价为 RMB 87.88/HKD 100,当日中间
价为 RMB 88.46/HKD 100。

　　公司卖出外汇时,应按外币买入价折算存入银行的记账本位币的金额,按照
中间价将卖出的外币折算为记账本位币,差额计入汇兑损益,因此,应编制会计
分录如下:

　　借：银行存款——人民币户　　（10 000×0.878 8）　　8 788
　　　　汇兑损益　　　　　　　　　　　　　　　　　　　　　58
　　　　贷：银行存款——港币户　（10 000×0.884 6）　　8 846

例 8 - 15　某保险公司接受投资者投入 50 万美元,合同约定汇率为
RMB 685.12/USD 100,当日即期汇率为 RMB 680.56/USD 100,已将美元存入
银行。

　　公司收到投资者以外币投入的资本,无论是否有合同约定汇率,均不采用合
同约定汇率和即期汇率的近似汇率折算,而是采用交易日即期汇率进行折算,这
样,不会产生资本折算差额。因此,应编制会计分录如下:

　　借：银行存款——美元户　　（500 000×6.805 6）3 402 800
　　　　贷：实收资本——美元户　　　　　　　　　　　　3 402 800

例 8 - 16　A 保险公司 20×8 年 4 月 5 日从银行借入短期借款
80 000 港元,期限为 6 个月,款项当即存入银行。借入当日即期汇率为 RMB
87.75/HKD 100。应编制会计分录如下:

　　借：银行存款——港币户　　（80 000×0.877 5）　　70 200
　　　　贷：短期借款——港币户　　　　　　　　　　　70 200

例 8 - 17　20×8 年 6 月 12 日,M 进出口公司向 N 保险公司投保出
口货运险,保费 20 000 美元,当日即期汇率为 RMB 682.46/USD 100,保费尚未
收到。N 保险公司应编制会计分录如下:

借：应收保费——M进出口公司(美元户) (20 000×6.824 6)

136 492

贷：保费收入——出口货运险(美元户) 136 492

例 8-18 某进出口公司向甲保险公司投保出口货运险,现出口美国衬衣一批,该批衬衣在运输途中被海水浸泡受损,需赔付 30 000 美元,当日即期汇率为 RMB 680.75/USD 100。甲保险公司应编制会计分录如下：

借：赔付支出——出口货运险(美元户) (30 000×6.807 5)

204 225

贷：银行存款——美元户 204 225

例 8-19 乙保险公司20×8年12月2日以每股3港元购入丙公司H股 10 000 股作为短期投资,当日即期汇率为 RMB 87.68/HKD 100。乙公司应编制会计分录如下：

借：交易性金融资产——股票(港币户) (10 000×3×0.876 8)

26 304

贷：银行存款——港币户 26 304

三、外币折算业务的后续确认和计量

在资产负债表日,公司应当分别外币货币性项目和外币非货币性项目进行处理。

1. 货币性项目

货币性项目(monetary item)是指公司持有的货币资金和将以固定或可确定的金额收取的资产或者偿付的负债。货币性项目分为货币性资产和货币性负债。货币性资产包括库存现金、银行存款、应收款项等;货币性负债包括借款、应付款项等。对于外币货币性项目,应当采用资产负债表日的即期汇率折算,因汇率波动而产生的汇兑差额作为汇兑损益,计入当期损益,同时调增或调减外币货币性项目的记账本位币金额。

例 8-20 沿用例 8-16,20×8 年 4 月 30 日,A 保险公司尚未归还银行借款,当日即期汇率为 RMB 86.58/HKD 100。

A 保险公司尚未归还借款按期末即期汇率折算为 69 264 元人民币

(80 000×0.865 8),与该借款原记账本位币 70 200 之差 936 元人民币计入当期
汇兑收益。应编制会计分录如下:

借:短期借款——港币户 936
　贷:汇兑损益 936

例 8-21 沿用例 8-17,假定 20×8 年 6 月 30 日,N 保险公司仍未
收到 M 进出口公司所欠保费,当日即期汇率为 RMB 681.35/USD 100。

M 进出口公司所欠保费按期末即期汇率折算为 136 270 元人民币
(20 000×6.813 5),与该保费原记账本位币 136 492 元之差 222 元人民币计入
当期汇兑损益。N 保险公司应编制会计分录如下:

借:汇兑损益 222
　贷:应收保费——M 进出口公司(美元户) 222

假定 20×8 年 7 月 15 日,N 保险公司收到上述保费,兑换成人民币存入银
行,当日银行的美元买入价为 RMB 682.88/USD 100。N 保险公司应编制会计
分录如下:

借:银行存款——人民币户 　　(20 000×6.828 8) 136 576
　贷:应收保费——M 进出口公司(美元户) 136 270
　　汇兑损益 306

2. 非货币性项目

非货币性项目(nonmonetary item)是指货币性项目以外的项目,包括存货、
长期股权投资、固定资产、无形资产等。

(1) 以历史成本计量的外币非货币性项目,由于已在交易发生日按当日即
期汇率折算,资产负债表日不应改变其原记账本位币金额,不产生汇兑差额。

(2) 以公允价值计量的外币非货币性项目,如交易性金融资产(股票、基
金等),采用公允价值确定日的即期汇率折算,折算后的记账本位币金额与原
记账本位币金额的差额,作为公允价值变动(含汇率变动)处理,计入当期
损益。

例 8-22 沿用例 8-19,20×8 年 12 月 31 日,由于市价变动,乙保
险公司当月购入的丙公司 H 股变为每股市价 3.5 港元,当日即期汇率为 RMB
85.82/HKD 100。

由于该项短期股票投资是从境外市场购入、以外币计价,在资产负债表日,
不仅应考虑其港币市价的变动,还应一并考虑汇率变动的影响,上述交易性金融

资产以资产负债表日的人民币 30 037(即 10 000×3.5×0.858 2)入账,与原账面价值 26 304(即 10 000×3×0.876 8)的差额为 3 733 元人民币,计入公允价值变动损益。乙保险公司应编制会计分录如下:

借:交易性金融资产——股票(港币户)　　　　　　 3 733
　　贷:公允价值变动损益　　　　　　　　　　　　　　　　 3 733

3. 外币投入资本

企业收到投资者以外币投入的资本,应当采用交易发生日即期汇率折算,不得采用合同约定汇率和即期汇率的近似汇率折算,外币投入资本与相应的货币性项目的记账本位币金额之间不产生外币资本折算差额。

4. 实质上构成对境外经营净投资的外币货币性项目

企业编制合并财务报表涉及境外经营的,如有实质上构成对境外经营净投资的外币货币性项目,因汇率变动而产生的汇兑差额,应列入所有者权益"外币报表折算差额"项目;处置境外经营时,计入处置当期损益。

例 8-23　甲保险公司在境外设立的一家境外 A 子公司,累计并入甲保险公司所有者权益下的外币报表折算差额为 250 000 元人民币。20×8 年 6 月 30 日,甲公司决定处置 A 的 50% 的业务。甲保险公司应编制会计分录如下:

借:其他综合收益——外币资本折算差额　　　　　 125 000
　　贷:投资收益　　　　　　　　　　　　　　　　　　　　 125 000

关 键 词

外币交易　记账本位币　即期汇率　汇兑损益　外币分账制　外币统账制

复习思考题

1. 保险公司的外币交易主要包括哪些内容?
2. 简述外币折算业务的初始确认和计量方法。
3. 简述外币折算业务的后续确认和计量方法。
4. 简述外币分账和外币统账制的区别。

练 习 题

习题一

一、目的：练习外币分账制的核算。

二、资料：假设中信保险公司 20×8 年 12 月当月发生以下外币交易：

1. 接受投资者投入 60 000 美元，当日即期汇率为 RMB 690.45/USD 100，已将美元存入银行。

2. 从人民币账户中支出 100 000 元，购买港元，对外付汇，银行卖出价为 RMB 88.62/HKD 100。

3. 从美元账户中支出 10 000 美元，向银行兑换成人民币，银行买入价为 RMB 672.36/USD 100。

4. 承保某石化企业海上运输保险，收到保费 80 000 美元，当日即期汇率为 RMB 686.45/USD 100。

5. 从其美元存款账户中支付美元，购买 50 000 港元对外付汇。假设当日美元买入价为 RMB 680.26/USD 100，港元卖出价为 RMB 86.73/HKD 100。

6. 12 月 5 日某外运公司向中信保险公司投保出口货物运输险，保费 60 000 港元，当日即期汇率为 RMB 89.24/HKD 100，责任生效日为次年 1 月 5 日。

7. 接受香港某保险公司委托，勘查其货物运输保险标的在国内受损情况，并获对方支付的勘查费 20 000 港元（含税），增值税税率为 6%。当日即期汇率为 RMB 85.12/HKD 100。

8. 某出口信用险保户因特殊情况提出申请退保，经保险公司业务部门审查，同意退保，退保费为 8 000 美元，当日即期汇率为 RMB 682.36/USD 100。

9. 支付某国外公司代理海上货运险的代理费 5 000 港元，已由银行存款支付。当日即期汇率为 RMB 87.25/HKD 100。

10. 12 月 18 日付给国外代理保险公司代理货损险赔案的周转金，共计 40 000 美元，当日即期汇率为 RMB 685.25/USD 100。12 月 28 日，结案后，实际支付赔款 30 000 美元，当日即期汇率为 RMB 682.68/USD 100，余款收回。

11. 以 50 000 港元购入乙公司发行三年期工商债券，当日即期汇率为 RMB 88.38/HKD 100，款项已付。

12. 假设 20×8 年 12 月 31 日美元汇率为 RMB 665.35/USD 100，港币汇率为 RMB 86.12/HKD 100，结算汇兑损益。

三、要求：根据上述资料，按外币分账制编制中信保险公司有关会计分录。

习题二

一、目的:练习外币统账制的核算。

二、资料:

1. 某保险公司因外币支付需要,从银行购入 50 000 港元,当日银行港元卖出价为 RMB 89.27/HKD 100,当日中间价 RMB 87.38/HKD 100。

2. 某保险公司将 50 000 日元到银行兑换成人民币,存入该银行的人民币账户,当日的银行日元买入价为 RMB 7.124 2/JPD 100,当日中间价为 RMB 7.234 8/JPD 100。

3. 某保险公司接受投资者投入 20 万美元,合同约定汇率为 RMB 658.64/USD 100,当日即期汇率为 RMB 680.37/USD 100,已将美元存入银行。

4. 甲保险公司 20×8 年 12 月 5 日从银行借入短期借款 50 000 美元,期限为 6 个月,款项当即存入银行。借入当日即期汇率为 RMB 656.23/USD 100。20×8 年 12 月 31 日,甲保险公司尚未归还银行借款,当日即期汇率为 RMB 662.95/USD 100。

5. 20×8 年 12 月 8 日,甲进出口公司向乙保险公司投保出口货运险,保费 40 000 日元,当日即期汇率为 RMB 7.352 8/JPD 100,保费尚未收到。假定 20×8 年 12 月 31 日,乙公司仍未收到进出口公司所欠保费,当日即期汇率为 RMB 7.427 5/JPD 100。

6. 某进出口公司向乙保险公司投保出口货运险,现发生赔案,需赔付 50 000 美元,当日即期汇率为 RMB 685.86/USD 100。

7. 20×8 年 12 月 2 日以每股 5 港元购入乙公司 H 股 20 000 股作为短期投资,当日即期汇率为 RMB 85.76/HKD 100。20×8 年 12 月 31 日,由于市价变动,当月购入的乙公司 H 股变为每股市价 4.5 港元,当日即期汇率为 RMB 86.35/HKD 100。

8. 甲保险公司在境外设立的一家境外 A 子公司,累计并入甲保险公司所有者权益下的外币报表折算差额为 2 000 000 元人民币。20×8 年 12 月 31 日,甲公司决定处置 A 公司的 30% 的业务。

三、要求:根据上述资料,按外币统账制编制有关会计分录。

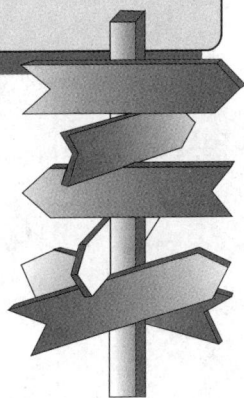

金融工具篇

第九章

金融资产的核算

金融资产(financial asset)是指企业持有的现金、其他方的权益工具以及符合下列条件之一的资产：(1)从其他方收取现金或其他金融资产的合同权利。(2)在潜在有利条件下，与其他方交换金融资产或金融负债的合同权利。(3)将来须用或可用企业自身权益工具进行结算的非衍生工具合同，且企业根据该合同将收到可变数量的自身权益工具。(4)将来须用或可用企业自身权益工具进行结算的衍生工具合同，但以固定数量的自身权益工具交换固定金额的现金或其他金融资产的衍生工具合同除外。金融资产的最大特征是能够在市场交易中为其所有者提供即期或远期的货币收入流量，强调形成收取现金或另一金融资产的合同权利，该合同权利使得金融资产区别于诸如投资性房地产和固定资产等有形资产以及专利、商标权等无形资产，因为对后者的控制只能创造形成现金或其他资产流入的机会，但并不形成收取现金或其他金融资产的现时权利。

按照2017年财政部新修订的《企业会计准则第22号——金融工具确认和计量》，企业应当根据其管理金融资产的业务模式和金融资产的合同现金流量特征，将金融资产划分为以下三类：(1)以公允价值计量且其变动计入当期损益的金融资产，比如交易性金融资产。(2)以摊余成本计量的金融资产，比如买入返售金融资产、持有至到期投资、贷款和应收款项。(3)以公允价值计量且其变动计入其他综合收益的金融资产，比如可供出售金融资产。对于长期股权投资，持有期限较长，着眼于控制或重大影响，不以出售获利为主要目的，目前准则未将其纳入金融资产核算范围。但从长远来看，它会给企业未来带来现金流量，短期也存在投资收益，其性质介于经营性资产和金融资产之间，因此，本章一并阐述。

第一节 以公允价值计量且其变动计入 当期损益的金融资产的核算

以公允价值计量且其变动计入当期损益的金融资产,可以进一步分为交易性金融资产和直接指定为以公允价值计量且变动计入当期损益的金融资产。

一、交易性金融资产的核算

1. 交易性金融资产的概念

交易性金融资产(trading financial asset)主要是指公司为了近期内出售或回购,比如公司以赚取差价为目的从二级市场购入的股票、债券、基金等。

2. 科目设置

(1)"应收股利"科目。该科目核算公司应收取的现金股利和应收其他单位分配的利润。该科目属于资产类科目,其借方登记公司应收取的现金股利或利润,贷方登记收到的现金股利或利润,余额在借方,反映公司尚未收回的现金股利或利润。该科目应按被投资单位设置明细账。

(2)"应收利息"科目。该科目核算因债券投资等已到付息日但尚未领取的利息。该科目属于资产类科目,其借方登记购入债券时实际支付的价款中包含的已到付息日但尚未领取的利息,以及公司已计提长期债券应收利息中的已到付息日但尚未领取的利息,贷方登记收到的应收利息和已经确认为坏账的应收利息,余额在借方,反映公司尚未收回的利息。该科目应按应收利息种类设置明细科目。

(3)"投资收益"科目。该科目核算公司确认的投资收益或投资损失。该科目属于损益(收入)类科目,其贷方登记公司投资取得的收益,借方登记公司投资发生的损失,期末将"投资收益"科目的净收益或净损失转入"本年利润"科目,结转后该科目无余额。该科目应按投资项目设置明细账。

(4)"交易性金融资产"科目。该科目属于资产类科目。其借方登记取得交易性金融资产的公允价值以及资产负债日交易性金融资产的公允价值高于其账面余额的差额,贷方登记出售交易性金融资产实际收到的金额及资产负债日交易性金融资产的公允价值低于其账面余额的差额,余额在借方,反映公司持有的交易性金融资产的公允价值。该科目应按交易性金融资产的类别和品种,分别设置"成本""公允价值变动"等明细账。

(5)"公允价值变动损益"科目。该科目核算公司交易性金融资产、交易性金融负债以及采用公允价值模式计量的投资性房地产、衍生工具、套期保值业务等公允价值变动形成的应计入当期损益的利得或损失。该科目属于损益类科目,对于交易性金融资产,其贷方登记资产负债日交易性金融资产的公允价值高于其账面余额的差额以及出售交易性金融资产转出的交易性金融资产的公允价值低于其账面价值,借方登记资产负债日交易性金融资产的公允价值低于其账面价值以及出售交易性金融资产转出的交易性金融资产的公允价值高于其账面余额的差额,期末将其余额转入"本年利润"科目,结转后该科目无余额。该科目应按交易性金融资产、交易性金融负债、投资性房地产等设置明细账。

(6)"应交税费——转让金融商品应交增值税"科目。该科目属于负债类科目。按照财会[2016]22号文,金融商品实际转让月末,如产生转让收益,则按应纳税额借记"投资收益"等科目,贷记"应交税费——转让金融商品应交增值税"科目;如产生转让损失,则按可结转下月抵扣税额,借记"应交税费——转让金融商品应交增值税"科目,贷记"投资收益"等科目。交纳增值税时,应借记"应交税费——转让金融商品应交增值税"科目,贷记"银行存款"科目。年末,本科目如有借方余额,则借记"投资收益"等科目,贷记"应交税费——转让金融商品应交增值税"科目。

3. 账务处理

例9-1 甲公司2016年1月购入A股票10万股,每股市价10元。2016年3月购入A股票10万股,每股市价12元。2016年10月购入A股票10万股,每股市价8元。2016年12月31日,每股市价11元。年末取得股票股利15万元。2017年3月转让A股票10万股,每股市价9元。2017年9月转让A股票10万股,每股市价15元。假定不考虑交易费用和证券交易印花税因素,采用加权平均法。甲公司应编制会计分录如下:

(1)2016年1月购入股票时:

借:交易性金融资产——成本　　　　　　　　　　　　1 000 000
　　贷:银行存款　　　　　　　　　　　　　　　　　　　　1 000 000

(2)2016年3月购入股票时:

借:交易性金融资产——成本　　　　　　　　　　　　1 200 000
　　贷:银行存款　　　　　　　　　　　　　　　　　　　　1 200 000

(3)2016年10月购入股票时:

借:交易性金融资产——成本　　　　　　　　　　　　　800 000
　　贷:银行存款　　　　　　　　　　　　　　　　　　　　　800 000

(4)2016年年末确认应收股利时:

借:应收股利　　　　　　　　　　　　　　　　　　　　150 000

$$\qquad\qquad\text{贷：投资收益} \qquad\qquad\qquad\qquad\qquad\qquad 150\ 000$$

(5) 2016年年末股票公允价值与成本价差额的处理：

股票成本价＝1 000 000＋1 200 000＋800 000＝3 000 000(元)

股票公允价值＝300 000×11＝3 300 000(元)

股票公允价值与成本价的差额＝3 300 000－3 000 000＝300 000(元)

借：交易性金融资产——公允价值变动   300 000

   贷：公允价值变动损益   300 000

(6) 2017年3月转让A股票：

转让收入＝100 000×9＝900 000(元)

应转出的公允价值变动额＝300 000÷300 000×100 000＝100 000(元)

借：银行存款   900 000

   投资收益   200 000

     贷：交易性金融资产——成本   1 000 000

             ——公允价值变动   100 000

借：公允价值变动损益   100 000

   贷：投资收益   100 000

(7) 2017年3月末交易性金融资产转让损失的税收处理：

交易性金融资产转让的差额＝900 000－3 000 000÷300 000×100 000＝－100 000(元)

可结转下月的抵扣税额＝100 000÷(1＋6％)×6％＝5 660.38(元)

借：应交税费——转让金融商品应交增值税   5 660.38

   贷：投资收益   5 660.38

(8) 2017年9月转让A股票：

转让收入＝100 000×15＝1 500 000(元)

应转出的公允价值变动额＝300 000÷300 000×100 000＝100 000(元)

借：银行存款   1 500 000

   贷：交易性金融资产——成本   1 000 000

            ——公允价值变动   100 000

      投资收益   400 000

借：公允价值变动损益   100 000

   贷：投资收益   100 000

(9) 2017年9月末交易性金融资产转让收益的税收处理：

交易性金融资产转让的差额＝1 500 000－3 000 000÷300 000×100 000＝500 000(元)

转让金融商品应交增值税＝500 000÷(1+6%)×6%＝28 301.89(元)

借：投资收益 28 301.88

    贷：应交税费——转让金融商品应交增值税 28 301.88

例9-2 20×7年1月1日,甲公司从二级市场支付价款1 020 000元(含已到付息期但尚未领取的利息20 000元)购入某公司发行的债券,另发生交易费用20 000元。该债券面值1 000 000元,剩余期限为2年,票面年利率为4%,每半年付息一次,该公司将其划分为交易性金融资产。甲公司其他资料如下:

(1) 20×7年1月5日,收到该债券20×6年下半年利息20 000元。

(2) 20×7年6月30日,该债券的公允价值为1 150 000元(不含利息)。

(3) 20×7年7月5日,收到该债券半年利息。

(4) 20×7年12月31日,该债券的公允价值为1 100 000元(不含利息)。

(5) 20×8年1月5日,收到该债券20×7年下半年利息。

(6) 20×8年3月31日,甲公司将该债券出售,取得价款1 180 000元(含一季度利息10 000元),增值税税率为6%。

假定不考虑其他因素,则甲公司应编制会计分录如下:

(1) 20×7年1月1日,购入债券:

借：交易性金融资产——成本 1 000 000

    应收利息 20 000

    投资收益 20 000

    贷：银行存款 1 040 000

(2) 20×7年1月5日,收到该债券20×6年下半年利息:

借：银行存款 20 000

    贷：应收利息 20 000

(3) 20×7年6月30日,确认债券公允价值变动和投资收益:

借：交易性金融资产——公允价值变动 150 000

    贷：公允价值变动损益 150 000

借：应收利息 20 000

    贷：投资收益 20 000

(4) 20×7年7月5日,收到债券半年利息:

借：银行存款 20 000

    贷：应收利息 20 000

(5) 20×7 年 12 月 31 日,确认债券公允价值变动和投资收益:

借:公允价值变动损益   50 000

  贷:交易性金融资产——公允价值变动   50 000

借:应收利息   20 000

  贷:投资收益   20 000

(6) 20×8 年 1 月 5 日,收到该债券 20×7 年下半年利息:

借:银行存款   20 000

  贷:应收利息   20 000

(7) 20×8 年 3 月 31 日,将该债券予以出售:

借:应收利息   10 000

  贷:投资收益   10 000

借:银行存款   1 170 000

  公允价值变动损益   100 000

  贷:交易性金融资产——成本   1 000 000

       ——公允价值变动 100 000

  投资收益   170 000

借:投资收益   12 452.83

  贷:应交税费——转让金融商品应交增值税 12 452.83

转让金融商品应交增值税=[1 170 000−(1 000 000−20 000−20 000−10 000)]÷(1+6%)×6%=12 452.83(元)

借:银行存款   10 000

  贷:应收利息   10 000

二、直接指定为以公允价值计量且变动计入当期损益的金融资产的核算

公司将某项金融资产指定为以公允价值计量且其变动计入当期损益的金融资产(financial asset at fair value through profit or loss),通常是指该金融资产不满足确认为交易性金融资产条件的,公司仍可在符合某些特定条件时将其按公允价值计量,并将其公允价值变动计入当期损益。

通常情况下,只有符合下列条件之一的金融资产,才可以在初始确认时指定为以公允价值计量且其变动计入当期损益的金融资产:

(1) 该指定可以消除或明显减少由于该金融资产的计量基础不同所导致的相关利得或损失在确认或计量方面不一致的情况。

(2) 公司风险管理或投资策略的正式书面文件已载明,该金融资产组合或该金融资产和金融负债组合,以公允价值为基础进行管理、评价并向关键管理人

员报告。

对于直接指定为以公允价值计量且变动计入当期损益的金融资产的核算可比照交易性金融资产的核算。

第二节 买入返售金融资产的核算

一、买入返售金融资产概述

为了发展货币市场,进一步拓宽保险公司的投资渠道,1999 年 8 月,经中国人民银行批准,保险公司可以在银行间同业市场办理债券回购业务,交易券种为中国人民银行批准交易的国债、中央银行融资券、政策性银行金融债券等债券,交易的债券必须在中央国债登记结算有限责任公司托管和结算,不得转托管。证券回购业务包括买入返售证券业务和卖出回购证券业务。买入返售证券(buying security and return sale)业务是指保险公司与全国银行间同业市场其他成员以合同或协议的方式,按一定的价格买入证券,到期日再按合同或协议规定的价格卖出该批证券,以获取买入价与卖出价差价收入的业务。卖出回购证券(matched sale of repo)业务,是指保险公司与全国银行间同业市场其他成员以合同或协议的方式,按一定的价格卖出证券,到期日再按合同或协议规定的价格买回该批证券,以获得一定时期内资金使用权的业务。卖出回购证券业务的核算将在第十章阐述。

二、科目设置

保险公司应设置"买入返售金融资产"科目,核算保险公司按照返售协议约定先买入再按固定价格返售的票据、证券、贷款等金融资产所融出的资金。该科目属资产类科目,其借方登记公司根据返售协议买入金融资产支付的价款,贷方登记到期返售金融资产收到的价款,余额在借方,反映公司买入的尚未到期返售金融资产的摊余成本。该科目应按买入返售金融资产的类别和融资方设置明细账。

三、账务处理

(1) 公司根据返售协议买入金融资产,应按实际支付的金额,借记"买入返售金融资产"科目,贷记"银行存款"科目。

(2) 资产负债表日,按照计算确定的买入返售金融资产的利息收入,借记"应收利息"科目,贷记"利息收入""应交税费——应交增值税(销项税额)"科目。

(3) 返售日,应按实际收到的金额,借记"银行存款"科目,按其账面余额,贷记"买入返售金融资产"科目、"应收利息"科目,按其差额,贷记"利息收入""应交税费——应交增值税(销项税额)"科目。

例9-3 某保险公司20×7年9月1日与某证券公司以协议方式按5 000 000元的价格买入质押式A债券,并约定6个月后再按固定的价格卖出该批A债券,约定年利率为2.4%。应编制会计分录如下:

(1) 20×7年9月1日成交时:

借:买入返售金融资产——A债券   5 000 000
    贷:银行存款   5 000 000

(2) 12月31日计算应收利息:

借:应收利息——某证券公司   40 000
    贷:利息收入   40 000

利息收入=5 000 000×2.4%×4÷12=40 000(元)。

(3) 20×8年3月1日返售到期的A债券时:

借:银行存款   5 060 000
    贷:买入返售金融资产——A债券   5 000 000
        应收利息——某证券公司   40 000
        利息收入   20 000

利息收入=5 000 000×2.4%×2÷12=20 000(元)。

第三节 持有至到期投资的核算

一、持有至到期投资的概念

持有至到期投资(hold-to-maturity investment)是指到期日固定、回收金额固定或可确定,且公司有明确意图和能力持有至到期的非衍生金融资产。通常情况下,能够划分为持有至到期投资的金融资产,主要是债权性投资,比如从二级市场上购入的固定利率国债、浮动利率金融债券等。股权投资因其没有固定的到期日,因而不能划分为持有至到期投资。持有至到期投资通常具有长期性质,但期限较短(一年以内)的债券投资,符合持有至到期投资条件的,也可将其划分为持有至到期投资。

二、科目设置

保险公司应设置"持有至到期投资"科目进行核算。该科目属于资产类科目,其借方登记取得的持有至到期的投资成本及利息调整,贷方登记出售持有至到期投资的账面余额及利息调整,余额在借方,反映持有至到期投资的摊余成本。该科目应按持有至到期投资的类别和品种,分别设置"成本""利息调整""应计利息"明细账。

三、账务处理

1. 持有至到期投资的初始计量

持有至到期投资的初始确认时,应当按照公允价值计量相关交易费用之和作为初始入账金额。实际支付的价款中包括的已到付息期但尚未领取的债券利息,应单独确认为应收项目。

持有至到期投资初始确认时,应当计算确定其实际利率,并在该持有至到期投资预期存续期间或适用的更短期间内保持不变。实际利率,是指将金融资产或金融负债在预期存续期间或适用的更短期间内的未来现金流量,折现为该金融资产或金融负债当前账面价值所使用的利率。

2. 持有至到期投资的后续计量

公司应当采用实际利率法,按摊余成本对持有至到期投资进行后续计量。其中,实际利率法,是指按照金融资产或金融负债(含一组金融资产或金融负债)的实际利率计算其摊余成本及各期利息收入或利息费用的方法。摊余成本,是指该金融资产的初始确认金额经下列调整后的结果:(1) 扣除已偿还的本金;(2) 加上或减去采用实际利率法将该初始确认金额与到期日金额之间的差额进行摊销形成的累计摊销额;(3) 扣除累计计提的损失准备(仅适用于金融资产)。

公司应在持有至到期投资持有期间,采用实际利率法,按照摊余成本和实际利率计算确认利息收入,计入投资收益。实际利率应当在取得持有至到期投资时确定,实际利率与票面利率差别较小的,也可按票面利率计算利息收入,计入投资收益。

处置持有至到期投资时,应将所取得价款与持有至到期投资账面价值之间的差额,计入当期损益。

　　例 9-4　20×0 年 1 月 1 日,乙公司支付价款 1 000 元(含交易费用)

从活跃市场上购入五年期国债,面值 1 250 元,票面利率 4.72%,按年支付利息(即每年 59 元),成本最后一次支付。

设该债券的实际利率为 r,则可列出如下等式:

$$59 \times (1+r)^{-1} + 59 \times (1+r)^{-2} + 59 \times (1+r)^{-3} + 59 \times (1+r)^{-4}$$
$$+ (59+1\,250) \times (1+r)^{-5} = 1\,000(元)$$

采用插值法,可以计算得出 $r=10\%$,由此可编制表 9-1。

表 9-1　实际利率法计算利息收入和摊余成本表　　　　单位:元

年　　份	期初摊余成本 (a)	实际利息 (b) (按 10% 计算)	现金流入 (c)	期末摊余成本 $(d=a+b-c)$
20×0 年	1 000	100	59	1 041
20×1 年	1 041	104	59	1 086
20×2 年	1 086	109	59	1 136
20×3 年	1 136	114*	59	1 191
20×4 年	1 191	118**	1 309	0

* 数字四舍五入取整。
** 数字考虑了计算过程中出现的尾差。

根据上述数据,乙公司应编制会计分录如下:

(1) 20×0 年 1 月 1 日,购入债券:

借:持有至到期投资——成本　　　　　　　　　　　　　　1 250
　　贷:银行存款　　　　　　　　　　　　　　　　　　　　1 000
　　　　持有至到期投资——利息调整　　　　　　　　　　　 250

(2) 20×0 年 12 月 31 日,确认实际利息收入、收到票面利息等:

借:应收利息　　　　　　　　　　　　　　　　　　　　　　59
　　持有至到期投资——利息调整　　　　　　　　　　　　　 41
　　贷:投资收益　　　　　　　　　　　　　　　　　　　　 100
借:银行存款　　　　　　　　　　　　　　　　　　　　　　59
　　贷:应收利息　　　　　　　　　　　　　　　　　　　　　59

(3) 20×1 年 12 月 31 日,确认实际利息收入、收到票面利息等:

借:应收利息　　　　　　　　　　　　　　　　　　　　　　59
　　持有至到期投资——利息调整　　　　　　　　　　　　　 45
　　贷:投资收益　　　　　　　　　　　　　　　　　　　　 104

借：银行存款　　　　　　　　　　　　　　　　　59
　　贷：应收利息　　　　　　　　　　　　　　　　　59

（4）20×2 年 12 月 31 日，确认实际利息收入、收到票面利息等：

借：应收利息　　　　　　　　　　　　　　　　　59
　　持有至到期投资——利息调整　　　　　　　　　50
　　　贷：投资收益　　　　　　　　　　　　　　　　109

借：银行存款　　　　　　　　　　　　　　　　　59
　　贷：应收利息　　　　　　　　　　　　　　　　　59

（5）20×3 年 12 月 31 日，确认实际利息收入、收到票面利息等：

借：应收利息　　　　　　　　　　　　　　　　　59
　　持有至到期投资——利息调整　　　　　　　　　55
　　　贷：投资收益　　　　　　　　　　　　　　　　114

借：银行存款　　　　　　　　　　　　　　　　　59
　　贷：应收利息　　　　　　　　　　　　　　　　　59

（6）20×4 年 12 月 31 日，确认实际利息收入、收到票面利息和本金等：

借：应收利息　　　　　　　　　　　　　　　　　59
　　持有至到期投资——利息调整　　　　　　　　　59
　　　贷：投资收益　　　　　　　　　　　　　　　　118

借：银行存款　　　　　　　　　　　　　　　　　59
　　贷：应收利息　　　　　　　　　　　　　　　　　59

借：银行存款　　　　　　　　　　　　　　　1 250
　　贷：持有至到期投资——成本　　　　　　　　1 250

第四节　贷款和应收款项的核算

一、贷款和应收款项概述

贷款和应收款项是指在活跃市场没有报价、回收金额固定或可确定的非衍生金融资产。

划分为贷款和应收款项的金融资产，与划分为持有至到期投资的金融资产，其主要差别在于前者不是在活跃市场有报价的金融资产，并且不像持有至到期投资那样在出售或重分类方面受到较多限制。如果某债务工具在活跃市场没有报价，则公司不能将其划分为持有至到期投资。

二、贷款业务的核算

1. 保户质押贷款业务的核算

保户质押贷款(policy pledge loan)是寿险业务人以投保人的有效保单作为质押品,向保户发放的贷款。寿险业务中的多数险种具有储蓄性,即保单经过一定时期后将积累一定量的现金价值。如果投保人有临时性的经济困难,可以向保险公司申请保单贷款。一般贷款金额不得超过保险单现金价值的80%,借款期限最长为六个月。

为了核算和监督保户质押贷款发生和收回情况,应设置"保户质押贷款"科目,核算保险公司根据寿险契约的规定对保户提供的保户质押贷款。该科目属于资产类科目,其借方登记发生的保户质押贷款,贷方登记收回的保户质押贷款,余额在贷方,反映尚未收回的保户质押贷款。该科目应按贷款单位进行明细分类核算。

例 9-5 20×2年4月1日,某保户持有效保单等凭证申请保户质押贷款,经审核符合条件,同意发放期限为4个月的、年利率为6%的保户质押贷款50 000元,按月计提利息,增值税税率为6%。应编制会计分录如下:

(1) 20×2年4月1日发放贷款时:

借:保户质押贷款——××保户   50 000

  贷:银行存款   50 000

(2) 月末计提利息时:

借:应收利息——××保户   250

  贷:利息收入   235.85

    应交税费——应交增值税(销项税额)   14.15

(3) 20×2年8月1日收回本息时:

借:银行存款   5 1000

  贷:保户质押贷款——××保户   50 000

    应收利息——××保户   750

    利息收入   235.85

    应交税费——应交增值税(销项税额)   14.15

在实务中,由于保户质押贷款期限较短,一般月末不计提利息,收回贷款时一次计入利息收入。

2. 拆出资金的核算

目前我国在全国范围内建立了统一的金融机构同业拆借市场。同业拆借是指具有法人资格的金融机构及经法人授权的非法人金融机构通过全国统一的同业拆借网络进行的无担保资金融通行为。它是解决短期资金不足的一种有效方法。同业拆借双方应商定拆借条件,如拆借利率、金额、期限等,并逐笔订立交易合同。资金多余者向资金不足者贷出款项,称之为拆出;资金短缺者向资金多余者借入,称之为拆入。因此,保险公司的资金拆借业务包括拆出资金业务和拆入资金业务。拆出资金(lending fund)是保险公司的一项流动资产,拆入资金(borrowing fund)是保险公司的一项流动负债。按照规定,银行业金融机构拆入资金的最长期限为1年;金融资产管理公司、金融租赁公司、汽车金融公司、保险公司拆入资金的最长期限为3个月;企业集团财务公司、信托公司、证券公司、保险资产管理公司拆入资金的最长期限为7天。保险公司最高拆入限额和最高拆出限额均不超过实收资本的100%。拆入资金的核算将在第十章阐述。

对于拆出资金利息收入的确认,必须同时满足两个条件:(1) 与交易相关的经济利益能够流入公司;(2) 收入的金额能够可靠地计量。

保险公司应设置"拆出资金"科目,核算保险公司按规定从事拆借业务而拆出资金的本金。该科目属于资产类科目,其借方登记拆出资金的数额,贷方登记拆出资金的收回数额,余额在借方,表示保险公司尚未收回的拆出资金的本金。该科目应按拆放的金融机构设置明细账。

例 9 - 6 甲保险公司 20×7 年 9 月 11 日向乙保险公司拆出资金 2 000 万元,交易品种为 30 天,年利率为 6.9%。甲保险公司应编制会计分录如下:

(1) 20×7 年 9 月 11 日:

借:拆出资金——乙公司   20 000 000

    贷:银行存款   20 000 000

(2) 20×7 年 9 月 30 日计算应收利息时:

借:应收利息——乙公司   76 666.67

    贷:利息收入   76 666.67

     利息收入=20 000 000×6.9%×20÷360=76 666.67(元)

(3) 20×7 年 10 月 11 日收回拆出资金本息时:

借:银行存款   20 115 000

  贷：拆出资金——乙公司   20 000 000

    利息收入   38 333.33

    应收利息——乙公司   76 666.67

  利息收入＝20 000 000×6.9％×10÷360＝38 333.33(元)

三、应收款项的核算

  应收款项是保险公司日常经营业务中发生而尚未结算的公司拥有的短期债权,它包括存出保证金、应收票据、应收保费、预付赔付款、应收股利、应收利息、应收代位追偿款、应收分保账款、应收分保合同准备金、其他应收款、坏账准备、存出资本保证金、代付赔付款等。本章主要涉及存出保证金、应收票据、其他应收款、坏账准备、存出资本保证金的核算,其他内容已在有关章节介绍,不再赘述。

  1. 存出保证金的核算

  存出保证金(refundable deposit)是指公司开展直接承保业务按合同约定存出的保证金以及分保业务按分保合同约定存出的保证金,包括存出交易保证金,即根据资金运用的需要存出的保证金;存出理赔保证金,即根据理赔代理人的需要存出的保证金;存出共同海损保证金,即发生共同海损赔案需支付现金担保时的保证金;存出分保保证金,即分入分保业务按分保合同约定准备承担未来责任而存入分出公司的资金。

  存出保证金的核算应设置"存出保证金"科目,该科目属于资产类科目,其借方登记按合同约定存出的保证金,贷方登记收回或转入赔款支出的存出保证金,余额在借方,反映公司存出的保证金数额。该科目应按保证金的类别以及存放单位设置明细账。

  存出保证金的账务处理包括存出和收回或结案转入赔款支出两项内容。存出保证金时,借记"存出保证金"科目,贷记"银行存款""应收分保账款"等科目;收回或结案转入赔款时,借记"银行存款"或"赔付支出"科目,贷记"存出保证金"科目。

  例9-7 甲保险公司请乙保险公司代理现场勘查、检验损失、理算赔款,甲保险公司向乙保险公司提交理赔保证金100万元,乙保险公司理赔完毕退回甲公司5万元。甲保险公司的会计分录如下：

  存出保证金时：

  借：存出保证金——存出理赔保证金——乙公司   1 000 000

 贷：银行存款 1 000 000
结案转入赔款并收回余款时：
借：银行存款 50 000
  赔付支出 950 000
 贷：存出保证金——存出理赔保证金——乙公司 1 000 000

2. 应收票据的核算

应收票据(note receivable)是指保险公司收到的商业汇票,包括银行承兑汇票和商业承兑汇票。公司应设置"应收票据"科目进行核算,该科目是总公司专用的科目,它属于资产类科目。其借方登记收到的商业汇票,贷方登记票据到期后收回的票据金额,余额在借方,反映公司尚未承兑的应收票据金额。该科目应按付款人设置明细账。其账务处理为：保险公司收到票据时,借记"应收票据"科目,贷记有关科目;票据到期后,借记"银行存款"等相关科目,贷记"应收票据"科目。

例 9-8 总公司会计部门收到业务部门开出的出口信用险的保费通知书,应收某进出口公司保费 60 000 美元,并收到该公司开出的商业承兑汇票一张,期限为六个月。总公司应编制会计分录如下：

收到商业汇票时：
借：应收票据——美元户——某进出口公司 USD 60 000
 贷：保费收入——出口信用险 USD 60 000
汇票到期时：
借：银行存款 USD 60 000
 贷：应收票据——美元户——某进出口公司 USD 60 000

3. 其他应收款的核算

其他应收款(other receivable account)是指公司除存出保证金、买入返售金融资产、应收保费、预付赔付款、应收股利、应收利息、应收代位追偿款、应收分保账款、应收分保合同准备金、长期应收款以外的其他各种应收、暂付款项,包括公司拨出的备用金、应收的各种赔款、罚金、职工预借差旅费、应向职工收取的各种垫付款项,应向个人代理人收取的各种垫付款项,以及其他应收、暂付的款项等。

公司应设置"其他应收款"科目进行核算。该科目属于资产类科目,其借方登记其他应收款增加数,贷方登记其他应收款收回数,余额在借方,反映公司尚未收回的其他应收款。该科目应按对方单位(或个人)设置明细账。

例 9－9 某公司和个人代理人共同出资购买非寿险产品宣传用礼品、赠品,公司垫资 9 040 元(含税),增值税税率为 13%,其中个人代理人应承担 40%,其余赠与客户。应编制会计分录如下。

(1) 公司垫资购买宣传用品入库时:

借:低值易耗品——宣传用品	8 000	
应交税费——应交增值税(进项税额)	1 040	
贷:银行存款		9 040

(2) 实际领用,确认个人代理人承担的部分时:

借:其他应收款——个人代理人	3 616	
业务及管理费——业务宣传费	5 424	
贷:低值易耗品——宣传用品		8 000
应交税费——应交增值税(进项税额转出)		416
应交税费——应交增值税(销项税额)		624

(3) 收到个人缴纳的出资款时:

借:库存现金	3 616	
贷:其他应收款——个人代理人		3 616

例 9－10 某财险公司财险业务部张明外出参加培训预借差旅费 7 000 元,以现金付讫。出差回来报销差旅费,其中培训费 1 060 元(含税),住宿费 1 484 元(含税),增值税税率为 6%,取得了增值税专用发票;餐饮费 848 元,取得了普通发票;飞机票(含票价和燃油附加费)1 853 元,增值税税率为 9%;公交、的士票 200 元,租车费 565 元(含税),增值税税率为 13%,取得了增值税专用发票。应编制会计分录如下:

借:其他应收款——张明	7 000	
贷:库存现金		7 000
借:业务及管理费——差旅费	5 648	
应交税费——应交增值税(进项税额)	362	
库存现金	990	
贷:其他应收款——张明		7 000

其中:进项税额＝60＋84＋153＋65＝362(元)

例 9－11 某保险公司以现金代某职工李红垫付应由其负担的水电费 120 元,后从其工资中扣回。应编制会计分录如下:

垫付时：

借：其他应收款——李红　　　　　　　　　　　　　120

　　贷：库存现金　　　　　　　　　　　　　　　　　　120

扣款时：

借：应付职工薪酬　　　　　　　　　　　　　　　120

　　贷：其他应收款——李红　　　　　　　　　　　　120

4. 托收票据的核算

托收票据(bill for collection)是指保险公司通过银行托收的支票和汇票等。公司应设置"托收票据"科目进行核算,该科目是总公司专用的科目,它属于资产类科目。其借方登记收到的票据,贷方登记托收后收到的款项。该科目应按付款人设置明细账。其账务处理为：保险公司收到票据时,借记"托收票据"科目,贷记有关科目,托收后收到款项时,借记"银行存款"科目,贷记"托收票据"科目。

例 9 - 12　总公司收到出口货物运输险保费收入汇票一张 USD 50 000,委托银行托收。应编制会计分录如下：

借：托收票据——美元户——××付款人　　　USD 50 000

　　贷：保费收入——出口货物运输保险　　　　USD 50 000

接银行通知,上项托收票据款已如数收回,转入存款户。

借：银行存款　　　　　　　　　　　　　　USD 50 000

　　贷：托收票据——美元户——××付款人　　USD 50 000

5. 存出准备金的核算

存出准备金(deposit out of reserve)是指人寿保险公司所属公司上存的各种责任准备金。寿险责任准备金应集中管理、统筹使用,才能保证补偿、增值,因此,总公司以下各分公司根据上年末的寿险责任准备金余额,按规定比例上缴总公司,总公司对集中的寿险资金按寿险预定利率计算利息下划各分公司。因此,各分公司应严格按照规定上存准备金,对不按规定时间上存或不足额上存者将酌情罚息,如有特殊情况而推迟上存或不足额上存者应征得总公司同意。

公司应设置"存出准备金"科目进行核算,该科目是公司内部使用的科目,它属于资产类科目。其借方登记上存的准备金,贷方登记收回上存的准备金。该科目应设置总公司和分公司两个二级科目。其中"存出准备金(总公司)"核算各分公司与总公司之间上缴资金的往来。另外该科目应按上存的各项准备金项目及存入单位设置明细账。其账务处理为：各所属公司上存准备金,借记"存出准备金"科目,贷记"银行存款"等科目;经批准,各所属公司收回上存的准备金时,借记"银行存款"等科目,贷记"存出准备金"科目。

例 9-13 某省公司按规定向总公司上存寿险责任准备金 2 000 000 元,已通过银行划转。应编制会计分录如下:

省公司上存资金时:

借:存出准备金——总公司   2 000 000

  贷:银行存款   2 000 000

总公司收到省公司上存资金时:

借:银行存款   2 000 000

  贷:存入准备金——分公司   2 000 000

经批准,总公司拨回上存资金时:

借:存入准备金——分公司   2 000 000

  贷:银行存款   2 000 000

省公司收回上存的资金时:

借:银行存款   2 000 000

  贷:存出准备金——总公司   2 000 000

6. 存出资本保证金的核算

存出资本保证金(deposit for capital recognizance)是指保险公司按规定比例缴存的、用于清算时清偿债务的保证金。按照《保险法》修改草案规定:"保险公司应当按照其注册资本总额的百分之十提取资本保证金,存入国务院保险监督管理机构指定的银行,除公司清算时用于清偿债务外,不得动用。"资本保证金达到 2 亿元后可以不再提取。

为了核算存出资本保证金,保险公司应设置"存出资本保证金"科目。该科目属于资产类科目,其借方登记按规定比例缴存的资本保证金,贷方登记清算时清偿债务的数额,余额在借方,反映公司缴存的资本保证金。其账务处理为:存出资本保证金时,借记"存出资本保证金"科目,贷记"银行存款"科目。

第五节　可供出售金融资产的核算

一、可供出售金融资产概述

可供出售金融资产(available-for-sale financial asset),是指初始确认时即被

指定为可供出售的非衍生金融资产。例如,公司购入的在活跃市场上有报价的股票、债券、基金等,没有划分为以公允价值计且其变动计入当期损益的金融资产或持有至到期投资等金融资产的可归为此类。

二、科目设置

公司应设置"可供出售金融资产"科目,核算公司持有可供出售金融资产的公允价值,包括划分为可供出售的股票投资、债券投资等金融资产。该科目属于资产类科目,其借方登记取得的可供出售金融资产的成本及利息调整,贷方登记出售可供出售金融资产的账面价值及利息调整,余额在借方,反映可供出售金融资产的公允价值。该科目应按可供出售金融资产的类别和品种,分别以"成本""利息调整""应计利息""公允价值变动"设置明细账。

三、账务处理

可供出售金融资产的账务处理,基本上与以公允价值计量且其变动计入当期损益的金融资产的账务处理相同,但也有不同之处,具体而言:

(1) 初始确认时,都应按公允价值计量,但对于可供出售金融资产,相关交易费用应计入初始入账金额。

(2) 资产负债表日,都应按公允价值计量,但对于可供出售金融资产,公允价值变动不是计入当期损益,而应计入所有者权益。

公司在对可供出售金融资产进行会计处理时,应注意以下几个问题:

(1) 公司在取得可供出售金融资产支付的价款中包含的已到付息期但尚未领取的债券利息或已宣告但尚未发放的现金股利,应单独确认应收项目。

可供出售金融资产持有期间取得的利息或现金股利,应当计入投资收益。资产负债表日,可供出售金融资产应当以公允价值计量,且公允价值变动计入其他综合收益。

(2) 可供出售金融资产发生的减值损失,应计入当期损益;如果可供出售金融资产是外币货币性金融资产,则其形成的汇兑差额也应计入当期损益。采用实际利率法计算的可供出售金融资产的利息,应当计入当期损益;可供出售权益工具投资的现金股利,应当在被投资单位宣告发放股利时计入当期损益。

(3) 处置可供出售金融资产时,应将取得的价款与该金融资产账面价值的差额,计入投资损益。

例 9-14 乙公司于 20×6 年 5 月 25 日从二级市场购入股票 1 000 000 股,每股市价 10 元,手续费 20 000 元;初始确认时,该股票划分为可供出售金融资产。

乙公司 20×6 年 12 月 31 日仍持有该股票,该股票当时的市价为每股 12 元。

20×7 年 3 月 1 日,乙公司将该股票售出,售价为每股 14 元,另支付交易费用 30 000 元。假定不考虑其他因素,乙公司的账务处理如下:

(1) 20×6 年 5 月 25 日,购入股票:

借:可供出售金融资产——成本   10 020 000

 贷:银行存款   10 020 000

(2) 20×6 年 12 月 31 日,确认股票价格变动:

借:可供出售金融资产——公允价值变动   1 980 000

 贷:其他综合收益——可供出售金融资产公允价值变动 1 980 000

(3) 20×7 年 3 月 1 日,出售股票:

借:银行存款   13 970 000

  其他综合收益——可供出售金融资产公允价值变动

               1 980 000

 贷:可供出售金融资产——成本   10 020 000

       ——公允价值变动   1 980 000

  投资收益   3 950 000

借:投资收益   223 584.91

 贷:应交税费——转让金融商品应交增值税 223 584.91

例 9-15 20×7 年 1 月 1 日甲保险公司支付价款 1 028.244 元购入某公司发行的 3 年期公司债券,设债券的票面总金额为 1 000 元,票面利率 4%,实际利率为 3%,利息每年末支付,本金到期支付。甲保险公司将该公司债券划分为可供出售金融资产。20×7 年 12 月 31 日,设债券的市场价格为 1 000.094 元。假定无交易费用和其他因素的影响,甲保险公司的账务处理如下:

(1) 20×7 年 1 月 1 日,购入债券:

借:可供出售金融资产——成本   1 000

       ——利息调整   28.244

 贷:银行存款   1 028.244

(2) 20×7 年 12 月 31 日,收到债券利息、确认公允价值变动:

实际利息＝1 028.244×3％＝30.847 32≈30.85(元)

年末摊余成本＝1 028.244＋30.85－40＝1 019.094(元)

借：应收利息 40

　　贷：投资收益 30.85

　　　　可供出售金融资产——利息调整 9.15

借：银行存款 40

　　贷：应收利息 40

借：其他综合收益——可供出售金融资产公允价值变动 19

　　贷：可供出售金融资产——公允价值变动 19

第六节　长期股权投资的核算

长期股权投资(long-term equity investment)是指投资方对被投资单位实施控制、重大影响的权益性投资,以及对其合营企业的权益性投资。

在确定能否对被投资单位实施控制时,投资方应当按照《企业会计准则第33号——合并财务报表》的有关规定进行判断。投资方能够对被投资单位实施控制的,被投资单位为其子公司。投资方属于《企业会计准则第33号——合并财务报表》规定的投资性主体且子公司不纳入合并财务报表的情况除外。

重大影响,是指投资方对被投资单位的财务和经营政策有参与决策的权力,但并不能够控制或者与其他方一起共同控制这些政策的制定。在确定能否对被投资单位施加重大影响时,应当考虑投资方和其他方持有的被投资单位当期可转换公司债券、当期可执行认股权证等潜在表决权因素。投资方直接或通过子公司间接持有被投资单位20％以上但低于50％表决权股份时,一般认为对被投资单位具有重大影响。被投资方能够对被投资单位施加重大影响的,被投资单位为其联营企业。

在确定被投资单位是否为合营企业时,应当按照《企业会计准则第40号——合营安排》的有关规定进行判断。

一、长期股权投资的初始计量

1. 形成控股合并的长期股权投资的初始计量

(1) 同一控制下的企业合并。同一控制下的企业合并是指参与合并的企业在合并前后均受同一方或相同的多方最终控制且该控制并非暂时性的企业合并。

① 合并方以支付现金、转让非现金资产或承担债务方式作为合并对价的,应当在合并日按照被合并方所有者权益在最终控制方合并财务报表中的账面价值的份额作为长期股权投资的初始投资成本。长期股权投资初始投资成本与支付的现金、转让的非现金资产以及所承担债务账面价值之间的差额,应当调整资本公积;资本公积不足冲减的,调整留存收益。

例 9 - 16　甲保险公司、乙保险公司两家公司同属丙保险公司的子公司。20×4 年 3 月 1 日甲保险公司以货币资金 2 000 万元取得乙公司 70% 的股权。乙保险公司在 20×4 年 3 月 1 日的所有者权益账面价值为 3 000 万元。甲保险公司应编制会计分录如下:

借:长期股权投资——乙公司	21 000 000
贷:银行存款	20 000 000
资本公积	1 000 000

② 合并方以发行权益性证券作为合并对价的,应当在合并日按照被合并方所有者权益在最终控制方合并财务报表中的账面价值的份额作为长期股权投资的初始投资成本。按照发行股份的面值总额作为股本,长期股权投资初始投资成本与所发行股份面值总额之间的差额,应当调整资本公积;资本公积不足冲减的,调整留存收益。

例 9 - 17　20×4 年 5 月 15 日,甲保险公司向同一集团内乙保险公司发行 2 500 万股普通股,取得乙保险公司 60% 的股权,该股票每股面值为 1 元。乙保险公司在 20×4 年 5 月 15 日的所有者权益账面价值为 3 000 万元。甲保险公司在 20×4 年 5 月 15 日的资本公积为 230 万元,盈余公积为 160 万元,一般风险准备为 160 万元,未分配利润为 150 万元。甲保险公司应编制会计分录如下:

借:长期股权投资——乙公司	18 000 000
资本公积	2 300 000
盈余公积	1 600 000
一般风险准备	1 600 000
利润分配—未分配利润	1 500 000
贷:股本	25 000 000

(2) 非同一控制下的企业合并。非同一控制下的企业合并是指参与合并的

各方在合并前后不受同一方或相同的多方最终控制的企业合并。非同一控制下的企业合并,购买方在购买日应当按照确定合并成本作为长期股权投资的初始投资成本。合并成本为购买方在购买日付出的资产、发生或承担的负债、发行的权益性证券的公允价值以及为进行企业合并发生的各项直接相关费用之和。该公允价值与其付出的资产、发生或承担的负债、发行的权益性证券的账面价值的差额,计入当期损益(营业外收入或营业外支出)。合并方或购买方为企业合并发生的审计、法律服务、评估咨询等中介费用以及其他相关管理费用,应当于发生时计入当期损益。

例 9 - 18　甲保险公司、乙保险公司两家公司属非同一控制下的独立公司。20×4 年 9 月 1 日甲保险公司以土地使用权对乙公司投资,取得乙公司 60% 的股权。该项土地使用权原价为 3 000 万元,已累计摊销 280 万元,已提取减值 70 万元,在投资当日该项土地使用权的公允价值为 3 100 万元,合并中,甲公司聘请有关机构对该项资产进行评估,支付评估费用 150 万元。乙保险公司在 20×4 年 9 月 1 日的所有者权益账面价值为 6 000 万元。甲保险公司应编制会计分录如下:

借:长期股权投资——乙公司	32 500 000	
累计摊销	2 800 000	
无形资产减值准备	700 000	
贷:无形资产		30 000 000
银行存款		1 500 000
营业外收入		4 500 000

2. 不形成控股的合并的长期股权投资的初始计量

(1) 以支付现金取得的长期股权投资,应当按照实际支付的购买价款作为初始投资成本。初始投资成本包括与取得长期股权投资直接相关的费用、税金及其他必要支出。但所支付的价款中包含的已宣告发放但尚未发放的现金股利或利润应作为应收项目处理,不构成长期股权投资的取得成本。

例 9 - 19　20×4 年 2 月 15 日甲保险公司自股票市场以每股 12 元的价格购入乙公司股票 100 000 股,其中包含支付已宣告发放但尚未发放的现金股利每股 0.1 元,支付手续费等相关费用 20 000 元。甲保险公司应编制会计分录如下:

借：长期股权投资——乙公司　　　　　　　　　　　1 210 000

　　应收股利　　　　　　　　　　　　　　　　　　　　10 000

　　贷：银行存款　　　　　　　　　　　　　　　　　　　1 220 000

（2）以发行权益性证券取得的长期股权投资，应当按照发行权益性证券的公允价值作为初始投资成本。为发行权益性证券支付给有关证券承销机构等的手续费、佣金等与权益性证券发行直接相关的费用，应自权益性证券的溢价收入中扣除，权益性证券的溢价收入不足冲减的，应冲减留存收益。

例 9 - 20　20×4 年 4 月 5 日，甲保险公司通过发行普通股 2 000 万股（每股面值 1 元）取得对乙公司 20% 的股权，从而导致对乙公司财务和经营决策具有重大影响。该股票每股面值 1 元，每股市场价格为 1.5 元。甲保险公司向证券承销机构支付了 150 万元的佣金和手续费。甲保险公司应编制会计分录如下：

借：长期股权投资　　　　　　　　　　　　　　　30 000 000

　　贷：股本　　　　　　　　　　　　　　　　　　　20 000 000

　　　　资本公积　　　　　　　　　　　　　　　　　10 000 000

借：资本公积　　　　　　　　　　　　　　　　　　1 500 000

　　贷：银行存款　　　　　　　　　　　　　　　　　　1 500 000

（3）投资者投入的长期股权投资，应当按照投资合同或协议约定的价值作为初始投资成本，但合同或协议约定价值不公允的除外。

例 9 - 21　甲保险公司设立时，其主要出资方之一乙公司以其持有的对丙公司的长期股权投资作为出资投入甲公司。投资各方在投资合同中约定，作为出资的该项长期股权投资作价 5 000 万元。该作价是按照乙公司股票的市价经考虑相关调整因素后确定的。甲公司注册资本为 20 000 万元。乙公司出资占甲公司注册资本的 20%。取得该项投资后，乙公司根据其持股比例，能够派人参与甲公司的财务和经营决策。甲保险公司应编制会计分录如下：

借：长期股权投资　　　　　　　　　　　　　　　50 000 000

　　贷：实收资本　　　　　　　　　　　　　　　　　40 000 000

　　　　资本公积——资本溢价　　　　　　　　　　　10 000 000

（4）以债务重组、非货币性资产交换取得的长期股权投资，其初始投资成本应按照《企业会计准则第 12 号——债务重组》和《企业会计准则第 7 号——非货币性资产交换》的规定确定。

二、长期股权投资的后续计量

1. 长期股权投资的成本法

(1) 成本法的概念及其适用范围。成本法(cost method)是指投资按投资成本计价的方法。投资方能够对被投资单位实施控制的长期股权投资应当采用成本法核算。

(2) 成本法的核算。

① 长期股权投资应当按照初始投资成本计价。

② 追加或收回投资应当调整长期股权投资的成本。

③ 被投资单位宣告分派的现金股利或利润,应当确认为当期投资收益。

例 9 - 22　　甲保险公司 20×1 年 1 月购入 C 公司有表决权资本的 60%,并准备长期持有,实际投资成本为 110 000 元。20×1 年 5 月,C 公司宣告分派现金股利 10 000 元。甲公司的会计处理如下:

(1) 20×1 年 1 月投资时:

借:长期股权投资——C 公司　　　　　　　　　　　110 000

　　贷:银行存款　　　　　　　　　　　　　　　　　　110 000

(2) 20×1 年 5 月 C 公司宣告发放现金股利时:

借:应收股利——C 公司　　　　　　　　　　　　　　6 000

　　贷:投资收益　　　　　　　　　　　　　　　　　　　6 000

2. 长期股权投资的权益法

(1) 权益法的概念及其适用范围。权益法(equity method)是指投资以初始投资成本计量后,在投资持有期间根据投资方享有被投资单位所有者权益份额的变动对投资的账面价值进行调整的方法。投资方对被投资单位具有共同控制或重大影响的长期股权投资,即对联营企业和合营企业的长期股权投资采用权益法核算。

投资方对联营企业的权益性投资,其中一部分通过风险投资机构、共同基金、信托公司或包括投连险基金在内的类似主体间接持有的,无论以上主体是否对这部分投资具有重大影响,投资方都可以按照《企业会计准则第 22 号——金融工具确认和计量》的有关规定,对间接持有的该部分投资选择以公允价值计量且其变动计入损益,并对其余部分采用权益法核算。

(2) 权益法的核算。长期股权投资采用权益法核算应在"长期股权投资"科目下设置"投资成本""损益调整""其他综合收益""其他权益变动"明细账进行明细核算。

① 初始投资成本的确定。

第一,长期股权投资的初始投资成本大于投资时应享有被投资单位可辨认净资产公允价值份额的,该部分差额系投资企业在购入该项投资过程中通过购买作价体现出的与所取得股权份额相对应的商誉,不调整长期股权投资的初始投资成本。

第二,长期股权投资的初始投资成本小于投资时应享有被投资单位可辨认净资产公允价值份额的,该部分差额可以看作是被投资单位的股东给予投资企业的让步,或是出于其他方面的考虑,被投资单位的原有股东无偿赠予投资企业的价值,因而应确认为当期收益,同时调整长期股权投资的成本。

例 9 - 23 A 保险公司以 300 万元对 B 企业进行投资,占其可辨认净资产公允价值的 30%,对 B 企业具有共同控制权。投资时 B 企业的可辨认资产公允价值为 2 600 万元,负债总额为 1 400 万元。其会计处理如下:

A 公司占 B 企业可辨认净资产公允价值的份额为:$(2\,600 - 1\,400) \times 30\% = 360(万)$

其初始投资成本为 300 万元,小于应享有 B 企业的可辨认净资产公允价值份额 360 万元,则应将其差额 60 万元计入当期损益,同时调整长期股权投资的成本。会计分录为:

借:长期股权投资——B 企业(投资成本)　　　　　　　600 000
　　贷:营业外收入　　　　　　　　　　　　　　　　　　　600 000

在上例中,如果 B 企业的可辨认净资产公允价值为 900 万元,则 A 公司应该享有 B 企业可辨认净资产公允价值的份额为:$900 \times 30\% = 270(万元)$。

由于 A 公司的初始投资成本为 300 万元,大于应享有 B 企业的可辨认净资产公允价值份额 270 万元,则不再调整长期股权投资的初始投资成本。

② 损益和其他综合收益调整。投资方取得长期股权投资后,应当按照应享有或应分担的被投资单位实现的净损益和其他综合收益的份额,分别确认投资收益和其他综合收益,同时调整长期股权投资的账面价值。投资方在确认应享有被投资单位净损益的份额时,应当以取得投资时被投资单位可辨认净资产的公允价值为基础,对被投资单位的净利润进行调整后确认。被投资单位采用的会计政策及会计期间与投资方不一致的,应当按照投资方的会计政策及会计期间对被投资单位的财务报表进行调整,并据以确认投资收益和其他综合收益等。比如,以取得投资时被投资单位固定资产、无形资产的公允价值为基础计提的折

旧额或摊销额,相对于被投资单位已计提的折旧额、摊销额之间存在差额的,应按其差额对被投资单位净损益进行调整,并按调整后的净损益和持股比例计算确认投资损益。在进行有关调整时,应当考虑具有重要性的项目,不具有重要性的项目可不予调整。在确认投资收益时,除考虑公允价值的调整外,对于投资企业与联营企业及合营企业之间发生的未实现内部交易损益应予抵销。

例 9 - 24 甲保险公司于 20×4 年 2 月 15 日购入乙公司 40% 的股份,购买价款为 2 600 万元,并自取得投资之日起派人参与乙公司的经营决策。取得投资当日,乙公司可辨认净资产公允价值为 8 000 万元,除表 9 - 2 所列项目外,乙公司其他资产、负债的公允价值与账面价值相同。双方在当期及以前期间未发生任何内部交易。

表 9 - 2 乙公司资产账面价值和公允价值情况表 　　单位:万元

项 目	账面原价	已提折旧或摊销	公允价值	乙公司预计使用年限	甲公司取得投资后剩余使用年限
损余物资	710		760		
固定资产	2 400	480	1 800	15	12
无形资产	1 200	240	1 600	10	8
合 计	4 310	720	4 160		

假定乙公司于 20×4 年实现净利润 700 万元,其中在甲公司取得投资时的账面损余物资有 70% 对外出售。甲公司与乙公司的会计年度及采用的会计政策相同。固定资产、无形资产均按直线法提取折旧或摊销,预计净残值均为 0 元。当期乙公司因持有的可供出售金融资产公允价值变动计入其他综合收益的金额为 200 万元。

甲公司在确定其应享有的投资收益时,应在乙公司实现净利润的基础上,根据取得投资时乙公司有关资产的账面价值与其公允价值差额的影响进行调整(假定不考虑所得税影响):

损余物资账面价值与公允价值的差额应调减的利润 $= (760 - 710) \times 70\% = 35$(万元)

固定资产公允价值与账面价值差额应调整减少的折旧额 $= 1\,800 \div 12 - 2\,400 \div 15 = -10$(万元)

无形资产公允价值与账面价值差额应调整增加的摊销额＝1 600÷7－1 200÷10＝80(万元)

调整后的净利润＝700－35＋10－80＝595(万元)

甲公司应享有份额＝595×40％＝238(万元)

确认投资收益和其他综合收益的会计分录为：

借：长期股权投资——乙公司(损益调整)　　　　　3 180 000

　　贷：投资收益　　　　　　　　　　　　　　　　　　2 380 000

　　　　其他综合收益　　　　　　　　　　　　　　　　　800 000

③ 取得现金股利或利润的处理。按照权益法核算的长期股权投资,投资方按照被投资单位宣告分派的利润或现金股利计算应享有的部分,相应减少长期股权投资的账面价值。在被投资单位宣告分派现金股利或利润时,借记"应收股利"科目,贷记"长期股权投资——损益调整"科目。

例 9－25　甲保险公司 20×3 年年初投资 A 公司 1 000 万元,取得30％股权,对 A 公司产生重大影响,20×3 年 3 月 A 公司发放现金股利 500 万元,当年实现净利润 500 万元。甲保险公司会计处理如下：

(1) 初始投资时：

借：长期股权投资——投资成本　　　　　　　　　10 000 000

　　贷：银行存款　　　　　　　　　　　　　　　　　　10 000 000

(2) 取得 20×3 年现金股利：

借：应收股利　　　　　　　　　　　　　　　　　　1 500 000

　　贷：长期股权投资——投资成本　　　　　　　　　　1 500 000

(3) 20×3 年年末确认投资收益：

应享有的净利润份额＝500×30％＝150(万元)

借：长期股权投资——损益调整　　　　　　　　　1 500 000

　　贷：投资收益　　　　　　　　　　　　　　　　　　1 500 000

④ 超额亏损的确认。投资方确认被投资单位发生的净亏损,应当以长期股权投资的账面价值以及其他实质上构成对被投资单位净投资的长期权益减记至零为限,投资方负有承担额外损失义务的除外。

被投资单位以后实现净利润的,投资方在其收益分享额弥补未确认的亏损分担额后,恢复确认收益分享额。

在实务操作过程中,在发生投资损失时,应借记"投资收益"科目,贷记"长期股权投资——损益调整"科目。在长期股权投资的账面价值减记至零以后,考虑其他实质上构成对被投资单位净投资的长期权益,继续确认的投资损失,应借记"投资收益"科目,贷记"长期应收款"科目;因投资合同或协议约定导致投资企业需要承担额外义务的,按照或有事项准则的规定,对于符合确认条件的义务,应确认为当期损失,同时确认预计负债,借记"投资收益"科目,贷记"预计负债"科目。

　　在确认了有关的投资损失以后,被投资单位于以后期间实现盈利的,应按以上相反顺序分别减记已确认的预计负债、恢复其他长期权益及长期股权投资账面价值,同时确认投资收益。即应当按顺序分别借记"预计负债""长期应收款""长期股权投资"科目,贷记"投资收益"科目。

　　例 9-26　甲保险公司 20×4 年年初投资 A 公司 1 000 万元,取得 30% 股权,对 A 公司产生重大影响,A 公司当年发生净亏损 3 000 万元,长期股权投资已经计提减值 200 万元,对 A 公司长期应收款 500 万。假定甲公司在取得该投资时,A 公司各项可辨认资产、负债的公允价值与其账面价值相等,双方所采用的会计政策及会计期间也相同。甲保险公司会计处理如下:

　　A 公司当年度的亏损额为 3 000 万元,则甲公司按其持股比例确认应分担的损失为: 3 000×30%＝900 万元,长期股权投资账面价值＝1 000-200＝800(万元),因此冲减投资 800 万元,剩余的 100 万元冲减长期应收款,会计分录如下:

　　借:投资收益　　　　　　　　　　　　　　　　　　8 000 000
　　　贷:长期股权投资——损益调整　　　　　　　　　　　　8 000 000
　　借:投资收益　　　　　　　　　　　　　　　　　　1 000 000
　　　贷:长期应收款——A 公司　　　　　　　　　　　　　　1 000 000

　　⑤ 其他权益变动。投资方对于被投资单位除净损益、其他综合收益和利润分配以外所有者权益的其他变动(主要包括被投资单位接受其他股东的资本性投入,被投资单位发行可分离交易的可转换公司债券中包含的权益部分,以权益结算的股份支付等),应当按持股比例计算应享有的份额,调整长期股权投资的账面价值并计入所有者权益,借记或贷记"长期股权投资"科目,贷记或借记"资本公积——其他资本公积"科目。

　　例 9-27　甲保险公司持有丙企业 40% 的股份,能够对丙企业施加重大影响。丙企业因权益结算的股份支付计入资本公积的金额为 2 000 万元,除该事项外,丙企业当期实现的净利润为 7 500 万元。假定甲公司与丙企业适用的会计政策、会计期间相同,投资时丙企业有关资产、负债的公允价值与其账面价值亦相同。

甲公司在确认应享有被投资单位所有者权益的变动时,应进行的账务处理为:

借:长期股权投资——丙企业(损益调整)　　　　30 000 000
　　　　　　　　　——丙企业(其他权益变动)　　 8 000 000
　　贷:投资收益　　　　　　　　　　　　　　　　　 30 000 000
　　　　资本公积——其他资本公积　　　　　　　　　 8 000 000

3. 长期股权投资的处置

处置长期股权投资,其账面价值与实际取得价款之间的差额,应当计入当期损益。采用权益法核算的长期股权投资,在处置该项投资时,采用与被投资单位直接处置相关资产或负债相同的基础,按相应比例对原计入其他综合收益或资本公积(其他资本公积)的部分进行结转。

例 9 - 28　甲保险公司拥有乙公司表决权股份的 25%,对乙公司有重大影响。20×4 年 12 月 15 日,甲公司出售乙公司 15% 的股权,出售取得价款 1 200 万元全部存入银行。出售时甲公司长期股权投资账面价值为 1 100 万元,其中投资成本 700 万元,损益调整 180 万元,其他综合收益 100 万元、其他权益变动 120 万元。适用增值税税率为 6%。

(1) 甲公司确认处置损益时:

借:银行存款　　　　　　　　　　　　　　　　　 12 000 000
　　贷:长期股权投资——乙公司(投资成本)　　　　 7 000 000
　　　　　　　　　　　——乙公司(损益调整)　　　　 1 800 000
　　　　　　　　　　　——乙公司(其他综合收益)　　 1 000 000
　　　　　　　　　　　——乙公司(其他权益变动)　　 1 200 000
　　　　应交税费——应交增值税(销项税额)　　　　　 283 018.87
　　　　投资收益　　　　　　　　　　　　　　　　　 716 981.13

(2) 除应将实际取得价款与出售长期股权投资的账面价值进行结转,确认出售损益外,还应将原计入其他综合收益、资本公积的部分按比例转入当期损益。

借:其他综合收益　　　　　　　　　　　　　　　　 1 000 000
　　资本公积——其他资本公积　　　　　　　　　　　 1 200 000
　　贷:投资收益　　　　　　　　　　　　　　　　　 2 200 000

第七节　金融资产减值的核算

一、金融资产减值损失的确认

按照 2017 年财政部新修订的《企业会计准则第 22 号——金融工具确认和计量》,金融资产减值的确认由"已发生损失法"修改为"预期损失法",要求企业应考虑金融资产未来预期信用损失情况。即当对金融资产预期未来现金流量具有不利影响的一项或多项事件发生时,该金融资产成为已发生信用减值的金融资产。金融资产已发生信用减值的证据包括下列可观察信息:

(1) 发行方或债务人发生重大财务困难;

(2) 债务人违反合同,如偿付利息或本金违约或逾期等;

(3) 债权人出于与债务人财务困难有关的经济或合同考虑,给予债务人在任何其他情况下都不会做出的让步;

(4) 债务人很可能破产或进行其他财务重组;

(5) 发行方或债务人财务困难导致该金融资产的活跃市场消失;

(6) 以大幅折扣购买或源生一项金融资产,该折扣反映了发生信用损失的事实。

二、金融资产减值损失的计量

1. 金融资产减值损失的计量原则

企业应当以预期信用损失为基础,对金融资产计提减值准备。预期信用损失是指以发生违约的风险为权重的金融工具信用损失的加权平均值。信用损失是指企业按照原实际利率折现的、根据合同应收的所有合同现金流量与预期收取的所有现金流量之间的差额,即全部现金短缺的现值。

企业计量金融工具预期信用损失的方法应当反映下列各项要素:

(1) 通过评价一系列可能的结果而确定的无偏概率加权平均金额;

(2) 货币时间价值;

(3) 在资产负债表日无须付出不必要的额外成本或努力即可获得的有关过去事项、当前状况以及未来经济状况预测的合理且有依据的信息。

2. 金融资产减值损失的计量方法

(1) 持有至到期投资、贷款和应收款项、可供出售金融资产减值损失的计量方法。

企业应当在每个资产负债表日评估相关金融工具的信用风险自初始确认后是否已显著增加，并按照下列情形分别计量其损失准备、确认预期信用损失及其变动。

① 如果该金融工具的信用风险自初始确认后已显著增加，企业应当按照相当于该金融工具整个存续期内预期信用损失的金额计量其损失准备。无论企业评估信用损失的基础是单项金融工具还是金融工具组合，由此形成的损失准备的增加或转回金额，应当作为减值损失或利得计入当期损益。

② 如果该金融工具的信用风险自初始确认后并未显著增加，企业应当按照相当于该金融工具未来 12 个月内预期信用损失的金额计量其损失准备，无论企业评估信用损失的基础是单项金融工具还是金融工具组合，由此形成的损失准备的增加或转回金额，应当作为减值损失或利得计入当期损益。未来 12 个月内预期信用损失，是指因资产负债表日后 12 个月内（若金融工具的预计存续期少于 12 个月，则为预计存续期）可能发生的金融工具违约事件而导致的预期信用损失，是整个存续期预期信用损失的一部分。

企业在进行相关评估时，应当考虑所有合理且有依据的信息，包括前瞻性信息。为确保自金融工具初始确认后信用风险显著增加即确认整个存续期预期信用损失，企业在一些情况下应当以组合为基础考虑评估信用风险是否显著增加。整个存续期预期信用损失，是指因金融工具整个预计存续期内所有可能发生的违约事件而导致的预期信用损失。

对于分类为以公允价值计量且其变动计入其他综合收益的金融资产，企业应当在其他综合收益中确认其损失准备，并将减值损失或利得计入当期损益，且不应减少该金融资产在资产负债表中列示的账面价值。

企业在前一会计期间已经按照相当于金融工具整个存续期内预期信用损失的金额计量了损失准备，但在当期资产负债表日，该金融工具已不再属于自初始确认后信用风险显著增加的情形的，企业应当在当期资产负债表日按照相当于未来 12 个月内预期信用损失的金额计量该金融工具的损失准备，由此形成的损失准备的转回金额应当作为减值利得计入当期损益。

（2）长期股权投资减值损失的计量方法。

① 对子公司、联营企业及合营企业的投资，应当按照《企业会计准则第 8 号——资产减值》处理，即长期股权投资存在减值迹象的，应当估计其可收回金额。可收回金额应当根据长期股权投资的公允价值减去处置费用后的净额与长期股权投资预计未来现金流量的现值两者之间较高者确定。计量结果表明，长期股权投资的可收回金额低于其账面价值的，应当将长期股权投资的账面价值减记至可收回金额，减记的金额确认为资产减值损失，计入当期损益，

同时计提相应的资产减值准备,资产减值损失一经确认,在以后会计期间不得转回。

②公司持有的对被投资单位不具有共同控制或重大影响、在活跃市场中没有报价、公允价值不能可靠计量的长期股权投资,应当按照《企业会计准则第22号——金融工具确认和计量》处理,即应当将长期股权投资的账面价值与按照类似金融资产当时市场收益率对未来现金流量折现确定的现值之间的差额,确认减值损失,计入当期损益,且不得转回。

三、金融资产减值损失的核算

1. 应收款项减值的核算

公司应当设置"坏账准备"科目,核算公司应收款项的坏账准备。该科目属于资产类科目,其贷方登记按规定提取的坏账准备和转回的已确认并转销的坏账数额,借方登记确实无法收回的、批准作为坏账损失的应收款项,余额在贷方,反映公司已经提取的坏账准备,如果余额在借方,则反映公司坏账损失超过坏账准备的数额。

其具体账务处理如下。

(1)资产负债表日,应收款项发生减值的,按应减记的金额,借记"资产减值损失"科目,贷记"坏账准备"科目。当期应计提的坏账准备大于其账面余额的,应按其差额提取;应提数小于账面余额的差额,冲减坏账准备,借记"坏账准备"科目,贷记"资产减值损失"科目。

(2)对于确实无法收回的应收款项,按管理权限报经批准后作为坏账,转销应收款项,借记"坏账准备"科目,贷记"应收保费""预付赔付款""应收分保账款""其他应收款""长期应收款"等科目。

(3)已确认坏账并转销的应收款项,以后又收回的,应按实际收回的金额,借记"应收利息""应收保费""应收分保账款""其他应收款"等科目,贷记"坏账准备"科目;同时,借记"银行存款"科目,贷记"应收利息""应收保费""应收分保账款""其他应收款"等科目。

对于已确认坏账并转销的应收款项,以后又收回的,也可以按实际收回的金额,借记"银行存款"科目,贷记"坏账准备"科目。

例 9 - 29　甲公司 20×7 年应收账款余额为 3 000 000 元,20×7年 12 月 31 日,甲公司对应收账款进行减值测试,确定按 1% 计提坏账准备;第二年发生坏账损失 60 000 元,其中应收保费为 10 000 元,应收分保账款为

50 000元,年末"应收账款"余额为3 600 000元,经减值测试,甲公司决定仍按1%计提坏账准备;第三年其他应收款20 000元,确认为坏账,年末"应收账款"余额为4 000 000元,经减值测试,甲公司决定按1.5%计提坏账准备;第四年收回第二年已冲销的应收保费坏账10 000元,年末"应收账款"余额为3 200 000元,经减值测试,甲公司决定按2%计提坏账准备。应编制会计分录如下:

第一年提取坏账准备:

借:资产减值损失   30 000

  贷:坏账准备   30 000

第二年发生坏账损失60 000元:

借:坏账准备   60 000

  贷:应收保费   10 000

    应收分保账款   50 000

第二年按年末"应收账款"余额计算提取坏账准备:

坏账准备余额为36 000元(3 600 000×1%);

应提的坏账准备为66 000元(36 000—30 000+60 000)。

借:资产减值损失   66 000

  贷:坏账准备   66 000

第三年发生坏账损失20 000元:

借:坏账准备   20 000

  贷:其他应收款   20 000

第三年年末按"应收账款"余额计算提取坏账准备:

坏账准备余额为60 000元(4 000 000×1.5%);

应提的坏账准备为44 000元(60 000—36 000+20 000)。

借:资产减值损失   44 000

  贷:坏账准备   44 000

第四年收回第二年已冲销的坏账:

借:应收保费   10 000

  贷:坏账准备   10 000

借:银行存款   10 000

  贷:应收保费   10 000

第四年年末按"应收账款"余额计算提取坏账准备:

坏账准备余额为64 000元(3 200 000×2%);

应提的坏账准备为—6 000元(64 000—60 000—10 000)。

借：坏账准备　　　　　　　　　　　　　　　　　　　　　6 000
　　贷：资产减值损失　　　　　　　　　　　　　　　　　　　　6 000

2. 持有至到期投资减值损失的核算

公司应当设置"持有至到期投资减值准备"科目,核算公司持有至到期投资的减值准备。该科目属于资产类科目,其贷方登记按规定提取的减值准备和转回的已确认并转销的减值准备数额,借方登记发生的持有至到期投资减值损失转销的减值准备,余额在贷方,反映公司已计提但尚未转销的持有至到期投资减值准备。该科目应按持有至到期投资类别和品种设置明细账。其具体账务处理如下。

(1) 资产负债表日,持有至到期投资发生减值的,按应减记的金额,借记"资产减值损失"科目,贷记"持有至到期投资减值准备"科目。

(2) 形成的持有至到期投资减值准备转回时,借记"持有至到期投资减值准备"科目,贷记"资产减值损失"科目。

3. 贷款减值损失的核算

公司应当设置"贷款损失准备"科目,核算公司贷款的减值准备,主要包括保户质押贷款和拆出资金计提的减值准备。该科目属于资产类科目,其贷方登记按规定提取的减值准备和转回的已确认并转销的减值准备数额,借方登记发生的贷款减值损失转销的减值准备,余额在贷方,反映公司已计提但尚未转销的贷款损失准备。该科目应按计提贷款损失准备的资产类别设置明细账。其具体账务处理如下。

(1) 资产负债表日,贷款发生减值的,按应减记的金额,借记"资产减值损失"科目,贷记"贷款损失准备"科目。

(2) 对于确实无法收回的各项贷款,按管理权限报经批准后转销各项贷款,借记"贷款损失准备"科目,贷记"保户质押贷款""拆出资金"等科目。

(3) 形成的贷款损失准备的转回时,借记"贷款损失准备"科目,贷记"资产减值损失"科目。

4. 可供出售金融资产减值损失的核算

(1) 资产负债表日,可供出售金融资产的公允价值高于其账面余额的差额,借记"可供出售金融资产——公允价值变动"科目,贷记"其他综合收益"科目;公允价值低于其账面余额的差额做相反的会计分录。

(2) 确定可供出售金融资产发生减值的,按应减记的金额,借记"资产减值损失"科目,按应从所有者权益中转出原计入其他综合收益的累计损失金额,贷记"其他综合收益"科目,按其差额,贷记"可供出售金融资产——公允价值变动"科目。

(3) 对于已确认减值损失的可供出售金融资产,在随后会计期间内公允价值已上升且客观上与确认原减值损失事项相关的,应按原确认的减值损失,借记"可供出售金融资产——公允价值变动"科目,贷记"资产减值损失"科目;但可供出售金融资产为股票等权益工具投资的(不含在活跃市场没有报价、公允价值不能可靠计量的权益工具投资),借记"可供出售金融资产——公允价值变动"科目,贷记"其他综合收益"科目。

5. 长期股权投资减值的核算

公司应当设置"长期股权投资减值准备"科目,核算公司长期股权投资的减值准备。该科目属于资产类科目,其贷方登记按规定提取的减值准备,借方登记转销的减值准备,余额在贷方,反映公司已计提但尚未转销的长期股权投资减值准备。该科目应按长期股权投资类别和品种设置明细账。其具体账务处理如下。

(1) 资产负债表日,长期股权投资发生减值的,按应减记的金额,借记"资产减值损失"科目,贷记"长期股权投资减值准备"科目。

(2) 处置长期股权投资时,应同时结转已计提的长期股权投资减值准备。

(3) 对采用权益法核算的公司如果涉及商誉的,在计提减值准备时首先应调整商誉的价值,商誉价值减为零后再计提减值准备。

例 9-30 20×8 年 12 月 31 日,甲保险公司占乙公司有表决权股份的 60%,对乙公司构成控制。至此,该长期股权投资的账面价值为 2 500 万元。由于没有公开市场价格且不能可靠计量其公允价值,按市场收益率计算,该项长期股权投资在 20×8 年 12 月 31 日预计未来现金流量现值为 2 360 万元。甲保险公司应编制会计分录如下:

借:资产减值损失——计提的长期股权投资减值准备　1 400 000

　　贷:长期股权投资减值准备　　　　　　　　　　　　　1 400 000

例 9-31 20×8 年 12 月 31 日,甲公司对乙公司采取吸收合并方式进行投资。在取得该项投资时,甲公司确认了 300 万元的商誉。根据相关资料分析得知,该项长期股权投资目前已减值 470 万元。甲保险公司应编制会计分录如下:

借:资产减值损失——计提的长期股权投资减值准备　4 700 000

　　贷:商誉　　　　　　　　　　　　　　　　　　　　　3 000 000

　　　长期股权投资减值准备　　　　　　　　　　　　　1 700 000

关 键 词

　　交易性金融资产　买入返售金融资产　持有至到期投资　可供出售金融资产　长期股权投资　成本法　权益法　存出保证金　应收票据　其他应收款　托收票据　存出准备金　存出资本保证金　拆出资金　金融资产减值

复习思考题

　　1. 可供出售金融资产和交易性金融资产账务处理有何区别？

　　2. 简述持有至到期投资的初始计量和后续计量。

　　3. 保险公司的应收款项有哪些？

　　4. 对比同一控制下企业合并与非同一控制下企业合并长期股权投资初始计量的异同。

　　5. 简述长期股权投资成本法和权益法的含义及核算范围。

　　6. 金融资产减值损失如何确认和计量？

练 习 题

习题一

一、目的：练习金融资产的核算。

二、资料：某保险公司 20×7 年发生经济业务如下：

1. 张民出差，借支差旅费 4 000 元，以现金付讫。出差回来报销差旅费，其中：住宿费 1 272 元（含税），增值税税率为 6%，取得了增值税专用发票；餐饮费 500 元，取得了普通发票；汽车票 2 472 元，增值税税率为 3%，公交和士士票 180 元；租用轿车一辆，付租金 339 元（含税），取得了增值税专用发票，增值税税率为 13%。

2. 某公司和个人代理人共同出资购买宣传用品，公司垫资 11 300 元（含税），其中个人代理人应承担 60%，增值税税率为 13%，其余赠与客户。

3. 收到汇票一张，金额为 20 000 元，系甲企业交来前欠保费，当即委托银行收款。

4. 采用委托收款结算方式，向乙企业收取财产基本险保费 35 000 元（含税），增值税税率为 6%。填写委托收款结算凭证交开户银行，银行受理退回凭证回单。

5. 公司本期注册资本 25 亿元,按规定比例缴存资本保证金。

6. 公司委托乙公司代理现场勘查、检验损失、理算赔款,公司向乙保险公司提交理赔保证金 300 000 元,乙保险公司理赔完毕退回公司 70 000 元。

7. 公司会计部门收到业务部门开出的出口货物运输险的保费通知书,应收某进出口公司保费 100 000 日元,并收到该公司开出的银行承兑汇票一张。

8. 公司收到出口信用保险保费收入汇票一张 USD 80 000,委托银行托收。

9. 省公司按规定向公司上存寿险责任准备金 1 000 000 元,已通过银行划转。

10. 总公司收到省公司上存寿险责任准备金 1 000 000 元。

11. 公司向某保户提供贷款 3 000 元,期限为 6 个月,年利率为 2.28%,按月计提利息,6 个月到期,收回本金和利息,增值税税率为 6%。

12. 公司 20×7 年 10 月 1 日与某证券公司以协议方式按 1 000 000 元的价格买入 B 证券,并约定 6 个月后再按固定的价格卖出该批 B 证券,约定年利率为 3.5%,增值税税率为 6%。

13. 公司 20×7 年 10 月 22 日向乙保险公司拆出资金 1 000 万元,交易品种为 30 天,年利率为 4.8%。

三、要求:根据上述资料编制会计分录。

习题二

一、目的:练习应收款项减值的核算。

二、资料:某保险公司于 20×7 年开始经营,20×7 年年末应收账款余额为 3 000 000 元,20×7 年 12 月 31 日。该公司对应收账款进行减值测试,确定按 1% 计提坏账准备,20×8 年,实际发生应收保费坏账损失 20 000 元;20×8 年年末,应收账款余额为 3 800 000 元,经减值测试,甲公司决定按 1.5% 计提坏账准备;20×9 年,收回 20×8 年已转销的应收保费坏账 20 000 元,同时又发生应收利息坏账 6 000 元;20×9 年年末,应收账款余额为 1 800 000 元,经减值测试,甲公司决定按 1.2% 计提坏账准备。

三、要求:根据上述经济业务资料,编制有关会计分录。

习题三

一、目的:练习交易性金融资产的核算。

二、资料:

1. 20×7 年 5 月 13 日,甲公司从二级市场购入乙公司发行的股票 100 000 股,每股价格 10.60 元(含已宣告发放但尚未支付的现金股利 0.60 元),另支付交易费用 10 000 元。甲公司将持有的乙公司股权划分为交易性金融资产,且持

有乙公司股权后对其无重大影响,增值税税率为 6%。甲公司其他相关资料如下:

(1) 5 月 23 日,收到乙公司发放的现金股利;

(2) 6 月 30 日,乙公司股票价格涨到每股 13 元;

(3) 8 月 15 日,将持有的乙公司股票全部售出,每股售价 15 元。

2. 20×7 年 1 月 1 日,甲公司从二级市场支付价款 1 025 000 元(含已到付息期但尚未领取的利息 25 000 元)购入某公司发行的债券,另发生交易费用 30 000 元。该债券面值 1 000 000 元,剩余期限为 2 年,票面年利率为 5%,每半年付息一次,该公司将其划分为交易性金融资产,增值税税率为 6%。甲公司其他资料如下:

(1) 20×7 年 1 月 5 日,收到该债券 20×6 年下半年利息 25 000 元;

(2) 20×7 年 6 月 30 日,该债券的公允价值为 1 150 000 元(不含利息);

(3) 20×7 年 7 月 5 日,收到该债券半年利息;

(4) 20×7 年 12 月 31 日,该债券的公允价值为 1 200 000 元(不含利息);

(5) 20×8 年 1 月 5 日,收到该债券 20×7 年下半年利息;

(6) 20×8 年 3 月 31 日,甲公司将该债券出售,取得价款 1 160 000 元(含 1 季度利息 12 500 元)。

三、要求:根据上述资料编制会计分录。

习题四

一、目的:练习持有至到期投资的核算。

二、资料:X 公司 20×7 年 1 月 3 日购入 Y 公司 20×7 年 1 月 1 日发行的 3 年期政策性金融债券,票面利率 10%,债券票面金额为 100 万元,公司按 106 万元的价格购入。该债券每年付息一次,最后一次归还本金并支付最后一次利息。假设 X 公司按年计算利息,采用实际利率法摊销。

三、要求:根据上述资料编制会计分录。

习题五

一、目的:练习可供出售金融资产的核算。

二、资料:乙公司于 20×6 年 8 月 20 日从二级市场购入股票 500 000 股,每股市价 12 元,手续费 10 000 元;初始确认时,该股票划分为可供出售金融资产。

乙公司 20×6 年 12 月 31 日仍持有该股票,该股票当时的市价为 15 元。

20×7 年 3 月 1 日,乙公司将该股票售出,售价为每股 18 元,另支付交易费用 20 000 元。假定不考虑其他因素,增值税税率为 6%。

三、要求:根据上述资料编制会计分录。

习题六

一、目的：练习长期股权投资的初始计量。

二、资料：甲保险公司发生经济业务如下。

1. 20×8年2月8日，甲保险公司向同一集团内乙保险公司发行1 500万股普通股，取得乙保险公司80%的股权，该股票每股面值为1元。乙保险公司在20×8年2月8日的所有者权益账面价值为1 500万元。甲保险公司在20×8年5月15日的资本公积为90万元，盈余公积为80万元，一般风险准备为70万元，未分配利润为60万元。

2. 甲保险公司、乙保险公司两家公司属非同一控制下的独立公司。20×8年5月12日甲保险公司以固定资产对乙公司投资，取得乙公司60%的股权。该项固定资产原值为1 500万元，已计提折旧400万元，已提取减值50万元，在投资当日该项固定资产的公允价值为1 250万元，合并中，甲公司聘请有关机构对该项资产进行评估，支付评估费用120万元。乙保险公司在20×8年5月12日的所有者权益账面价值为2 000万元。

3. 20×8年2月15日，甲保险公司自股票市场以每股15元的价格购入乙公司股票100 000股，其中包含支付已宣告发放但尚未发放的现金股利每股0.2元，支付手续费等相关费用30 000元。

4. 20×8年4月5日，甲保险公司通过发行普通股3 000万股(每股面值1元)取得对乙公司20%的股权，从而导致对乙公司财务和经营决策具有重大影响。该股票每股面值1元，每股市场价格为2元。甲保险公司向证券承销机构支付了450万元的佣金和手续费。

5. 甲保险公司设立时，其主要出资方之一乙公司以其持有的对丙公司的长期股权投资作为出资投入甲公司。投资各方在投资合同中约定，作为出资的该项长期股权投资作价6 000万元。该作价是按照乙公司股票的市价经考虑相关调整因素后确定的。甲公司注册资本为25 000万元。乙公司出资占甲公司注册资本的20%。取得该项投资后，乙公司根据其持股比例，能够派人参与甲公司的财务和经营决策。

三、要求：根据上述资料编制甲保险公司会计分录。

习题七

一、目的：练习长期股权投资的后续计量。

二、资料：甲保险公司发生经济业务如下。

1. 甲保险公司20×1年3月1日以银行存款购入丙公司70%的股份，并准备长期持有，采用成本法核算。甲公司的实际投资成本为1 100 000元。丙公司于20×1年5月2日宣布分派现金股利100 000元，20×1年实现净利润450 000元。

2. 甲保险公司以 9 000 万元对 B 企业进行投资,占其可辨认净资产公允价值的 30%,对 B 企业具有共同控制权。投资时 B 企业的可辨认资产公允价值为 48 000 万元,负债总额为 12 000 万元。

3. 甲保险公司于 20×8 年 1 月 12 日购入乙公司 30% 的股份,购买价款为 3 300 万元,并自取得投资之日起派人参与乙公司的经营决策。取得投资当日,乙公司可辨认净资产公允价值为 9 000 万元,除下表所列项目外,乙公司其他资产、负债的公允价值与账面价值相同。

单位:万元

项　　目	账面原价	已提折旧或摊销	公允价值	乙公司预计使用年限	甲公司取得投资后剩余使用年限
抵债资产	750		1 050		
固定资产	1 800	360	2 400	20	16
无形资产	1 050	210	800	10	8
合计	3 600	570	4 250		

假定乙公司于 20×8 年实现净利润 900 万元,其中在甲公司取得投资时的账面抵债资产有 80% 对外出售。甲公司与乙公司的会计年度及采用的会计政策相同。固定资产、无形资产均按直线法提取折旧或摊销,预计净残值均为 0 元。

4. 甲保险公司于 20×4 年 4 月 1 日以 300 万元购入乙公司的股权,占乙公司所有者权益份额的 20%,采用权益法核算。投资时乙公司可辨认净资产的公允价值为 1 000 万元。20×4 年 4 月 8 日,乙公司宣告分配利润 60 万元,4 月 20 日收到;20×4 年乙公司实现了净利润 200 万元;20×5 年 4 月 6 日乙公司宣告分配利润 250 万元,当年净利润 400 万元;20×6 年乙公司发生净亏损 1 500 万元;20×7 年乙公司实现净利润 200 万元;20×8 年 8 月 2 日,乙公司因持有的可供出售金融资产公允价值的变动金额为 50 万元。

5. 甲保险公司 20×8 年年初投资 A 公司,取得 30% 股权,对 A 公司产生重大影响。20×8 年 12 月 31 日该项长期股权投资的账面价值为 6 000 万元,长期股权投资已经计提减值 1 000 万元。A 公司当年发生净亏损 18 000 万元,对 A 公司长期应收款 2 400 万元。假定甲公司在取得该投资时,A 公司各项可辨认资产、负债的公允价值与其账面价值相等,双方所采用的会计政策及会计期间也相同。

6. 20×8 年 12 月 31 日,甲保险公司占乙公司有表决权股份的 70%,对乙公司构成控制。至此,该项长期股权投资的账面价值为 4 600 万元。由于没有公开市场价格且不能可靠计量其公允价值,按市场收益率计算,该项长期股权投资在 20×8 年 12 月 31 日预计未来现金流量现值为 4 260 万元。

7. 甲公司拥有 B 公司表决权股份的 40%,对 B 公司有重大影响。20×8 年 12 月 15 日,A 公司出售 B 公司 10% 的股权,出售取得价款 2 705 万元全部存入银行。出售时 A 公司长期股权投资账面价值为 2 580 万元,其中投资成本 1 800 万元,损益调整 480 万元,其他权益变动 300 万元,增值税税率为 6%。

三、要求:根据上述资料编制甲保险公司会计分录。

第十章

金融负债的核算

第一节　金融负债核算概述

一、金融负债的内容

按照 2017 年财政部新修订的《企业会计准则第 22 号——金融工具确认和计量》，企业应当将金融负债分为以下几类。

(1) 以公允价值计量且其变动计入当期损益的金融负债，比如交易性金融负债；

(2) 以摊余成本计量的金融负债，比如借款、拆入资金、应付款项、存入保证金、卖出回购金融资产款等；

(3) 金融资产转移不符合终止确认条件或继续涉入被转移金融资产所形成的金融负债。

二、金融负债的确认

1. 金融负债确认的条件

金融负债是指企业符合下列条件之一的负债。

(1) 向其他方交付现金或其他金融资产的合同义务；

(2) 在潜在不利条件下，与其他方交换金融资产或金融负债的合同义务；

(3) 将来须用或可用企业自身权益工具进行结算的非衍生工具合同，且企业根据该合同将交付可变数量的自身权益工具；

(4) 将来须用或可用企业自身权益工具进行结算的衍生工具合同，但以固定数量的自身权益工具交换固定金额的现金或其他金融资产的衍生工具合同除外。

2. 金融负债和权益工具的区别

(1) 通过交付现金、其他金融资产或交换金融资产或金融负债结算。

如果企业不能无条件地避免以交付现金或其他金融资产来履行一项合同义务,则该合同义务符合金融负债的定义。有些金融工具虽然没有明确地包含交付现金或其他金融资产义务的条款和条件,但有可能通过其他条款和条件间接地形成合同义务。

如果发行的金融工具将以现金或其他金融资产结算,那么该工具导致企业承担了交付现金或其他金融资产的义务。如果该工具要求企业在潜在不利条件下通过交换金融资产或金融负债结算(例如,该工具包含发行方签出的以现金或其他金融资产结算的期权),该工具同样导致企业承担了合同义务。在这种情况下,发行方对于发行的金融工具应当归类为金融负债。

(2) 通过自身权益工具结算。

如果发行的金融工具须用或可用企业自身权益工具结算,需要考虑用于结算该工具的企业自身权益工具,是作为现金或其他金融资产的替代品,还是为了使该工具持有人享有在发行方扣除所有负债后的资产中的剩余权益。如果是前者,该工具是发行方的金融负债;如果是后者,该工具是发行方的权益工具。

(3) 对于将来须用或可用企业自身权益工具结算的金融工具的分类,应当区分衍生工具还是非衍生工具。

对于非衍生工具,如果发行方未来没有义务交付可变数量的自身权益工具进行结算,则该非衍生工具是权益工具;否则,该非衍生工具是金融负债。

对于衍生工具,如果发行方只能通过以固定数量的自身权益工具交换固定金额的现金或其他金融资产进行结算,则该衍生工具是权益工具;如果发行方以固定数量自身权益工具交换可变金额现金或其他金融资产,或以可变数量自身权益工具交换固定金额现金或其他金融资产,或在转换价格不固定的情况下以可变数量自身权益工具交换可变金额现金或其他金融资产,则该衍生工具应当确认为金融负债或金融资产。

3. 金融负债终止确认

(1) 金融负债(或其一部分)的现时义务已经解除的,企业应当终止确认该金融负债(或该部分金融负债)。

(2) 企业(借入方)与借出方之间签订协议,以承担新金融负债方式替换原金融负债,且新金融负债与原金融负债的合同条款实质上不同的,企业应当终止确认原金融负债,同时确认一项新金融负债。企业对原金融负债(或其一部分)的合同条款做出实质性修改的,应当终止确认原金融负债,同时按照修改后的条款确认一项新金融负债。

(3) 金融负债(或其一部分)终止确认的,企业应当将其账面价值与支付的对价(包括转出的非现金资产或承担的负债)之间的差额,计入当期损益。

(4) 企业回购金融负债一部分的,应当按照继续确认部分和终止确认部分在回购日各自的公允价值占整体公允价值的比例,对该金融负债整体的账面价值进行分配。分配给终止确认部分的账面价值与支付的对价(包括转出的非现金资产或承担的负债)之间的差额,应当计入当期损益。

三、金融负债的计量

1. 金融负债的初始计量

企业初始确认金融负债,应当按照公允价值计量。对于以公允价值计量且其变动计入当期损益的金融负债,相关交易费用应当直接计入当期损益(投资收益)。其中,金融负债的公允价值,应当以市场交易价格为基础确定。交易费用,是指可直接归属于购买、发行或处置金融工具新增的外部费用。新增的外部费用,是指企业不购买、发行或处置金融工具就不会发生的费用。交易费用包括支付给代理机构、咨询公司、券商等的手续费和佣金及其他必要支出,不包括债券溢价、折价、融资费用、内部管理成本及其他与交易不直接相关的费用。

2. 金融负债的后续计量

(1) 以公允价值计量且其变动计入当期损益的金融负债,应当按照公允价值计量,且不扣除将来结清金融负债时可能发生的交易费用。

(2) 不属于指定为以公允价值计量且其变动计入当期损益的金融负债的财务担保合同,或没有指定为以公允价值计量且其变动计入当期损益并将以低于市场利率贷款的贷款承诺,应当在初始确认后按照下列两项金额之中的较高者进行后续计量: ① 按照《企业会计准则第 13 号——或有事项》确定的金额; ② 初始确认金额扣除按照《企业会计准则第 14 号——收入》的原则确定的累计摊销额后的余额。

(3) 上述金融负债以外的金融负债,应当按摊余成本进行后续计量。

第二节　以公允价值计量且其变动计入当期损益的金融负债的核算

一、以公允价值计量且其变动计入当期损益的金融负债的内容

1. 交易性金融负债

满足以下条件之一的金融负债,应当划分为交易性金融负债(transaction financial liability)。

（1）承担该金融负债的目的,主要是为了近期内出售或回购。

（2）属于进行集中管理的可辨认金融工具组合的一部分,且有客观证据表明企业近期采用短期获利方式对该组合进行管理。在这种情况下,即使组合中有某个组成项目持有的期限稍长也不受影响。

（3）属于衍生工具。但是,被指定为有效套期工具的衍生工具、属于财务担保合同的衍生工具、与在活跃市场中没有报价且其公允价值不能可靠计量的权益工具投资挂钩并须通过交付该项权益工具结算的衍生工具除外。

2. 直接指定为以公允价值计量且其变动计入当期损益的金融负债

企业不能随意将某项金融负债直接指定为以公允价值计量且其变动计入当期损益的金融负债(financial liability at fair value through profit or loss)。只有符合下列条件之一的金融负债,才可以在初始确认时指定为以公允价值计量且其变动计入当期损益的金融负债:

（1）该指定可以消除或明显减少由于该金融负债的计量基础不同所导致的相关利得或损失在确认或计量方面不一致的情况。

（2）企业风险管理或投资策略的正式书面文件已载明,该金融负债组合,或该金融资产和金融负债组合,以公允价值为基础进行管理、评价并向关键管理人员报告。

二、科目设置

企业应设置"交易性金融负债"科目,核算企业承担的交易性金融负债的公允价值。企业持有的直接指定为以公允价值计量且其变动计入当期损益的金融负债,也在本科目核算。该科目属于负债类科目,其借方登记处置交易性金融负债的账面余额以及资产负债表日交易性金融负债的公允价值低于其账面余额的差额,贷方登记承担的交易性金融负债的公允价值以及资产负债表日交易性金融负债的公允价值高于其账面余额的差额,余额在贷方,反映公司承担的交易性金融负债的公允价值。该科目可按交易性金融负债类别,分"本金""公允价值变动"等设置明细账。

三、账务处理

（1）企业承担的交易性金融负债,应按实际收到的金额,借记"银行存款"科目,按发生的交易费用,借记"投资收益"科目,按交易性金融负债的公允价值,贷记"交易性金融负债——本金"科目。

（2）资产负债表日,按交易性金融负债票面利率计算的利息,借记"投资收益"科目,贷记"应付利息"科目。资产负债表日,交易性金融负债的公允价值高于其账面余额的差额,借记"公允价值变动损益"科目,贷记"交易性金融负债——公允价值变动"科目;公允价值低于其账面余额的差额做相反的会计分录。

(3) 处置交易性金融负债,应按该金融负债的账面余额,借记"交易性金融负债"科目,按实际支付的金额,贷记"银行存款"科目,按其差额,贷记或借记"投资收益"科目。同时,按该金融负债的公允价值变动,借记或贷记"公允价值变动损益"科目,贷记或借记"投资收益"科目。

第三节　其他金融负债的核算

其他金融负债,包括借款、拆入资金、应付款项、存入保证金、存入准备金、代理业务负债、卖出回购金融资产款、责任准备金等。对于责任准备金和部分应付款项已在其他章节阐述,本章不再重复。

一、短期借款的核算

短期借款(short-term borrowing)是指公司经保监会批准向银行或其他金融机构借入的 1 年(含 1 年)内期限的借款。为了核算经批准向银行或其他金融机构借入的期限在 1 年以内(含 1 年)的各种借款,保险公司应设置"短期借款"科目。该科目属于负债类科目,贷方登记借入的各种短期借款金额,借方登记归还的各种短期借款金额,期末余额在贷方反映保险公司尚未归还的短期借款的本金。短期借款科目应该按债权人设置明细账。

例 10-1　某公司某月初向某家银行借入次级贷款 60 000 元,期限为 3 个月,年利率为 6%,到期一次还本付息。应编制会计分录如下:

(1) 借入款项时:

借:银行存款　　　　　　　　　　　　　　　60 000
　　贷:短期借款——某银行　　　　　　　　　　　　60 000

(2) 第 1—2 个月每月月底计提利息:60 000×6%÷12=300(元)

借:利息支出　　　　　　　　　　　　　　　300
　　贷:应付利息——某银行　　　　　　　　　　　　300

(3) 借款期满时:

借:短期借款——某银行　　　　　　　　　　60 000
　　应付利息——某银行　　　　　　　　　　　600

利息支出	300
贷：银行存款	60 900

二、拆入资金的核算

拆入资金(borrowing fund)是指公司从境内、境外金融机构拆入的款项。保险公司应设置"拆入资金"科目,核算保险公司按规定从事拆入资金的数额。该科目属于负债类科目,其贷方登记拆入资金的数额;借方登记拆入资金的归还数额;期末余额在贷方,反映尚未归还的拆入资金的本金。该科目应按拆入资金的金融机构设置明细账。

例 10-2 甲保险公司 20×7 年 9 月 11 日从乙公司拆入资金 2 000 万元,交易品种为 30 天,年利率为 6.9%。甲保险公司应编制如下会计分录:

(1) 20×7 年 9 月 11 日拆入资金:

借：银行存款	20 000 000
贷：拆入资金——乙公司	20 000 000

(2) 20×7 年 9 月 30 日,计提利息:

借：利息支出	76 666.67
贷：应付利息——乙公司	76 666.67

利息支出＝20 000 000×6.9%×20÷360＝76 666.67(元)

(3) 20×7 年 10 月 11 日归还拆入资金本息:

借：拆入资金——乙公司	20 000 000
利息支出	38 333.33
应付利息——乙公司	76 666.67
贷：银行存款	20 115 000

利息支出＝20 000 000×6.9%×10÷360＝38 333.33(元)

三、卖出回购金融资产款的核算

卖出回购金融资产款(financial asset sold for repurchase)是指公司按照回购协议先卖出再按固定价格买入的票据、证券、贷款等金融资产所融入的资金。公司应设置"卖出回购金融资产款"科目进行核算,该科目属于负债类科目,其贷方登记公司按照回购协议先卖出金融资产收到的价款,借方登记到期回购金融资产支付的价款,余额在贷方,反映公司尚未到期的卖出回购金融资产款。该科目应按卖出回购金融资产的类别和融资方设置明细账。其账务处理如下：

(1) 公司根据回购协议卖出票据、证券、贷款等金融资产,应按实际收到的金额,借记"银行存款"科目,贷记"卖出回购金融资产款"科目。

(2) 资产负债表日,按照计算确定的卖出回购金融资产的利息费用,借记"利息支出"科目,贷记"应付利息"科目。

(3) 回购日,按其账面余额,借记"卖出回购金融资产款"科目、"应付利息"科目,按实际支付的金额,贷记"银行存款"科目,按其差额,借记"利息支出"科目。

例 10 - 3　某保险公司与某证券公司以合同的方式,约定 20×7 年 8 月 1 日按 2 000 000 元卖出 B 证券,20×8 年 2 月 1 日再按固定价格买回该批 B 证券,约定年利率 4.5%。

(1) 20×7 年 8 月 1 日,卖出 B 证券成交时：

借：银行存款　　　　　　　　　　　　　　　　　2 000 000

　　贷：卖出回购金融资产款——B 证券　　　　　　　2 000 000

(2) 20×7 年 12 月 31 日,计算利息费用：

借：利息支出　　　　　　　　　　　　　　　　　37 500

　　贷：应付利息　　　　　　　　　　　　　　　　37 500

利息支出 = 2 000 000×4.5%×5÷12 = 37 500(元)

(3) 20×8 年 2 月 1 日,回购该批证券：

借：卖出回购金融资产款——B 证券　　　　　　　2 000 000

　　应付利息　　　　　　　　　　　　　　　　　37 500

　　利息支出　　　　　　　　　　　　　　　　　7 500

　　贷：银行存款　　　　　　　　　　　　　　　2 045 000

利息支出 = 2 000 000×4.5%×1÷12 = 7 500(元)

四、应付款项的核算

应付款项包括应付利息、应付股利、应付手续费及佣金、预收保费、应付分保账款、预收赔付款、应付保单红利、应付职工薪酬、应交税费、其他应付款等,这里仅仅阐述其他应付款的核算,其他内容已在其他章节阐述,这里不再重复。

其他应付款(other account payable)是指公司除应付利息、应付股利、应付手续费及佣金、预收保费、应付分保账款、预收赔付款、应付保单红利、应付职工薪酬、应交税费以外的其他各种应付、暂收的款项,如职工未按期领取的工资、应付固定资产租金等,公司交纳的保险保障基金包括在本项目内。

为了核算其他应付款,保险公司应设置"其他应付款"科目。该科目属于负债类科目,其贷方登记其他应付的各种款项,借方登记实际交纳的款项,余额在贷方,反映公司应付未付的其他应付款项。该科目应按其他应付款的项目和对方单位(或个人)设置明细账。其账务处理为:公司发生其他各种应付、暂收款项,借记"业务及管理费"等科目,贷记"其他应付款"等科目;实际支付时,借记"其他应付款"科目,贷记"银行存款"等科目。

例10-4 某财险公司从20×7年1月1日起,以经营租赁方式租入管理用办公设备一批,每月租金4 520元(含税),增值税税率为13%,按季支付。3月31日,公司以银行存款支付应付租金。该公司应编制会计分录如下:

(1) 1月31日计提应付经营租入固定资产租金:

借:业务及管理费——租赁费	4 000
应交税费——应交增值税(进项税额)	520
贷:其他应付款	4 520

2月底计提应付经营租入固定资产租金的会计处理同上。

(2) 3月31日支付租金:

借:其他应付款	9 040
业务及管理费——租赁费	4 000
应交税费——应交增值税(进项税额)	520
贷:银行存款	13 560

五、存入保证金和存入准备金的核算

1. 存入保证金的核算

存入保证金(deposit received)是指公司按合同约定接受存入的保证金,包括存入理赔保证金,即根据理赔代理人的需要存入的保证金;存入分保保证金,即分出分保业务按分保合同约定存入的资金;存入营销员保证金,即保险营销员为保证履约在签订保险代理合同时向公司存入的保证金。

为核算存入保证金,保险公司应设置"存入保证金"科目。该科目属于负债类科目,其贷方登记存入的保证金,借方登记返还的保证金,余额在贷方,反映公司接受存入但尚未返还的保证金。该科目应按客户设置明细账。

存入保证金的账务处理为:收到客户存入的保证金时,借记"银行存款""应付分保账款"等科目,贷记"存入保证金"科目;向客户退还存入保证金时,作相反的会计分录。

2. 存入准备金的核算

存入准备金(reserve received)是指寿险公司接受所属下级按规定存入的各项准备金。

为了核算此项目内容,保险公司应设置"存入准备金"科目,该科目属于内部使用的负债类科目。收到所属公司上存的准备金时,借记"银行存款"等科目,贷记本科目;经批准拨回上存的准备金时,借记本科目,贷记"银行存款"等科目。

本科目按上存的准备金项目设置明细账,进行明细分类核算。

六、长期借款的核算

长期借款(long-term borrowing)是指公司经批准从银行或其他金融机构借入的期限在1年以上(不含1年)的各种借款,一般用于固定资产的购建、改扩建工程、大修理工程、对外投资以及为了保持长期经营能力等。

为了核算长期借款,保险公司应设置"长期借款"科目。该科目属于负债类科目,其贷方登记借入的长期借款,借方登记归还的借款,余额在贷方,反映尚未偿还的长期借款。该科目应按贷款单位和贷款种类设置明细账,分别以"本金""利息调整"等进行明细核算。

长期借款的账务处理主要涉及取得借款、借款利息和归还借款三个方面。

(1) 取得长期借款。保险公司取得借款,应按实际收到的金额,借记"银行存款"科目,贷记"长期借款——本金"科目;如存在差额,还应借记"长期借款——利息调整"科目。

(2) 长期借款的利息。长期借款利息费用应当在资产负债表日按照实际利率法计算确定,实际利率与合同利率差额较小的,也可以采用合同利率计算确定利息费用。长期借款计算确定的利息费用,应当按照以下原则计入有关成本、费用:属于筹建期间的,计入业务及管理费;属于经营期间的,计入利息支出。如果长期借款用于购建固定资产的,在固定资产尚未达到预定可使用状态前,所发生的应当资本化的利息支出,计入在建工程成本;固定资产达到预定可使用状态后发生的利息支出,以及按规定不予资本化的利息支出,计入利息支出。资产负债表日,应按摊余成本和实际利率计算确定的长期借款利息费用,借记"在建工程""业务及管理费""利息支出""研发支出"等科目,按合同利率计算确定的应付未付利息,贷记"应付利息"科目,按其差额,贷记"长期借款——利息调整"科目。

(3) 归还长期借款。保险公司归还长期借款,按归还的长期借款本金,借记"长期借款——本金"科目,按转销的利息调整金额,贷记"长期借款——利息调整"科目,按实际归还的款项,贷记"银行存款"科目,按借贷双方之间的差额,借记"在建工程""业务及管理费""利息支出""研发支出"等科目。

例 10-5 20×6 年 7 月 1 日某公司向银行借入期限为 3 年、年利率为 8% 的基建借款 2 000 万元,用于自有产权办公大楼的装饰工程,按年计息,单利计算,到期一次还本付息。借入当月,将 2 000 万元支付工程款。该工程于 20×7 年 7 月 1 日交付使用,3 年后如期还本付息。编制会计科目如下:

(1) 取得借款时:

借:银行存款 20 000 000

　　贷:长期借款——本金 20 000 000

(2) 支付工程价款时:

借:在建工程 20 000 000

　　贷:银行存款 20 000 000

(3) 20×6 年年末计提利息:

借:在建工程 800 000

　　贷:应付利息 800 000

(4) 20×7 年年末计提利息:

借:利息支出 800 000

　　在建工程 800 000

　　贷:应付利息 1 600 000

(5) 20×8 年年末计提利息:

借:利息支出 1 600 000

　　贷:应付利息 1 600 000

(6) 20×9 年 7 月 1 日还本付息时:

借:长期借款——本金 20 000 000

　　应付利息 4 000 000

　　利息支出 800 000

　　贷:银行存款 24 800 000

七、应付债券的核算

1. 债券发行价格的确定

应付债券(bond payable)是公司以发行债券的形式,向社会筹资所形成的一种长期负债,其实质是一种长期应付票据。公司债券的发行方式有三种:面值发行、溢价发行、折价发行。当票面利率等于市场利率,债券面值与发行价格完全相等,债券按面值发行即所谓平价发行;当票面利率高于市场利率时,债券会以溢价发行,公司按溢价购入债券,是为了以后多得利息而预先付出的高于面值的代价;反之,当票面利率低于市场利率时,债券会以折价发行,公司按折价购入债券,是为了以后少得利息而预先得到的补偿。

债券发行价格＝债券面值的现值＋各期利息的现值

2. 科目设置

为了总括地反映和监督公司为筹集长期资金而发行的债券及应付的利息,应设置"应付债券"科目。该科目属于负债类科目,其贷方登记公司发行债券收到款项及提取的应付债券利息、折价发行时应摊销的折价金额和债券溢价发行的溢价金额;借方登记债券到期支付的债券本息、折价发行的折价金额及溢价发行的应摊销溢价金额;期末余额在贷方反映公司尚未偿还的债券本息。在"应付债券"科目下,应设置"面值""利息调整"和"应计利息"三个明细科目。

3. 应付债券的核算

(1) 债券的发行。公司发行债券时,按实际收到的款项,借记"银行存款"科目,按债券面值,贷记"应付债券——面值"科目,按实际收到的款项与面值的差额,贷记或借记"应付债券——利息调整"明细科目。

(2) 利息调整的摊销。利息调整应在债券存续期间内采用实际利率法进行摊销。实际利率法是指按照应付债券的实际利率计算其摊余成本及各期利息费用的方法;实际利率是指将应付债券在债券存续期间的未来现金流量,折现为该债券当前账面价值所使用的利率。

资产负债表日,对于分期付息、一次还本的债券,公司应按应付债券的摊余成本和实际利率计算确定的债券利息费用,借记"在建工程""利息支出"等科目,按票面利率计算确定的应付未付利息,贷记"应付利息"科目,按其差额,借记或贷记"应付债券——利息调整"科目。

例 10-6 20×1 年 12 月 31 日,甲公司经批准发行 5 年期一次还本、分期付息的公司债券 10 000 000 元,债券利息在每年 12 月 31 日支付,票面利率为年利率 6%。假定债券发行时的市场利率为 5%。

甲公司该批债券实际发行价格为

发行价格 $= 10\,000\,000 \times (P/F, 5\%, 5) + 10\,000\,000 \times 6\% \times (P/A, 5\%, 5)$
$= 10\,000\,000 \times 0.783\,5 + 10\,000\,000 \times 6\% \times 4.329\,5$
$= 10\,432\,700(元)$

甲公司根据上述资料,采用实际利率法和摊余成本计算确定的利息费用如表 10-1 所示。

表 10-1　实际利率法计算利息费用和摊余成本表　　　　单位:元

付 息 日 期	支付利息	利息费用	摊销的利息调整	应付债券摊余成本
20×1 年 12 月 31 日				10 432 700
20×2 年 12 月 31 日	600 000	521 635	78 365	10 354 335
20×3 年 12 月 31 日	600 000	517 716.75	82 283.25	10 272 051.75
20×4 年 12 月 31 日	600 000	513 602.59	86 397.41	10 185 654.24
20×5 年 12 月 31 日	600 000	509 282.72	90 717.28	10 094 937.06
20×6 年 12 月 31 日	600 000	505 062.94*	94 937.06	10 000 000

*尾数调整。

根据表 10-1 资料,甲公司应编制会计分录如下:

(1) 20×1 年 12 月 31 日发行债券时:

借:银行存款　　　　　　　　　　　　　　　　10 432 700

　　贷:应付债券——面值　　　　　　　　　　　10 000 000

　　　　　　——利息调整　　　　　　　　　　　432 700

(2) 20×2 年 12 月 31 日计算利息费用时:

借:利息支出　　　　　　　　　　　　　　　　521 635

　　应付债券——利息调整　　　　　　　　　　78 365

　　贷:应付利息　　　　　　　　　　　　　　　600 000

20×3、20×4、20×5 年确认利息费用的会计处理同 20×2 年。

(3) 20×6 年 12 月 31 日归还债券本金及最后一期利息时:

借:利息支出　　　　　　　　　　　　　　　　505 062.94

　　应付债券——面值　　　　　　　　　　　　10 000 000

　　　　　　——利息调整　　　　　　　　　　　94 937.06

　　贷:银行存款　　　　　　　　　　　　　　　10 600 000

对于一次还本付息的债券,应于资产负债表日按应付债券的摊余成本和实际利率计算确定的债券利息费用,借记"在建工程""利息支出"等科目,按票面利率计算确定的应付未付利息,贷记"应付债券——应计利息"科目,按其差额,借记或贷记"应付债券——利息调整"科目。

（3）债券的偿还。公司发行的债券通常分为一次还本付息或一次还本、分期付息。采用一次还本付息方式的,公司应于债券到期支付债券本息时,借记"应付债券——面值、应计利息"科目,贷记"银行存款"科目。采用一次还本、分期付息方式的,在每期支付利息时,借记"应付利息"科目,贷记"银行存款"科目；债券到期偿还本金并支付最后一期利息时,借记"应付债券——面值"科目,"在建工程""利息支出"等科目,贷记"银行存款"科目,按借贷双方之间的差额,借记或贷记"应付债券——利息调整"科目。

八、长期应付款的核算

1. 长期应付款的特点和核算内容

长期应付款(long term account payable)是指公司除长期借款和应付债券以外的其他各种长期应付款项,包括应付融资租入固定资产的租赁费、以分期付款方式购入固定资产发生的应付款项等。

为了总括地反映长期应付款的发生和归还情况,保险公司应设置"长期应付款"科目,其贷方登记发生的应付款项,借方登记归还的应付款,余额在贷方,反映公司尚未偿付的各种长期应付款。该科目应按长期应付款的种类和债权人设置明细账。

2. 应付融资租入固定资产的租赁费

公司对于融资租赁方式租入的固定资产,应在租赁期开始日,将租赁资产公允价值与最低租赁付款额现值两者中较低者,加上初始直接费用,作为租入资产的入账价值,借记"固定资产""应交税费——应交增值税(进项税额)"等科目,按最低租赁付款额,贷记"长期应付款"科目,按发生的初始直接费用,贷记"银行存款"等科目,按其差额,借记"未确认融资费用"科目。

公司在计算最低租赁付款额的现值时,能够取得出租人租赁内含利率的,应当采用租赁内含利率作为折现率；否则,应当采用租赁合同规定的利率作为折现率。公司无法取得出租人的租赁内含利率且租赁合同没有规定利率的,应当采用同期银行贷款利率作为折现率。租赁内含利率,是指在租赁开始日,使最低租赁收款额的现值与未担保余值的现值之和等于租赁资产公允价值与出租人的初始直接费用之和的折现率。

未确认融资费用应当在租赁期内各个期间进行分摊。公司应当采用实际利率法计算确认当期的融资费用。

3. 具有融资性质的延期付款购买资产

公司购买资产有可能延期支付有关款项。如果延期支付的购买价款超过正常信用条件,实质上具有融资性质的,所购资产的成本应当以延期支付购买价款的现值为基础确定。实际支付的价款与购买价款的现值之间的差额,应当在信用期间内采用实际利率法进行摊销,计入相关资产成本或当期损益。具体来说,公司购入资产超过正常信用条件延期付款实质上具有融资性质时,应按购买价款的现值,借记"固定资产""在建工程""应交税费——应交增值税(进项税额)"等科目,按应支付的价款总额,贷记"长期应付款"科目,按其差额,借记"未确认融资费用"科目。

九、预计负债的核算

预计负债(predicted liability)是公司因或有事项可能产生的负债,包括对外提供担保、未决诉讼、重组义务、亏损性合同等很可能产生的负债。与或有事项相关的义务同时满足下列条件的,应当确认为预计负债:

(1) 该义务是公司承担的现实义务;

(2) 履行该义务很可能导致经济利益流出公司;

(3) 该义务的金额能够可靠地计量。

为了核算将要发生的各项预计的负债应设置"预计负债"科目。按规定的预计项目和预计金额确认的预计负债,借记"业务及管理费""营业外支出"等科目,贷记本科目;实际偿付的负债,借记本科目,贷记"银行存款"等科目,该科目期末贷方余额反映本公司已预计尚未支付的债务。该科目应按形成预计负债的交易或事项设置明细账。

关 键 词

金融负债 交易性金融负债 其他金融负债 拆入资金 卖出回购金融资产款 存入保证金 存入准备金 长期借款 应付债券 长期应付款 预计负债

复习思考题

1. 简要说明金融负债的内容、确认和计量方法。

2. 简要说明以公允价值计量且其变动计入当期损益的金融负债的核算方法。

3. 保险公司的其他金融负债包括哪些内容?

4. 如何进行短期借款利息和长期借款利息的处理?

5. 简述债券发行价格的确定。

练 习 题

习题一

一、目的：练习银行借款的核算。

二、资料：A 保险公司发生如下业务——

1. A 公司 20×7 年 1 月 1 日向某家银行借入次级贷款 200 000 元,期限为 9 个月,年利率为 3‰,每季度支付一次利息,到期还本。

2. A 公司于 20×7 年 7 月 1 日向银行借入期限为 3 年、年利率为 6‰的基建借款 1 200 万元,用于公司营业大楼的装饰工程,按年计息,单利计算,到期一次还本付息。借入当月,用 1 200 万元支付工程款,增值税税率为 10‰,获得增值税专用发票。该项装饰工程于 20×9 年 7 月 1 日达到预定使用状态。3 年后,如期还本付息。

三、要求：根据上述资料编制 A 公司有关会计分录。

习题二

一、目的：练习其他金融负债的核算。

二、资料：保险公司发生如下业务——

1. 甲公司从 20×7 年 1 月 1 日起,以经营租赁方式租入电脑一批,每月租金 3 390 元(含税),增值税税率为 13‰,按季支付。6 月 30 日,公司以银行存款支付应付租金。

2. 20×7 年 12 月 31 日,甲公司经批准发行 3 年期一次还本、分期付息的公司债券 50 万元,债券利息每半年支付一次,票面利率为年利率 10‰。假定债券发行时的市场利率为 12‰。

3. 甲公司接受委托代理乙公司现场勘查、检验损失、理算赔款,乙保险公司向甲保险公司提交理赔保证金 200 000 元,增值税税率为 6‰,甲保险公司理赔完毕退回乙公司 50 000 元。

4. 甲公司 20×7 年 6 月 21 日从乙公司拆入资金 4 000 万元,交易品种为 30 天,年利率为 2.4‰。

5. 甲公司与某证券公司以合同的方式,约定 20×7 年 10 月 1 日按 3 000 000 元卖出 B 证券,20×8 年 3 月 1 日再按固定价格买回该批 B 证券,约定年利率为 3.8‰。

6. 甲公司 20×7 年 8 月 5 日根据保险营销员入司相关材料收取营销员保证金 5 000 元,20×8 年 12 月 5 日保险营销员离司后扣除赔偿金 1 000 元,余额退还。

三、要求：根据上述资料编制甲公司有关会计分录。

第 十 一 章

投资型保险产品的核算

按照 2009 年 12 月 22 日财政部颁布的《保险合同相关会计处理规定》,投资连结保险、万能保险、保户储金和保户投资金中投资账户部分不具备重大风险转移,不再作为保险合同,而应视为投资合同,按《企业会计准则第 22 号——金融工具确认和计量》处理。

第一节　投资连结保险的核算

一、投资连结保险核算概述

1. 投资连结保险的概念和特点

投资连结保险(unit-linked insurance)是指包含保险保障功能,并至少在一个投资账户内拥有一定资产价值的理财产品。保户缴纳的一部分保费用来购买寿险保障,其余大部分用来购买投资账户单位。投资连结保险是一种投资型的险种,相对于传统寿险产品,其基本特点如下。

(1) 投资连结保险偏重投资而非保障。投资连结保险通常把投保人所缴付的保费按照不同的比例分为两个账户。一般是较少部分保费进入保障账户,用于体现产品的保障功能;其余较多的部分进入投资账户,风险由客户承担。

(2) 投资连结保险不存在固定利率。相对传统保险,投资连结保险不存在固定利率,保险公司将客户交付的保险费分成保障和投资两个部分。其中,投资部分的回报率是不固定的。该投资账户内的资金由保险公司的投资专家负责投资运作,客户享有全部投资收益,同时承担相应投资风险。

(3) 运作方式灵活。① 交费方式灵活:允许投保人不必按约定日期交费,不会因为超过 60 天宽限期而导致保单失效,同时还可以随时追加额外投资金额。② 保额调整灵活:可以根据自身的家庭风险状况,增高或降低风险保额。③ 账户转换灵活:可以通过账户转换的形式对不同投资账户的资产进行重新配置。④ 部分提取灵活：可以根据自身的不时之需，变现部分投资账户内的投资单位，支取现金。⑤ 选择附加险灵活：如果投保人想获得其他方面的保障，可以灵活搭配附加险进行补充。

(4) 在费用收取上相当透明。主要有以下几项费用。① 初始费用：即保险费进入个人投资账户之前所扣除的费用。主要是用来支付销售人员的佣金和保险公司的管理费用。② 保障风险保险费：即投保人为自己的保障支付的费用，与传统寿险不同，投资连结保险的风险保险费是以自然费率计算的。③ 保单管理费：即为维持保险合同有效向投保人收取的服务管理费用。④ 资产管理费：按账户资产净值的一定比例收取。⑤ 手续费：保险公司可在提供部分领取和账户转换等服务时收取，用以支付相关的行政费用，不同公司有不同的免费或收费标准。

(5) 投资账户独立运作。对于投资连结产品，具有附加储蓄、投资等服务功能，这些功能不是保险的本质，而是保险合同的衍生产品，不具有保险风险的性质，因此，从原则上讲，对此类合同要进行分拆。由于投资连结产品有一个明显的特征，就是附加储蓄或投资等服务功能所取得的收入能从保险业务所取得的收入中单独分离出来，并可以单独确认和计量，从实质上讲属于一种代客理财服务，因此，应设置独立账户，单独列示。

(6) 对于独立账户资产，实行单独建账、单独管理的办法。具体来说，包含四层含义：① 保险公司为投资账户在银行和投资代理机构单独设立资金账户。② 投资账户的资金投资单独运作，不与其他险种资金或保险公司管理的其他资金混合运作，且各投资账户之间的资金也不混合运作。③ 保险公司对投资账户的财务状况和投资损益进行单独核算。④ 保险公司不向投资连结保险保单持有人保证投资账户的投资收益，投资账户投资风险完全由保单持有人承担。但如果保险公司将公司的资金投入投资账户，则保险公司按照其在投资账户的出资比例享有或承担该投资账户的投资收益或亏损，保单持有人不承担该部分资金的投资风险。即保单持有人只承担其投入账户资金的投资风险。

2. 投资连结保险独立账户的估值原则

独立账户的下列资产应于合同约定的计价日(以下称"估值日")，按以下原则进行估值：

(1) 除开放式基金以外的任何上市流通的有价证券，以其在证券交易所挂牌的市价(平均价或收盘价，下同)估值；估值日无交易的，以最近交易日的市价估值。

(2) 独立账户持有的开放式基金，以其公告的基金单位净值估值。

(3) 独立账户持有的处于募集期内的证券投资基金，按其成本估值。

(4) 如有确凿证据表明按上述方法进行估值不能客观反映其公允价值,公司应根据具体情况按最能反映公允价值的价格估值。

(5) 如有新增事项,按国家最新规定估值。

二、科目设置

1. "独立账户资产"科目

"独立账户资产"科目核算公司对分拆核算的投资型产品不属于风险保障部分确认的独立账户资产价值。该科目属于资产类科目,其借方登记向独立账户划入的资金、将独立账户进行投资的价值以及独立账户估值增值,贷方登记支付独立账户资产的价值以及独立账户估值减值,余额在借方,反映公司确认的独立账户资产价值。该科目应按资产类别设置明细账。

2. "独立账户负债"科目

"独立账户负债"科目核算公司对分拆核算的投资型产品不属于风险保障部分确认的独立账户负债。该科目属于负债类科目,其贷方登记向独立账户划入的资金以及独立账户估值增值,贷方登记独立账户估值减值、按照独立账户计提的保险费和管理费以及支付独立账户资产的价值,余额在贷方,反映公司确认的独立账户负债。该科目应按负债类别设置明细账。

三、账务处理

(1) 向独立账户划入的资金,借记"独立账户资产——银行存款及现金"科目,贷记"独立账户负债"科目。

(2) 将独立账户资金进行投资时,借记"独立账户资产——债券、股票等"科目,贷记"独立账户资产——银行存款及现金"科目。

对独立账户投资进行估值,按估值增值,借记"独立账户资产——估值"科目,贷记"独立账户负债"科目;估值减值部分做相反会计分录。

(3) 按照独立账户计提的保险费,借记"银行存款"科目,贷记"保费收入"科目。同时,借记"独立账户负债"科目,贷记"独立账户资产——银行存款及现金"科目。

对独立账户计提的管理费,借记"银行存款"科目,贷记"其他业务收入""应交税费——应交增值税(销项税额)"科目。同时,借记"独立账户负债"科目,贷记"独立账户资产——银行存款及现金"科目。

(4) 支付独立账户资产,借记"独立账户负债"科目,贷记"独立账户资产——银行存款及现金"科目。

例 11-1 20×8 年 6 月 5 日,A 客户购买甲公司保险风险为寿险责任的投连产品,交纳保费 40 000 元,其中 90% 的保费转入独立账户,其余 4 000 元作为保单初始费用收取。甲公司另外对独立账户计提当期账户管理费用 500 元。6 月 8 日,甲公司从独立账户中划出资金购买股票 2 500 股,每股 10 元,其中包括已宣告发放但尚未支取的股利 0.8 元,准备短期持有,6 月 30 日上述股票收盘价为 11 元。7 月 10 日,甲公司将上述股票以每股 13 元的价格出售,扣除手续费后,获得款项 32 000 元。本期公司从独立账户划转风险保费 600 元,A 客户发生部分领取 2 000 元。适用增值税税率为 6%。甲公司应编制会计分录如下:

(1) 6 月 5 日向独立账户划入资金时:

借:独立账户资产——银行存款及现金　　　　　　　36 000
　　贷:独立账户负债——A 客户　　　　　　　　　　　36 000

(2) 收取初始费用时:

借:银行存款　　　　　　　　　　　　　　　　　4 000
　　贷:其他业务收入——初始费用　　　　　　　　3 773.58
　　　　应交税费——应交增值税(销项税额)　　　　226.42

(3) 计提当期账户管理费用时:

借:银行存款　　　　　　　　　　　　　　　　　500
　　贷:其他业务收入——管理费用　　　　　　　　471.70
　　　　应交税费——应交增值税(销项税额)　　　　28.30

同时　借:独立账户负债——A 客户　　　　　　　　500
　　　　贷:独立账户资产——银行存款及现金　　　　500

(4) 6 月 8 日将独立账户资金进行股票投资时:

借:独立账户资产——股票　　　　　　　　　　23 000
　　独立账户资产——应收股利　　　　　　　　2 000
　　贷:独立账户资产——银行存款及现金　　　　25 000

(5) 6 月 30 日确认估值日增值时:

$$估值日增值 = 2\,500 \times 11 - 23\,000 = 4\,500(元)$$

借:独立账户资产——估值　　　　　　　　　　4 500
　　贷:独立账户负债——估值　　　　　　　　　4 500

(6) 7 月 10 日将上述股票出售时:

借:独立账户资产——银行存款及现金　　　　　32 000
　　贷:独立账户资产——股票　　　　　　　　　23 000

独立账户资产——应收股利	2 000
独立账户资产——估值	4 500
应交税费——转让金融产品应交增值税	509.43
独立账户负债——A客户	1 990.57

同时　借：独立账户负债——估值　　　　　　　4 500

　　　　　贷：独立账户负债——A客户　　　　　　　　4 500

（7）当期从独立账户划转风险保费时：

借：银行存款　　　　　　　　　　　　　　　600

　　贷：保费收入　　　　　　　　　　　　　　　　600

同时　借：独立账户负债——A客户　　　　　　　600

　　　　　贷：独立账户资产——银行存款及现金　　　　600

（8）当期客户发生部分领取时：

借：独立账户负债——A客户　　　　　　　　2 000

　　贷：独立账户资产——银行存款及现金　　　　2 000

第二节　保户储金和保户投资金的核算

一、保户储金的核算

保户储金（policy holder deposit）是指公司以储金本金增值作为保费收入的保险业务收到保户缴存的储金。保户储金具有保险和储蓄双重性质，保险期满，无论投保人是否获得过保险赔偿，储金应返还给保户，因此从性质上讲，保户储金本身不是保费收入，而是一项负债。保险公司收到保户储金后，保险公司将该保险储金存入银行或者进行其他投资，将从银行取得的利息收入或投资收益作为保费收入，具体来说，期末保险公司根据保户储金平均余额乘以预定利率（或预定收益率）计算当期保费收入。

公司应设置"保户储金"科目核算公司收到投保人以储金本金增值作为保费收入的储金。该科目属于负债类科目，其贷方登记收到保户的储金，借方登记返还的储金，余额在贷方，反映保户交存的尚未返还的储金。该科目应按储金类型、投保人及险种设置明细账。有些公司将"保户储金"科目和"保户投资款"科目合并，设置"保户储金及投资款"科目。

例 11－2　20×8 年 1 月 5 日,保户李红投保 3 年期家财两全险,交来储金 20 000 元。会计部门收到业务部门交来的储金收据及银行储金专户收账通知,预定年利率为 2.5%,不计复利,3 年后一次还本付息。适用增值税税率为 6%。应编制会计分录如下:

(1) 收到保户储金,存入银行专户时:

借:银行存款——储金专户 20 000
　　贷:保户储金——家财两全险——李红 20 000

(2) 按预定年利率计算保户储金每年应计利息 500 元,转作保费收入:

借:应收利息 500
　　贷:保费收入——家财两全险 471.70
　　　　应交税费——应交增值税(销项税额) 28.30

(3) 第三年,保单到期,3 年期专户存储的定期存单转为活期存款,并将银行存款归还保户储金:

借:银行存款——活期户 21 500
　　贷:银行存款——储金专户 20 000
　　　　应收利息 1 000
　　　　保费收入——家财两全险 471.70
　　　　应交税费——应交增值税(销项税额) 28.30

同时　借:保户储金——家财两全险——李红 20 000
　　　　贷:银行存款——活期户 20 000

如果保险公司收到保户储金后,上划总公司,核算单位每年按保户储金及银行一年定期存款利率计算当年应计保费,计入保费收入和利息支出,收到储金存款利息或总公司下划的储金利息,冲减利息支出。其账务处理程序为:

收到投保人交存的储金时:

借:库存现金或银行存款
　　贷:保户储金

上缴储金时:

借:系统往来
　　贷:银行存款

上级收到银行存款和上划报单时,做相反会计分录。

按规定计提的利息计算当年保费收入时:

借:利息支出(或利息收入)
　　贷:保费收入
　　　　应交税费——应交增值税(销项税额)

收到储金存款利息或总公司下划的储金利息时：

借：银行存款或系统往来

　　贷：利息支出(或利息收入)

总公司计提并下划储金利息时：

借：利息支出(或利息收入)

　　贷：系统往来

返还储金时：

借：保户储金

　　贷：库存现金或银行存款

二、保户投资金的核算

保户投资金(policy investment fund)是指投资保障型的保险业务收到投保人交存的应返还的投资本金。对于投资保障型的保险业务,既有对保险标的的风险保障,也有投资回报。保险公司收到投资金后,保险费由保险人从投资收益中获得,投保人无需在交纳保险投资金以外另行支付。如果保险期内发生保险事故,保险人负责赔偿。保险期满后,无论投保人是否获得过保险赔偿,均可得到投资金本金和投资收益。

1. 预定收益型保户投资金的核算

对于预定收益型保户投资金的核算,应设置"保户投资款"科目。该科目属于负债类科目,其贷方登记收到投保人交存的投资金,借方登记返还的投资金,余额在贷方,反映投保人交存的尚未返还的投资金。该科目应按险种、投保人设置明细账。

例 11-3 20×8 年 5 月 2 日,C 客户购买丙公司投资保障型(3 年期)家庭财产保险 5 份,保险金额每份为 10 000 元,每份保险对应的保险投资金为 2 000 元。投保每份保险的年保险费为 12 元。保险费由保险人从投资收益中获得。保险公司将保险投资金存入银行,年利率为 2.4%。本期公司从投资账户中划转风险保费 15 元,支付保户红利 100 元,另提取账户管理费 150 元,从保户投资款账户直接扣除。适用增值税税率为 6%。丙公司应编制会计分录如下：

收到保户投资金时：

借：银行存款　　　　　　　　　　　　　　　　　　　10 000

　　贷：保户投资款——C 客户　　　　　　　　　　　　　　10 000

保险合同成立并开始承担保险责任计算应计总保费时：

借：应收利息——风险保费　　　　　　　　　　　　　　180

　　贷：保费收入　　　　　　　　　　　　　　　　　　169.81

　　　　应交税费——应交增值税(销项税额)　　　　　10.19

每月计算应付保户红利时：

借：应收利息——保户红利　　　　　　　　　　　　　　20

　　贷：应付保单红利——C客户　　　　　　　　　　　　20

本期划转风险保费时：

借：利息支出——风险保费支出　　　　　　　　　　　　15

　　贷：应收利息——风险保费　　　　　　　　　　　　15

本期支付保户红利时：

借：利息支出——保户红利支出　　　　　　　　　　　　100

　　贷：应收利息——保户红利　　　　　　　　　　　　100

同时　借：应付保单红利——C客户　　　　　　　　　　100

　　　　贷：银行存款　　　　　　　　　　　　　　　　100

提取账户管理费时：

借：保户投资款——C客户　　　　　　　　　　　　　　150

　　贷：其他业务收入——管理费收入　　　　　　　　　141.51

　　　　应交税费——应交增值税(销项税额)　　　　　8.49

期满返还保户投资金时：

借：保户投资款——C客户　　　　　　　　　　　　　　10 000

　　贷：银行存款　　　　　　　　　　　　　　　　　　10 000

　　如果保险公司收到保户投资金后,上划总公司,保险合同成立并开始承担保险责任时,由核算单位按规定的每份保单年保费及保险年限计算应计总保费,计入保费收入和应收利息(风险保费),每季度末按照该业务已赚保费部分,将应收利息(风险保费)通过系统往来逐级上划总公司。从当期开始至保险期满,每月按报单规定的利率计提保户红利,分别计入应付保户红利和应收利息(保户红利)科目,每季度末将应收利息(保户红利)通过系统往来逐级上划总公司。总公司收到上划报单,均作为利息支出入账。其账务处理程序为

　　收到保户投资金时：

　　借：库存现金或银行存款

　　　　贷：保户投资款

　　上缴投资金时：

　　借：系统往来

　　　　贷：银行存款

总公司收到银行存款和上划报单时,做相反会计分录。

保险合同成立并开始承担保险责任计算应计总保费时:

借:应收利息——风险保费

　　贷:保费收入

　　　　应交税费——应交增值税(销项税额)

按期计算应付保户红利时:

借:应收利息——保户红利

　　贷:应付保单红利

上划保户红利时:

借:系统往来

　　贷:应收利息——保户红利

总公司收到上划报单时:

借:利息支出——保户红利支出

　　贷:系统往来

实际向保户支付红利时:

借:应付保单红利

　　贷:银行存款

按期计算风险保费支出并上划时:

借:系统往来

　　贷:应收利息——风险保费

总公司收到上划报单时:

借:利息支出——风险保费支出

　　贷:系统往来

返还保户投资金时:

借:保户投资款

　　贷:库存现金或银行存款

2. 非预定收益型保户投资金的核算

(1)收取投资金时,应当按照规定的每份保单净投资金和代收申购费金额:

借:银行存款

　　贷:其他应付款——投资金

　　　　　　——代扣申购费

(2)支付申购费用时:

借:其他应付款——代扣申购费

　　贷:银行存款

（3）保险合同成立并开始承担保险责任时，由核算单位按规定的每份保单计算总保费和确认相关申购期利息：

借：投资收益

　　贷：保费收入

　　　　应交税费——应交增值税（销项税额）

借：投资收益

　　贷：其他应付款——投资金

（4）保单起保日七日之内，分公司将其他应付款（投资金）科目余额逐级上划总公司：

借：其他应付款——投资金

　　贷：系统往来

总公司做相反会计分录。

（5）总公司按照规定日期，将本产品投资金及对应的"其他应付款——投资金"余额划转至资产管理人：

借：其他应付款——投资金

　　贷：银行存款

（6）资产管理人按照收到的资金：

借：独立账户资产——银行存款及现金

　　贷：独立账户负债

借：独立账户资产——××投资

　　贷：独立账户资产——银行存款及现金

后续关于独立账户资产投资的核算比照本章第一节、第二节，投资收益记入"独立账户负债"，出售资管产品适用3%的简易计税方法。

（7）保单起保后，由总公司每季度末按照最后一个估值日公布的产品净值与规定的资产管理费及保险服务费计提比例，计算归属本公司的投资收益：

借：其他应收款——资产管理公司

　　贷：投资收益

次月，总公司根据分公司上月末所属份额，将投资收益逐级下划：

借：投资收益

　　贷：系统往来

分公司做相反会计分录。

（8）总公司收到委托管理人支付的资产管理费及保险服务费时：

借：银行存款

　　贷：其他应收款——资产管理公司

(9) 总公司收到托管人划回的退保及满期赎回资金及产品净值时：

借：银行存款

    贷：其他应付款——投资金

同时将"其他应付款——投资金"科目余额对应的资金按照相关规定逐级下拨。下拨资金时：

借：其他应付款——投资金

    贷：银行存款

分公司做相反会计分录。

(10) 发生退保赎回和满期赎回时,按照计算确定的退保赎回金额：

借：其他应付款——投资金

    贷：银行存款

赎回期结束后,"其他应付款——投资金"科目应无余额。

第三节　万能寿险的核算

一、万能寿险的概念和特点

万能寿险(universal life insurance)是指包含保险保障功能,并至少在一个投资账户拥有一定资产价值,并确保投保人享有账户余额的本金和一定利息保障的理财产品。相对于传统寿险产品和投资连结保险,其基本特点如下。

(1) 万能寿险与传统寿险的比较。从产品设计的特性来看,万能型产品的设计并不是以保障为前提,而是以投资为目的。从这点来看,万能型保险的保障功能显然并没有普通寿险那么完善。一般来说,万能寿险下的死亡给付都是以账户价值为一个参考尺度,因而对于死亡性质的给付而言,万能寿险的给付额一般没有普通寿险的给付那么多。也就是说从万能寿险账户中扣除的纯保障费用要低于普通保险,从而能够有更多的资金进入投资账户进行累计。万能寿险的死亡保额还可以改变,而且保费缴费灵活,保单持有人在交纳保费时拥有三项权利：① 改变保费金额；② 一段时间内暂停缴纳保费,然后再恢复缴费；③ 根据约定改变保险金额。

(2) 万能寿险与投资连结保险的区别。投资连结保险有点类似于基金,但是在投资连结保险下,客户可以自由选择投资的账户种类。这点是投资连结保险与基金的主要区别。从国外的发展来看,万能险和投资连结保险其实属于同一性质的保险。区别在于万能寿险的收益率是有最低保障的,而投资连结保

的收益是没有保障的,也就是说投资连结保险的风险是由客户自己承担的,这点
和基金是一致的。由于万能寿险能够确保投保人的本金和最低收益率,因此比
投连险不保证收益率要稳健得多。

二、万能寿险的会计处理

对于万能寿险收到的保费,保险公司扣除相关费用后,对于属于保险风险部
分计入保费收入,对于属于投资账户部分,作为负债计入“保户储金”或“保户投
资金”科目核算,并设置单独投资账户进行投资运作。保险公司定期公布投资收
益率,并保证支付给投保人的实际收益率不低于最低保障利率。

例 11-4　20×8 年 10 月 28 日,B 客户购买乙公司保险风险为万能
寿险责任的产品,预交保费 60 000 元。11 月 1 日保单生效后,乙公司扣除风险
保费 10 000 元、初始费用 5 000 元(含税)、管理费用 600 元(含税)后,其余转入
投资账户。这款产品的投资账户最低保证年收益率为 2%,按月结算,复利升
值。11 月末乙公司宣告实际结算利率为 2%,12 月末确定应支付给 B 客户的保
底收益和超额收益,实际结算利率为 2.4%。20×9 年 1 月 12 日 B 客户发生部
分领取 3 000 元。适用增值税税率为 6%。乙公司应编制会计分录如下。

(1) 20×8 年 10 月 28 日预收保费时:

借:银行存款　　　　　　　　　　　　　　　　　60 000
　　贷:预收保费——B 客户　　　　　　　　　　　　　60 000

(2) 20×8 年 11 月 1 日保单生效后:

借:预收保费——B 客户　　　　　　　　　　　　60 000
　　贷:保费收入——万能寿险　　　　　　　　　　　　10 000
　　　　其他业务收入——初始费用　　　　　　　　　4 716.98
　　　　　　　　　　　——管理费用　　　　　　　　　 566.04
　　　　应交税费——应交增值税(销项税额)　　　　　 316.98
　　　　保户储金——B 客户　　　　　　　　　　　　 44 400

(3) 20×8 年 11 月末确认应支付给 B 客户的实际收益:

借:其他业务成本——利息支出　　　　　　　　　　　74
　　贷:保户储金——B 客户　　　　　　　　　　　　　　74

(4) 20×8 年 12 月末确认应支付给 B 客户的实际收益:

借:其他业务成本——利息支出　　　　　　　　　　 88.8
　　贷:保户储金——B 客户　　　　　　　　　　　　　88.8

(5) 20×9 年 1 月 12 日客户发生部分领取时：

借：保户储金及——B 客户　　　　　　　　　　　　　3 000
　　贷：银行存款　　　　　　　　　　　　　　　　　　　　　3 000

关　键　词

投资连结保险　　万能寿险　　保户储金　　保户投资金　　独立账户资产　　独立账户负债

复习思考题

1. 简述投资连结保险的特点。
2. 简述投资连结保险和传统寿险、万能寿险的区别。
3. 简述保户储金和保户投资金的区别。
4. 如何对投资连结保险独立账户进行估值？

练　习　题

习题一

一、目的：练习投资连结保险的核算。

二、资料：20×8 年 5 月 12 日，A 客户购买甲公司保险风险为寿险责任的投连产品，交纳保费 80 000 元，其中 80% 的保费转入独立账户，其余 16 000 元作为保单初始费用收取。甲公司另外收取当期账户管理费用 1 000 元。5 月 18 日，甲公司从独立账户中划出资金购买 20 000 个单位基金安信，当日该基金单位资产净值为 3 元(基金安信已宣告每单位基金发放现金股利 0.2 元)，5 月 31 日公告的基金单位净值为 2.5 元，6 月 22 日甲公司将上述基金以每基金单位 4 元的价格出售，扣除手续费后，获得款项 78 000 元。本期公司从独立账户划转风险保费 1 500 元，客户发生部分领取 5 000 元。适用增值税税率为 6%。

三、要求：根据上述资料编制甲公司有关会计分录。

习题二

一、目的：练习万能寿险的核算。

二、资料：20×8 年 9 月 29 日，B 客户购买乙公司保险风险为万能寿险责任的产品,预交保费 80 000 元。10 月 1 日保单生效后,乙公司扣除风险保费 15 000元、初始费用 6 000 元(含税)、管理费用 1 000 元(含税)后,其余转入投资账户。这款产品的投资账户最低保证年收益率为 2.4%,按月结算,复利升值。10 月末和 11 月末乙公司宣告实际结算利率为 2%,12 月末确定应支付给 B 客户的保底收益和超额收益,实际结算利率为 3.6%。20×9 年 1 月 8 日 B 客户发生部分领取 4 000 元。适用增值税税率为 6%。

三、要求:根据上述资料编制乙公司有关会计分录。

习题三

一、目的:练习保户储金的核算。

二、资料:M 保险公司会计部门收到业务部门交来的 5 年期家财两全险保户储金日结汇总表、储金收据及银行储金专户收账通知,计 100 000 元,预定年利率为 2.5%,不计复利,5 年后一次还本付息。适用增值税税率为 6%。

三、要求:根据上述资料编制 M 公司有关会计分录。

习题四

一、目的:练习保户投资金的核算。

二、资料:20×8 年 3 月 4 日,C 客户购买丙公司投资保障型(3 年期)家庭财产保险 10 份,保险金额每份为 10 000 元,每份保险对应的保险投资金为 3 000 元。投保每份保险的年保险费为 50 元。保险费由保险人从投资收益中获得。保险公司将保险投资金存入银行,年利率为 3.6%。本期公司从投资账户中划转风险保费 60 元,支付保户红利 300 元。另提取账户管理费 300 元,从保户投资款账户直接扣除。适用增值税税率为 6%。

三、要求:根据上述资料编制丙公司有关会计分录。

第十二章

衍生金融工具的核算

第一节 衍生金融工具核算概述

一、衍生金融工具的概念和特点

衍生金融工具(derivative financial instrument)是指具有下列特征的金融工具或其他合同:一是其价值随特定利率、金融工具价格、商品价格、汇率、价格指数、费率指数、信用等级、信用指数或其他类似变量的变动而变动,变量为非金融变量的,该变量与合同的任一方不存在特定关系。二是不要求初始净投资,或与对市场情况变化有类似反应的其他类型合同相比,要求很少的初始净投资。三是在未来某一日期结算。衍生金融工具包括远期合同、期货合同、互换和期权,以及具有远期合同、期货合同、互换和期权中一种或一种以上特征的工具。

衍生金融工具不同于传统的金融工具,其独特性主要表现在:

(1) 契约性和未来性。衍生金融工具是以金融工具为对象的经济合同,其实质是一种契约。这种契约的标的物、交易时间、交易条件等一旦确定,双方的权利和义务便基本确定,并且该合约一般在未来履约。

(2) 杠杆性与风险性。衍生金融工具的初始净投资很少,甚至为零,经常采用保证金交易方式,结算时一般采用净额交割。投资者只需动用少量资金即可进行数额巨大的交易,以小博大,具有杠杆性。但同时也使衍生金融工具收益和风险成倍数扩大,如果实际的变动趋势与投资者预测的相一致,就可获得高额的收益。但是,一旦预测失误,就可能蒙受巨大损失,甚至会造成国际金融市场的剧烈动荡。

(3) 灵活性和复杂性。随着衍生金融工具的迅速发展,衍生金融工具在设计和创新上具有很强的灵活性,既可以根据客户需要,在时间、金额、杠杆比率、价格、风险级别等方面为其"度身定造",还可以将各种衍生工具进行组合,而且包含较高的技术含量。这使得衍生金融工具纷繁复杂,从而增加了一般投资者对金融衍生新产品的理解难度,更不容易完全正确地运用。

(4) 衍生性和创新性。衍生金融工具一般以一个或几个基本金融工具作为标的,并处于不断的发展创新之中,使衍生金融工具不断构造出"再衍生工具",几乎每个月都有一种新型的衍生工具产生。衍生工具以惊人的速度迅猛发展,衍生工具的发行量也呈高速增长。

二、衍生金融工具的确认

1. 初始确认

《企业会计准则第 22 号——金融工具确认和计量》规定,当企业成为金融工具合同的一方时,应当确认一项金融资产或金融负债。根据此确认条件,企业在形成衍生金融工具合同的权利和义务时,确认为金融资产或金融负债。这里明确了初始确认的时间是在合同签订之时,而不是交易发生之时。

2. 终止确认

当衍生金融工具合同约定的交易实际发生时,即当一个企业实现了合约中载明的各种权利或收取金融资产现金流量的合同权利终止时,应当终止确认该金融资产;当一个企业金融负债的现时义务全部或部分已经解除的,应当终止确认该金融负债或其一部分。

三、衍生金融工具的计量

衍生金融工具的计量是衍生金融工具会计的核心问题。其计量包括初始计量和后续计量两个方面。按照现行企业会计准则规定,对衍生金融工具的初始计量均采用取得时的公允价值计量,其交易费用计入当期损益;企业持有的衍生金融工具在后续计量时,根据企业持有衍生金融工具的目的和意图不同,采用了不同的计量基础。

一是对投机套利而持有的衍生金融工具,在资产负债表日按公允价值计量,其公允价值变动计入当期损益。二是为套期保值而持有的衍生金融工具,在资产负债表日按照公允价值计量。对于公允价值套期,套期工具的公允价值变动形成的利得和损失计入当期损益,同时被套期项目因被套期风险形成的利得或损失也应当计入当期损益,并调整被套期项目的账面价值;对于现金流量套期,有效套期部分计入所有者权益,无效套期部分计入当期损益。

被套期项目为预期交易的,计入所有者权益的套期工具利得或损失,按下列方法处理：第一,该预期交易使企业随后确认了一项金融资产或负债的,计入所有者权益的利得和损失应当在该金融资产或负债影响企业损益的相同期间转出,计入当期损益。第二,该预期交易使企业随后确认一项非金融资产或负债的,计入所有者权益的利得和损失应当在该非金融资产或负债影响企业损益的相同期间转出,计入当期损益;或者计入该非金融资产或负债的初始确认金额。第三,预期交易预计不会发生的,原直接计入所有者权益中的套期工具利得或损失应当转出,计入当期损益。对于境外经营净投资套期的计量类似于现金流量套期。

第二节　衍生工具的核算

一、衍生工具的计量

这里所指衍生工具(derivative instrument)是指除套期保值外的狭义的衍生金融工具。衍生工具和交易性金融资产或负债在计量上并无实质性区别。

二、科目设置

公司应设置"衍生工具"科目核算公司衍生工具的公允价值及其变动形成的衍生资产或衍生负债。该科目属于共同类科目,本科目借方余额,反映公司衍生工具形成资产的公允价值;本科目贷方余额,反映公司衍生工具形成负债的公允价值。该科目应按衍生工具类别设置明细账。

三、账务处理

(1) 公司取得衍生工具,按其公允价值,借记"衍生工具"科目,按发生的交易费用,借记"投资收益"科目,按实际支付的金额,贷记"银行存款"科目。

(2) 资产负债表日,衍生工具公允价值高于账面余额的差额,借记"衍生工具"科目,贷记"公允价值变动损益"科目;公允价值低于账面余额的差额做相反的会计分录。

(3) 终止确认的衍生工具,应当比照"交易性金融资产""交易性金融负债"等科目的相关规定进行处理。

例 12 - 1　甲公司于 20×7 年 4 月 1 日与 A 公司签订了一份期权合同。合同规定,甲公司有权要求 A 公司于 20×8 年 2 月 29 日以每股 35 元的价格购买甲公司的股票 1 000 股,即甲公司实际从 A 公司购买了一份看跌期权。其他有关资料如下:

20×7 年 4 月 1 日甲公司股票每股市价	40 元
20×7 年 12 月 31 日甲公司股票每股市价	32 元
20×8 年 2 月 28 日甲公司股票每股市价	30 元
20×7 年 4 月 1 日该期权的公允价值	5 000 元
20×7 年 12 月 31 日该期权的公允价值	4 000 元
20×8 年 2 月 28 日该期权的公允价值	5 000 元

甲公司应编制会计分录如下:

(1) 20×7 年 4 月 1 日,购入看跌期权,确认衍生工具资产:

借:衍生工具——看跌期权　　　　　　　　　　　　　　5 000
　　贷:银行存款　　　　　　　　　　　　　　　　　　　　5 000

(2) 20×7 年 12 月 31 日,确认期权公允价值下降:

借:公允价值变动损益　　　　　　　　　　　　　　　　1 000
　　贷:衍生工具——看跌期权　　　　　　　　　　　　　　1 000

(3) 20×8 年 2 月 28 日,确认期权公允价值上升:

借:衍生工具——看跌期权　　　　　　　　　　　　　　1 000
　　贷:公允价值变动损益　　　　　　　　　　　　　　　　1 000

在同一天,A 公司行使了该看跌期权。

第一种情况:假定合同以现金净额方式进行结算

A 公司向甲公司支付 35 000 元,而甲公司要向 A 公司支付 30 000 元,则甲公司实际收到的现金净额为 5 000 元。则甲公司确认有关期权合同的结算分录为:

借:银行存款　　　　　　　　　　　　　　　　　　　　5 000
　　贷:衍生工具——看跌期权　　　　　　　　　　　　　　5 000

第二种情况:假定合同以普通股净额进行结算

A 公司有义务向甲公司交付与 35 000 元等值的甲公司股票,甲公司有义务向 A 公司交付与 30 000 元等值的甲公司股票。两者相抵,A 公司有义务向甲公司交付与 5 000 元等值的甲公司股票 166.67 股(5 000/30),因交付的普通股数量须为整数,实际交付 166 股,余下的金额(20 元)将以银行存款支付。甲公司会计分录为:

借:股本   166

    资本公积——股本溢价   4 814

    银行存款   20

    贷:衍生工具——看跌期权   5 000

例 12-2　乙公司于20×8年3月1日向B公司发行以自身普通股为标的的看涨期权。根据该期权合约,行权价为204元,行权日期20×9年3月1日(欧式期权)。如果B公司行权,B公司有权以每股204元的价格从乙公司购入普通股1 000股。其他有关资料如下:

20×8年3月1日乙公司股票每股市价	200元
20×8年12月31日乙公司股票每股市价	206元
20×9年3月1日乙公司股票每股市价	207元
20×8年3月1日该期权的公允价值	6 000元
20×8年12月31日该期权的公允价值	4 000元
20×9年3月1日该期权的公允价值	3 000元

乙公司应编制会计分录如下:

(1) 20×8年3月1日乙公司发行的看涨期权,确认衍生负债:

借:银行存款   6 000

    贷:衍生工具——看涨期权   6 000

(2) 20×8年12月31日确认期权公允价值下降:

借:衍生工具——看涨期权   2 000

    贷:公允价值变动损益   2 000

(3) 20×9年3月1日确认期权公允价值下降:

借:衍生工具——看涨期权   1 000

    贷:公允价值变动损益   1 000

在同一天,B公司行使了该看涨期权。

第一种情况:假定合同以现金净额方式进行结算

乙公司有义务向B公司交付207 000元(207×1 000),并从B公司收取204 000元,乙公司实际支付净额为3 000元。账务处理如下:

借:衍生工具——看涨期权   3 000

    贷:银行存款   3 000

第二种情况:以普通股净额结算

乙公司有义务向B公司交付与207 000元等值的本公司股票,并向B公司收取与 204 000 元等值的股票,实际向 B 公司交付普通股数量 14.49 股(3 000/207),因交付的普通股数量须为整数,实际交付 14 股,余下的金额(102 元)将以银行存款支付。

借:衍生工具——看涨期权   3 000

 贷:股本   14

  资本公积——股本溢价   2 884

  银行存款   102

第三种情况:以普通股总额结算

除乙公司以约定的固定数量的、自身普通股交换固定金额现金外,其他资料与第一种情况相同。因此,B 公司有权以每股 204 元购买乙公司 1 000 股普通股。乙公司会计处理如下:

(1) 20×8 年 3 月 1 日乙公司确认发行的看涨期权:

借:银行存款   6 000

 贷:其他权益工具   6 000

由于乙公司将以固定数量的自身股票换取固定金额现金,应将衍生工具确认为权益工具。

由于该期权确认为权益工具,无需进行后续的重新计量。乙公司无需就该期权的公允价值变动作出会计处理。

(2) 20×9 年 3 月 1 日,B 公司行权,乙公司会计分录为:

借:库存现金   204 000

 其他权益工具   6 000

 贷:股本   1 000

  资本公积——股本溢价   209 000

由于该看涨期权是价内期权(行权价格每股 204 元小于市场价格每股 207 元),B 公司在行权日行使了该期权,向乙公司支付了 204 000 元,获取 1 000 股乙公司股票。

第三节 套期保值的核算

一、套期保值的概念

套期保值(hedge)是指企业为管理外汇风险、利率风险、价格风险、信用风险等特定风险引起的风险敞口,指定金融工具为套期工具,以使套期工具的公允价值或现金流量变动,预期抵销被套期项目全部或部分公允价值或现金流量变动的风险管理活动。套期分为公允价值套期、现金流量套期和境外经营净投资套期。

二、科目设置

1. "套期工具"科目

"套期工具"科目核算公司开展套期保值业务(包括公允价值套期、现金流量套期和境外经营净投资套期)套期工具公允价值及其变动形成的资产或负债。该科目属于共同类科目,本科目借方余额,反映公司套期工具形成资产的公允价值;本科目贷方余额,反映公司套期工具形成负债的公允价值。该科目应按套期工具类别设置明细账。

其账务处理为:

(1) 公司将已确认的衍生工具等金融资产或金融负债指定为套期工具时,按其账面价值,借记或贷记"套期工具"科目,贷记或借记"衍生工具"科目。

(2) 资产负债表日,对于有效套期,应按套期工具产生的利得,借记"套期工具"科目,贷记"公允价值变动损益""其他综合收益"等科目;套期工具产生的损失做相反的会计分录。

(3) 金融资产或金融负债不再作为套期工具核算的,应按套期工具形成的资产或负债,借记或贷记有关科目,贷记或借记"套期工具"科目。

2. "被套期项目"科目

"被套期项目"科目核算公司开展套期保值业务被套期项目公允价值及其变动形成的资产或负债。该科目属于共同类科目,本科目借方余额,反映公司被套期项目形成资产的公允价值;本科目贷方余额,反映公司被套期项目形成负债的公允价值。该科目应按被套期项目类别设置明细账。

其账务处理为:

(1) 公司将已确认的资产或负债指定为被套期项目时,按其账面价值,借记或贷记"被套期项目"科目,贷记或借记"长期借款""持有至到期投资"等科目。已计提跌价准备或减值准备的,还应同时结转跌价准备或减值准备。

(2) 资产负债表日,对于有效套期,应按被套期项目产生的利得,借记"被套期项目"科目,贷记"公允价值变动损益""其他综合收益"等科目;被套期项目产生的损失做相反的会计分录。

(3) 资产或负债不再作为被套期项目核算的,应按被套期项目形成的资产或负债,借记或贷记有关科目,贷记或借记"被套期项目"科目。

三、公允价值套期的会计处理

公允价值套期(fair value hedge)是指对已确认资产或负债、尚未确认的确定承诺,或上述项目组成部分的公允价值变动风险敞口进行的套期。该公允价值变动源于特定风险,且将影响企业的损益或其他综合收益。按照 2017 年财政部发布的《企业会计准则第 24 号——套期会计》,公允价值套期满足运用套期会计方法条件的,应当按照下列规定处理:

(1) 套期工具产生的利得或损失应当计入当期损益。如果套期工具是对选择以公允价值计量且其变动计入其他综合收益的非交易性权益工具投资(或其组成部分)进行套期的,套期工具产生的利得或损失应当计入其他综合收益。

(2) 被套期项目因被套期风险敞口形成的利得或损失应当计入当期损益,同时调整未以公允价值计量的已确认被套期项目的账面价值。

例 12 - 3　某公司有一批损余物资亟待处理,20×8 年 11 月 1 日与供应商签订协议,承诺 20×9 年 2 月 1 日以 50 万元的价格出售该批损余物资,当日价格为 48 万元。同时为了规避价格下跌的风险,该公司采用期货套期的方法,在期货市场上以 50 万元的价格卖出该批损余物资的标准合约。假设 20×9 年 2 月 1 日,市场上的价格为 44 万元。

本例属于尚未确认的确定承诺的公允价值套期,套期工具是损余物资远期合同,被套期项目是购买损余物资的确定承诺(以下金额以万元为单位)。该公司应编制会计分录如下:

(1) 20×8 年 11 月 1 日卖出期货合约,对签订确定承诺的远期合约进行初始确认:

借:其他应收款　　　　　　　　　　　　　　　50
　　贷:衍生工具——期货远期合约　　　　　　　　　　50

(2) 指定套期关系时:

借:衍生工具——期货远期合约　　　　　　　　50
　　贷:套期工具——期货远期合约　　　　　　　　　　50

借:被套期项目——期货远期合约　　　　　　　50
　　贷:损余物资　　　　　　　　　　　　　　　　　50

(3) 20×9 年 2 月 1 日,确认套期工具和被套期项目公允价值变动形成的利得或损失:

借:公允价值变动损益　　　　　　　　　　　　6
　　贷:被套期项目——确定承诺　　　　　　　　　　　6

借:套期工具——期货远期合约　　　　　　　　6
　　贷:公允价值变动损益　　　　　　　　　　　　　　6

这样操作以后,该公司就用套期工具的利得弥补了被套期项目的损失,锁定了履行确定承诺购买损余物资的成本。

四、现金流量套期的会计处理

现金流量套期(cash flow hedge)是指对现金流量变动风险敞口进行的套期。该现金流量变动源于与已确认资产或负债、极可能发生的预期交易,或与上述项目组成部分有关的特定风险,且将影响企业的损益。现金流量套期满足运用套期会计方法条件的,应当按照下列规定处理:

(1) 套期工具产生的利得或损失中属于套期有效的部分,作为现金流量套期储备,应当计入其他综合收益。现金流量套期储备的金额,应当按照下列两项的绝对额中较低者确定:

① 套期工具自套期开始的累计利得或损失;

② 被套期项目自套期开始的预计未来现金流量现值的累计变动额。

每期计入其他综合收益的现金流量套期储备的金额应当为当期现金流量套期储备的变动额。

(2) 套期工具产生的利得或损失中属于套期无效的部分(即扣除计入其他综合收益后的其他利得或损失),应当计入当期损益。

例 12-4 某保险公司 20×5 年 4 月 1 日向银行取得 8 000 万美元的 3 年期借款,年利率为伦敦银行同业拆借利率(LIBOR)加 0.05%,每年付息一次,本金到期一次偿还,当日的 LIBOR 为 4.5%。为了控制利率变动带来的现金流量风险,该公司与国内一家金融机构签订了一项名义本金为 8 000 万美元、期限 3 年的利率互换协议,并规定在每年收取 LIBOR＋0.05% 的浮动利息的同时,支付 4.6% 的利息,以此将浮动利率应付利息锁定为固定利率利息,从而规避利率浮动带来的风险。20×6 年 4 月 1 日,LIBOR 为 4.7%。根据借款合同,应付利息为 380 万美元;根据利率互换协议,应收利息 380 万美元[8 000 万美元×(4.7%＋0.05%)],应付利息 368 万美元(8 000 万美元×4.6%)。20×7 年 4 月 1 日,LIBOR 为 4.4%,应收利息 356 万美元[8 000 万美元×(4.4%＋0.05%)],应付利息 368 万美元(8 000 万美元×4.6%)。20×8 年 4 月 1 日,LIBOR 为 4.8%,应收利息 388 万美元[8 000 万美元×(4.8%＋0.05%)],应付利息 368 万美元(8 000 万美元×4.6%)。该公司应编制会计分录如下(会计分录中的金额单位为万美元):

（1）20×5 年 4 月 1 日,借入美元时:

借:银行存款　　　　　　　　　　　　　　　　　　　8 000

　　贷:长期借款——本金　　　　　　　　　　　　　　　　8 000

为了套期而签订 3 年期利率互换协议时进行初始确认:

借:衍生工具——利率互换——成本　　　　　　　　　　1 104

　　贷:应付利息　　　　　　　　　　　　　　　　　　　　1 104

（2）指定套期关系时:

借:套期工具——利率互换　　　　　　　　　　　　　　1 104

　　贷:衍生工具——利率互换——成本　　　　　　　　　　1 104

（3）20×6 年 4 月 1 日,LIBOR 为 4.7%:

确认套期工具产生的利得为 12 万美元(380 万美元－368 万美元)

被套期项目自套期开始的预计未来现金流量现值的累计变动额为:380 万美元×[1＋(P/A,4.7,2)]/(1＋4.5%)－364 万美元×(P/A,4.5,3)＝53 万美元,远大于套期工具累计利得 12 万美元,所以套期工具利得全部有效,计入其他综合收益。

借:套期工具　　　　　　　　　　　　　　　　　　　　12

　　贷:其他综合收益　　　　　　　　　　　　　　　　　　12

（4）20×6 年 4 月 1 日,支付借款利息(预期交易发生):

借:利息支出　　　　　　　　　　　　　　　　　　　　380

　　贷:银行存款　　　　　　　　　　　　　　　　　　　　380

同时将其他综合收益转出,计入当期损益:

借:其他综合收益　　　　　　　　　　　　　　　　　　12

　　贷:投资收益　　　　　　　　　　　　　　　　　　　　12

将不再作为套期工具的金融资产转出:

借:衍生工具——利率互换　　　　　　　　　　　　　　380

　　贷:套期工具——利率互换　　　　　　　　　　　　　　380

（5）结算利率互换协议利息:

借:应付利息　　　　　　　　　　　　　　　　　　　　368

　　贷:银行存款　　　　　　　　　　　　　　　　　　　　368

借:应收利息　　　　　　　　　　　　　　　　　　　　380

　　贷:衍生工具——利率互换　　　　　　　　　　　　　　380

借:银行存款　　　　　　　　　　　　　　　　　　　　380

　　贷:应收利息　　　　　　　　　　　　　　　　　　　　380

20×7 年和 20×8 年支付利息的会计处理与 20×6 年相似。

20×8 年 4 月 1 日，偿还本金：

借：长期借款　　　　　　　　　　　　　　　　　　　8 000

　　贷：银行存款　　　　　　　　　　　　　　　　　　　　　8 000

五、境外经营净投资套期的会计处理

境外经营净投资套期(overseas net investment hedge)是指对境外经营净投资外汇风险进行的套期。境外经营净投资，是指企业在境外经营净资产中的权益份额。对境外经营净投资的套期，应当按照类似于现金流量套期会计的规定处理：

(1) 套期工具形成的利得或损失中属于套期有效的部分，应当计入其他综合收益。

全部或部分处置境外经营时，上述计入其他综合收益的套期工具利得或损失应当相应转出，计入当期损益。

(2) 套期工具形成的利得或损失中属于套期无效的部分，应当计入当期损益。

例 12 - 5　某保险控股集团公司在美国收购了一家保险公司，为对 20×8 年 12 月 31 日的预期年终净资产 2.5 亿美元进行套期保值，在 10 月 1 日与中国银行按 90 天期的远期汇率 RMB 776/USD 100，签订一项卖出 2.5 亿美元的远期合同，当日即期汇率为 RMB 774/USD 100，12 月 31 日即期汇率为 RMB 772/USD 100，美国子公司 20×8 年 12 月 31 日的实际净资产为 2.85 亿美元。

本例中，套期工具是卖出 2.5 亿美元的远期合同，被套期项目是预期境外经营子公司年终净资产(2.5 亿美元)(以下金额以万元为单位)。该保险控股集团公司应编制会计分录如下：

(1) 10 月 1 日，在签约日(金融工具交易日)对外汇远期合同进行初始确认：

借：其他应收款 (7.76×25 000)　　　　　　　　　　　194 000

　　贷：衍生工具——远期合同(7.74×25 000)　　　　　　　　193 500

　　　　投资收益　　　　　　　　　　　　　　　　　　　　　500

(2) 指定套期关系时：

借：衍生工具——远期合同　　　　　　　　　　　　　193 500

　　贷：套期工具　　　　　　　　　　　　　　　　　　　　193 500

(3) 12 月 31 日，即期汇率为 RMB 772/USD 100：

确认套期工具公允价值变动的收益为

$$25\,000 \times (7.74 - 7.72) = 500$$

被套期项目自套期开始的预计未来现金流量现值的累计变动额为

$$25\,000 \times (7.72 - 7.74) = -500$$

则套期有效部分为 500,分录为

借:套期工具		500
贷:其他综合收益		500

(4) 购入美元进行结算:

借:银行存款——美元户 (7.72×25 000)	193 000	
贷:银行存款——人民币户		193 000
借:套期工具	193 000	
贷:衍生工具——远期合同		193 000
借:衍生工具——远期合同	193 000	
贷:其他应付款		193 000
借:其他应付款	193 000	
贷:银行存款——美元户		193 000
借:银行存款——人民币户	194 000	
贷:其他应收款		194 000

(5) 处置境外经营时,上述确认的其他综合收益应当转出,计入当期损益。

关 键 词

衍生金融工具　衍生工具　套期保值　套期工具　被套期项目　公允价值套期　现金流量套期　境外经营净投资套期

复习思考题

1. 简述衍生金融工具的特点。

2. 简述衍生金融工具的确认和计量方法。

3. 公允价值套期、现金流量套期和境外经营净投资套期会计处理有何不同?

练 习 题

习题一

一、目的:练习衍生工具的核算。

二、资料:甲公司于 20×8 年 5 月 1 日与 A 公司签订了一份期权合同。合同规定,甲公司有权要求 A 公司于 20×9 年 1 月 30 日以每股 45 元的价格购买甲公司的股票 5 000 股,即甲公司实际从 A 公司购买了一份看跌期权。其他有关资料如下:

20×8 年 5 月 1 日甲公司股票每股市价	50 元
20×8 年 12 月 31 日甲公司股票每股市价	42 元
20×9 年 1 月 30 日甲公司股票每股市价	38 元
20×8 年 5 月 1 日该期权的公允价值	6 000 元
20×8 年 12 月 31 日该期权的公允价值	4 500 元
20×9 年 1 月 30 日该期权的公允价值	5 500 元

三、要求:根据上述资料,编制甲保险公司有关会计分录。

习题二

一、目的:练习衍生工具的核算。

二、资料:乙公司于 20×8 年 5 月 1 日向 B 公司发行以自身普通股为标的的看涨期权。根据该期权合约,行权价为每股 150 元,行权日期 20×9 年 5 月 1 日(欧式期权)。如果 B 公司行权,B 公司有权以每股 150 元的价格从乙公司购入普通股 2 000 股。其他有关资料如下:

20×8 年 5 月 1 日乙公司股票每股市价	145 元
20×8 年 12 月 31 日乙公司股票每股市价	152 元
20×9 年 5 月 1 日乙公司股票每股市价	158 元
20×8 年 5 月 1 日该期权的公允价值	7 000 元
20×8 年 12 月 31 日该期权的公允价值	8 000 元
20×9 年 5 月 1 日该期权的公允价值	6 000 元

三、要求:根据上述资料,编制乙保险公司有关会计分录。

习题三

一、目的:练习公允价值套期的核算。

二、资料:某保险公司有一批抵债资产需要处理,20×8 年 10 月 1 日与供应商签订协议,承诺 20×9 年 5 月 1 日以 120 万元的价格出售该批抵债资产,当日价格为 110 万元。同时为了规避价格下跌的风险,该公司采用期货套期的方法,在期货市场上以 120 万元的价格卖出该批抵债资产的标准合约。假设20×9年 5 月 1 日,市场上的价格为 105 万元。

三、要求:根据上述资料,编制该保险公司有关会计分录。

习题四

一、目的:练习现金流量套期的核算。

二、资料:某保险公司20×4 年 11 月 16 日向银行取得 1.8 亿美元的 5 年期借款,年利率为伦敦银行同业拆借利率(LIBOR)加 0.06%,每年付息一次,本金到期一次偿还,当日的 LIBOR 为 4.4%。为了控制利率变动带来的现金流量风险,该公司与国内一家金融机构签订了一项名义本金为 1.8 亿美元,期限 5 年的利率互换协议,并规定在每年收取 LIBOR+0.06% 的浮动利息的同时,支付 4.5% 的利息,以此将浮动利率应付利息锁定为固定利率利息,从而规避利率浮动带来的风险。相关数据资料如下:

20×5 年 11 月 15 日,LIBOR 为 4.6%,应收利息 838.8 万美元[18 000 万美元×(4.6%+0.06%)],应付利息 810 万美元(18 000 万美元×4.5%)。

20×6 年 11 月 15 日,LIBOR 为 4.5%,应收利息 820.8 万美元[18 000 万美元×(4.5%+0.06%)],应付利息 810 万美元(18 000 万美元×4.5%)。

20×7 年 11 月 15 日,LIBOR 为 4.2%,应收利息 766.8 万美元[18 000 万美元×(4.2%+0.06%)],应付利息 810 万美元(18 000 万美元×4.5%)。

20×8 年 11 月 15 日,LIBOR 为 4.4%,应收利息 802.8 万美元[18 000 万美元×(4.4%+0.06%)],应付利息 810 万美元(18 000 万美元×4.5%)。

20×9 年 11 月 15 日,LIBOR 为 4.7%,应收利息 856.8 万美元[18 000 万美元×(4.7%+0.06%)],应付利息 810 万美元(18 000 万美元×4.5%)。

三、要求:根据上述资料,编制该保险公司有关会计分录。

习题五

一、目的:练习境外经营净投资套期的核算。

二、资料:某保险控股集团公司在英国收购了一家保险公司,为对20×8年 12 月 31 日的预期年终净资产 1.5 亿英镑进行套期保值,在 10 月 1 日与中国银行按 90 天期的远期汇率 RMB 985.55/GBP 100 签订一项卖出 1.5 亿英镑的远期合同,当日即期汇率为 RMB 984.26/GBP 100,12 月 31 日即期汇率为 RMB 982.67/GBP 100,英国子公司 20×8 年 12 月 31 日的实际净资产为 1.85 亿英镑。

三、要求:根据上述资料,编制该保险控股集团公司有关会计分录。

财务会计
报告及分析篇

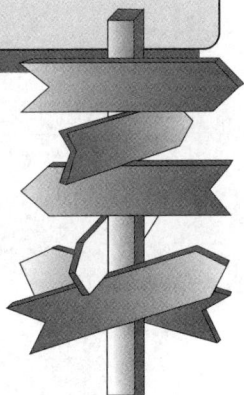

第十三章

保险公司财务会计报告

第一节　保险公司财务会计报告概述

　　财务会计报告(financial accounting report)是公司对外提供的反映公司某一特定日期的财务状况和某一会计期间经营成果、现金流量等会计信息的文件。财务会计报告包括财务报表和其他应当在财务会计报告中披露的相关信息和资料。本章主要阐述财务报表。

一、财务报表的概念和作用

　　财务报表(financial statement)是对公司财务状况、经营成果、现金流量的结构性表达。财务报表至少应当包括资产负债、利润表、现金流量表、所有者权益(或股东权益,下同)变动表、附注等。因此,财务报表作为提供会计信息的重要手段,它无论是对公司本身,还是对公司外部报表使用者都具有重要的作用,这主要体现在以下五个方面。

　　(1) 帮助投资者进行正确的投资决策,保护投资者的合法权益。财务报表可以全面系统地向投资者提供其所需要的信息资料,满足其投资决策的需要。在投资前,投资者可以通过财务报表了解保险公司的资金状况和经营情况,以作出正确的投资决策;同时,投资者借助于财务报表,了解保险公司期初、期末经济资源的数量、分布及其结构,了解保险公司的资产完好状况,资本能否保全,以判断保险公司的经营优劣,从而使自己的经济利益得到维护。

　　(2) 帮助债权人正确进行决策,保护债权人的合法权益。财务报表可以帮助债权人了解保险公司的偿债能力的相关信息,从而使其作出正确的融资决策,在对报表进行详尽分析的基础上,采取相应措施,保证其本息能够及时、足额地得以收回。

　　(3) 保障被保险人的利益。通过财务报表的发布,可以使广大被保险人了解保险公司的经营情况、财务状况和经营成果等方面的信息,在充分了解情况的基础上作出投保决策,并获取参与保险的各种权益。

(4) 强化保险公司的经营与管理,提高经营业绩。保险公司经营者可以通过财务报表掌握财务状况和经营成果的情况,明确经营中的得失,从而进一步改善经营管理,提高经营业绩。

(5) 为保险监督管理机构对保险公司进行监管提供依据。保险监督管理机构通过对保险公司呈送的财务报表,了解保险公司的依法经营和偿付能力状况,从而采取相应监管措施,以确保保险市场的正常运行,维护广大被保险人的利益及全社会的安定。

二、财务报表列报的基本要求

1. 列报基础

(1) 公司应当以持续经营为基础,根据实际发生的交易和事项,按照《企业会计准则——基本准则》和其他各项会计准则的规定进行确认和计量,在此基础上编制财务报表。公司不应以附注披露代替确认和计量,不恰当的确认和计量也不能通过充分披露相关会计政策而纠正。

如果按照各项会计准则规定披露的信息不足以让报表使用者了解特定交易或事项对公司财务状况和经营成果的影响时,公司还应当披露其他的必要信息。

(2) 在编制财务报表的过程中,公司管理层应当利用所有可获得信息来评价公司自报告期末起至少 12 个月的持续经营能力。

评价时需要考虑宏观政策风险、市场经营风险、公司目前或长期的盈利能力、偿债能力、财务弹性以及公司管理层改变经营政策的意向等因素。

评价结果表明对持续经营能力产生重大怀疑的,公司应当在附注中披露导致对持续经营能力产生重大怀疑的因素以及公司拟采取的改善措施。

(3) 公司如有近期获利经营的历史且有财务资源支持,则通常表明以持续经营为基础编制财务报表是合理的。

公司正式决定或被迫在当期或将在下一个会计期间进行清算或停止营业的,则表明以持续经营为基础编制财务报表不再合理。在这种情况下,公司应当采用其他基础编制财务报表,并在附注中声明财务报表未以持续经营为基础编制的事实、披露未以持续经营为基础编制的原因和财务报表的编制基础。

2. 列报的一致性

财务报表项目的列报应当在各个会计期间保持一致,不得随意变更,但下列情况除外:(1) 会计准则要求改变财务报表项目的列报。(2) 公司经营业务的性质发生重大变化或对公司经营影响较大的交易或事项发生后,变更财务报表项目的列报能够提供更可靠、更相关的会计信息。

3. **重要性项目列报**

(1) 性质或功能不同的项目,应当在财务报表中单独列报,但不具有重要性的项目除外。性质或功能类似的项目,其所属类别具有重要性的,应当按其类别在财务报表中单独列报。某些项目的重要性程度不足以在资产负债表、利润表、现金流量表或所有者权益变动表中单独列示,但对附注却具有重要性,则应当在附注中单独披露。

(2) 重要性,是指在合理预期下,财务报表某项目的省略或错报会影响使用者据此作出经济决策的,该项目具有重要性。

重要性应当根据公司所处的具体环境,从项目的性质和金额两方面予以判断,且对各项目重要性的判断标准一经确定,不得随意变更。判断项目性质的重要性,应当考虑该项目在性质上是否属于公司日常活动、是否显著影响公司的财务状况、经营成果和现金流量等因素;判断项目金额大小的重要性,应当考虑该项目金额占资产总额、负债总额、所有者权益总额、营业收入总额、营业成本总额、净利润、综合收益总额等直接相关项目金额的比重或所属报表单列项目金额的比重。

4. **财务报表项目间的相互抵销**

财务报表中的资产项目和负债项目的金额、收入项目和费用项目的金额、直接计入当期利润的利得项目和损失项目的金额不得相互抵销,但其他会计准则另有规定的除外。

一组类似交易形成的利得和损失应当以净额列示,但具有重要性的除外。

资产或负债项目按扣除备抵项目后的净额列示,不属于抵销。

非日常活动产生的利得和损失,以同一交易形成的收益扣减相关费用后的净额列示更能反映交易实质的,不属于抵销。

5. **比较信息的列报**

当期财务报表的列报,至少应当提供所有列报项目上一个可比会计期间的比较数据,以及与理解当期财务报表相关的说明,但其他会计准则另有规定的除外。

财务报表的列报项目发生变更的,应当至少对可比期间的数据按照当期的列报要求进行调整,并在附注中披露调整的原因和性质,以及调整的各项目金额。对可比数据进行调整不切实可行的,应当在附注中披露不能调整的原因。

不切实可行,是指公司在作出所有合理努力后仍然无法采用某项会计准则规定。

6. 财务报表表首的列报要求

公司应当在财务报表的显著位置至少披露下列各项：(1)编报公司的名称。(2)资产负债表日或财务报表涵盖的会计期间。(3)人民币金额单位。(4)财务报表是合并财务报表的,应当予以标明。

7. 报告期间

公司至少应当按年编制财务报表。年度财务报表涵盖的期间短于一年的,应当披露年度财务报表的涵盖期间、短于一年的原因以及报表数据不具可比性的事实。

第二节　资产负债表

一、资产负债表的作用

资产负债表(balance sheet)是反映公司在某一特定日期(月末、季末、半年末、年末)财务状况的会计报表。它是根据"资产＝负债＋所有者权益"这一会计基本等式按照一定的分类标准和顺序排列编制而成,它属于静态报表。比如,2012年资产负债表年报,反映的是2012年12月31日公司的资产、负债、所有者权益情况。

资产负债表可以提供公司在一定时日的财务信息,主要有以下几个方面。

(1)可以综合反映公司所拥有的资产及资产的分布构成情况,以便评价公司的财务实力。

通过资产负债表,可以对公司经营规模和资产结构有所了解,不仅可以分析公司的资产构成是否合理,而且还可以测定公司的财务实力。公司的财务实力主要是就公司的资产规模和资本规模而言的;资产与资本规模较大的公司当然具备较强的财务实力,反之则体现了较弱的财务实力,资产负债表中显示的资产总额与资本总额直观地描述了公司的财务实力。

(2)可以反映公司资金来源及其构成情况,了解公司的偿付能力。

公司所拥有或控制的全部经济资源,有两个来源:一是来源于债权人提供的资本;二是来源于所有者投资。对公司而言,债权人投资是公司的负债,所有者投资形成了所有者在公司的权益,即所有者权益。通过阅读资产负债表,不仅可以知晓公司的负债和所有者权益各是多少,而且还可据以分析企业的资金来源结构是否合理,并且还可以通过有关资产项目和负债项目的对比、测算,了解和掌握公司的偿付能力。偿付能力是债权人最为关心的问题,它的大小,反映公司的财务基础、竞争能力和应付风险的能力。

(3) 可以综合反映公司资产、负债、所有者权益的增减变化,掌握财务状况的变动趋势。

通过资产负债表不同时期相同项目的横向对比和不同时期不同项目的纵向对比,可以了解和分析公司财务状况的发展趋势,以便为公司财务预测和财务决策提供预见性参考消息。在资产负债表中列示了期末数与年初数两栏金额资料,两栏的简单比较可以大体看出各项目的财务发展趋势,在需对这种趋势做出更为细致和准确的观察时,人们还可以多期资产负债表中的资料为基础,编制比较资产负债表加以分析总结。

(4) 可以解释、评价和预测公司的绩效,供管理部门作出合理的经营决策。

公司的经营业绩主要表现为获利能力。而获利能力则可以用资产利润率等相对指标来衡量,这样将资产负债表与利润表的信息结合起来,可以评价公司的经营业绩,并可以深入剖析公司绩效优劣的原因,寻求提高公司经济资源利用效率的良策。

二、资产负债表的格式和结构

资产负债表一般有两种格式,即账户式和报告式。

1. 账户式

资产负债表账户式(account type,也称左右式),是按照 T 字形账户的形式设计的资产负债表,将资产列在左边,负债及所有者权益列在右方,左右方总额相等。

资产负债表中资产分为金融资产和非金融资产,基本上是按流动性(变现能力)大小排列,流动性大的排在前,流动性小的排在后;负债分为金融负债和非金融负债,基本上是按偿还期限长短排列,偿还期限短的排在前,偿还期限长的排在后;所有者权益是按永久程度的高低排列,永久程度高的排列在前,永久程度低的排列在后。

账户式资产负债表的优点在于,能使资产和权益的恒等关系一目了然,尤其是易于比较流动资产和流动负债的数额和关系,但要编制比较资产负债表则颇为不便,尤其是 3 年期、5 年期的比较资产负债表更为困难。此外,由于左资产、右权益的格式占据了不少横行空间,一些项目难以加括弧注释。我国保险会计实务中习惯于采用账户式资产负债表。资产负债表的具体格式见表 13-1 所示。

表 13-1 资 产 负 债 表

编制单位：　　　　　　　　　　年　月　日　　　　　　　单位：元

资　产	期末余额	年初余额	负债和所有者权益（或股东权益）	期末余额	年初余额
资产：			负债：		
货币资金			短期借款		
拆出资金			拆入资金		
交易性金融资产			交易性金融负债		
衍生金融资产			衍生金融负债		
买入返售金融资产			卖出回购金融资产款		
应收利息			预收保费		
应收保费			应付手续费及佣金		
应收代位追偿款			应付分保账款		
应收分保账款			应付职工薪酬		
应收分保未到期责任准备金			应交税费		
应收分保未决赔款准备金			应付赔付款		
应收分保寿险责任准备金			应付保单红利		
应收分保长期健康险责任准备金			保户储金及投资款		
保户质押贷款			未到期责任准备金		
定期存款			未决赔款准备金		
可供出售金融资产			寿险责任准备金		
持有至到期投资			长期健康险责任准备金		
长期股权投资			保费准备金		
存出资本保证金			长期借款		
投资性房地产			应付债券		
固定资产			其中：优先股		

续　表

资　　产	期末余额	年初余额	负债和所有者权益 （或股东权益）	期末余额	年初余额
无形资产			永续债		
独立账户资产			独立账户负债		
递延所得税资产			递延所得税负债		
其他资产			其他负债		
			负债合计		
			所有者权益(或股东权益)：		
			实收资本(或股本)		
			其他权益工具		
			其中：优先股		
			永续债		
			资本公积		
			减：库存股		
			其他综合收益		
			盈余公积		
			一般风险准备		
			大灾风险利润准备		
			未分配利润		
			所有者权益(或股东权益)合计		
资产总计			负债及所有者权益(或股东权益)总计		

2. 报告式

资产负债表的报告式(report type,也称上下式),指垂直列示资产、负债和所有者权益项目的一种格式,即上资产、下权益格式。

报告式资产负债表的优缺点正好与账户式资产负债表相反。报告式的优点是便于编制比较资产负债表，可在一张表内，平行列示相邻若干期的资产负债表，而且易于用括弧旁注方式证明某些特殊项目。其缺点是资产与权益间的恒等关系并不一目了然。目前，许多西方国家保险公司会计实务中采用报告式。

三、资产负债表的编制方法

1. 年初余额栏的填列方法

资产负债表中"年初余额"栏内各项数字，应根据上年年末资产负债表"期末余额"栏内所列数字填列。如果本年度资产负债表规定的各个项目的名称和内容同上年度不相一致，应对上年年末资产负债表各项目的名称和数字按照本年度的规定进行调整，填入本表"年初余额"栏内。

2. 期末余额栏的填列方法

资产负债表"期末余额"栏内关系数字，一般应根据资产、负债、所有者权益科目的期末余额填列。各项目的内容和填列方法如下。

(1) 资产类项目的填列说明。

① "货币资金"项目，反映公司期末持有的现金、银行存款中的活期存款部分和其他货币资金总额。本项目根据"库存现金""银行存款——活期存款"明细科目的期末余额借方合计数填列。

② "拆出资金"项目，反映公司拆借给境内、境外其他金融机构的款项。本项目根据"拆出资金"科目的期末余额填列。

③ "交易性金融资产"项目，反映公司持有的以公允价值计量且其变动计入当期损益的为交易目的所持有的债券投资、股票投资、基金投资、权证投资等金融资产。本项目根据"交易性金融资产"科目的期末余额填列。

④ "衍生金融资产"项目，反映公司衍生金融工具业务中的衍生金融工具的公允价值及其变动形成的衍生资产。本项目根据"衍生工具""套期工具""被套期项目"科目的期末借方余额填列。

⑤ "买入返售金融资产"项目，反映公司按返售协议的约定先买入再按固定价格返售给卖出方的票据、证券、贷款等金融资产所融出的资产。本项目根据"买入返售金融资产"科目的期末余额填列。

⑥ "应收利息"项目，反映公司交易性金融资产、持有至到期投资、可供出售金融资产、发放贷款、拆出资金、买入返售金融资产等应收取的利息。本项目根据"应收利息"科目的期末余额减去"坏账准备——应收利息"明细科目的期末余额填列。

⑦ "应收保费"项目，反映公司原保险合同约定应向投保人收取但尚未收到

的保险费。本项目根据"应收保费"科目的期末余额减去"坏账准备——应收保费"明细科目的期末余额填列。

⑧"应收代位追偿款"项目,反映公司按照原保险合同约定承担赔付保险金责任后确认的代位追偿款。本项目根据"应收代位追偿款"科目的期末余额减去"坏账准备——应收代位追偿款"明细科目的期末余额填列。

⑨"应收分保账款"项目,反映公司从事再保险业务应收取的款项。本项目应根据"应收分保账款"科目的期末余额减去"坏账准备——应收分保账款"明细科目的期末余额填列。

⑩"应收分保未到期责任准备金"项目,反映再保险分出人从事再保险业务确认的应收分保未到期责任准备金。本项目根据"应收分保合同准备金——应收分保未到期责任准备金"明细科目的期末余额减去"坏账准备——应收分保未到期责任准备金"明细科目的期末余额填列。

⑪"应收分保未决赔款准备金"项目,反映再保险分出人从事再保险业务应向再保险接受人摊回的未决赔款准备金。本项目根据"应收分保合同准备金——应收分保未决赔款准备金"明细科目的期末余额减去"坏账准备——应收分保未决赔款准备金"明细科目的期末余额填列。

⑫"应收分保寿险责任准备金"项目,反映再保险分出人从事再保险业务应向再保险接受人摊回的寿险责任准备金。本项目根据"应收分保合同准备金——应收分保寿险责任准备金"明细科目的期末余额减去"坏账准备——应收分保寿险责任准备金"明细科目的期末余额填列。

⑬"应收分保长期健康险责任准备金"项目,反映再保险分出人从事再保险业务应向再保险接受人摊回的长期健康险责任准备金。本项目根据"应收分保合同准备金——应收分保长期健康险责任准备金"明细科目的期末余额减去"坏账准备——应收分保长期健康险责任准备金"明细科目的期末余额填列。

⑭"保户质押贷款"项目,反映公司按规定向保户提供的贷款。本项目根据"保户质押贷款"科目的期末余额减去"贷款损失准备"科目余额后的净额填列。

⑮"定期存款"项目,反映公司银行存款中三个月以上定期存款部分。本项目根据"银行存款——定期存款"明细科目的期末余额填列。

⑯"可供出售金融资产"项目,反映公司持有的供出售金融资产的公允价值。本项目根据"可供出售金融资产"科目的期末余额填列。

⑰"持有至到期投资"项目,反映公司已表明有意且有能力持有至到期日的定期债券投资的摊余成本。本项目根据"持有至到期投资"科目的期末余额,减去"持有至到期投资减值准备"科目期末余额后的金额填列。

⑱"长期股权投资"项目,反映企业持有的对子公司、联营企业和合营企业

的长期股权投资。本项目根据"长期股权投资"科目的期末余额,减去"长期股权投资减值准备"科目期末余额后的金额填列。

⑲ "存出资本保证金"项目,反映公司按规定比例缴存的资本保证金。本项目根据"存出资本保证金"科目的期末余额填列。

⑳ "投资性房地产"项目,反映公司为赚取租金或资本增值,或两者兼有而持有的房地产的成本。本项目根据"投资性房地产"科目的期末余额,减去"投资性房地产累计折旧(摊销)"和"投资性房地产减值准备"科目期末余额后的金额填列。

㉑ "固定资产"项目,反映公司各种固定资产原价减去累计折旧和累计减值准备后的净额再加上固定资产清理的价值。本项目根据"固定资产"科目的期末余额,减去"累计折旧"和"固定资产减值准备"科目期末余额后的金额,以及"固定资产清理"科目期末余额的合计数填列。

㉒ "无形资产"项目,反映公司持有的无形资产,包括专利权、非专利技术、商标权、著作权、土地使用权等。本项目根据"无形资产"科目的期末余额减去"累计摊销"和"无形资产减值准备"科目的期末余额后的金额填列。

㉓ "独立账户资产"项目,反映公司对分拆核算的投资连结产品不属于风险保障部分确认的独立账户资产价值。本项目根据"独立账户资产"科目的期末余额填列。

㉔ "递延所得税资产"项目,反映公司确认的可抵扣暂时性差异产生的递延所得税资产。本项目根据"递延所得税资产"科目的期末余额填列。

㉕ "其他资产"项目,反映公司"应收股利""预付赔付款""存出保证金""存出准备金""其他应收款""低值易耗品""在建工程""长期待摊费用""抵债资产""损余物资""垫缴保费""预付分出保费""代付赔付款""托收票据""应收票据"等项目的内容。本项目根据"应收股利""预付赔付款""存出保证金""存出准备金""其他应收款""低值易耗品""在建工程""长期待摊费用""抵债资产""损余物资""垫缴保费""预付分出保费""代付赔付款""托收票据""应收票据"等科目的期末余额,减去"坏账准备"科目中有关应收款计提的坏账准备期末余额,以及"在建工程减值准备""抵债资产跌价准备""损余物资跌价准备""低值易耗品跌价准备"期末余额后的金额填列。

(2) 负债类项目的填列说明。

① "短期借款"项目,反映公司向银行或其他金融机构等借入的期限在一年以下(含一年)的各种借款。本项目根据"短期借款"科目的期末余额填列。

② "拆入资金"项目,反映公司从境内、境外金融机构拆入的款项。本项目根据"拆入资金"科目的期末余额填列。

③ "交易性金融负债"项目,反映公司持有的以公允价值计量且其变动计入当期损益的金融负债和直接指定为以公允价值计量且其变动计入当期损益的金

融负债。本项目根据"交易性金融负债"科目的期末余额填列。

④"衍生金融负债"项目,反映公司衍生金融工具业务中的衍生金融工具的公允价值及其变动形成的衍生负债。本项目根据"衍生工具""套期工具""被套期项目"科目的期末贷方余额填列。

⑤"卖出回购金融资产款"项目,反映公司按回购协议先卖出再按固定价格买入票据、证券、贷款等金融资产所融入的资金。本项目根据"卖出回购金融资产款"科目的期末余额填列。

⑥"预收保费"项目,反映公司收到未满足保费收入确认条件的保险费。本项目根据"预收保费"科目的期末余额填列。如"预收保费"科目所属明细科目期末有借方余额的,应在资产负债表"应收保费"项目内填列。

⑦"应付手续费及佣金"项目,反映公司应支付但尚未支付的应付手续费及佣金。本项目根据"应付手续费及佣金"科目的期末余额填列。

⑧"应付分保账款"项目,反映公司从事再保险业务应付未付的款项。本项目根据"应付分保账款"科目的期末余额填列。

⑨"应付职工薪酬"项目,反映公司根据有关规定应付给职工的工资、职工福利、社会保险费、住房公积金、工会经费、职工教育经费、短期带薪缺勤、短期利润分享计划、非货币性福利、离职福利、辞退福利等各种薪酬。外商投资公司按规定从净利润中提取的职工奖励及福利基金,也在本项目列示。本项目根据"应付职工薪酬"科目的期末余额填列。

⑩"应交税费"项目,反映公司按照税法规定计算应交纳的各种税费,包括增值税、所得税、土地增值税、城市维护建设税、房产税、土地使用税、车船使用税、教育费附加等。公司代扣代交的个人所得税和个人增值税及附加等,也通过本项目列示。公司所交纳的税金不需要预计应交数的,如印花税等,不在本项目列示。本项目根据"应交税费"科目的期末贷方余额填列。该科目期末如为借方余额,以"一"号表示。

⑪"应付赔付款"项目,反映公司应付但未付给保户的赔付款。本项目根据"应付赔付款"科目的期末余额填列。

⑫"应付保单红利"项目,反映公司按原保险合同约定应付但未付给投保人的红利。本项目根据"应付保单红利"科目的期末余额填列。

⑬"保户储金及投资款"项目,反映公司以储金本金增值作为保费收入的保险业务收到保户缴存的储金以及投资型保险业务的投资本金。本项目根据"保户储金"科目及"保户投资款"科目的期末余额填列。

⑭"未到期责任准备金"项目,反映公司提取的非寿险原保险合同未到期责任准备金。本项目根据"未到期责任准备金"科目的期末余额填列。

⑮"未决赔款准备金"项目,反映公司提取的原保险合同未决赔款准备金。本项目根据"保险责任准备金——未决赔款准备金"明细科目的期末余额填列。

⑯"寿险责任准备金"项目,反映公司提取的原保险合同寿险责任准备金。本项目根据"保险责任准备金——寿险责任准备金"明细科目的期末余额填列。

⑰"长期健康险责任准备金"项目,反映公司提取的原保险合同长期健康险责任准备金。本项目根据"保险责任准备金——长期健康险责任准备金"明细科目的期末余额填列。

⑱"保费准备金"项目,反映公司农业保险业务提取的保费准备金。本项目根据"保费准备金"科目的期末余额填列。

⑲"长期借款"项目,反映公司向银行或其他金融机构借入的期限在一年以上(不含一年)的各项借款。本项目根据"长期借款"科目的期末余额填列。

⑳"应付债券"项目,反映公司为筹集长期资金而发行的债券本金和利息。本项目根据"应付债券"科目的期末余额填列。

㉑"独立账户负债"项目,反映公司对分拆核算的投资连结产品不属于风险保障部分确认的独立账户资产负债。本项目根据"独立账户负债"科目的期末余额填列。

㉒"递延所得税负债"项目,反映公司确认的应纳税暂时性差异产生的所得税负债。本项目根据"递延所得税负债"科目的期末余额填列。

㉓"其他负债"项目,反映公司"应付股利""应付利息""其他应付款""预收赔付款""存入保证金""暂收保费""应付保费""代理业务负债""未确认融资费用""预计负债""长期应付款""一年内到期的长期负债"等项目的内容。本项目根据"应付股利""应付利息""其他应付款""预收赔付款""存入保证金""暂收保费""应付保费""代理业务负债""未确认融资费用""预计负债""长期应付款"等科目的期末余额减去将于一年内(含一年)到期偿还后的余额填列。

(3) 所有者权益项目的填列说明。

①"实收资本(或股本)"项目,反映公司各投资者实际投入的资本(或股本)总额。本项目根据"实收资本(或股本)"科目的期末余额填列。

②"其他权益工具"项目,反映公司发行的除普通股以外分类为权益工具的金融工具的账面价值。本项目根据"其他权益工具"科目的期末余额填列。

③"资本公积"项目,反映公司收到投资者出资额超出其在注册资本或股本中所占的份额以及直接计入所有者权益的利得或损失。本项目应根据"资本公积"科目的期末余额填列。

④"其他综合收益"项目,反映公司根据企业会计准则规定未在损益中确认的各项利得和损失。包括可供出售金融资产公允价值的变动,可供出售外币非货币性项目的汇兑差额,权益法下被投资单位其他所有者权益变动形成的利得

和损失,存货或自用房地产转换为采用公允价值模式计量的投资性房地产形成的利得和损失,金融资产的重分类形成的利得和损失,现金流量套期工具产生的利得和损失中属于有效套期部分,外币财务报表折算差额。本项目应根据"其他综合收益"科目的期末余额填列。

⑤"盈余公积"项目,反映公司从净利润提取的盈余公积。本项目根据"盈余公积"科目的期末余额填列。

⑥"一般风险准备"项目,反映公司从净利润提取的一般风险准备金。本项目根据"一般风险准备"科目的期末余额填列。

⑦"大灾风险利润准备"项目,反映公司从净利润提取的大灾风险利润准备金。本项目根据"大灾风险利润准备"科目的期末余额填列。

⑧"未分配利润"项目,反映公司尚未分配的利润。本项目根据"本年利润"和"利润分配"科目的期末余额分析填列,未弥补亏损在本项目中以"－"号表示。

⑨"库存股"项目,反映公司收购的尚未转让或注销的本公司股份金额。本项目根据"库存股"科目的期末余额填列。

第三节　利　润　表

一、利润表的概念及其作用

利润表(profit statement)是反映公司在一定期间经营成果的会计报表。它是根据"收入－费用＝利润"的平衡公式,按一定标准和顺序将一定期间的收入、费用和利润等各项具体会计要素适当排列而成。从利润表上,可以反映出一个公司的经营成果,它说明公司经营过程和盈亏原因,可以说它是报告公司盈亏的成绩单。利润表报告了一个公司一段时期的经营成果,是一张时期报表即动态报表。不同时期的报表是可以叠加的,即去年和今年的利润表可以叠加起来,计算出两年的利润总和。

通过利润表,可以反映以下财务信息。

(1) 反映公司的收益能力,为公司分配经营成果提供了重要依据。利润表反映了公司经营成果的形成及经营成果各组成部分的具体数额,因而利润表在公司利润分配中起着重要的作用,特别是利润表中的数据直接影响到相关集团的利益,如国家的税收收入、管理人员的奖金、职工的工资、股东的股利,等等。在公司利润分配的实践中,无论是提取盈余公积,还是制定股利分配政策,都必须以利润表为重要依据。

(2) 反映公司财务成果及构成情况,据以评价经营活动的绩效。利润表中的各项数据,实际上体现了公司在经营、融资、投资等活动中的管理效率,是对公司经营绩效的反映。对利润表的分析,可以反映公司是否实现了财务成果目标。

(3) 反映公司经营成果和获利能力,为有关各方提供决策的依据。利润表提供了主营业务收入与成本费用配比状态以及利润水平,为投资者分析资本的获利能力,为债权人分析投入资金的安全性,为经营管理者评价公司收益性提供数据,通过分析公司主营业务经营状况以及进一步分析财务成果形成的原因,可据以作出合理的经营决策。经理人员可以通过分析利润表,了解公司各项收入、成本、费用与利润之间的消长趋势,发现公司在经营活动的各个环节中所存在的问题,找出差距,采取相应的改善措施,以作出合理的经营决策。

(4) 可以预测公司未来的现金流量,反映公司的偿付能力。利润表本身不能直接提供有关偿付能力的数据,这些数据主要是由资产负债表提供的,但是,会计报表使用者可以根据公司提供的利润表,通过比较和分析同一公司在不同时期或不同公司在同一时期利润表信息,了解公司利润增长的规模和趋势,预测公司未来现金流量的时间、数额、不确定性,间接地解释、评价和预测公司的偿付能力,尤其是长期偿付能力,进而作出合理的经济决策。

(5) 为政府管制提供信息。例如,证券监管部门在核准公司是否具备发行股票或债券的资格时,需要考虑该公司是否连续三年盈利;公司在确定股票发行价格时,需要考虑其前三年的每股收益水平;上市公司如果"最近三年连续亏损",将由国务院证券管理部门决定暂停其股票上市,等等。另外,利润表是保险公司依法交纳所得税的主要依据。

二、利润表的格式和结构

利润表分单步式和多步式两种结构。

1. 单步式利润表

单步式利润表(single-step profit statement)将所有的收入及所有的费用和支出分别汇总,两者相抵得出本期净利润。

单步式利润表在计算利润时只有一个步骤,结构简单,但不能反映利润的构成情况,不能向报表使用者提供较为详细的分类信息,在进行比较分析时不是十分方便。

2. 多步式利润表

目前保险公司采用多步式利润表(multiple-step profit statement)。多步式利润表是根据收入和费用相互配比的原则,按照利润的构成因素分为营业利润、利润总额、净利润、综合收益总额、每股收益,按性质加以归类,按利润形成的主要环节列示一些中间性利润指标,分步计算当期损益。

多步式利润表的具体格式,见表13-2所示。

表 13-2 利 润 表

编制单位: 　　　　　年　月 单位:元

项 目	本 期 金 额	上 期 金 额
一、营业收入		
已赚保费		
保险业务收入		
其中:分保费收入		
减:分出保费		
提取未到期责任准备金		
投资收益(损失以"—"号填列)		
其中:对联营企业和合营企业的投资收益		
公允价值变动收益(损失以"—"号填列)		
汇兑收益(损失以"—"号填列)		
资产处置损益(损失以"—"号填列)		
其他业务收入		
二、营业支出		
退保金		
赔付支出		
减:摊回赔付支出		
提取保险责任准备金		
减:摊回保险责任准备金		
提取保费准备金		
保单红利支出		
分保费用		
税金及附加		
手续费及佣金支出		
业务及管理费		

项　　　目	本 期 金 额	上 期 金 额
减：摊回分保费用		
其他业务成本		
资产减值损失		
三、营业利润(亏损以"—"号填列)		
加：营业外收入		
减：营业外支出		
四、利润总额(亏损总额以"—"号填列)		
减：所得税费用		
五、净利润(净亏损以"—"号填列)		
六、其他综合收益的税后净额		
(一)以后不能重分类进损益的其他综合收益		
(二)以后将重分类进损益的其他综合收益		
七、综合收益总额		
八、每股收益		
(一)基本每股收益		
(二)稀释每股收益		

　　多步式利润表能够清晰地反映各类收入和成本费用项目之间的内在联系，可提供比单步式利润表更详细的信息，有助于分析和比较各个项目的增减变动对利润的影响。但多步式利润表较难理解，似乎费用和收入的配比有先后顺序，层次分明，而这实际上属于人为的假设，并无事实上的根据。

三、利润表的编制方法

1. 上期金额栏的填列方法

　　利润表中"上期金额"栏内各项数字，应根据上年该期利润表"本期金额"栏内所列数字填列。如果上年该期利润表规定的各个项目名称和内容同本期不相一致，应对上年该期利润表规定的各个项目名称和数字按本期的规定进行调整，填入利润表"上期金额"栏内。

2. 本期金额栏的填列方法

利润表中"本期金额"栏内各项数字反映各项目的本期实际发生数,一般应根据损益类科目的发生额分析填列。各项目的内容和填列方法如下。

(1)"已赚保费"项目,反映公司本期可以用于当期赔付支出的保费收入。本项目根据"保险业务收入",减去"分出保费"和"提取未到期责任准备金"项目金额后的金额填列。

(2)"保险业务收入"项目,反映公司保险人因原保险合同和再保险合同实现的保费收入和分保费收入。本项目应根据"保费收入"科目发生额分析填列。

(3)"分出保费"项目,反映再保险分出人向再保险接受人分出的保费。本项目根据"分出保费"科目发生额分析填列。

(4)"提取未到期责任准备金"项目,反映公司提取的非寿险原保险合同未到期责任准备金和再保险合同分保未到期责任准备金。本项目应根据"提取未到期责任准备金"科目发生额分析填列。

(5)"投资收益"项目,反映公司以各种方式对外投资所取得的收益或损失,包括公司根据投资性房地产准则确认的采用公允价值计量模式计量的投资性房地产的租金收入和处置损益,处置交易性金融资产、交易性金融负债、可供出售金融资产实现的损益,以及持有至到期投资和买入返售金融资产在持有期间取得的投资收益和处置损益。定期存款的利息收入也在此列报。本项目应根据"投资收益"科目和"利息收入——定期存款"发生额分析填列。如为投资损失,本项目以"—"号填列。

(6)"公允价值变动收益"项目,反映公司在初始确认时划分为以公允价值计量且其变动应当计入当期损益的金融资产或金融负债(包括交易性金融资产或负债和直接指定以公允价值计量且其变动应当计入当期损益的金融资产或金融负债),以及采用公允价值计量模式计量的投资性房地产、衍生工具和套期业务中公允价值变动形成的应计入当期损益的利得或损失。本项目应根据"公允价值变动损益"科目的发生额分析填列,如为净损失,本项目以"—"号填列。

(7)"汇兑收益"项目,反映公司外币货币性项目因汇率变动而形成的收益或损失。本项目应根据"汇兑损益"科目发生额分析填列。如为汇兑损失,本项目以"—"号填列。

(8)"资产处置损益"项目,反映公司固定资产、无形资产等因出售、转让等原因产生的处置利得或损失。本项目应根据"资产处置损益"科目发生额分析填列。如为资产处置损失,本项目以"—"号填列。

(9)"其他业务收入"项目,反映公司确认的与经常性活动相关的其他活动收入和利息收入。第三方管理的收入也在此列报。定期存款的利息收入不在此列报。本项目应根据"利息收入""其他业务收入"等科目发生额分析填列。

（10）"退保金"项目，反映寿险原保险合同提前解除时按照约定应当退还给投保人的保单现金价值。本项目应根据"退保金"科目发生额分析填列。

（11）"赔付支出"项目，反映公司支付的原保险合同和再保险合同赔付款项。本项目应根据"赔付支出"科目发生额分析填列。

（12）"摊回赔付支出"项目，反映再保险分出人向再保险接受人摊回的赔付成本。本项目应根据"摊回赔付支出"科目发生额分析填列。

（13）"提取保险责任准备金"项目，反映公司提取的原保险合同保险责任准备金，包括提取的未决赔款准备金、寿险责任准备金、长期健康险责任准备金。本项目应根据"提取保险责任准备金"科目发生额分析填列。

（14）"摊回保险责任准备金"项目，反映公司从事再保险业务应向再保险接受人摊回的保险责任准备金，包括未决赔款准备金、寿险责任准备金、长期健康险责任准备金。本项目应根据"摊回保险责任准备金"科目发生额分析填列。

（15）"提取保费准备金"项目，反映公司农业保险业务按规定提取的保费准备金。本项目应根据"提取保费准备金"科目发生额分析填列。

（16）"保单红利支出"项目，反映公司按原保险合同约定支付给投保人的红利。本项目应根据"保单红利支出"科目发生额分析填列。

（17）"分保费用"项目，反映再保险接受人向再保险分出人支付的分保费用。本项目应根据"分保费用"科目发生额分析填列。

（18）"税金及附加"项目，反映公司经营活动发生的城市维护建设税和教育费附加等相关税费。本项目应根据"税金及附加"科目发生额分析填列。

（19）"手续费及佣金支出"项目，反映公司发生的与经营活动相关的各项手续费、佣金等支出。本项目应根据"手续费及佣金支出"科目发生额分析填列。

（20）"业务及管理费"项目，反映公司在业务经营及管理过程中所发生的各项费用，包括提取的保险保障基金。本项目应根据"业务及管理费"科目发生额分析填列。

（21）"摊回分保费用"项目，反映再保险分出人向再保险接受人摊回的分保费用。本项目应根据"摊回分保费用"科目发生额分析填列。

（22）"其他业务成本"项目，反映公司确认的与经常性活动相关的其他活动支出和利息支出。本项目应根据"利息支出""其他业务成本"等科目发生额分析填列。

（23）"资产减值损失"项目，反映公司计提各项资产减值准备所形成的损失。本项目应根据"资产减值损失"科目发生额分析填列。

（24）"营业外收入"项目，反映公司发生的与其经营活动无直接关系的各项净收入。本项目应根据"营业外收入"科目发生额分析填列。

（25）"营业外支出"项目，反映公司发生的与其经营活动无直接关系的各项净支出。本项目应根据"营业外支出"科目发生额分析填列。

（26）"所得税费用"项目，反映公司应从当期利润总额中扣除的所得税费用。本项目应根据"所得税费用"科目发生额分析填列。

（27）"其他综合收益的税后净额"项目，反映公司根据企业会计准则规定未在损益中确认的各项利得和损失扣除所得税影响后的净额。本项目应根据"其他综合收益""所得税费用"科目发生额分析填列。

（28）"以后不能重分类进损益的其他综合收益"项目，反映公司重新计量设定受益计划净负债或净资产的变动、权益法下在被投资单位不能重分类进损益的其他综合收益中享有的份额等。本项目应根据"其他综合收益""所得税费用"科目相关明细科目发生额分析填列。

（29）"以后将重分类进损益的其他综合收益"项目，反映公司权益法下在被投资单位以后将重分类进损益的其他综合收益中享有的份额、可供出售金融资产公允价值变动损益、持有至到期投资重分类为可供出售金融资产损益、现金流量套期损益的有效部分、外币财务报表折算差额等。本项目应根据"其他综合收益""所得税费用"科目相关明细科目发生额分析填列。

（30）"基本/稀释每股收益"项目，适用于普通股或潜在普通股已公开交易的公司，以及正处于公开发行普通股或潜在普通股过程中的公司。

第四节　现金流量表

一、现金流量表的概念和作用

现金流量表（cash flow statement）是反映公司会计期间内经营活动、投资活动和筹资活动等对现金及现金等价物产生影响的会计报表。虽然资产负债表反映了公司某一时点的资产、负债和所有者权益的总量和结构，但它没有说明其资产、负债和所有者权益发生变化的原因。利润表能够反映公司一定时期的经营规模和成果，说明其利润的健康状况，但它却不能保证公司有继续经营所需的现金。因此，仅仅编制资产负债表和利润表是不够的。现金流量表作为现行会计报表体系中三张基本报表之一的动态报表，它的主要特点和作用有以下四方面。

1. 以"现金"为编制基础，能够直观、确切地反映公司的支付能力

现金流量表以"现金"作为资金概念，能通过现金的流量变动直观而确切地

反映保险公司的支付能力。这里的"现金"是指广义的，包括现金及现金等价物。现金是指公司库存现金以及可以随时用于支付的存款。现金等价物也称为约当现金，是指公司持有的期限短、流动性强、易于转换为已知金额现金、价值变动风险很小的投资。一般是指可在证券市场上流通的三个月内到期的证券投资项目，如短期企业债券和股票等。比如，保险公司于 2007 年 12 月 1 日购入 2005 年 1 月 1 日发行的期限为三年的国债，购买时还有一个月到期，则这项国债可视为现金等价物。

2. 以收付实现制为编制原则，能够客观、真实地反映公司的财务状况

现金流量表是按收付实现制原则编制的，它以款项是否收付即"实收实付"来确认收入和费用的归属期。只对当期的现金收入和现金支出进行确认，有可靠的原始凭证，受主观因素影响程度较小，能客观而真实地反映保险公司的财务状况。

3. 按经营活动现金净流量、投资活动现金净流量、筹资活动现金净流量等分段编制，能够客观地分类反映公司各项经济活动对公司现金流量净额的影响程度

通常，按照保险公司经营业务发生的性质，将保险公司一定期间内产生的现金流量分为经营活动产生的现金流量、投资活动产生的现金流量和筹资活动产生的现金流量三类。

（1）经营活动产生的现金流量。经营活动是指公司投资活动和筹资活动以外的所有交易和事项。保险公司经营活动产生的现金流入项目主要有：收到的现金保费、分保业务收到现金、收到保户储金。经营活动产生的现金流出项目有：现金支付赔款或给付、返还保户储金、现金支付手续费、佣金、保单红利、支付职工的现金、支付税费等。通过对经营活动产生的现金流量的分析，可以判断公司从其主要业务活动中获取现金的能力，说明经营活动对现金流入和流出净额的影响程度。

（2）投资活动产生的现金流量。投资活动是指公司长期资产的购建和不包括在现金等价物范围内的投资、贷款及处置活动，包括实物资产投资、金融资产投资。保险公司投资活动产生的现金流入项目主要有：收回投资、收回贷款、取得债券利息、取得贷款利息、处置固定资产、无形资产所收到现金等。投资活动产生的现金流出项目有：购置固定资产和无形资产、债券投资、发放贷款等。对投资活动产生的现金流量的分析，可以了解保险公司通过投资活动获取现金流量的能力，以及投资产生的现金流量对公司现金流量净额的影响程度。

（3）筹资活动产生的现金流量。筹资活动是指导致公司资本及债务规模、构成发生变化的活动。这里的资本指实收资本、资本溢价。这里的债务指对外举债，包括银行借款、拆入资金。保险公司筹资活动产生的现金流入项目主要有：吸收权益性投资、借款、拆入资金等。筹资活动现金流出项目有：偿还债务、分配利润、偿付利息等。通过对筹资活动产生现金流量的分析可以看出保险公司筹资能力，以及筹资产生的现金流量对公司现金流量净额的影响程度。

对于不涉及现金变动的投资和筹资活动（如接受固定资产投资、以对外投资偿还债务、债务转为股本、融资租入固定资产等），虽然不影响本期现金的变动，但可能会对未来现金流量产生影响，甚至是重大影响，所以，对这类业务在现金流量表中予以反映。通常有两种表达方式：① 单独编制现金流量表的附表来揭示；② 单独以附注方式来揭示。

4. 提供某一会计期间现金流量信息，能够及时、准确地衡量公司的偿付能力和支付股利的能力

现金流量表是说明某一段时期公司现金流入和现金流出情况的报表，并能够准确地提供现金流入和现金流出的缘由，即现金从哪里来，又流到哪里去。在正常经营情况下，现金净流量数额越大，则说明公司支付能力越强。对于保险公司的投资者和债权人来说，保险公司现金流量信息与他们的经济利益有着密切的关系，因为现金资产项目是决定一个公司支付能力大小及其变化的关键，公司的现金净流量越多，资金的流动性和应变能力就越大，其偿付能力和支付股利的能力就越强。

对于保险公司来说，其经营活动表现为现金的收付，现金是保险公司资金循环的起点和终点。保险经营作为一种负债经营，它的首要任务就是要确保足够的现金来满足偿付能力的需要，因此，现金是保险公司生存和发展的重要物质基础，如果保险公司没有现金流就无法经营下去，现金流量在保险公司具有重要地位。具体来看，现金流量表可以提供以下几个方面的信息。

（1）提供公司在一定时期内因经营活动而发生的现金收入来源和支出去向的信息，借以预测公司在未来期间产生现金流量的能力；

（2）反映公司现金增减变动的原因，分析在一定时期公司所产生的现金能否足够偿还债务和其他需要现金的预算支出，判断和衡量公司偿还债务的能力和支付股利的能力；

（3）反映公司净利润与经营活动所产生现金流量的差异及原因，确定公司的收益质量；

（4）提供了公司重要理财活动的信息数据，分析公司投资活动和筹资活动对财务状况的影响，有助于财务信息使用者设计决策模型以评价和比较不同未来现金流量的价值以及投资的风险。

二、保险公司现金流量表的结构和格式

1. 现金流量正表

现金流量正表(见表 13 - 3)是现金流量表的主体,公司一定会计期间现金流量的信息主要由正表提供。正表采用报告式的结构,按照现金流量的性质,依次分类反映经营活动产生的现金流量、投资活动产生的现金流量和筹资活动产生的现金流量,最后汇总反映公司现金及现金等价物净增加额。在有外币现金流量及境外子公司的现金流量折算为人民币的公司,正表中还应单设"汇率变动对现金及现金等价物的影响"项目,以反映公司外币现金流量及境外子公司的现金流量折算为人民币时所采用的现金流量发生日的汇率或平均汇率折算的人民币金额与"现金及现金等价物净增加额"中外币现金净增加额按期末汇率折算的人民币金额之间的差额。

表 13 - 3 现金流量表

编制单位:　　　　　　　　　　年　月　　　　　　　　　单位:元

项　　　　目	本 期 金 额	上 期 金 额
一、经营活动产生的现金流量:		
收到原保险合同保费取得的现金		
收到再保险业务现金净额		
保户储金及投资款净增加额		
收到其他与经营活动有关的现金		
经营活动现金流入小计		
支付原保险合同赔付款项的现金		
支付手续费及佣金的现金		
支付保单红利的现金		
支付给职工以及为职工支付的现金		
支付的各项税费		
支付其他与经营活动有关的现金		
经营活动现金流出小计		

续　表

项　　　　目	本 期 金 额	上 期 金 额
经营活动产生的现金流量净额		
二、投资活动产生的现金流量：		
收回投资收到的现金		
取得投资收益收到的现金		
收到其他与投资活动有关的现金		
投资活动现金流入小计		
投资支付的现金		
质押贷款净增加额		
购置固定资产、无形资产和其他长期资产支付的现金		
支付其他与投资活动有关的现金		
投资活动现金流出小计		
投资活动产生的现金流量净额		
三、筹资活动产生的现金流量：		
吸收投资所收到的现金		
发行债券收到的现金		
收到其他与筹资活动有关的现金		
筹资活动现金流入小计		
偿还债务支付的现金		
分配股利、利润或偿付利息支付的现金		
支付其他与筹资活动有关的现金		
筹资活动现金流出小计		
筹资活动产生的现金流量净额		

续　表

项　　　目	本　期　金　额	上　期　金　额
四、汇率变动对现金及现金等价物的影响		
五、现金及现金等价物净增加额		
加：期初现金及现金等价物余额		
六、期末现金及现金等价物余额		

2. 现金流量表补充资料

现金流量表补充资料(见表13-4)包括三部分。

(1) 将净利润调节为经营活动现金流量(即按间接法编制的经营活动现金流量)。

(2) 不涉及现金收支的重大投资和筹资活动。

(3) 现金及现金等价物净变动情况。

表 13-4　现金流量表补充资料

补　充　资　料	本　期　金　额	上　期　金　额
1. 将净利润调节为经营活动现金流量:		
净利润		
加：资产减值准备		
提取未到期责任准备金		
提取保险责任准备金		
提取保费准备金		
固定资产折旧		
无形资产摊销		
长期待摊费用摊销		
处置固定资产、无形资产和其他长期资产的损失(收益以"－"号填列)		
固定资产报废损失(收益以"－"号填列)		

续　表

补　充　资　料	本 期 金 额	上 期 金 额
公允价值变动损失(收益以"－"号填列)		
利息支出(收入以"－"号填列)		
投资损失(收益以"－"号填列)		
递延所得税资产减少(增加以"－"号填列)		
递延所得税负债增加(减少以"－"号填列)		
存货的减少(增加以"－"号填列)		
经营性应收项目的减少(增加以"－"号填列)		
经营性应付项目的增加(减少以"－"号填列)		
其他		
经营活动产生的现金流量净额		
2. 不涉及现金收支的重大投资和筹资活动:		
债务转为资本		
一年内到期的可转换公司债券		
融资租入固定资产		
3. 现金及现金等价物净变动情况:		
现金的期末余额		
减: 现金的期初余额		
加: 现金等价物的期末余额		
减: 现金等价物的期初余额		
现金及现金等价物净增加额		

三、保险公司现金流量表的编制方法

现金流量表的编制方法有两种：直接法和间接法。两者的区别在于经营活动现金净流量计算不同。

1. 直接法

直接法(direct method)是指直接用经营活动现金流入减去经营活动现金流出来计算经营活动现金净流量。采用直接法报告经营活动的现金流量时，有关现金流入与流出的信息可从会计记录中直接获得。

现金流量表"本期金额"栏反映各项目的本期实际发生数，"上期金额"栏填列各项目上年全年同期累计实际发生数。

(1) 经营活动产生的现金流量。

① "收到原保险合同保费取得的现金"项目，反映公司原保险合同实际收取的现金保费，包括本期收到的现金保费收入、本期收到的前期应收保费和本期预收的保费，扣除本期发生退保费支付的现金。本项目可以根据"库存现金""银行存款""应收保费""预收保费""保费收入"等科目的记录分析填列。

② "收到再保险业务现金净额"项目，反映公司再保险业务实际收到的现金净额，包括本期收到的现金分保费收入、本期收到的前期分保业务往来和本期预收的分保赔款，以及摊回的分保赔付款和费用、以现金支付的分出保费、以现金支付的分保赔款和费用等。本项目可以根据"库存现金""银行存款""应收分保账款""应付分保账款""预收赔付款""保费收入""摊回赔付支出""摊回分保费用""分出保费""赔付支出""分保费用""预付分出保费""预付赔付款"等科目的记录分析填列。

③ "保户储金及投资款净增加额"项目，反映公司以储金本金增值作为保费收入的保险业务以及投资型保险业务现金净增加额。本项目可以根据"库存现金""银行存款""保户储金""保户投资款"等科目的期末余额和期初余额记录分析填列。

④ "收到其他与经营活动有关的现金"项目，反映公司除了上述各项目外，收到的其他与经营活动有关的现金，如其他业务收入、捐赠的现金收入、罚款收入、存入保证金等。本项目可以根据"库存现金""银行存款""其他业务收入""营业外收入""其他应付款""存入保证金"等科目的记录分析填列。

⑤ "支付原保险合同赔付款项的现金"项目，反映公司以现金支付和预付给被保险人的赔付款及退保金。本项目根据"库存现金""银行存款""赔付支出""退保金""预付赔付款"等科目的记录分析填列。

⑥ "支付手续费及佣金的现金"项目，反映公司以现金支付给保险代理人和

营销人员的手续费及佣金。本项目可以根据"库存现金""银行存款""应付手续费及佣金""手续费及佣金支出"等科目的记录分析填列。

⑦"支付保单红利的现金"项目，反映公司按合同约定以现金支付的保单红利。本项目可以根据"库存现金""银行存款""应付保单红利""保单红利支出"等科目的记录分析填列。

⑧"支付给职工以及为职工支付的现金"项目，反映公司实际支付给职工，以及为职工支付的现金，包括本期实际支付给职工的工资、奖金、各种津贴和补贴等，以及为职工支付的其他费用。公司代扣代缴的职工个人的所得税也在本项目反映。本项目不包括支付给离退休人员的各项费用及支付给在建工程人员的工资及其他费用。公司支付给离退休人员的各项费用（包括支付的统筹退休金以及未参加统筹的退休人员的费用），在"支付的其他与经营活动有关的现金"项目中反映；支付给在建工程人员的工资及其他费用，在"购建固定资产、无形资产和其他长期资产所支付的现金"项目反映。本项目可以根据"应付职工薪酬""库存现金""银行存款""业务及管理费"等记录分析填列。

⑨"支付的各项税费"项目，反映公司按规定支付的各种税费，包括公司本期发生并支付的税费，以及本期支付以前各期发生的税费和本期预交的税费。包括所得税、增值税、印花税、房产税、土地使用税、车船使用税、城市维护建设税、教育费附加等，但不包括计入固定资产价值的实际支付的耕地占用税。本项目可以根据"应交税费""库存现金""银行存款""所得税费用""营业税金及附加""业务及管理费"等记录分析填列。

⑩"支付其他与经营活动有关的现金"项目，反映公司除上述各项目外所支付的其他与经营活动有关的现金流出，如经营租赁支付的租金、罚款支出、支付的差旅费和业务招待费等业务及管理费现金支出、其他业务支出、捐赠的现金支出、购买低值易耗品支出、存出资本保证金等。若其他与经营活动有关的现金流出金额较大，应单列项目反映。本项目可以根据"库存现金""银行存款""其他应收款""业务及管理费""其他业务成本""营业外支出""低值易耗品""存出资本保证金"等有关科目的记录分析填列。

（2）投资活动产生的现金流量。

①"收回投资所收到的现金"项目，反映公司出售、转让或到期收回除现金等价物以外的对其他企业的权益工具、债务工具和合营中的权益等投资而收到的现金。收回债务工具实现的投资收益、处置子公司及其他营业单位收到的现金净额不包括在本项目内。本项目可根据"交易性金融资产""可供出售的金融资产""持有至到期投资""长期股权投资""库存现金""银行存款"等记录分析填列。

②"取得投资收益收到的现金"项目,反映公司除现金等价物以外的对其他企业的权益工具、债务工具和合营中的权益投资分回的现金股利和利息等,不包括股票股利。本项目可以根据"库存现金""银行存款""投资收益"等科目的记录分析填列。

③"收到其他与投资活动有关的现金"项目,反映公司除了上述各项目以外,所收到的其他与投资活动有关的现金流入。比如,处置固定资产、无形资产和其他长期资产收回的现金净额;返售证券所收到的现金;处置子公司及其他营业单位收到的现金净额;收到购买股票和债券时支付的已宣告但尚未领取的现金股利或已到付息期但尚未领取的债券利息。若其他与投资活动有关的现金流入金额较大,应单列项目反映。本项目可根据"固定资产清理""长期股权投资""买入返售金融资产""应收股利""应收利息""银行存款""库存现金"等科目的记录分析填列。

④"投资支付的现金"项目,反映公司除现金等价物以外的对其他企业的权益工具、债务工具和合营中的权益投资所支付的现金,以及支付的佣金、手续费等交易费用,但取得子公司及其他营业单位支付的现金净额除外。本项目可以根据"交易性金融资产""长期股权投资""可供出售的金融资产""持有至到期投资""库存现金""银行存款"等记录分析填列。

⑤"质押贷款净增加额"项目,反映公司按规定从事保单质押贷款业务的现金净增加额。本项目可以根据"库存现金""银行存款""保户质押贷款"科目的期末余额和期初余额记录分析填列。

⑥"购置固定资产、无形资产和其他长期资产支付的现金"项目,反映公司本期购买、建造固定资产、取得无形资产和其他长期资产所实际支付的现金,以及用现金支付的应由在建工程和无形资产负担的职工薪酬,不包括为购建固定资产而发生的借款利息资本化的部分,以及融资租入固定资产支付的租赁费。公司支付的借款利息和融资租入固定资产支付的租赁费,在筹资活动产生的现金流量中反映。本项目可以根据"固定资产""在建工程""无形资产""库存现金""银行存款"等科目的记录分析填列。

⑦"支付其他与投资活动有关的现金"项目,反映除上述各项目外所支付的其他与投资活动有关的现金流出,如取得子公司及其他营业单位支付的现金净额;买入返售证券所支付的现金;拆出资金净额;公司购买股票时实际支付的价款中包含的已宣告而尚未领取的现金股利,购买债券时支付的价款中包含的已到期尚未领取的债券利息等。如某项其他与投资活动有关的现金流出金额较大,应单列项目反映。本项目可以根据"长期股权投资""买入返售金融资产""拆出资金""应收股利""应收利息""银行存款""库存现金"等科目的记录分析填列。

（3）筹资活动产生的现金流量。

① "吸收投资收到的现金"项目，反映公司以发行股票等方式筹集资金实际收到的款项，减去直接支付的佣金、手续费、宣传费、咨询费、印刷费等发行费用后的净额。本项目可以根据"实收资本（或股本）""库存现金""银行存款"等科目的记录分析填列。

② "发行债券收到的现金"项目，反映公司以发行债券方式筹集资金实际收到的款项，减去直接支付的佣金、手续费、宣传费、咨询费、印刷费等发行费用后的净额。本项目可以根据"应付债券""库存现金""银行存款"等科目的记录分析填列。

③ "收到其他与筹资活动有关的现金"项目，反映公司除上述各项目外所收到的其他与筹资活动有关的现金流入，如取得借款、卖出回购证券、拆入资金净额、接受现金捐赠等。若某项其他与筹资活动有关的现金流入金额较大，应单列项目反映。本项目可以根据"库存现金""银行存款""短期借款""长期借款""卖出回购金融资产款""拆入资金""营业外收入"等有关科目的记录分析填列。

④ "偿还债务支付的现金"项目，反映公司偿还债务本金所支付的现金，包括偿还借款本金、偿还债券本金等。公司支付的借款利息和债券利息在"分配股利、利润或偿付利息支付的现金"项目反映，不包括在本项目内。本项目可以根据"短期借款""长期借款""应付债券""库存现金""银行存款"等科目的记录分析填列。

⑤ "分配股利、利润或偿付利息支付的现金"项目，反映公司实际支付的现金股利、支付给其他投资单位的利润以及用现金支付的借款利息、债券利息等。本项目可以根据"应付股利""应付利息""利息支出""库存现金""银行存款"等科目的记录分析填列。

⑥ "支付其他与筹资活动有关的现金"，反映公司除上述各项目外所支付的其他与筹资活动有关的现金流出，如回购证券、捐赠现金支出、融资租入固定资产支付的租赁费等。若某项其他与筹资活动有关的现金流出金额较大，应单列项目反映。本项目可以根据"库存现金""银行存款""卖出回购金融资产款""营业外支出""长期应付款"有关记录分析填列。

（4）"汇率变动对现金及现金等价物的影响"项目的内容和填列方法。该项目反映公司外币现金流量以及境外子公司的现金流量折算为人民币时，所采用的现金流量发生日的即期汇率或按照系统合理方法确定的、与现金流量发生日即期汇率近似汇率折算的人民币金额与"现金及现金等价物净增加额"中的外币现金净增加额按期末汇率折算的人民币金额之间的差额。

在编制现金流量表时，可逐笔计算外汇业务所发生的汇率变动对现金的影响,也可不必逐笔计算,而采用简化的计算方法,即通过现金流量表补充资料中的"现金及现金等价物净增加额"与正表中的"经营活动产生的现金流量净额""投资活动产生的现金净额""筹资活动产生的现金净额"三项之和比较,其差额即为"汇率变动对现金的影响"项目的金额。

2. 间接法

采用间接法(indirect method)计算经营活动现金净流量时,是以本期净利润为起点,再调整不影响现金变动的有关项目,并据此计算公司本期经营活动产生的现金净流量。

将保险公司净利润调整为经营活动现金净流量,应注意以下三个方面的原理。

(1) 公司的净利润是按照权责发生制的原则确定的,其中有些收入、费用项目并没有实际发生现金的流入和流出,也就是说,计入本期的收入和费用,不一定就是本期的现金流入和流出,本期的现金流入和流出也不一定是计入本期的收入和费用。将净利润调整为经营活动现金净流量,就是要把按照权责发生制原则计算出来的净利润转化为按照收付实现制原则计算的现金净流量。

(2) 公司的净利润是按照本期发生的全部损益项目确定的,它不仅包括经营活动的损益项目,还包括经营活动以外的投资活动和筹资活动的损益项目;将净利润调整为经营活动现金净流量,就是要把非经营活动即投资活动和筹资活动的损益项目对净利润的影响因素加以剔除。

(3) 公司的净利润中不包括影响经营活动的现金净流量的非现金流动资产和非现金流动负债项目,而非现金流动资产的减少和流动负债的增加会使经营活动现金净流量增加,非现金流动资产的增加和流动负债的减少会使经营活动现金净流量减少。将净利润调整为经营活动现金净流量,就是要把属于经营活动的非现金流动资产和流动负债项目对经营活动现金净流量影响因素重新加以考虑。

按照以上原理,将保险公司净利润调整为经营活动现金净流量,其计算公式是:

经营活动的现金净流量＝本期净利润＋不减少现金的费用－不增加现金的收入－不属于经营活动的损益(收益－损失)＋属于经营活动的非现金流动资产的减少和流动负债的增加－属于经营活动的非现金流动资产的增加和流动负债的减少

具体调整方法如下。

(1) "将净利润调节为经营活动现金流量"项目。

①"资产减值准备"项目,反映公司本期实际各项资产减值准备,包括坏账准备、低值易耗品跌价准备、损余物资跌价准备、长期股权投资减值准备、持有至到期投资减值准备、投资性房地产减值准备、固定资产减值准备、在建工程减值准备、无形资产减值准备、抵债资产减值准备、商誉减值准备等。本项目可以根据"资产减值损失"科目的记录分析填列。

②"提取未到期责任准备金"项目,反映公司本期提取的未到期责任准备金。本项目可以根据"提取未到期责任准备金"科目的记录分析填列。

③"提取保险责任准备金"项目,反映公司本期提取的保险责任准备金。本项目可以根据"提取保险责任准备金"科目的记录分析填列。

④"提取保费准备金"项目,反映公司本期提取的保费准备金。本项目可以根据"提取保费准备金"科目的记录分析填列。

⑤"固定资产折旧"项目,反映公司本期累计计提的固定资产折旧。本项目可根据"累计折旧"等科目贷方发生额分析填列。

⑥"无形资产摊销"项目,反映公司本期累计摊入成本费用的无形资产价值。本项目可以根据"累计摊销"科目的贷方发生额分析填列。

⑦"长期待摊费用摊销"项目,反映公司本期累计摊入成本费用的长期待摊费用。本项目可以根据"长期待摊费用"贷方发生额分析填列。

⑧"处置固定资产、无形资产和其他长期资产的损失"项目,反映公司本期处置固定资产、无形资产和其他长期资产发生的净损失(或净收益)。如为净收益以"－"号填列。本项目可以根据"营业外支出""营业外收入"等科目所属有关明细科目的记录分析填列。

⑨"固定资产报废损失"项目,反映公司本期发生的固定资产盘亏净损失。如为净收益以"－"号填列。本项目可根据"营业外支出""营业外收入"所属的有关明细科目的记录分析填列。

⑩"公允价值变动损失"项目,反映公司持有的交易性金融资产、交易性金融负债、采用公允价值模式计量的投资性房地产等公允价值变动形成的净损失。如为净收益以"－"号填列。本项目可根据"公允价值变动损益"科目所属的有关明细科目的记录分析填列。

⑪"利息支出"项目,反映公司本期实际发生的属于投资活动或筹资活动的利息支出净额。本项目可以根据"利息支出"本期借方发生额和"利息收入"本期贷方发生额分析填列;如为净收入,以"－"号填列。

⑫"投资损失"项目,反映公司对外投资实际发生的投资损失减去收益后的净损失。本项目可以根据利润表"投资收益"的数字填列;如为投资收益,以"－"号填列。

⑬"递延所得税资产减少"项目,反映公司资产负债表"递延所得税资产"项目的期初、期末余额的差额。本项目可以根据"递延所得税资产"科目发生额分析填列。如为增加,以"一"号填列。

⑭"递延所得税负债增加"项目,反映公司资产负债表"递延所得税负债"项目的期初、期末余额的差额。本项目可以根据"递延所得税负债"科目发生额分析填列;如为减少,以"一"号填列。

⑮"存货的减少"项目,反映公司资产负债表"低值易耗品""损余物资""抵债资产"等存货期初、期末余额的差额;期末数大于期初数的差额,以"一"号填列。

⑯"经营性应收项目的减少"项目,反映公司本期经营性应收项目(包括应收保费、应收利息、预付赔付款、应收代位追偿款、应收分保账款、应收分保合同准备金、其他应收款、存出保证金等经营性应收项目中与经营活动有关的部分)的期初、期末余额的差额;期末数大于期初数的差额,以"一"号填列。

⑰"经营性应付项目的增加"项目,反映公司本期经营性应付项目(包括应付手续费及佣金、应付赔付款、预收保费、应付职工薪酬、应交税费、应付保单红利、其他应付款、存入保证金等经营性应付项目中与经营活动有关的部分)的期初、期末余额的差额;期末数小于期初数的差额,以"一"号填列。

(2)"不涉及现金收支的重大投资和筹资活动"项目。补充资料中"不涉及现金收支的重大投资和筹资活动",反映公司一定会计期间内影响资产或负债但不形成该期现金收支的所有重大投资和筹资活动的信息。这些投资和筹资活动是公司的重大理财活动,虽然不涉及现金收支,但对以后各期的现金流量会产生重大影响。不涉及现金收支的重大投资和筹资活动项目主要有以下几项。

①"债务转为资本"项目,反映公司本期转为资本的债务金额。

②"一年内到期的可转换公司债券"项目,反映公司本期一年内到期的可转换公司债券的本息。

③"融资租入固定资产"项目,反映公司本期融资租入固定资产的最低租赁付款额扣除应分期计入利息费用的未确认融资费用后的净额。

(3)"现金及现金等价物净变动情况"项目。其中,"现金及现金等价物净增加额"一项反映一定会计期间现金及现金等价物的期末余额减去期初余额后的净增加额(或净减少额),是对现金流量表正表中"现金及现金等价物"项目的补充说明。该项目的金额应与正表中最后一项"现金及现金等价物净增加额"项目核对相符。

从信息揭示的角度看,直接法的优点是能够具体地显示经营活动各项现金流入和现金流出的内容,直观反映经营性现金收支的主要构成,了解经营性现金收入的具体来源和现金支出的具体用途,有利于预测未来的经营活动的现金流量,并能揭示公司从经营活动中产生足够的现金来偿付其债务的能力,进行再投资的能力和支付股利的能力,因而更能体现现金流量表的目的。但直接法下不能披露经营活动现金流量与本期净利润的差异和原因,即没有揭示以收付实现制为基础重新计算的经营活动现金净收益的过程,这就不便于报表使用者分析经营成果对现金流量的影响。采用间接法,虽然没有直接表述经营活动现金流动的全貌,但它可以反映净利润和经营活动现金净流量的差异,并将现金流量表与资产负债表联系起来,这就便于会计信息利用者评价公司的收益质量,寻求与其决策更为相关的信息。从报表编制的角度看,采用直接法,填列现金流量表项目一般需要查阅许多账户记录,这会使得编报过程相当复杂,有时会影响其准确性和及时性。一般适合于现金收支种类简单、现金流动渠道易于划分的情况。相对而言,采用间接法将净利润调节为经营活动的现金净流量时,调整项目较少,数据资料大多可从相关账簿记录中取得,编报过程简便省力,可以有效地实现权责发生制向收付实现制的转换。

第五节　所有者权益变动表

一、所有者权益变动表的概念和作用

所有者权益变动表(statement of change in owner's equity)是指反映构成所有者权益各组成部分当期增减变动情况的报表。对股份制公司,也称为股东权益变动表。

通过所有者权益变动表可以获得以下信息。

(1) 综合收益的构成情况。综合收益以资产负债观为基础,突破了传统收益的收入费用观,将未确认的利得和损失纳入收益报告的范围。所有者权益变动表除了反映净利润对所有者权益的影响外,还包括直接计入所有者权益的利得和损失,增进了信息的完整性、有用性和相关性。

(2) 所有者权益变动的原因。从资产负债表我们只能知道所有者权益项目的年初数、年末数,不清楚发生变化的具体原因。通过所有者权益变动表则可以分析各个项目的变化及其原因。比如实收资本(或股本)的本年增加数有多少是来源于资本公积转入、多少是盈余公积转入、多少是利润分配转入、多少是增发新股的股本等。盈余公积的本年减少数有多少是弥补亏损、有多少是转增资本、有多少是分配现金股利或利润、有多少是分配股票股利。

(3) 所有者权益变动的结构。所有者权益的结构是复杂的,而其变化原因更加复杂,不同原因造成的增长反映出所有者权益增长的质量不同,这使得与公司有直接利益关系的人们有必要关注公司所有者权益的结构变动是否合理,关注这一点对评估公司的发展前景及所有者财富增减变化的趋势是十分有意义的。所有者权益变动表能够全面反映一定时期所有者权益变动的情况,不仅包括所有者权益总量的增减变动,还包括所有者权益增减变动的重要结构性信息,特别是反映直接计入所有者权益的利得和损失,让报表使用者准确理解增减变动的根源。

(4) 公司的发展战略。不同的公司由于各自的收益水平、承受能力不同,其股利分配政策也完全不同。报表使用者可以将所有者(股东)权益变动表中的"提取盈余公积""提取一般风险准备""提取利润准备""对所有者权益(或股东)的分配"与"未分配利润"的数额相比较,分析出公司是运用"高积累的股利"政策,还是"高分配的股利"政策,从而可以从自身发展角度出发,选择其发展战略适合自己需要的公司。

二、所有者权益变动表的内容和结构

1. 所有者权益变动表的内容

在所有者权益变动表中,至少应当单独列示反映下列信息的项目:

(1) 综合收益。

(2) 会计政策变更和差错更正的累积影响金额。

(3) 所有者投入资本和向所有者分配利润等。

(4) 按照规定提取的盈余公积。

(5) 实收资本(或股本)、其他权益工具、资本公积、其他综合收益、盈余公积、一般风险准备、未分配利润的期初和期末余额及其调节情况。

2. 所有者权益变动表的结构

为了清楚地表明构成所有者权益的各组成部分当期的增减变动情况,所有者权益变动表应当以矩阵的形式列示:一方面,列示所有者权益变动的交易或事项,改变了以往仅仅按照所有者权益的各组成部分反映所有者权益变动情况,而是从所有者权益变动的来源对一定时期所有者权益变动进行全面反映;另一方面,按照所有者权益的各组成部分(包括实收资本或股本、其他权益工具、资本公积、其他综合收益、盈余公积、一般风险准备、大灾风险利润准备、未分配利润和库存股)及其总额列示交易或事项对所有者权益变动的影响。此外,公司还需要提供比较所有者权益变动表,所有者权益变动表还就各项目再分为"本年金额"和"上年金额"两栏分别填列。所有者权益变动表的具体格式见表13-5。

表 13－5　所有者权益变动表

编制单位：　　　　　　　　　年度　　　　　　　　　单位：元

项目	本年金额										上年金额									
	实收资本（或股本）	其他权益工具	资本公积	减：库存股	其他综合收益	盈余公积	一般风险准备	大灾风险利润准备	未分配利润	所有者权益合计	实收资本（或股本）	其他权益工具	资本公积	减：库存股	其他综合收益	盈余公积	一般风险准备	大灾风险利润准备	未分配利润	所有者权益合计
一、上年年末余额																				
加：会计政策变更																				
前期差错更正																				
二、本年年初余额																				
三、本年增减变动金额（减少以"－"号填列）																				
（一）综合收益总额																				
（二）所有者权益投入和减少资本																				
1. 所有者投入资本(或股本)																				
2. 其他权益工具持有者投入资本																				
3. 股份支付计入所有者权益的金额																				
4. 其他																				
（三）利润分配																				
1. 提取盈余公积																				

续　表

项目	本年金额										上年金额									
	实收资本(或股本)	其他权益工具	资本公积	减：库存股	其他综合收益	盈余公积	一般风险准备	大灾风险利润准备	未分配利润	所有者权益合计	实收资本(或股本)	其他权益工具	资本公积	减：库存股	其他综合收益	盈余公积	一般风险准备	大灾风险利润准备	未分配利润	所有者权益合计
2. 提取一般风险准备																				
3. 提取利润准备																				
4. 对所有者(或股东)的分配																				
5. 其他																				
(四) 所有者权益内部结转																				
1. 资本公积转增资本(或股本)																				
2. 盈余公积转增资本(或股本)																				
3. 盈余公积弥补亏损																				
4. 一般风险准备弥补亏损																				
5. 其他																				
四、本年年末余额																				

三、所有者权益变动表的填列方法

1. 上年金额栏的填列方法

所有者权益变动表中的"上年金额"栏内各项数字,应根据上年度所有者权益变动表"本年金额"栏内所列数字填列。如果本年度所有者权益变动表规定的各个项目的名称和内容同上年度不相一致,应对上年度所有者权益变动表各项目的名称和数字按照本年度的规定进行调整,填入本表"上年余额"栏内。

2. **本年金额栏的填列方法**

所有者权益变动表中的"本年金额"栏内各项数字一般应根据"实收资本(或股本)""其他权益工具""资本公积""其他综合收益""盈余公积""一般风险准备""利润分配""库存股""以前年度损益调整"科目的发生额分析填列。

(1)上年年末余额。"上年年末余额"项目,反映公司上年资产负债表中"实收资本(或股本)""其他权益工具""资本公积""其他综合收益""盈余公积""一般风险准备""大灾风险利润准备""未分配利润"的年末余额。其数据可以从上年资产负债表中取得,也可以通过上年度所有者权益变动表获得。

(2)会计政策变更和前期差错更正。"会计政策变更"和"前期差错更正"项目,分别反映公司采用追溯调整法处理的会计政策变更的累积影响金额和采用追溯重述法处理的会计差错更正的累积影响金额,并对应列在"未分配利润"栏。其数据可以从分析"以前年度损益调整"和"利润分配"账簿获得。

(3)本年增减变动金额。"本年增减变动金额"项目,分别反映如下内容。

① 综合收益总额。

"综合收益总额"项目,反映公司当年实现的综合收益总额,并对应列在"其他综合收益""未分配利润"栏。其数据可以从利润表获得。

② 所有者权益投入和减少资本。

"所有者权益投入和减少资本"项目,反映公司当年所有者投入的资本和减少的资本。它包括以下内容:

a. "所有者投入资本(或股本)"项目,反映公司接受投资者投入形成的资本(或股本)、资本溢价(或股本溢价),并对应列在"实收资本(或股本)"和"资本公积"栏。其数据可以从分析"实收资本(或股本)"和"资本公积"账簿获得。

b. "其他权益工具持有者投入资本",反映公司发行的除普通股以外分类为权益工具的金融工具的账面价值,并对应列在"其他权益工具"。其数据可以从分析"其他权益工具"账簿获得。

c. "股份支付计入所有者权益的金额"项目,反映公司处于等待期中的权益结算的股份支付当年计入资本公积的金额,并对应列在"资本公积"栏。其数据可以从分析"资本公积"账簿获得。

③ 利润分配。

"利润分配"项目,反映公司按照规定提取的盈余公积、一般风险准备和当年对股东分配的股利金额。它包括以下内容。

a. "提取盈余公积"项目,反映公司按照规定提取的盈余公积,并对应列在

"未分配利润"和"盈余公积"栏。其数据可以从分析"利润分配"账簿获得。

b. "提取一般风险准备"项目，反映公司按照规定提取的一般风险准备，并对应列在"未分配利润"和"一般风险准备"栏。其数据可以从分析"利润分配"账簿获得。

c. "提取利润准备"项目，反映公司按照规定提取的大灾风险利润准备，并对应列在"未分配利润"和"大灾风险利润准备"栏。其数据可以从分析"利润分配"账簿获得。

d. "对所有者（或股东）的分配"项目，反映公司对股东分配的股利金额，并对应列在"未分配利润"栏。其数据可以从分析"利润分配"账簿获得。

④ 所有者权益内部结转。

"所有者权益内部结转"项目，反映不影响当年所有者权益总额的所有者权益各组成部分之间当年的增减变动。它包括以下内容：

a. "资本公积转增资本（或股本）"项目，反映公司以资本公积转增资本（或股本）的金额，并对应列在"实收资本（或股本）"和"资本公积"栏。其数据可以从分析"实收资本（或股本）"和"资本公积"账簿获得。

b. "盈余公积转增资本（或股本）"项目，反映公司以盈余公积转增资本（或股本）的金额，并对应列在"实收资本（或股本）"和"盈余公积"栏。其数据可以从分析"实收资本（或股本）"和"盈余公积"账簿获得。

c. "盈余公积弥补亏损"项目，反映公司以盈余公积弥补亏损的金额，并对应列在"未分配利润"和"盈余公积"栏。其数据可以从分析"利润分配"和"盈余公积"账簿获得。

d. "一般风险准备弥补亏损"项目，反映公司以一般风险准备弥补亏损的金额，并对应列在"未分配利润"和"一般风险准备"栏。其数据可以从分析"利润分配"和"一般风险准备"账簿获得。

第六节　附　　注

一、附注的概念

附注（annotation）是对资产负债表、利润表、现金流量表和所有者权益变动表等报表中列示项目的文字描述或明细资料，以及对未能在这些报表中列示项目的说明等。其目的是在不影响报表清晰性的前提下，披露那些报表本身不能说明或不能详细说明的信息，对会计报表起补充、说明和解释的作用。

附注应当披露财务报表的编制基础,相关信息应当与资产负债表、利润表、现金流量表和所有者权益变动表等报表中列示的项目相互参照。

二、附注的主要内容

附注是财务报表的重要组成部分。附注一般应当按照下列顺序披露有关内容。

1. 保险公司的基本情况

(1) 公司注册地、组织形式和总部地址。

(2) 公司的业务性质和主要经营活动。

(3) 母公司以及集团最终母公司的名称。

(4) 财务报告的批准报出者和财务报告批准报出日,或者以签字人及其签字日期为准。

2. 财务报表的编制基础

3. 遵循企业会计准则的声明

公司应当声明编制的财务报表符合企业会计准则的要求,真实、完整地反映公司的财务状况、经营成果和现金流量等相关信息。

4. 重要会计政策和会计估计

重要会计政策的说明,包括财务报表项目的计量基础和在运用会计政策过程中所作的重要判断等。重要会计估计的说明,包括可能导致下一个会计期间内资产、负债账面价值重大调整的会计估计的确定依据等。

企业应当披露采用的重要会计政策和会计估计,并结合企业的具体实际披露其重要会计政策的确定依据和财务报表项目的计量基础,及其会计估计所采用的关键假设和不确定因素。

5. 会计政策和会计估计变更以及差错更正的说明

公司应当按照《企业会计准则第 28 号——会计政策、会计估计变更和差错更正》及其应用指南的规定,披露会计政策和会计估计变更及其差错更正的有关情况。

6. 报表重要项目的说明

公司对报表重要项目的说明,应当按照资产负债表、利润表、现金流量表、所有者权益变动表及其项目列示的顺序,采用文字和数字描述相结合的方式进行披露。报表重要项目的明细金额合计,应当与报表项目金额相衔接。

(1) 应收保费账龄结构的披露格式。

账　　　龄	期末账面余额	年初账面余额
3个月以内(含3个月)		
3个月至1年(含1年)		
1年以上		
合　　　计		

(2) 应收代位追偿款。

① 应收代位追偿款披露格式如下。

账　　　龄	期末账面余额	年初账面余额
1个月以内(含1个月)		
1个月至3个月(含3个月)		
3个月至1年(含1年)		
1年以上		
合　　　计		

② 金额重大代位追偿款产生的原因和未确认的理由。

(3) 定期存款的披露格式。

到　期　期　限	期末账面余额	年初账面余额
1个月至3个月(含3个月)		
3个月至1年(含1年)		
1年至2年(含2年)		
2年至3年(含3年)		
3年至4年(含4年)		
4年至5年(含5年)		
5年以上		
合　　　计		

债券投资到期期限结构,比照上述格式披露。

（4）其他资产的披露格式。

项　　　　目	期末账面余额	年初账面余额
应收股利		
损余物资		
……		
其他		
合　　　计		

注：损余物资产生的原因、所处置损余物资的账面价值、实现的损益,应同时予以披露。

（5）保户储金(或保户投资款)的披露格式。

到　期　期　限	期末账面余额	年初账面余额
1 年以内(含 1 年)		
1 年至 3 年(含 3 年)		
3 年至 5 年(含 5 年)		
5 年以上		
合　　　计		

（6）保险合同准备金。

① 保险合同准备金增减变动情况的披露格式如下。

项　　　目	年初账面余额	本期增加额	本期减少额				期末账面余额
			赔付款项	提前解除	其他	合计	
未到期责任准备金							
原保险合同							
再保险合同							

项 目	年初账面余额	本期增加额	本 期 减 少 额				期末账面余额
			赔付款项	提前解除	其他	合计	
未决赔款准备金							
原保险合同							
再保险合同							
寿险责任准备金							
原保险合同							
再保险合同							
长期健康险责任准备金							
原保险合同							
再保险合同							
合 计							

② 保险合同准备金未到期期限的披露格式如下。

项 目	期末账面余额		年初账面余额	
	1年以下(含1年)	1年以上	1年以下(含1年)	1年以上
未到期责任准备金				
原保险合同				
再保险合同				
未决赔款准备金				
原保险合同				
再保险合同				
寿险责任准备金				
原保险合同				

续　表

项　　目	期末账面余额		年初账面余额	
	1年以下(含1年)	1年以上	1年以下(含1年)	1年以上
再保险合同				
长期健康险责任准备金				
原保险合同				
再保险合同				
合　　计				

③ 原保险合同未决赔款准备金的披露格式如下。

未决赔款准备金	期末账面余额	年初账面余额
已发生已报案未决赔款准备金		
已发生未报案未决赔款准备金		
理赔费用准备金		
合　　计		

(7) 其他负债的披露格式。

项　　目	期末账面余额	年初账面余额
应付利息		
……		
合　　计		

(8) 发行的优先股、永续债等金融工具的披露格式。

① 期末发行在外的优先股、永续债等金融工具情况表。

发行在外的金融工具	发行时间	会计分类	股利率或利息率	发行价格	数量	金额	到期日或续期情况	转股条件	转换情况
工具1									
工具2									
工具3									
……									
合计									

说明:

a. "会计分类"栏应填写"金融负债""权益工具"或"复合金融工具"等,对于整体指定以公允价值计量且其变动计入当期损益的金融负债,在"会计分类"栏中只需注明"整体指定"即可。

b. "转股条件"栏应当披露合同中是否包含强制转股、自愿转股等条款。

c. "金额"栏以发行价格乘以发行数量填列。

② 条款披露。

a. 工具1的主要条款说明:

包括本金是否可赎回,公司是否有权自主决定股利或利息支付政策,是否可转换为普通股以及发行合同关于转股价格或数量的约定等其他影响该类工具会计分类的重要特征。

b. 工具2的主要条款说明:

如果公司受特定监管规则约束,还需披露该金融工具是否被相关监管部门认定为合格的监管资本以及对本公司监管资本水平的影响。

③ 发行在外的优先股、永续债等金融工具变动情况表。

发行在外的金融工具	年初		本期增加		本期减少		期末	
	数量	账面价值	数量	账面价值	数量	账面价值	数量	账面价值
工具1								
工具2								
工具3								
……								
合计								

④ 发行方应披露股利(或利息)的设定机制。如果发行方发行的分类为权益工具的金融工具为累积的,即发行方当期未分配的股利或利息可累积至以后期间分配的,应当在财务报表附注中披露累积未分配的股利;如果发行方发行的其他权益工具为可参与剩余利润分配的,即可与普通股股东一起参加剩余利润分配的,应当披露可参与分配的事实及分配的方法等信息。

⑤ 发行方应当披露如下归属于权益工具持有者的相关信息。披露格式如下。

项目	年初数/本期数	期末数/上期数
1. 归属于母公司所有者的权益(股东权益)		
(1) 归属于母公司普通股持有者的权益		
(2) 归属于母公司其他权益持有者的权益		
其中:净利润		
综合收益总额		
当期已分配股利		
累积未分配股利		
2. 归属于少数股东的权益		
(1) 归属于普通股少数股东的权益		
(2) 归属于少数股东其他权益工具持有者的权益		

(9) 公司应当在附注中披露下列关于其他综合收益各项目的信息。

① 其他综合收益各项目及其所得税影响;

② 其他综合收益各项目原计入其他综合收益、当期转出计入当期损益的金额;

③ 其他综合收益各项目的期初和期末余额及其调节情况。

(10) 公司应当区分原保险合同和再保险合同披露提取未到期责任准备金的本期发生额和上期发生额。

(11) 赔付支出。

① 赔付支出按保险合同列示的披露格式如下。

项　　目	本 期 发 生 额	上 期 发 生 额
原保险合同		
再保险合同		
合　　计		

② 赔付支出按内容列示的披露格式如下。

项　　目	本 期 发 生 额	上 期 发 生 额
赔款支出		
满期给付		
年金给付		
死伤医疗给付		
……		
合　　计		

(12) 提取保险责任准备金。

① 提取保险责任准备金按保险合同列示的披露格式如下。

项　　目	本 期 发 生 额	上 期 发 生 额
提取未决赔款准备金		
原保险合同		
再保险合同		
提取寿险责任准备金		
原保险合同		
再保险合同		
提取长期健康险责任准备金		
原保险合同		
再保险合同		
合　　计		

② 提取原保险合同未决赔款准备金按构成内容列示的披露格式如下。

提取未决赔款准备金	本 期 发 生 额	上 期 发 生 额
已发生已报案未决赔款准备金		
已发生未报案未决赔款准备金		
理赔费用准备金		
合　　计		

(13) 摊回保险责任准备金的披露格式。

项　　　　目	本 期 发 生 额	上 期 发 生 额
摊回未决赔款准备金		
摊回寿险责任准备金		
摊回长期健康险责任准备金		
合　　计		

(14) 分部报告。

① 主要报告格式是分部的,披露格式如下。

项　　目	××业务		××业务		……	其　他		抵　销		合　计	
	本期	上期	本期	上期		本期	上期	本期	上期	本期	上期
一、营业收入											
二、营业费用											
三、营业利润(亏损)											
四、资产总额											
五、补充信息											
1. 折旧和摊销费用											

续　表

项　　目	××业务		××业务		……	其　他		抵　销		合　计	
	本期	上期	本期	上期		本期	上期	本期	上期	本期	上期
2. 资本性支出											
3. 折旧和摊销以外的非现金费用											

注: 主要报告形式是地区分部的,比照业务分部格式进行披露。

② 在主要报告形式的基础上,对于次要报告形式,公司还应披露对外交易收入、分部资产总额。

(15) 投资连结产品。

① 投资连结产品基本情况,包括名称、设立时间、账户特征、投资组合规定、投资风险等。

② 独立账户单位数及每一独立账户单位净资产。

③ 独立账户单位的投资组合情况。

④ 风险保费、独立账户管理费的计提情况。

⑤ 投资连结产品采用的主要会计政策。

⑥ 独立账户资产的估值原则。

(16) 除以上项目以外的其他项目。

7. 或有事项

按照《企业会计准则——或有事项》第十四条和第十五条的相关规定进行披露。

8. 资产负债表日后事项

(1) 每项重要的资产负债表日后非调整事项的性质、内容及其对财务状况和经营成果的影响。无法作出估计的,应当说明原因。

(2) 资产负债表日后,公司利润分配方案中拟分配的以及经审议批准宣告发放的股利或利润。

9. 关联方关系及其交易

(1) 本公司的母公司有关信息披露格式。

母公司名称	注　册　地	业务性质	注册资本

母公司不是本公司最终控制方的,说明最终控制方名称。

母公司和最终控制方均不对外提供财务报表的,说明母公司之上与其最相近的对外提供财务报表的母公司名称。

(2) 母公司对本公司的持股比例和表决权比例。

(3) 本公司的子公司有关会计信息披露格式。

子公司名称	注册地	业务性质	注册资本	本公司合计持股比例	本公司合计享有的表决权比例
1.					
……					

(4) 本公司的合营企业有关会计信息披露格式。

被投资单位名称	注册地	业务性质	注册资本	本公司持股比例	本公司在被投资单位表决权比例	期末资产总额	期末负债总额	本期营业收入总额	本期净利润
1.									
……									

注：有联营企业的,比照合营企业进行披露。

(5) 本公司与关联方发生交易的,分别说明各关联方的性质、交易类型及交易要素。

交易要素至少应当包括：

① 交易的金额。

② 未结算项目的金额、条款和条件,以及有关提供和取得担保的信息。

③ 未结算应收项目的坏账准备金额。

④ 定价政策。

10. 风险管理

(1) 保险风险。

① 风险管理的目标和减轻风险的政策：

a. 管理资产负债的技术,包括保持偿付能力的方法等。

b. 选择和接受可承保风险的政策,包括确定可接受风险的范围和水平等。

c. 评估和监控保险风险的方法,包括内部风险计量模式、敏感性分析等。

d. 限制和转移保险风险的方法,包括共同保险、再保险等。

② 保险风险的类型：

a. 保险风险的内容。

b. 减轻保险风险的因素及程度,包括再保险风险等。

c. 可能引起现金流量发生变动的因素。

③ 保险风险集中度：

a. 保险风险集中的险种。

b. 保险风险集中的地域。

④ 不考虑分出业务的索赔进展信息的披露格式如下：

项　　　目	前四年	前三年	前二年	前一年	本　年	合　计
本年末累计赔付款项估计额						
一年后累计赔付款项估计额						
两年后累计赔付款项估计额						
三年后累计赔付款项估计额						
四年后累计赔付款项估计额						
累计赔付款项估计额						
累计支付的赔付款项						
以前期间调整额						
尚未支付的赔付款项						

扣除分保业务后的索赔进展信息,比照上述的不考虑分出业务的索赔进展信息的格式进行披露。

⑤ 与保险合同有关的重大假设：

a. 重大假设,包括死亡率、发病率、退保率、投资收益等。

b. 对假设具有重大影响的数据的来源。

c. 假设变动的影响及敏感性分析。

d. 影响假设不确定性的事项和程度。

e. 不同假设之间的关系。

f. 描述过去经验和当前情况。

g. 假设与可观察的市场价格或其他公开信息的符合程度。

(2) 除保险风险以外的其他风险。

第七节　IFRS17 下保险公司财务会计报告新变化

一、资产负债表的变化

IFRS17 下资产负债表相比旧准则有极大简化,但内涵更丰富。其格式见表 13 - 6。

表 13 - 6　资产负债表

编制单位:　　　　　　　　　　　　　年　月　日　　　　　　　　　　　　单位:

资　　产	期末余额	年初余额	负债和所有者权益（或股东权益）	期末余额	年初余额
资产:			负债:		
货币资金			短期借款		
拆出资金			拆入资金		
衍生金融资产			交易性金融负债		
应收款项			衍生金融负债		
合同资产			卖出回购金融资产款		
买入返售金融资产			预收保费		
持有待售资产			应付职工薪酬		
定期存款			应交税费		
金融投资:			应付款项		
交易性金融资产			合同负债		
债权投资			持有待售负债		
其他债权投资			预计负债		
其他权益工具投资			长期借款		
保险合同资产			应付债券		
分出再保险合同资产			其中: 优先股		
长期股权投资			永续债		

续 表

资　　产	期末余额	年初余额	负债和所有者权益(或股东权益)	期末余额	年初余额
存出资本保证金			保险合同负债		
投资性房地产			分出再保险合同负债		
固定资产			保费准备金		
在建工程			租赁负债		
使用权资产			递延所得税负债		
无形资产			其他负债		
递延所得税资产			负债合计		
其他资产			所有者权益(或股东权益)：		
			实收资本(或股本)		
			其他权益工具		
			其中：优先股		
			永续债		
			资本公积		
			减：库存股		
			其他综合收益		
			盈余公积		
			一般风险准备		
			未分配利润		
			所有者权益(或股东权益)合计		
资产总计			负债和所有者权益(或股东权益)总计		

1. 新增保险合同资产、分出再保险合同资产、保险合同负债、分出再保险合同负债

新准则不再区分未到期责任准备金、未决赔款责任准备金、寿险责任准备金、长期健康险责任准备金，分入与直保业务同时体现在保险合同资产或保险合

同负债中。资产负债表中分别列示与保险合同有关的下列项目：

（1）"保险合同资产"项目，反映保险合同组合层面的保险获取现金流量资产、未到期责任负债和已发生赔款负债合计的账面借方余额。

（2）"分出再保险合同资产"项目，反映分出再保险合同组合层面的分保摊回未到期责任资产与分保摊回已发生赔款资产合计的账面借方余额。

（3）"保险合同负债"项目，反映保险合同组合层面的保险获取现金流量资产、未到期责任负债和已发生赔款负债合计的账面贷方余额。

（4）"分出再保险合同负债"项目，反映分出再保险合同组合层面的分保摊回未到期责任资产与分保摊回已发生赔款资产合计的账面贷方余额。

2. 所有与保险履约现金流量相关的（保费、赔款、手续费等）应收应付不再列示

（1）不再有与保险合同相关的应收应付科目以及保户质押贷款等科目，全部合并在保险合同资产或保险合同负债项目中，以净额列报。比如保户质押贷款进入保险合同负债的借方，应收保费从资产变为保险合同负债的减项。有些公司应收保费并入保险合同资产。

（2）分出再保险合同中应收分保未到期责任准备金、应收分保未决赔款准备金、应收分保寿险责任准备金、应收分保长期健康险责任准备金并入到分出再保险合同资产、分出再保险合同负债中。新准则下，保险公司仍然会对原保险合同进行总额列报，即原保险合同组计量时，即便有分出，也是在不考虑分出的条件下进行计量并列报的。因此，保险公司的资产负债表中，原保险合同通常会在负债端形成总额列报的"保险合同负债"，其对应的分出再保险合同通常会在资产端形成"分出再保险合同资产"。

（3）应收分保账款、应付分保账款如果和分出业务相关的并入到分出再保险合同资产、分出再保险合同负债中，如果和分入相关的并入到保险合同资产、保险合同负债中，分入业务的应收分保账款计入保险合同负债的借方。

（4）应收利息计入相关金融资产的账面价值。

3. 独立账户资产、独立账户负债、保户储金及投资款计入交易性金融负债

旧准则报表中单独列示的"独立账户资产"进入新资产负债表的"交易性金融负债"借方，"独立账户负债"以及"保户储金及投资款"进入新资产负债表的"交易性金融负债"贷方。

4. 预收保费定义修订

按照新准则，预收保费是反映资产负债表日保险公司收到的尚未确定与哪组已确认的保险合同履约直接相关的保费，或尚未确认的保险合同的保费。

5. 按照通用行业新会计准则增加或细化了相关项目

比如使用权资产、持有待售资产、持有待售负债、预计负债单独列示。使用权资产是按照新租赁准则在一定期限内获得使用权的资产,但并不拥有该资产的所有权。通常是指租赁资产,包括房屋、设备、机器等。持有待售资产是指持有待售的非流动资产和持有待售的处置组中的资产。

6. 增加合同资产、合同负债

合同资产是企业已向客户转让商品或服务而拥有的有条件收取对价的权利,这种权利除了时间流逝之外,还取决于履行合同中的其他履约义务。因此,与合同资产相关的风险除了信用风险之外,还可能包括履约风险等。合同负债是指企业已收或应收客户对价而应向客户转让商品的义务。

7. 将金融投资单独列示

按照新金融工具会计准则(IFRS9),金融资产从四分类改为三分类,取消了可供出售金融资产类别,因此,新准则将交易性金融资产、可供出售金融资产、贷款和应收款项、持有至到期投资合并成金融投资,细分为交易性金融资产、债权投资、其他债权投资、其他权益工具投资。

二、利润表的变化

(一) 一般模型法下利润表的变化

一般模型法下利润表格式见表 13 - 7。

表 13 - 7 利润表

编制单位:　　　　　　　　　　年　月　日　　　　　　　　　单位:

项　　　目	本期金额	上期金额
一、营业总收入		
保险服务收入		
利息收入		
投资收益(损失以"—"号填列)		
其中:对联营企业和合营企业的投资收益		
以摊余成本计量的金融资产终止确认产生的收益		
净敞口套期收益(损失以"—"号填列)		
其他收益(损失以"—"号填列)		

续　表

项　　　目	本期金额	上期金额
公允价值变动收益(损失以"—"号填列)		
汇兑收益(损失以"—"号填列)		
其他业务收入		
资产处置损益(损失以"—"号填列)		
二、营业总支出		
保险服务费用		
分出保费的分摊		
减：摊回保险服务费用		
承保财务损失		
减：分出再保险财务收益		
提取保费准备金		
利息支出		
手续费及佣金支出		
税金及附加		
业务及管理费		
信用减值损失		
其他资产减值损失		
其他业务成本		
三、营业利润(亏损以"—"号填列)		
加：营业外收入		
减：营业外支出		
四、利润总额(亏损总额以"—"号填列)		
减：所得税费用		
五、净利润(净亏损以"—"号填列)		
(一) 持续经营净利润		
(二) 终止经营净利润		

续　表

项　　目	本期金额	上期金额
六、其他综合收益的税后净额		
（一）不能重分类进损益的其他综合收益		
1. 重新计量设定受益计划变动额		
2. 权益法下不能转损益的其他综合收益		
3. 其他权益工具投资公允价值变动		
4. 企业自身信用风险公允价值变动		
5. 不能转损益的保险合同金融变动		
（二）将重分类进损益的其他综合收益		
1. 权益法下可转损益的其他综合收益		
2. 其他债权投资公允价值变动		
3. 金融资产重分类计入其他综合收益的金额		
4. 其他债权投资信用损失准备		
5. 现金流量套期储备		
6. 外币财务报表折算差额		
7. 可转损益的保险合同金融变动		
8. 可转损益的分出再保险合同金融变动		
七、综合收益总额		
八、每股收益：		
（一）基本每股收益		
（二）稀释每股收益		

1. 增加保险服务收入

"保险服务收入"项目,反映保险公司按照新保险准则相关规定确认的保险服务收入。该项目应根据"保险服务收入"科目的发生额填列。保险服务收入(insurance service incomes)应当反映提供保险合同组合项下的保障和其他服务的模式,确认的金额应当反映公司预期因交付这些服务而有权获得的对价,即投保人向公司支付的保费,经过融资影响的调整并剔除投资成分后的剩余金额。企业不得将分出保费的分摊列示为保险服务收入的减项。由此可见,新准则以保险服务收入取代保费收入,确认期间由"缴费期"转为"保障期",对保险服务收入根据提供的保障服务逐步确认,以与其他服务类行业收入可比。保险服务收入具体包括以下内容。

(1) 当期减少的未到期责任负债。当期减少的未到期责任负债包括期初的预计赔付;非金融风险调整释放;合同服务边际摊销;其他保险服务费用。当期减少的未到期责任负债应剔除与公司收取的对价预期所涵盖的服务不相关的未到期责任负债的变动。该变动包括:① 与当期内提供的服务不相关的变动,包括收取保费的现金流入导致的变动、与投资成分当期相关的变动、代扣代缴的流转税(如增值税)的变动、保险合同金融变动额、保险获取现金流量,以及转让给第三方时终止确认引起的变动。② 虽与服务相关、但公司预期不收取对价的变动,即未到期责任负债亏损部分的增加和减少。

(2) 保险获取现金流量摊销的金额。即与保险获取现金流量的收回相关的保险服务收入。公司应当将保险获取现金流量按照系统的、基于时间推移的方法进行分摊,计入各期的保险服务费用,同时确认同等金额的与保险获取现金流量的收回相关的保险服务收入。

例 13-1　某保险公司签订了 100 份 2 年期两全保险产品,投保人每年年初缴纳保费 600 元。出险时赔付 3 000 元,若两年内没有出险满期可给付 1 000 元,到期日之前退保可获得退保金 200 元。

1. 第 1 年年初假设情况:保险获取现金流量为 1 200 元,第 1 年 2 人出险,第 2 年 2 人出险(假设赔付均发生在年底),非金融风险调整释放为 0,维持费用为 0。第 1 年 25 人退保,第 2 年 0 人退保(假设退保发生在年底),不考虑折现。

2. 第 1 年年末假设情况:第 1 年实际 1 人出险,实际 29 人退保,当年支付保险获取现金流量 1 200 元。假设第 2 年 1 人出险,无人退保。

3. 第 2 年实际情况:与假设相同。

该保险公司保险服务收入计算如下:

(1) 计算年初的预计赔付。

年初假设 2 人出险,同时剔除退保的投资成分。即:

$$年初的预计赔付＝(3\,000－200)×2＝5\,600(元)$$

(2) 计算第 1 年合同服务边际摊销。

第 1 年年初合同服务边际＝100×600(第一年收保费)＋73×600(第二年收

保费）－1 200（保单获取现金流）－4×3 000（出险）－25×200（退保）－71×1 000（满期给付）＝14 600（元）

第1年年末，需要根据未来假设对合同服务边际进行调整：

① 未来保费的变动。

实际出险人数少了1人，实际退保人数多了4人，即：

$$未来保费的变动＝(1－4)×600＝－1 800（元）$$

② 未来风险赔付估计的变化。

第1年年初预计第2年有2人出险，但在第1年年末预计第2年只有1人出险，即预计未来的赔付支出会减少；同时第1年年初预计退保25人，实际退保29人，即预计未来的满期给付也会减少；第1年年初预计当年2人出险，但实际只有1人出险，即预计未来的满期给付会增加，即：

未来风险赔付估计的变化＝未来减少的赔付（3 000－1 000）＋未来减少的满期给付（29－25－1）×1 000＝5 000（元）

③ 当期预期的投资成分与实际支付的差异。

第1年年初预计当期有2人出险，25人退保，实际只有1人出险，29人退保，即：

当期预期的投资成分与实际支付的差异＝赔付投资成分差（2－1）×200＋退保投资成分差（25－29）×200＝－600（元）

通过以上计算，得到以下结果：

第1年年末合同服务边际余额＝14 600（期初余额）－1 800（未来保费变动）＋5 000（未来赔付变动）－600（投资相关的经验调整）＝17 200（元）

第1年合同服务边际摊销＝17 200×100（第1年有效保单）/170（第1年有效保单100＋第2年有效保单70）＝10 117.65（元）

（3）计算第1年保险获取现金流量摊销。

保险获取现金流量摊销＝支付的保险获取现金流量1 200×100（第1年有效保单）/170（第1年有效保单100＋第2年有效保单70）＝705.88（元）

（4）计算第1年保险服务收入。

第1年保险服务收入＝5 600（年初的预计赔付）＋0（非金融风险调整释放）＋10 117.65（合同服务边际摊销）＋0（其他保险服务费用）＋705.88（保险获取现金流量摊销）＝16 423.53（元）

2. 增加保险服务费用

保险服务费用（insurance service expense）反映保险公司按照新保险准则相关规定确认的保险合同赔付和费用、亏损保险合同损益等。该项目应根据"保

险合同赔付和费用"和"亏损保险合同损益"科目的发生额合计数填列。包括:

(1) 实际赔付。即已发生赔款(投资成分除外)及其他已发生的履约费用。

(2) 保险获取现金流量的摊销。将保险获取现金流量按照系统的、基于时间推移的方法进行分摊,计入各期的保险服务费用。

(3) 已发生赔款负债增加额。与过去服务相关的变动,即与已发生赔款负债相关的履约现金流变动。

(4) 亏损合同组的当期损失(减转回)。与未来服务相关的变动,即亏损合同组的损失及该类损失的转回。

3. 增加分出的再保险损益

分出的再保险损益是指源于分出的再保险合同组的、除保险合同金融变动额以外的收益或费用,包括向再保险分入人支付保费的分摊和从再保险分入人摊回的金额。

(1) 分出保费的分摊。指公司向再保险分入人支付保费的分摊。

(2) 摊回保险服务费用。摊回保险服务费用包括摊回当期发生赔款及其他相关费用、亏损摊回部分的确认及转回和分保摊回已发生赔款资产相关履约现金流量变动。

对于再保险合同,和旧准则比较,其变化为分出保费不再作为保险业务收入的减项;分保费收入并入保险服务收入;分保费用并入保险服务费用。

4. 增加保险财务损益

保险财务损益(insurance financial profit and loss)是指计入当期及以后期间损益的保险合同金融变动额。保险合同金融变动额(financial changes in insurance contract)是货币时间价值及金融风险的影响导致的未到期责任负债和已发生赔款负债账面价值变动额。这些变动与保险公司的经营努力关联不大,如果计入保险服务业绩,保险服务业绩将受到利率、折现率等波动的影响较大,承保业绩信息受到干扰。因此,应将保险合同金融变动额在利润表中单独反映。

保险财务损益包括"承保财务损失"和"分出再保险财务收益"项目,分别反映保险公司按照新保险准则相关规定确认的签发的保险合同所产生的承保财务损失和分出再保险合同所产生的分出再保险财务收益。承保财务损失包括保险负债的利息增值、期末折现率变动导致的保险负债变动、保险合同基础项目的公允价值变动、汇兑净损益。分出再保险财务收益包括分出再保险资产的利息增值、期末折现率变动导致的分出再保险资产变动。该项目应分别根据"承保财务损益"和"分出再保险财务损益"科目的发生额填列。

5. 增加计入其他综合收益的保险合同金融变动

按照新准则,公司可以选择将保险合同金融变动额分解计入当期保险财务损益和其他综合收益,由此可见,新准则赋予了保险公司利润表层面管理净利润波动幅度的会计选择权("OCI选择权")。计入其他综合收益的保险合同金融变动包括:

(1)"不能转损益的保险合同金融变动"项目,反映保险公司采用浮动收费法计量保险公司持有基础项目的、具有直接参与分红特征的保险合同组,并选择将保险合同金融变动额分解计入保险财务损益和其他综合收益时,与基础项目不能重分类进损益的其他综合收益对应的、计入其他综合收益的保险合同金融变动额。该项目应根据"其他综合收益"科目的明细发生额填列。

(2)"可转损益的保险合同金融变动"项目,反映保险公司在签发的保险合同组合层面选择将保险合同金融变动额分解计入保险财务损益和其他综合收益时,除已在"不能转损益的保险合同金融变动"项目中列示以外的、计入其他综合收益的保险合同金融变动额。该项目应根据"其他综合收益"科目的明细发生额填列。

(3)"可转损益的分出再保险合同金融变动"项目,反映保险公司在分出再保险合同组合层面选择将保险合同金融变动额分解计入分出再保险财务损益和其他综合收益时,计入其他综合收益的保险合同金融变动额。该项目应根据"其他综合收益"科目的明细发生额填列。

6. 收入、费用界定发生变化

(1)利息收入单独列示,不包含在其他业务收入项目中。

(2)"手续费及佣金支出""税金及附加""业务及管理费"和"其他业务成本"项目,反映保险公司确认的与保险合同履约不直接相关的手续费及佣金支出、税金及附加、业务及管理费和其他业务成本。

(3)业务管理费用按照是否可直接归属到保险合同划分为可归属费用和不可归属费用。可归属费用纳入未来现金流估计中进行计量,不可归属费用在发生时直接进入损益("业务及管理费"科目)。可归属费用进一步划分为获取费用和维持费用。获取费用(保单获取现金流量)的偏差可以被合同服务边际吸收,而维持费用则要记入损益。不同于旧准则首日费用立即确认、首日已赚相应体现,新准则下获取费用逐期摊销确认。不可归属费用包括一些与合同服务不直接相关的项目,例如审计费、学会会费、绿化费;以及履约过程中因劳力或其他资源的非正常损耗带来的额外开销。

(4)利息支出单独列示,不包含在其他业务成本项目中。主要包括卖出回购证券利息支出、应付债券利息支出、退休金福利责任利息成本、租赁负债的利息费用等。

（5）删除资产减值损失，增加信用减值损失、其他资产减值损失。

（二）保费分配法下利润表的变化

当公司采用保费分配法时，当期的保险业务收入是预期收取的保费（剔除任何投资成分）分摊至当期的金额（即已赚保费），与旧准则基本相同。公司应当按照下列两种方式之一将预期收取的保费分摊至各期：（1）以时间的推移作为分摊的基础。（2）如果风险在责任期内预期释放的方式与时间的推移存在重大差异，以保险服务费用预期发生的时间作为分摊的基础。

三、现金流量表的变化

新准则利润表收入支出与现金流脱钩，现金流量表可提供规模保费收入等补充信息。现金流量表格式见表 13-8。

表 13-8　现金流量表

编制单位：　　　　　　　　年　月　日　　　　　　　　单位：

项　　目	本期金额	上期金额
一、经营活动产生的现金流量：		
销售商品、提供劳务收到的现金		
向其他金融机构拆入资金净增加额		
收到签发保险合同保费取得的现金		
收到分入再保险合同的现金净额		
拆入资金净增加额		
收到其他与经营活动有关的现金		
经营活动现金流入小计		
支付签发保险合同赔款的现金		
支付分出再保险合同的现金净额		
保单质押贷款净增加额		
拆出资金净增加额		
支付手续费及佣金的现金		
支付给职工以及为职工支付的现金		
支付的各项税费		
支付其他与经营活动有关的现金		

项　　目	本期金额	上期金额
经营活动现金流出小计		
经营活动产生的现金流量净额		
二、投资活动产生的现金流量：		
收回投资收到的现金		
取得投资收益和利息收入收到的现金		
处置固定资产、无形资产和其他长期资产收回的现金净额		
收到其他与投资活动有关的现金		
投资活动现金流入小计		
投资支付的现金		
返售业务资金净增加额		
购建固定资产、无形资产和其他长期资产支付的现金		
支付其他与投资活动有关的现金		
投资活动现金流出小计		
投资活动产生的现金流量净额		
三、筹资活动产生的现金流量：		
吸收投资所收到的现金		
取得借款收到的现金		
发行债券收到的现金		
回购业务资金净增加额		
收到其他与筹资活动有关的现金		
筹资活动现金流入小计		
偿还债务支付的现金		
分配股利、利润或偿付利息支付的现金		
支付其他与筹资活动有关的现金		

项　　　目	本期金额	上期金额
筹资活动现金流出小计		
筹资活动产生的现金流量净额		
四、汇率变动对现金及现金等价物的影响		
五、现金及现金等价物净增加额		
加：期初现金及现金等价物余额		
六、期末现金及现金等价物余额		

1. 将"收到原保险合同保费取得的现金"、"支付原保险合同赔付款项的现金"进行了调整

(1)"收到签发保险合同保费取得的现金"项目,反映保险公司因签发适用新保险准则的合同(分入再保险合同除外)收到的保费(含投资成分和预收保费,下同)现金流量。若企业在按照新保险准则第八十六条规定对保险合同负债(或保险合同资产)账面价值变动的披露中未将保费返还与投资成分合并披露,则保费返还对应的现金流出应列示在本项目中。

(2)"支付签发保险合同赔款的现金"项目,反映保险公司因签发适用新保险准则的合同(分入再保险合同除外)从已发生赔款负债金额中向保单持有人支付的现金流量,例如,向保单持有人支付的赔款(含投资成分)、保单红利、满期给付等。若企业在按照新保险准则第八十六条规定对保险合同负债(或保险合同资产)账面价值变动的披露中将保费返还与投资成分合并披露,则保费返还对应的现金流出应列示在本项目中。

2. "收到再保险业务现金净额"分解为"收到分入再保险合同的现金净额"、"支付分出再保险合同的现金净额"项目

(1)"收到分入再保险合同的现金净额"项目,反映保险公司因签发适用新保险准则的分入再保险合同从分出人收到的分入保费减去向分出人支付的赔款和费用(含投资成分,下同)等后的净额。

(2)"支付分出再保险合同的现金净额"项目,反映保险公司因分出适用新保险准则的再保险合同向分入人支付的分出保费减去从分入人收到的摊回赔款和费用等后的净额。

3. 保单质押贷款、同业拆借由投资活动、筹资活动调整为经营活动。

(1)"保单质押贷款净增加额"项目,反映保险公司因签发适用新保险准则的保险合同产生的保单质押贷款所支付与收到的经营活动净现金流量。

(2) 同业拆借分为拆入资金和拆出资金,分别在经营活动现金流入和经营活动现金流出列示

4. "收到其他与经营活动有关的现金"和"支付其他与经营活动有关的现金"项目内涵发生变化。

保险公司因签发或者分出不适用新保险准则的保单而从保单持有人或分入人收到和向保单持有人或分入人支付的现金流量净额,列示在"收到其他与经营活动有关的现金"或"支付其他与经营活动有关的现金"项目。

5. 项目更加细化

按照新准则,买入返售业务、卖出回购业务分别作为投资活动、筹资活动单独列示。

6. 间接法中的调整项目发生变化

按照新准则,删除提取未到期责任准备金、提取保险责任准备金,增加保险合同负债变动,删除资产减值损失,增加信用减值损失、其他资产减值损失。

四、所有者权益变动表的变化

按照新准则,所有者权益变动表中的所有者权益内部结转项目增加了"其他综合收益结转留存收益"项目,除应反映重新计量设定受益计划产生的不重分类进损益的其他综合收益、权益法下不能转损益的其他综合收益、其他权益工具投资公允价值变动和保险公司自身信用风险公允价值变动形成的其他综合收益外,对于保险公司持有基础项目、具有直接参与分红特征的保险合同组,保险公司选择将保险合同金融变动额分解计入保险财务损益和其他综合收益的,还应反映在基础项目不能重分类进损益的其他综合收益转入留存收益时,与该基础项目对应的、不能重分类进损益的保险合同金融变动额分解形成的其他综合收益转入留存收益的金额等。

关 键 词

财务会计报告　财务报表　资产负债表　利润表　现金流量表　所有者权益变动表　附注

复习思考题

1. 简述保险公司财务报表的作用及构成。

2. 简述保险公司资产负债表的结构和排列顺序。

3. 简述保险公司利润表的结构。

4. 简述保险公司现金流量表的特点和作用。

5. 简述保险公司所有者权益变动表的作用和结构。

6. 保险公司现金流量表的编制方法有哪两种？各有什么特点？

7. 保险公司附注主要包括哪些内容？

练 习 题

习题一

一、目的：练习资产负债表的编制方法。

二、资料：宏达寿险公司 20×7 年 12 月 31 目的科目余额如下表。

科 目 余 额 表
单位：元

科　　目	借方余额	科　　目	贷方余额
库存现金	590 000	拆入资金	400 000
银行存款	131 510 000	存入保证金	50 000
存出保证金	580 000	应付手续费及佣金	750 000
拆出资金	17 550 000	卖出回购金融资产款	1 200 000
交易性金融资产	15 000 000	预收保费	970 000
买入返售金融资产	13 470 000	应付职工薪酬	1 400 000
应收保费	2 430 000	应交税费	1 050 000
应收分保账款	6 430 000	应付保单红利	860 000
应收分保合同准备金	1 562 000	应付分保账款	5 368 000
其他应收款	410 000	应付赔付款	1 050 000
低值易耗品	960 000	其他应付款	1 480 000
保户质押贷款	500 000	长期借款	9 290 000
持有至到期投资	130 870 000	未到期责任准备金	10 260 000
长期股权投资	18 500 000	保险责任准备金	146 520 000
固定资产	19 490 000	保户储金	80 000 000
固定资产清理	345 000	独立账户负债	650 000

续　表

科　　目	借方余额	科　　目	贷方余额
在建工程	10 000 000	递延所得税负债	400 000
无形资产	1 000 000	长期应付款	70 000
长期待摊费用	6 000 000	股本	129 620 000
抵债资产	1 470 000	盈余公积	1 200 000
存出资本保证金	50 000 000	一般风险准备	1 200 000
独立账户资产	1 900 000	利润分配(未分配利润)	32 800 000
递延所得税资产	80 000	坏账准备	74 000
		固定资产减值准备	335 000
		累计折旧	3 650 000
合　　计	430 647 000	合　　计	430 647 000

该公司的有关明细账资料如下：

1. "银行存款——活期存款"明细账的余额为 1 250 000 元(借方)，"银行存款——定期存款"明细账的余额为 130 260 000 元(借方)。

2. "应收分保合同准备金——未到期责任准备金"明细账的余额为 991 000 元(借方)，"应收分保合同准备金——未决赔款准备金"明细账的余额为 571 000 元(借方)。

3. "坏账准备——应收保费"明细账余额为 52 000 元(贷方)，"坏账准备——应收分保账款"明细账余额为 22 000 元(贷方)。

4. "保险责任准备金——未决赔款准备金"明细账的余额为 986 000 元(贷方)，"保险责任准备金——寿险责任准备金"明细账的余额为 128 763 000 元(贷方)，"保险责任准备金——长期健康险责任准备金"明细账的余额为 16 771 000 元(贷方)。

三、要求：根据上述资料，为该公司编制资产负债表。(年初数略)

习题二

一、目的：练习保险公司利润表的编制方法。

二、资料：宏达寿险公司20×7年度损益类科目的全年发生额情况如下表所示。

损益类科目表　　　　　　　单位：元

科 目 名 称	本期贷方发生额	科 目 名 称	本期借方发生额
保费收入	354 384 000	赔付支出	118 717 000
利息收入	10 000 000	保单红利支出	5 179 000
其他业务收入	6 379 000	退保金	25 600 000
投资收益	33 683 000	分出保费	9 869 000
汇兑损益	856 000	分保费用	3 400 000
摊回保险责任准备金	345 000	资产减值损失	1 250 000
摊回赔付支出	4 832 000	公允价值变动损益	500 000
摊回分保费用	716 000	手续费及佣金支出	6 266 000
营业外收入	2 560 000	利息支出	3 800 000
		税金及附加	2 654 000
		业务及管理费	12 860 000
		提取未到期责任准备金	35 600 000
		提取保险责任准备金	121 200 000
		其他业务成本	600 000
		营业外支出	980 000
		所得税费用	18 886 000

该公司的有关明细账资料如下：

1. "保费收入——原保险合同"明细账发生额为 350 000 000 元（贷方），"保费收入——再保险合同"明细账发生额为 4 384 000 元（贷方）。

2. "利息收入——活期存款"明细账发生额为 2 000 000 元（贷方），"利息收入——定期存款"明细账发生额为 8 000 000 元（贷方）。

三、要求：根据上述资料，为该公司编制利润表。（上期金额略）

第十四章

保险公司财务会计报告分析

第一节　保险公司财务会计报告分析概述

一、保险公司财务会计报告分析的概念和目标

保险公司财务报告分析(financial accounting report analysis)就是运用保险公司财务报表数据及其他相关资料,运用专门方法,对保险公司的财务状况和经营成果进行分析和评价,整理出有用的信息,供决策者使用的全过程。

编制财务会计报告本身并不是目的,而是为了提供决策有用的信息。虽然保险公司财务会计报告在某种程度上能定期向政府有关部门、保险监督管理部门、投资者以及其他报表使用者提供有用的财务数据和会计信息。然而,财务会计报告毕竟只能概括性地反映一个保险公司在过去某一会计期间的财务状况和经营成果;而了解过去并不是报表使用者的最终目的。财务会计报告的真正价值是通过对财务报表的分析来预测未来的盈余、股利、现金流量及其风险,以帮助保险公司管理当局规划未来,帮助投资者进行决策。不掌握财务会计报告分析,就不能把反映历史状况的数据转变为预计未来的有用信息。

二、保险公司财务会计报告分析的程序

保险公司财务会计报告分析需要有一套较为完整有效的程序,这套程序一般包括以下五个步骤。

1. 明确分析的目的

财务会计报告分析的目标是财务会计报告分析的最终归宿,明确分析目的对于我们的分析非常重要,它有助于我们取得有益的分析结果,提高分析效率。没有目标的财务会计报告分析不可能是一个有效的分析;财务会计报告分析的目标不同,财务会计报告分析所需要的资料及采用的分析方法也有所

不同。

2. 搜集有关财务信息

关于一个公司财务信息的来源,主要是财务报告资料。在获取公司的财务报告时,分析者要对公司所揭示的会计政策加以特别的关注。这些会计政策是公司在编制财务会计报告时所依据的各项会计原则和方法,以及对此原则与方法的特殊应用,所以对于财务会计报告的分析者而言,是调整不同公司财务报表,促使其可比性的基础,公司的会计政策通常在报表附注中予以说明。

另外,注册会计师查账验证报告,也是财务会计报告分析的重要信息来源。如果会计师表达的意见有所保留,就意味着公司的财务会计报告中存在着某种缺陷,必须引起财务会计报告分析者的注意。除上述各种信息来源外,其他专业性的信息或咨询服务机构、保险行业协会、保监会、证券交易所等提供的有关公司所在行业的资料、有关宏观经济环境的相关资料及公司管理人员对该公司当年年度营运状况的评论及未来发展的趋势,都可以作为财务会计报告分析者的信息来源。因此,财务会计报告分析的内容并不仅仅局限于公司的财务会计报告,而是有着更为丰富的内涵。

3. 整理并审查各种财务信息

在搜集了相关的资料数据后,必须核查所收集的数据和资料,确定其是否真实可靠,是否与分析目标相关。核查所收集的数据和资料是必不可少的一步。

4. 选择具体的分析方法得出分析结论

在财务会计报告分析中,分析人员必须根据分析的目的,对所搜集的财务信息,选择适当的分析工具和方法,对大量的财务资料进行对比、分析,将分析结果与设定标准进行分析比较,以此评价公司财务状况和经营效果的好坏,完成特定的分析结果,最后得出财务报表分析的结论。财务会计报告分析的方法很多,具体采用哪一种方法,以及如何运用,或是几种方法的结合运用,这要看分析的目的、对象、要求以及所掌握的资料的性质、内容而定。

5. 传递财务会计报告分析的结果

传递财务会计报告分析的结果主要通过分析报告的形式来进行。根据分析报告使用对象的不同,可以将分析报告分为概括性报告和技术性报告。概括性报告用非完全财务性语言对报表分析结论进行阐述,目的是使高层次信息使用者或非财务人员理解和吸收研究结论;技术性的报告则大量采用财务术语和概念,涉及详细的数据、公式、图表和运算论证,是一种只有专业人员才能完全消化的报告。在实务操作中,提供何种分析报告,主要取决于分析的目标和使用的对象。

第二节　保险公司财务会计报告分析方法

一、比率分析法

比率分析法(ratio analysis method)是财务分析中运用最广泛的方法。它是将同期会计报表上有关数据加以比较求得各种比率,以说明各项目之间的关系,以求发现和借以评价公司的财务状况和经营成果。西方会计界运用财务比率来评价和分析企业的财务状况经营成果,已经有近百年的历史。实践证明,借助于财务比率分析,可以有效地促进公司改善经营管理和提高经济效益,对于外部信息使用者准确地把握公司财务状况也是一种简单、快速的科学分析方法。

具体运用比率分析时,应注意以下问题。

(1) 在运用比率分析法时,只有计算比率的项目之间确实存在某种关系,才可以加以对比,使之形成新的会计信息,对不相关的项目进行对比是毫无意义的。

(2) 在运用比率分析法时应注意会计原则的一致性和统一性,即同一公司不同期间或不同公司同一会计期间会计原则的采用是否一致。

(3) 比率分析法只是一种分析的手段,而不是分析的目的,和其他分析工具相配合,才能了解事实的全部真相。

(4) 只凭单个比率评价公司的做法是不可取的,我们应该掌握公司前一年的比率以了解所考虑的事情正在发生怎样的变化,变化趋势是怎样的;或者我们应该将一家公司的比率指标和同行业的其他公司或具有可比规模的其他公司相比。

二、比较分析法

1. 比较分析法的含义与作用

比较分析法(comparative analysis method)是将公司财务会计报告中的主要项目或财务指标与选定的基准相比较,确定其差异,并据以判断、衡量公司财务状况和经营成果等的一种分析方法。在这里,财务指标的含义不仅仅是指财务报表数据和财务比率,而且还包括利用财务报表数据或财务比率等得出其他的、与反映公司经营状况相关的指标。

比较分析法是财务会计报告分析最基本的方法,没有比较也就没有分析。财务会计报告的绝对数值或财务比率或其他财务指标,除非与其他数值或比率或指标进行对比,否则毫无意义。通过比较分析,能够洞悉值得进一步分析的问题所在,即提出进一步应该分析的对象。

2. **比较分析法的应用原则**

(1) 合理选择比较的对象。合理选择比较的对象是指进行比较的项目要具有针对性,切合财务报表分析目的的要求。

(2) 对比指标的可比性。对比指标的可比性是指进行对比的指标与基准性质相同、内容一致、计价标准一致、时间范围一致等。

(3) 多种比较形式的结合。多种比较形式的结合是指在财务会计报告比较分析中,最好能同时使用几种形式的对比,既进行公司自身前后期的对比,又进行和同行业公司的对比,这样可以避免轻率地作出结论,同时还能为某些发现提供佐证。

3. **比较分析法的具体形式**

比较分析法的关键就是和某些选定的基准相比较。比较方式是多种多样的,根据这些基准的不同,也就形成了比较分析法的不同的具体表现形式。应用于财务报表的分析中,比较分析法的具体形式一般来说有如下四种类型。

(1) 与历史标准相比较。历史标准指的是公司相应财务指标的上期或前几期的实际数额,或者是公司该指标的历史最高水平。将公司本期的财务报表及其相关数据与以前各期的同类数据进行对比,可以评价公司财务状况和经营成果的变化规律,预测其发展趋势。前后期的比较还可以进行多期的比较。比如,在我国上市公司的年度财务报告中,要求公司提供最近三年的主要会计数据和财务指标。而以公司历史最高水平数额作为比较的基准,有助于对公司经营的激励。

(2) 实际完成情况与计划或预算相比较。以计划标准为比较基准对财务会计报告进行比较分析,通常是将公司的财务会计报告及其相关数据与本期的计划(或预算)资料进行对比。它有利于确定实际同计划的差距,反映出公司计划的完成情况。比如,在我国上市公司的年度报告中,就要求企业管理当局在业务报告中分析说明本年度的主要财务数据与计划(预测)数的差异及其原因。

(3) 本公司与同行业公司比较。本公司与同行业公司比较是指将公司的财务会计报告及其相关数据与同行业的平均水平、先进水平或竞争单位的同类数据比较,以评价公司财务状况和经营成果的优劣。由此可见,与同行业公司的比较包括两类:其一是与同行业中的个别公司相比较,例如与同行业中的先进公司或是竞争对手等比较;其二是与本行业的标准或者说是平均水平相比较。

(4) 与绝对值标准比较。绝对值标准又称为公认指标。在财务会计报告的分析领域,我们通常可以看到一些以绝对数值作为财务指标的比较基准。最为常见的如流动比率应为2,速动比率为1等,此外,还有诸如流动资金和长期资金的比率关系、匹配型财务结构等一些比较的基准。这些绝对值标准往往是根据经济发展的规律和长期的公司管理经验而产生的评价标准,或者说是根据历史经验和国际经验确定的参考标准。简言之,它是一种经验规则。来自"经验"也正是绝对值标准的缺陷,它引起不少争议,常常不符合公司自身的实际情况,所以一般只能作为比较分析的参考使用。

三、趋势分析法

1. 趋势分析法的概念和作用

趋势分析法(trend analysis method)是将两期或连续数期的财务会计报告中的相同指标进行对比,确定其增减变动的方向、数额和幅度,以说明公司财务状况和经营成果的变动趋势的一种方法。这种方法能够化繁为简,提供一个明确的趋势概念,而且可以通过对过去的研究与观察,研究其变动规律,显示公司未来的发展趋势,为未来财务预测提供依据。

2. 趋势分析法的形式

就单独一项或几项财务指标的变化趋势进行分析,其主要形式有下述三种。

(1) 绝对金额式趋势分析。绝对金额式趋势分析就是以连续数期的同一指标的绝对金额或变动额为依据,观察其变化趋势。

这种分析形式,难以更准确地观察逐年变动的幅度大小及其变动趋势,因此,还需要进一步计算增长变化的比率或趋势百分比,以相对变动数据观察其趋势。

(2) 环比式比率趋势分析。环比式比率趋势分析即以环比增长比率为依据观察指标变动趋势。环比增长率的计算公式为

$$环比增长率=(本期实际数-上期实际数)\div上期实际数\times100\%$$

(3) 定基百分比趋势分析。定基百分比分析即以某一期为基期,计算各期的定基比增长率,以观察其变动趋势。定基百分比的计算公式为

$$定基百分比=某期实际数\div基期实际数\times100\%$$

在运用趋势分析法进行趋势分析时,应注意以下几点。

① 对基期的选择应持谨慎的态度,因为所有趋势百分比都是和基期相联系的,因此基期的选择要有代表性;基期不得为零或负数,并且应剔除非常年度的极端资料,并配合绝对数字一并观察。

② 单独就某一项目进行趋势分析时,很难发现事情的真相,应当与相关项目同时分析才更有意义。

③ 如果前后各期的会计原则、政策不一致,趋势分析就会失去意义。

④ 趋势分析所涉及的时间跨度越长,因而物价波动对财务信息造成的扭曲程度也就会越严重。

四、共同比分析法

共同比分析法(common-size analysis method)又称结构分析法,是分析某一经济现象在总体中所占的比重,进而从比重构成的分析中掌握事物的特点,借以认识事物的本质和客观规律性的一种方法。具体来讲,结构分析的特点就是把分析对象的总体作为100%,借以分析构成总体的各个部分所占的比重,以认识局部与总体的关系和影响。按照这种思路,结构分析的计算公式一般为

$$结构百分比＝部分÷总体×100\%$$

财务会计报告的结构百分比分析通常是以百分比的形式表述公司在一个特定期间内其财务会计报告项目与某一共同项目之间的关系,反映的是财务会计报告各项目间的纵向关系。具体来说它是将财务报表中的某一关键项目金额作为100%,再将其余有关项目的金额换算为对该关键项目的百分比,以揭示出财务会计报告中各项目的相对地位和财务报表的总体结构关系。这种技术也被称为垂直分析法,因为人们阅读报表时眼睛是上下移动的。通过共同比财务会计报告分析,我们可以从财务会计报告中每一项目的结构变化,充分掌握公司各项结构内容的动态配置,并且可以将原来不能比较的绝对数字,转换为同一基础上的数据以便于比较。可以说,编制共同百分比财务会计报告是财务报表分析的最主要内容之一。但是,在进行共同比财务会计报告分析时,仍要结合绝对数字的增减变动,以便更好地了解公司的实际状况。

五、图表分析

图表分析(chart analysis)是以各种图形(如饼图、曲线图、直方图等)或表格来表示公司在同一年度或不同年度内有关财务状况、经营成果以及财务状况变动的各种关系与趋势。

从严格意义上讲,图表分析并不是一种分析方法,而是分析结果的一种表达方式,以这种方式表达的结果,便于信息的使用者一目了然,能够迅速地掌握有关财务状况和经营成果的相互关系和变动趋势,使会计信息更具可理解性或更有可比性,这种信息披露方式在很多上市公司的年度报表中屡见不鲜。

第三节　保险公司财务分析指标

一、反映偿债能力的指标

1. 流动比率

流动比率(current ratio)是流动资产与流动负债的比率,其计算公式为

$$流动比率＝流动资产÷流动负债$$

本指标用于反映公司短期偿债能力,比值越高,资产流动性越强。从理论上讲该指标等于 1 即可,表示 1 元的流动资产正好可以偿还 1 元的流动负债;但是,由于流动资产在变现过程中存在一些不确定性因素,比如应收保费、短期投资、拆出资金、短期贷款在一年内有可能收不回来,因此该指标应大于 1。如果比值大于或等于 1 时,说明公司可以用其短期资产偿还短期负债;小于 1 时,说明公司的短期资产不足以偿还短期负债,需要通过变卖长期资产或借款等形式偿还短期负债。对于制造业通常以 2 为标准,对保险业而言,财产保险业的流动比率应高于人身保险业,在美国,人身保险业的平均流动比率为 3 左右。

2. 现金比率

现金比率(cash ratio)是现金与现金等价物对流动负债的比率,其计算公式为

$$现金比率＝(现金＋现金等价物)÷流动负债$$

现金包括库存现金和银行存款。所谓现金等价物,通常的解释是公司持有的期限短、流动性强、易于转换为已知金额的现金和价值变动风险很小的投资。现金是流动资产中变现能力最强的资产,它可以说具有百分之百的变现能力。因而,现金比率是衡量短期偿付能力最可信指标。现金比率越高,短期债权人的债务风险就越小。但是,如果这个指标很高,也不一定是好事,可能反映公司不善于利用现有现金资源,没有把现金进行投资以赚取更多的收益。

3. 资产负债率

资产负债率(asset-liability ratio)是负债总额与资产总额的比率,其计算公式为

$$资产负债率＝负债总额÷资产总额×100\%$$

该指标用来以反映保险公司资产负债比例关系,说明总资产中有多大比例是通过负债来筹集的,也用来衡量保险公司在清算时保护债权人利益的程度。

资产负债率越高,表示公司的资金来自债权人的比率越大,对债权人的保障越少。保险业作为高负债经营机构,资产负债率一般都在80%—90%以上,寿险业更加明显。

4. 负债经营率

负债经营率(liability operation ratio)是负债与所有者权益的比率,其计算公式为

$$负债经营率=负债÷所有者权益$$

负债经营率又称产权比率,反映由债权人提供的资本与投资者或股东提供的资本的对应关系,用以衡量保险公司的基本财务结构是否稳定,表明债权人投入的资本受到股东权益保障的程度。保险业属于负债经营,该指标一般会大于1。

5. 固定资本比率

固定资本比率(fixed capital ratio)是固定资产净值和在建工程余额之和与净资产的比率,其计算公式为

$$固定资本比率=(固定资产净值+在建工程余额)÷净资产×100\%$$

本指标主要监测保险公司固定资产占资本金的比重,旨在控制保险公司实物资本比例。固定资产具有周转速度慢、变现能力差、风险大等特点。如果固定资产比重过高,将影响资本的流动性。按照保险公司财务制度规定,固定资产净值和在建工程余额之和占净资产的比重最高不得超过50%,以保证保险公司的净资产有较高的流动性和变现能力。

6. 综合偿付能力充足率

综合偿付能力充足率(comprehensive solvency adequacy ratio)是衡量保险公司资本的总体充足状况的监管指标。其计算公式为

$$综合偿付能力充足率=实际资本(含附属资本)÷最低资本$$
$$(含附属资本)×100\%$$

其中实际资本是认可资产与认可负债之间的差额,实际资本包含附属资本,附属资本是指仅在保险公司破产清算状态下才可以吸收损失的资本,包括次级债、资本补充债券等。按照保险监管规定,综合偿付能力充足率最低监管要求为100%。

7. 核心偿付能力充足率

核心偿付能力充足率(core solvency adequacy ratio)是核心资本与最低资本的比率,它是衡量保险公司高质量资本的充足状况的监管指标。核心资本是指

在保险公司在持续经营和破产清算状态下均可以吸收损失的资本。与综合偿付能力充足率不同的是,核心资本不含附属资本。其计算公式为

$$核心偿付能力充足率=实际资本(不含附属资本)÷最低资本$$
$$(不含附属资本)×100\%$$

按照保险监管规定,核心偿付能力充足率最低监管要求为50%。

二、反映资产质量的指标

1. 应收保费率

应收保费率(premium receivable rate)是应收保费余额与保费收入的比率,其计算公式为

$$应收保费率=本期应收保费余额÷本期保费收入×100\%$$

本指标主要反映保险公司本期保费收入中有多少保费尚未收回,如果应收保费率较高,则影响保险公司的现金流量及财务稳定性。因此,该比率一般应控制在规定标准内。

2. 应收保费周转率和应收保费周转天数

应收保费周转率(turnover rate of premium receivable)也称为应收保费周转次数,它是保费收入与应收保费平均余额的比率,反映应收保费在一定期间内周转了几次,其计算公式为

$$应收保费周转率=保费收入÷应收保费平均余额$$

应收保费周转天数是指应收保费平均每周转一次所需要的天数,其计算公式为

$$应收保费周转天数=360÷应收保费周转率$$
$$=应收保费平均余额×360÷保费收入$$

从资产管理角度看,越早收回保费越好。所以,可以用应收保费周转率及应收保费周转天数来评判保险公司资产管理的效率。

应收保费周转次数和应收保费周转天数指标从不同的角度反映了公司应收保费的流动性强弱。一般而言,应收保费周转次数越多,亦即应收保费周转天数越短,表明公司在应收保费上占用的资金越少,应收保费转化成现金的效率越高,体现出公司的应收保费管理质量越高。

3. 资产周转率

资产周转率(asset turnover rate)也称资产利用率,用于反映公司运用其总

资产获取收益的能力。其计算公式为

$$资产周转率＝营业收入÷资产平均余额×100％$$

资产周转率用来考查公司全部资产的综合利用效率,即公司的资产运用情况及通过使用资产而产生收入的能力。资产管理的任何一个环节都会影响指标值的高低。该比率越高,说明公司利用资产获取收益能力越强,公司资产使用效率越高。

三、反映成本控制能力指标

1. 综合赔付率

综合赔付率(comprehensive loss rate)反映非寿险业务一定时期的赔款支出与已赚保费的比率,其计算公式为

$$\begin{aligned}综合赔付率＝&(赔付支出－摊回赔付支出＋提取未决赔款准备金\\&－摊回未决赔款准备金)÷已赚保费× 100％\end{aligned}$$

该指标越低越好。指标低,说明保险公司承保的保险标的出险率低、理赔质量高、支付赔款少,从而效益好。一般不应大于65％。

2. 给付率

给付率(payment rate)反映寿险及长期健康险业务保险给付状况,其计算公式为

$$\begin{aligned}给付率＝&[(满期给付＋死亡给付＋伤残给付＋医疗给付＋年金给付)\\&－(摊回满期给付＋摊回死亡给付＋摊回伤残给付\\&＋摊回医疗给付＋摊回年金给付)]\\&÷(期初寿险、长期健康险责任准备金余额＋当期寿险、长期健\\&康险保费收入)×100％\end{aligned}$$

该指标越低,说明保险公司效益越好。另外,在计算给付率时还应分个险和团险、分不同的险种进行,也可以分项目进行。

3. 退保率

退保率(surrender rate)反映寿险及长期健康险业务保险退保状况,其计算公式为

$$\begin{aligned}退保率＝&当期退保金支出÷(期初寿险、长期健康险责任准备金余额\\&＋当期寿险、长期健康险保费收入)×100％\end{aligned}$$

在寿险业务中,退保合同的退保金一般比责任准备金要少,即保险人通过处

理退保可以获得由此产生的营业利润。孤立地看,退保越高则利润越高。但退保产生的后续结果并不仅仅限于退保本身,它还会在经营上产生连锁反应,比如发生退保可能造成保户对保险业务的逆选择、费用上的亏损、虚假利润,影响保险公司业务的正常经营。因此,退保率指标不宜过高。退保率过高,说明保险公司业务不稳定。

4. 综合费用率

综合费用率(comprehensive expense rate)指标反映一定时期内的费用支出与该时期已赚保费的比率,其计算公式为

$$综合费用率=(业务及管理费-摊回分保费用+手续费及佣金支出 \\ +分保费用+税金及附加)\div 已赚保费\times 100\%$$

该指标反映保险公司为取得已赚保费而付出的费用,它可用来衡量保险公司费用的管理水平。该指标越低,说明保险公司费用的管理水平越好。一般不应大于35%。

四、反映盈利能力指标

1. 营业利润率

营业利润率(operating profit rate)指标反映每1元的已赚保费收入所带来的营业利润的多少,其计算公式为

$$营业利润率=营业利润\div 已赚保费\times 100\%$$

由于营业利润中包含投资效益、利息收入、公允价值变动收益,因此,该指标不仅能体现保险公司的承保效益,而且可以体现保险公司的投资效益。一般来说,该指标值应大于0。

2. 利润率

利润率(profit rate)反映保险公司每1元的营业收入所带来的净利润的多少,表明营业收入的收益水平。其计算公式为

$$利润率=净利润\div 营业收入\times 100\%$$

营业收入不仅包括保费收入,而且包括投资收益等收入,它更能综合地反映公司所获得的收入创造利润的水平。从利润率的指标关系来看,净利润与利润率成正比例关系,而营业收入额与利润率成反比例关系。保险公司在增加营业收入额的同时,必须相应地获得更多的净利润,才能使利润率保持不变或有所提高。分析利润率的指标的变动,可以促使保险公司在取得营业收入的同时,注意改进经营管理,提高盈利水平。

3. 净资产利润率

净资产利润率(return on equity)又称权益报酬率,是用来说明保险公司的净利润同资产净值的关系,其计算公式为

$$净资产利润率＝净利润÷资产净值平均余额×100\%$$

式中资产净值是指资产减负债的差额,也即净资产或所有者权益,表明保险公司运用投资者投入的资本创造利润的能力。另外,该指标还可以用来衡量保险公司负债资金成本高低。一般来说,保险公司的净资产利润率越高越好。净资产利润率如果高于同期银行利率,则适度负债对投资者来说是有利的;反之,如果净资产利润率低于同期银行利率,则过高的负债率将损害投资者的利益。

4. 资产利润率

资产利润率(return on asset)表明保险公司运用全部资产创造利润的能力,它综合反映了保险公司资产的利用效果,其计算公式为

$$资产利润率＝净利润÷资产平均余额×100\%$$

公司的资产是由投资者投入和举债形成的,净利润的多少与公司资产的多少、资产的结构、资产的营运状况有着密切的关系。

5. 基本每股收益

基本每股收益(basic earning per share)又称为每股净收益、每股盈余或每股税后利润,是指在某个会计年度内平均每股普通股获得的收益,反映了股东原始投资的获利水平,即股东原始投资对公司本期利润的要求权,它会直接影响到股票市价,适合于上市保险公司,其计算公式为

$$基本每股收益＝(净利润－优先股股息)÷发行在外的普通股加权平均股数$$

在诸多指标中,基本每股收益是一个颇受人们关注的指标,也是最具隐蔽性的比率之一,受到投资者和潜在投资者及其他利益相关者的极大重视。基本每股收益可以认为是一家上市公司管理效率、盈利能力和股利分配来源的显示器,各个公司之间的业绩差异可以用每股净收益来解释,因此基本每股收益是投资者进行投资决策的重要依据,通常在各上市公司之间的业绩比较中广泛运用。

6. 稀释每股收益

稀释每股收益(diluted earning per share)指标是对基本每股收益进行稀释后的每股利润。其计算公式为

$$稀释的每股利润＝(净利润－优先股股息)÷(发行在外的普通股加权平均股数＋普通股当量)$$

保险公司除了发行普通股以外,还可发行潜在普通股。潜在普通股,是指可能赋予其持有者享有普通股权利的一种金融工具或其他合约。潜在普通股包括:

(1) 可转换成普通股的债务或权益工具,包括优先股。

(2) 认股证或认股选择权,是指赋予其持有者拥有购买普通股权利的合同。

(3) 允许员工取得普通股作为其一部分酬劳的员工计划和其他股份购买计划。

(4) 一旦满足合同协议中的特定条件(如购买一个公司或其他资产)时将发行的股份。

如果公司发行以上具有潜在盈利的有价证券,按照约定,这些有价证券有权于适当的时机转换成普通股或借以购买普通股,计算基本每股收益指标时应当充分考虑这些证券对基本每股收益降低的可能性,这时,应对基本每股收益指标进行稀释。计算稀释每股收益时,普通股股数为在计算基本每股利润时的股份加权平均数加上普通股当量。普通股当量又称约当普通股,也就是全部具稀释性潜在普通股转换成普通股时将发行的普通股的加权平均数量。具稀释性潜在普通股应视为已在当期期初或潜在普通股发行日转换成普通股。因为约当普通股具有分享净利润的权利,所以它具有与相关的普通股相同的市场价值。因此,在存在潜在普通股公司,计算每股收益指标时应考虑这些因素。这里值得注意的是只有当潜在普通股转换成普通股会减少每股持续正常经营净利润时,潜在普通股才能视为具有稀释性。

五、反映资金运用效益指标

1. 净投资收益率

净投资收益率(net return rate on investment)是指公司会计期间定期存款,债券利息以及股票股息等利息类收益与投资资产平均余额的比率。其计算公式为

$$净投资收益率=净投资收益÷投资资产平均余额×100\%$$

$$净投资收益=债权型资产的收益+股权型资产的股息+投资性房地产净收益$$
$$=银行存款利息收入+债权型投资利息收入$$
$$+贷款类资产利息收入+买入返售金融资产利息收入$$
$$+股权型投资股息收入+投资性房地产房租收入$$
$$-投资性房地产折旧$$

净投资收益率代表公司从投资资产中获得的实实在在的已实现的收益,它主要受利率变化的影响。

2. 总投资收益率

总投资收益率(total return rate on investment)是指公司会计期间总投资收益与投资资产平均余额的比率,总投资收益不仅包括净投资收益,而且包括投资资产买卖差价、公允价值变动损益。其计算公式为

$$总投资收益率=总投资收益÷投资资产平均余额×100\%$$

$$总投资收益=净投资收益+投资资产买卖价差收入+公允价值变动损益$$
$$-投资资产减值损失$$

总投资收益率不仅包括已实现收益,而且包括未实现收益。与净投资收益率相比更全面地体现了保险公司各类投资的投资效益。总投资收益率除了受利率变化的影响外,还受股票市场价格等其他因素的影响。

六、反映收益质量的指标

1. 保费收现比率

保费收现比率(rate of cash received on premium)反映当年保费收入在当年收现程度,它是衡量承保质量的重要指标。其计算公式为

$$保费收现比率=收到的现金保费÷保费收入$$

该指标等于或接近于1,说明本期收到的现金与本期发生的保费基本上一致,没有形成挂账,周转良好;该指标如果大于1,说明本期不仅收到了当期保费,而且还收回部分前期的应收保费;该指标如果小于1,说明账面收入高,变现收入低,挂账较多,公司必须关注应收保费的质量。

2. 利润变现比率

利润变现比率(rate of liquidity on profit)指标主要反映公司经营活动现金净流量和净利润的差异,即保险公司利润品质的好坏。其计算公式为

$$利润变现比率=经营活动现金净流量÷净利润$$

本比率说明公司每实现1元的账面利润中,实际有多少现金支撑。该指标数值越大,说明账面利润与现金流量的差异越少,利润的收现能力越强,资金的流动性和支付能力越强,公司的收益品质越好。通常,该比率应该大于1;若远远小于1,甚至为负值,则表明现金流量存在异常现象,公司收益可能存在严重的质量问题。

第四节　寿险利源分析

一、利源分析的概念

利源分析(profit source analysis),也即利润的来源分析。任何一家公司都可以从自己的利润表中获悉当年的经营是赔还是赚,但未必了解影响当年损益的具体原因,为此,在了解当年损益的基础上,还需进一步作利源分析。由于寿险业务的特殊性,其利源分析在技术上复杂一些,人为色彩要浓一些。

二、"三差"的形成

研究人寿保险利润的来源可以从保费的定价开始。由于保险费率的确定按收支相抵的原则,对未来发生保险事故的一种成本预测,因此,定价成本是一种预计成本亦即事前成本。寿险保费是由纯保费和附加保费两部分构成的,纯保费是抵付保险金的来源,它具体可以分成危险保险费和储蓄保险费,危险保险费是保险人用来抵付当年的保险金给付的,它是根据预定死亡率来确定的;储蓄保险费是用来逐年积累以抵付将来的保险金给付的,从实质上讲也就是责任准备金,它是根据预定利率来确定的。附加保费是业务费用的来源,是根据预定费用率来确定的。由此看来,寿险保单价格的确定是基于三个预定因素,即预定死亡率、预定利率和预定费用率。

虽然寿险保费,是按估计成本的方式加以确定,它所依据的死亡率、利率、费用率,都是按照现在对未来的看法事先加以预测。但在实际经营过程中,实际发生的死亡给付、从资金运用所获得的投资收益和实际发生的费用支出往往和预计的情况有差距。这种估计成本与实际成本的差异就是人寿保险的利润来源。在实际工作中,我们可以将人寿保险利源分为以下四个部分。

1. 死差益(损)

如果实际死亡率低于预定死亡率,说明从保费中收取的预定死亡保险金大于实际死亡保险金的给付,就会形成死差益(mortality profit);反之就会形成死差损(mortality loss)。其计算公式如下:

$$死差益(损) = (预定死亡率 - 实际死亡率) \times 危险保险金$$
$$= 危险保费总额 - 实际支付的危险保险金$$

2. 利差益(损)

如果寿险业资金运用的实际投资收益高于计算责任准备金所用的预定利

率,超过部分就是利差益(interest profit);反之为利差损(interest loss)。其计算公式如下:

$$利差益(损) = (实际收益率 - 预定利率) \times 责任准备金平均余额$$
$$= 实际投资收益 - 预定利息$$
$$责任准备金平均余额 = [(期初责任准备金 + 期末责任准备金) \div 2]$$

3. 费差益(损)

如果实际费用率低于预定费用率,说明年度内保费收入中的附加保费大于实际支出费用,就会产生费差益(loading profit);反之为费差损(loading loss)。其计算公式如下:

$$费差益(损) = (预定费用率 - 实际费用率) \times 保险费总额$$
$$= 附加保费 - 实际费用$$

4. 退保益(损)

当发生退保时,保险人应按保单现金价值支付一定的退保金,退保金和该保单在退保时的责任准备金之间的差额就是退保损益。如果退保金小于其责任准备金,就是退保益(surrender profit);反之为退保损(surrender loss)。其计算公式如下:

$$退保益(损) = 退保合同责任准备金 - 退保金$$

在寿险业务退保时,以该保单的责任准备金减去解约扣除后的余额退还给被保险人,因此,退保时所支付的现金价值永远小于准备金。因此,孤立地看,退保可以使公司获得利润。

由上可见,严格来讲寿险业利润来源于"四差",国外寿险公司一般大多采用"四差"分红,其主要目的是使产品服务能够比较适合市场需求,并且在经济环境发生变化时也对已购买该产品的客户具有相当的吸引力。"退保差"并没有广泛出现在国内寿险公司当中,这其中无非出于对两个原因的考虑,一是退保或失效保单容易受到社会经济变动和公司政策的影响,一般很难预料每年会发生多少。另外,退保金与准备金之间的差额,主要是首个保单年度未偿还部分的收回,以及办理退保手续的一部分成本,所以不能将其视为是经营的收益,而参与保单的盈余分红。

但目前英式分红法中的"退保差"等由于保单状态变动带来的损益差也开始被引入国内,比如民生人寿推出的一款"如意年年"两全保险(分红型)中就首先运用了"四差"分红,将退保差纳入可分配盈余,尤其对看中该产品投资功能的客户而言,具有较大的吸引力。

三、影响"三差"的因素

1. 死差益(损)的影响因素

死差益(损)来源于预定死亡率和实际死亡率的差距,预定死亡率是保险费计算时所采用的特定生命表的年龄、性别、死亡率的数列来确定的,由于生命表是客观、统一的,因此,实际经营中所产生的实际死亡率是影响死差益(损)的直接因素。提高承保质量,加强业务管理是控制死亡率的重要手段。只有加强业务管理中的核保,才能最大限度地发现投保中的不合格因素或各类次标准体;只有加强业务管理中的核赔,才能最大限度地减少各类不合理赔款数额。一般说来,生命表的制定比较保守,已把安全系数估算在内,所以实际收支中一般都有剩余。但是,有些公司为了弥补费用的不足,任意夸大死亡伤残人数或虚列满期给付数额,造成死差损过大。所以,只有加强业务管理中的统计和审计工作,才能使死差益(损)真实可靠。

2. 利差益(损)的影响因素

利差益(损)受两方面因素的影响:一是责任准备金的积累方式;二是责任准备金的运用情况。责任准备金是寿险业中最大、最为重要的负债,积累的时间长而且金额大,因此,责任准备金是资金运用的重要资金来源,责任准备金的提取的金额大小和准确与否直接影响利差益(损)。另一方面,如何对责任准备进行资金运用,产生增值也是影响利差益(损)的重要因素。资金运用的方式有很多,目前资金运用的收益主要表现为利息收入。只有当实际收益率高于预定利率,则以储蓄保险费为主而积累的责任准备金所形成的实际投资收益高于按预定利率计算的预定提存利息,才会产生利差益。利差益(损)相对来说风险最大,但潜力也最大,在目前资本市场不景气的状态下,如何拓宽投资渠道,增加投资收益是目前寿险业面临的难题。

3. 费差益(损)的影响因素

预定费用率是计算附加保费时所使用的费用率。寿险业务的附加保费是经营业务的各项开支的来源,开支的具体内容包括原始费用(新契约费用)、手续费、维持费用等。只有在实际费用率低于预定费用率的情况下才会出现费差益。因此,加强费用管理,降低费用水平是控制费用率的重要手段。另外,搞好售后服务,提高续保率,可以减少费差损。对于新单业务,公司为了刺激新契约扩张需要大量的费用开支。因此,做新单是费用投入的"季节",而公司提高预定费用率又会削弱寿险产品的竞争力,因而在开业之初很难形成费差益,一般都表现为费差损,但随着年数的增加会逐渐产生费差益。因此,后期的续保才是收获的季节,如果续保率过低,就会加大费差损。

关 键 词

财务报告分析　比较分析法　比率分析法　趋势分析法　共同比分析法

复习思考题

1. 简述保险公司财务会计报告分析的目标。
2. 简述保险公司财务会计报告分析的程序。
3. 简述保险公司财务会计报告分析的方法。
4. 保险公司财务分析指标体系包括哪些？如何计算？
5. 简述"三差"的形成来源。
6. 简述"三差"的影响因素。

练 习 题

一、目的：练习财务分析指标的计算方法。

二、资料：承前第十三章习题一和习题二的资料,该公司其他有关明细账资料如下：

1. 资产年初余额为 386 246 000 元,其中活期存款为 870 000 元,定期存款为 95 480 000 元,拆出资金为 18 320 000 元,买入返售金融资产为 12 260 000 元,交易性金融资产为 12 530 000,应收保费为 2 825 000 元,保户质押贷款为 530 000 元,持有至到期投资为 110 650 000 元,长期股权投资为 13 760 000 元,存出资本保证金为 35 000 000 元。

2. 所有者权益年初余额为 158 760 000 元。

3. 年初寿险、长期健康险责任准备金余额为 87 459 000 元,各项责任准备金平均余额为 118 328 000 元。

4. "保费收入"本期发生额 354 384 000 元,其中意外伤害保险为 48 650 000 元,人寿保险为 187 765 000 元,短期健康险为 34 378 000 元,长期健康险为 83 591 000 元。

5. "赔付支出"本期发生额 118 717 000 元,其中"赔付支出——赔款支出"明细账发生额为 28 670 000 元,"赔付支出——满期给付"明细账发生额为

19 342 000 元,"赔付支出——死亡给付"明细账发生额为 12 325 000 元,"赔付支出——伤残给付"明细账发生额为 10 430 000 元,"赔付支出——医疗给付"明细账发生额为 23 862 000 元,"赔付支出——年金给付"明细账发生额为 24 088 000 元。"摊回赔付支出——赔款支出"明细账发生额为 4 832 000 元。

6. 假设该公司 20×6 年年末的股本为 80 000 万股(假定是 20×6 年 1 月 1 日发行),20×7 年 2 月 8 日,经公司 20×6 年度股东大会决议,以截至 20×6 年年末公司总股本为基础,向全体股东每 10 股送红股 5 股。20×7 年 7 月 2 日发行新股 70 000 万股。20×7 年 10 月 1 日回购 20 000 万股。

三、要求:计算有关反映偿债能力、资产质量、成本控制能力、盈利能力和资金运用效益的指标,并对该公司财务状况进行分析。

参 考 文 献

1. IASB（International Accounting Standards Board）：International Financial Report Standards No. 4 — Insurance Contract,2004

2. IASB（International Accounting Standards Board）：International Financial Report Standards No. 17 — Insurance Contract,2017

3. 财政部：《企业会计准则第×号——保险合同（修订）（征求意见稿）》，2018 年

4. 财政部：《企业会计准则讲解》，人民出版社 2010 年版

5. 财政部：《企业会计准则》，经济科学出版社 2006 年版

6. 财政部：《企业会计准则——应用指南》，立信会计出版社 2006 年版

7. 中国注册会计师协会：《会计》，中国财政经济出版社 2018 年版

8. 保监会新会计准则实施领导小组：《保险行业新会计准则实施指南（征求意见稿）》，2006 年

9. 简松棋：《保险会计原理与实务》，台湾财团法人保险事业发展中心 2011 年版

10. 于小镭：《新企业会计准则实务指南（金融企业类）》，机械工业出版社 2007 年版

11. 侯旭华：《保险公司财务分析与风险防范》，复旦大学出版社 2013 年版

12. 侯旭华：《金融企业会计》，复旦大学出版社 2014 年版

13. 侯旭华：《保险财务会计报告精析——新会计准则下的解读》，中国金融出版社 2009 年版

14. 彭雪梅：《保险会计学》，西南财经大学出版社 2018 年版

15. 郭振华：《保险公司经营分析：基于财务报告》，上海交通大学出版社 2018 年版

16. 侯旭华："保险会计准则国际趋同：进展、困境与对策"，《财经理论与实践》2015(1)：84—88

17. 侯旭华、许闲："保险会计信息披露制度的国际比较研究与启示"，《保险

研究》2008(4)：17—20

18. 许闲："国际保险会计准则的最新发展及对我国的影响——基于 IFRS17 和 IFRS9"，《会计研究》2019(1)：21—27

19. 侯旭华："计提保险合同准备金新规对保险行业的影响"，《中国金融》2010(11)：65—66

20. 侯旭华："营改增对保险公司财务会计的挑战与对策"，《财会月刊》2018(5)：57—61

21. 侯旭华、刘洋芷："互联网保险公司财务风险研究"，《财经理论与实践》2017(6)：47—51

22. 侯旭华："互联网保险公司财务风险预警指标构建与运用研究"，《湖湘论坛》2019(3)：89—101

23. 侯旭华、彭娟："互联网保险保费收入制约因素与对策研究"，《金融与经济》2018(1)：78—81

24. 侯旭华、刘洋芷："互联网保险公司财务优势与风险探析"，《会计之友》2018(3)：112—115

25. 侯旭华："互联网保险保费收入预警指标构建探析"，《财务与会计》2018(11)：48—50

26. 侯旭华："保险上市公司会计信息披露：基于'四性'的研究"，《财经理论与实践》2006(5)：45—48

27. 侯旭华："企业手续费及佣金支出税前扣除政策解读——保险公司税务风险防范与内部控制思考"，《财会通讯》2009(12)：110—111

28. 许闲、侯旭华："投资者可望揭开全球保险'黑匣'——新国际财务报告准则之保险合同呼之欲出"，《会计之友》2012(1)下：48—50

29. 侯旭华："我国保险会计制度的变迁与改革"，《财经理论与实践》2004(3)：77—81

30. 侯旭华："新制度下的保险会计创新"，《求索》2002(4)：34—36

31. 侯旭华："保险合同会计新规下的国际趋同与应变"，《中国保险学会学术年会入选文集(2011)》，法律出版社 2011(5)：292—298

32. 侯旭华："寿险公司销售领域财务风险控制"，《财会月刊》2009(12)中：49—50

33. 侯旭华："新准则下保险财务会计报告的新变化"，《上海保险》2009(2)：15—18

34. 侯旭华、许闲："中国保险会计制度改革的历史演进与分析"，《中国保险报》(理论版)2009(2,17)

35. 许闲、侯旭华："论保险属性对保险会计的影响"，《会计之友》2009(4)：27—28

36. 许闲、侯旭华："新保险法下会计将发挥更重要监督工具作用"，《中国金融》2009(6)：53—54

37. 许闲、侯旭华："递延匹配法在保险会计中的运用及其影响原则"，《财会月刊》2010(10)：25—26

38. 侯旭华："关于完善保险会计确认基础的思考"，《财经理论与实践》2003(3)：65—67

39. 侯旭华："寿险公司'其他应收款'问题探讨"，《会计之友》2002(3)：46—47

40. 侯旭华："应收保费的内部控制"，《中国财经报》2000(11,9)

41. 侯旭华："上市保险公司会计信息披露与新企业会计准则"，《上海保险》2006(8)：17—19

42. 侯旭华："保险会计诚信缺失的成因与对策探讨"，《保险研究》2004(7)：14—16

43. 侯旭华："保险责任准备金的会计处理"，《上海会计》2003(12)：24—26

44. 侯旭华："保险公司所有者权益变动表的作用"，《保险实践与探索》2009(4)：34—36

45. 侯旭华："保险公司利润操纵的十大手段识别"，《财会月刊》2005(12)：28—29

46. 侯旭华："基于保险合同会计新规的保险发展方式转变探讨"，《湖南保险》2010(4)：5—8

47. 侯旭华、许闲："杜邦分析法在上市保险公司的改进及应用"，《会计之友》2010(7)：98—101

图书在版编目(CIP)数据

保险公司会计/侯旭华编著. —6 版. —上海：复旦大学出版社,2019. 11 (2025.6 重印)
(复旦卓越. 保险系列)
ISBN 978-7-309-14659-2

Ⅰ.①保…　Ⅱ.①侯…　Ⅲ.①保险公司-会计-高等学校-教材　Ⅳ.①F840.43

中国版本图书馆 CIP 数据核字(2019)第 221156 号

保险公司会计(第六版)
侯旭华　编著
责任编辑/姜作达

复旦大学出版社有限公司出版发行
上海市国权路 579 号　邮编:200433
网址：fupnet@ fudanpress. com　http://www.fudanpress. com
门市零售：86-21-65102580　团体订购：86-21-65104505
出版部电话：86-21-65642845
上海华业装潢印刷厂有限公司

开本 787 毫米×960 毫米　1/16　印张 30.25　字数 522 千字
2025 年 6 月第 6 版第 5 次印刷

ISBN 978-7-309-14659-2/F · 2626
定价：66.00 元